Ludwig Külz

Tropenarzt im afrikanischen Busch

**Külz, Ludwig: Tropenarzt im afrikanischen Busch –
Hamburg, SEVERUS Verlag 2010.
Nachdruck der Originalausgabe, Berlin 1943.**

ISBN: 978-3-942382-48-9
Druck: SEVERUS Verlag, Hamburg, 2010

Bibliografische Information der Deutschen Nationalbibliothek:
Die Deutsche Nationalbibliothek verzeichnet diese Publikation in der
Deutschen Nationalbibliografie; detaillierte bibliografische Daten sind
im Internet über http://dnb.d-nb.de abrufbar.

© **SEVERUS Verlag**
http://www.severus-verlag.de, Hamburg 2010
Printed in Germany
Alle Rechte vorbehalten.

Der SEVERUS Verlag übernimmt keine juristische Verantwortung
oder irgendeine Haftung für evtl. fehlerhafte Angaben und deren
Folgen.

Vorwort zur 1. Auflage

Die Veröffentlichung der vorliegenden Blätter und Briefe ist die große Indiskretion einer Frau. Derjenige, der sie im fernen Afrika schrieb, weiß nicht, daß sein Weib während seiner Abwesenheit in fremden Landen alle die Aufzeichnungen, die er in die Heimat gelangen ließ, gesammelt hat. In aller Stille hat sie einen Teil davon ausgewählt, um ihn der Öffentlichkeit zu übergeben, sobald er nach Deutschland zurückkehrt. Was sie bewog, nach einigem Zögern diesen Schritt zu wagen, war der Wunsch, auch an ihrem Teile das Streben des Fernen: die Arbeit für die koloniale Sache Deutschlands, zu fördern.

Ich habe mich in unserer Kolonialliteratur, besonders der afrikanischen, eifrig umgesehen, um mir ein Bild vom Leben und Wirken der Europäer dort zu machen. Wenn ich sie indessen mit den Schilderungen vergleiche, die mir sowie seinen nächsten Verwandten und Bekannten aus demselben Lande von ihm zugegangen sind, so habe ich vielfach einen großen Unterschied zwischen ihnen gefunden. Das koloniale Schrifttum gilt zumeist entweder der Propagierung eines bestimmten wissenschaftlichen oder wirtschaftlichen Gebietes oder es erzählt von überstandenen Kriegsgefahren, von Bekämpfung aufständischer Negerstämme, vom mörderischen Klima, von Jagdabenteuern usw. Das Bild, das sich mir aus den Darstellungen meines Mannes ergab, hat weit weniger grelle Farben. Ohne viel Beiwerk, aber mit sicheren Strichen hat er nach und nach seine Tätigkeit, seine weiße und schwarze Umgebung und damit ein Stück der Alltagsarbeit des Deutschen in Afrika geschildert. Und gerade weil diese Beobachtungen nicht für die Öffentlichkeit geschrieben wurden, sind sie so ursprünglich und aufschlußreich, daß ich sie so, wie sie sind, ihr unterbreiten möchte.

Hoffentlich tragen diese Aufzeichnungen dazu bei, das Verständnis für unsere Kolonien auch in der Heimat weiter zu vertiefen, die Vorstellungen, die man von ihnen hat, zu klären und zu zeigen, daß auch dort an der Lösung aussichtsvoller Aufgaben im großen wie im kleinen gearbeitet wird. Erklärlicherweise knüpfen die Erinnerungen des Verfassers vorwiegend an seine ärztliche Berufstätigkeit an. Trotzdem wird genug von allgemeinem Interesse in ihnen zu finden sein.

Möge das Buch unseren Kolonien zum Nutzen, dem Heimkehrenden aber zur Freude gereichen!

Hamburg, im März 1906

Agnes Külz

Vorwort zur 2. Auflage

Die Kindersterblichkeit kolonialer Bücher ist kaum geringer als die der Negervölker Afrikas. Um so mehr darf ich mich freuen, daß meine Blätter und Briefe den Gefahren des frühen Kindesalters getrotzt haben. Als sie sich zum ersten Male schüchtern an die Öffentlichkeit wagten, stand Deutschland gerade in der uns allen noch in der Erinnerung haftenden Periode des kolonialen Erwachens, durch die eine neue Epoche der Entwicklung unseres überseeischen Besitzes eingeleitet wurde. Seither haben sich viele unserer Hoffnungen verwirklicht, während wir andere noch haben zurückstellen müssen; denn auch im kolonialen Leben liegt zwischen Ackerbestellung, Aussaat und Ernte eine oft große Spanne Zeit.

Ich habe nichts an dem Texte des Buches geändert. Es wird hoffentlich auch heute noch in seiner ursprünglichen Gestalt nicht ohne Interesse sein. Denn wie der Stand unserer kolonialen Entwicklung heute ist, wissen daheim die meisten; wie er vor kurzem noch war, das werden bald nur noch wenige wissen. Damit der Leser aber trotzdem am Beispiele unserer vielleicht aussichtsreichsten Tropenkolonie verfolgen kann, wie wir einesteils vorwärtsgekommen sind und wohin wir andernteils streben müssen, so habe ich mich entschlossen, als Anhang einen kurzen Überblick über die

Entwicklung Kameruns während der letzten Jahre zu geben. Hierbei wolle man mir nicht verübeln, wenn ich die mir beruflich am nächsten liegenden Fragen eingehender als die anderen berücksichtige.

Es ist keines von den gemachten oder erdachten Büchern, es ist erschaut, erwandert und erlebt. Daraus erkläre ich mir auch, daß es mir zwar nicht den geräuschvollen Beifall einer großen Menge eingetragen hat, wohl aber manches herzlich gesprochene oder geschriebene Wort eines Genossen aus Freud' und Leid oder solcher Zeitgenossen, die ein Herz für unsere deutschen Neuländer haben. Viele Monate bin ich seitdem wieder im afrikanischen Inlande umhergewandert, manche früher gewonnene Überzeugung habe ich dabei immer wieder bestätigt gefunden, manches neue Problem ist vor meinen Augen aufgetaucht. Hie und da ging eine Illusion in Trümmer — welchem alten Afrikaner geschähe es nicht ebenso? Aber eins habe ich nicht aufgegeben: das ist der feste Glaube an die Entwicklungsfähigkeit unserer deutschen Kolonien!

Victoria in Kamerun, im Mai 1910

Dr. Ludwig Külz

1902

Über Lome nach Kleinpopo

An Bord, 29. Juli

Unser Dampfer naht sich nach zwanzigtägiger Fahrt dem Ziele. Gerade diese Reise bedeutet für die Reederei einen Markstein ihrer Entwicklung, es ist die erste Fahrt ihres neuesten und schnellsten Schiffes, der „Eleonore Woermann". So kam es auch, daß der Reeder selbst und eine große Zahl seines Verwandtenkreises teils bis Southampton, teils bis zu den Kanarischen Inseln an ihr teilnahmen. Leider verunglückte der erste Akt dieser Premiere: unsere Ankunft in Southampton. Eine stürmische Fahrt in der Nordsee hatte den neuen Maschinen Schaden zugefügt, so daß wir mit erheblicher Verspätung dort einliefen. Diese Verzögerung war deshalb höchst unwillkommen, weil in Southampton ein Repräsentationsdiner an Bord vorgesehen war. Die Geladenen mußten sieben Stunden auf uns warten. Das Diner fand trotzdem statt, allerdings in gedrängtem Verlaufe. Den folgenden Tag lagen wir zur Reparatur des Maschinendefekts vor Anker, und der unfreiwillige Aufenthalt gab uns Gelegenheit zu einem Besuche der Stadt, die noch den Festschmuck von Tausenden von Fahnen, Transparenten und Girlanden für die verunglückte Krönungsfeier König Eduards zeigte.

Als ich vor zwei Jahren entlang der afrikanischen Westküste nach Südafrika zog, da trug mich eines der ältesten und kleinsten Fahrzeuge der Woermann-Linie, die alte wackelige „Gertrud", und es war ihre letzte große Meeresfahrt. Die Zeichen der nahenden Altersschwäche verbannten sie von der hohen See, so daß sie von da ab nur noch den Küstenverkehr von Südwestafrika vermitteln durfte.

Unsere Weiterreise ging von Southampton ab glatt vonstatten. Sie war über Madeira und die Kanarischen Inseln mit allen ihren malerischen Reizen, ihren Weinbergen, dem schmutzigen, aber heiteren Völkchen ihrer Bewohner, die von der Ausbeutung durchreisender Fremder leben, die gleiche wie damals. Auch bis Monrovia, dem Hauptplatze der Negerrepublik Liberia, an dem wir wieder die Zerrbilder einer dem „freien" Neger aufgepfropften europäischen Kultur bewundern konnten, bot sie mir nichts Neues. Von Monrovia ab liefen wir die Hafenplätze der Elfenbein- und Goldküste an. Leider sahen wir alle diese Orte nur von der See aus, denn unser Aufenthalt war nirgends mehr als auf einige Stunden bemessen, so daß ein Besuch an Land unmöglich war. Ich hätte sie gern kennengelernt, um wenigstens einen äußeren Vergleich zwischen diesen westafrikanischen, französischen und englischen Niederlassungen mit denen der deutschen Kolonien zu haben.

Sehr gern hätte ich auch die Stätten besucht, an denen vor langer Zeit die ersten deutschen Kolonialträume geträumt wurden. Es wird vielleicht nicht allen bekannt sein, daß vor mehr als zwei Jahrhunderten kein geringerer als der Große Kurfürst mit weit vorausschauendem Blick hier in dieser Gegend die Flagge Brandenburgs hatte hissen lassen. Mehrere brandenburgische Forts, von denen noch heute vereinzelte Trümmer und Erdwälle als letzte Reminiszenzen vorhanden sind, hatte er hier zum Schutze des Handels mit afrikanischen Produkten errichtet. Nach seinem Tode wurden auch seine Kolonialpläne bald zu Grabe getragen, wo sie still geruht haben, bis sie im neuen Deutschen Reiche zu neuem Erwachen kamen und auf die kurze kurbrandenburgische Kolonialepoche die hoffentlich lange währende des Deutschen Reiches folgen wird.

Heute abend noch gedenken wir vor „unserm" Afrika, vor Lome, dem Hauptorte Togos, einzutreffen und morgen in aller Frühe an Land zu gehen.

5. August

Gewiß wollt Ihr nun gern von mir alles mögliche über Land und Leute, über die ersten Eindrücke, welche die neuen Verhältnisse auf mich gemacht haben, wissen. Wie soll ich sie Euch schildern? Alles ist neu für mich. Bisher komme ich mir noch vor wie ein entwurzelter Baum, herausgerissen aus dem alten Erdreich, verpflanzt in einen neuen, ungewohnten Boden, ohne zu wissen, ob er dauernd feste Wurzeln schlagen wird. Welcher gewaltige Kontrast, beruflich und außerberuflich, in so kurzer Zeit! Vor wenigen Wochen noch im idyllischen Bergdorfe, den langen Talweg zu meinen Kranken wandernd, heute in den engen Gassen des Negerortes Kleinpopo. Vor kurzem noch im trauten Heim, bei meinem Weib und frohem Kinderlachen, heute unter fremden schwarzen Gesichtern. Unlängst noch um mich die imposanten, dicht bewaldeten heimatlichen Berge mit ihren Fichten und Tannen, die Täler mit wogendem Korn, das der Ernte entgegenreifte, heute in der afrikanischen Küstenebene, unter Kokosbäumen, Eukalypten, Ölpalmen und anderer exotischen Vegetation; einen Steinwurf weit vom Hause entfernt das immer brandende Meer, mit seiner weiten, endlosen Fläche. Vor wenigen Wochen noch einen Ausblick auf eine der schönsten Gegenden des deutschen Vaterlandes; heute schaut das Auge, soweit es nicht die See streift, über die strohgedeckten Hütten der Eingeborenen und niederes Buschwerk. Kurz, ein großer Gegensatz in allem. Aber er wird nicht unüberwindlich sein. Eine Hilfe habe ich dabei, die mir vom alten zum neuen Erdteile treu bleiben und mich auch hier heimisch machen wird: die Freude an meinem Berufe! Sie wird mir ein Führer aus dem altgewohnten, heimatlichen Leben hinein ins neue, afrikanische sein. Ich habe guten Mut. Das Arbeitsfeld ist hart, aber gewiß fruchtbar, wenn es ordentlich bearbeitet wird. Ich werde mich anfänglich ganz auf meine Berufstätigkeit zu beschränken haben und auch da erst vorsichtig tastend herausfühlen müssen, was von europäischen, mit herausgebrachten Anschauungen in die neue Umgebung herein paßt, was einer Umwandlung bedarf und was völlig über Bord geworfen werden muß.

Am 30. Juli morgens verließen wir sechs Passagiere für Togo, darunter auch eine Krankenschwester F. L., unsern Dampfer. Die Bordkapelle spielte uns noch einen Abschiedsgruß, und zehn Minuten später fuhren wir durch die gefürchtete Brandung, die es gnädig mit uns machte und uns leidlich trocken an Land kommen ließ. So standen wir wieder auf festem deutschen Boden. Lome macht schon von der See aus einen überaus freundlichen Eindruck, und wenig erweckt in seinem Äußern die Vorstellung vom „dunkeln" Erdteil. Ich glaube nicht, daß sich einer der vielen, gleich großen Plätze der Westküste Afrikas an Sauberkeit mit ihm messen darf. Obwohl es verkehrt ist, so wird man sich unwillkürlich immer im voraus von einem Orte eine Vorstellung machen, ehe man ihn zu sehen bekommt. So hatte ich mir das Bild der Togoküste entsprechend dem mir bekannten Südwestafrika zurechtgelegt, aber die Wirklichkeit war viel schöner als mein Phantasiegemälde. Breite schmucke Straßen, denen selbst die Namenschilder nicht fehlen, mit Kokospalmen oder anderen Bäumen bepflanzt; freundliche Europäerhäuser, weiß in grünem Pflanzenwuchs, zwischen denen nur ganz vereinzelt einige Negerhütten ihr vorläufiges Dasein fristen, das ganze Bild überragt von zwei hohen, schlanken Türmen der neu erbauten katholischen Missionskirche. Wie aus einem Baukasten eben hingesetzt, präsentiert es sich dem ankommenden Fremden.

Eins fiel mir auf. Die Anlage und Bebauung Lomes sind sicher nach einem regelrechten und wohldurchdachten Plane erfolgt. Aber das, was bisher gebaut worden ist, zeugt in seinem Stile von merkwürdig wechselndem und auch verschiedenwertigem Geschmacke. Ich will indessen nicht vorlaut urteilen; mag sein, daß der Baustil in den Tropen hinter hygienischen und andern Nützlichkeitsgesichtspunkten völlig zurückzutreten hat. Ich schätze die Zahl der Europäerhäuser auf etwa 60; und soviel Häuser, soviel verschiedene Bauarten weisen sie auf. Es wechselt der Stil des Schweizerhäuschens mit Anklängen an orientalische Bauart, kasernenartige Gebäude, klosterartige und solche im Barackenstil, alles ist vertreten. Dadurch leidet aber der Gesamteindruck keineswegs; im Gegenteil bieten die verschieden gestalteten Häuser mit ihrem hellen Farbenanstrich im Palmengrün ein abwechslungsreiches Gesamtbild. Zwei gemeinsame Merkmale tragen sie bei aller sonstigen Verschiedenheit wohl sämtlich, das ist die breite gedeckte Veranda und ein hoher Flaggenmast; von ihm herab wehen bei jeder festlichen Gelegenheit, wozu auch die Ankunft des Dampfers aus der Heimat gehört, die deutschen Farben.

Wohin sich nun zuerst wenden im fremden Lande? Wir wurden offenbar gar nicht erwartet; keine Seele kümmerte sich um die neu Angekommenen. So fragte ich nach dem Regierungsarzte Lomes — Togo hat zwei Ärzte, den einen in Lome, den andern in Kleinpopo — und pilgerte mit der Schwester zu ihm. Dr. K. gab uns bereitwilligst Auskunft, und von ihm aus wandten wir uns zum Gouvernement. Gouverneur K. war ein halbes Jahr zuvor gestorben, und als Stellvertreter amtierte Assessor H. Von ihm erfuhr ich, daß ich für Kleinpopo ausersehen sei und dort das Nachtigal-Krankenhaus übernehmen solle, das einzige Hospital für Europäer in Togo. Auch Schwester F. war für dasselbe bestimmt. Auf drei Uhr wurde bereits der Abmarsch dorthin festgesetzt. Die kurzen Stunden bis zum Aufbruch waren wir Gäste im Gouvernement.

Die Entfernung Kleinpopos von Lome beträgt etwa 50 km. Da indessen keine Straße diese beiden Hauptplätze der Kolonie verbindet — merkwürdig, da das Innere Togos bis weit ins Hinterland hinein ein Netz guter Straßen haben soll —, so führt der Reiseweg am Meeresstrande entlang. Das Beförderungsmittel ist die Hängematte. Sie wird an einer starken Stange aufgehängt, an deren Enden je ein Querholz befestigt ist. Dieses Querholz legen sich vier Eingeborene, zwei am Kopf-, zwei am Fußende auf den Schädel; so tragen sie die Hängematte mit ihrer Last. Um den Druck zu vermindern, drehen sie ein Tuch ihrer Bekleidung zu einem Knäuel und schieben ihn zwischen Holz und Kopf. Von Zeit zu Zeit wechseln sie mit vier andern Trägern ab. Ebenfalls auf dem Kopfe befördern die Neger Koffer, Kisten und sonstige Lasten.

So zogen wir am Nachmittage mit einigen zwanzig Schwarzen ab, zur Rechten das Meer, zur Linken das leicht ansteigende Ufer. Zwischen schlanken Palmen und niederem Gesträuch wurde hie und da ein Negerdorf sichtbar. Sonst ist der Togostrand ohne besondere Reize. Der Pflanzenwuchs ist im Dünensande spärlich, vereinzelte Kakteen und rotblühende, über den Sand sich hinwindende Schlinggewächse waren das einzige, was ich in nächster Nähe zu sehen bekam. Ab und zu trippelte ein Strandläufer oder eine Möwe ihrer Beute nach, bisweilen begegnete uns ein Eingeborener, der mit neugierigen Blicken den Inhalt der beiden Hängematten zu ergründen suchte. Nach einigen Stunden nahm die einbrechende Dunkelheit uns den Ausblick, und die Träger der kleinen Karawane hielten ihre erste Rast.

Wir waren in Bagida angekommen, wie mir einer von unseren Leuten, der englisch radebrechte, begreiflich machte. Bagida ist der

Ort, an dem der erste „Landeshauptmann" Togos — jetzt haben wir dafür das weniger hübsche Fremdwort Gouverneur — seinen Sitz hatte. In der Finsternis war wenig vom Dorfe zu erkennen. Nur dicht am Strande ragten die Trümmer einer großen, zerfallenen Faktorei ins Dunkel der Nacht, wohl die Überreste aus einer vergangenen, besseren Zeit Bagidas. Nachdem die Träger geruht, gegessen und Wasser geholt hatten, setzten wir den Marsch fort. Die Schwarzen fingen an, ihre monotonen Lieder zu singen; zuweilen ermunterten sie sich auch mit lauteren Zurufen und stellten sogar trotz ihrer schweren Last ein lustiges Wettlaufen an. Nach weiteren vier Stunden brachten sie uns nach Porteseguro, wo sie ihre zweite Rast hielten, um sich nach einstündiger Erholungspause auf den Rest des Weges zu machen.

Wieder ertönten die einschläfernden Weisen der Schwarzen, die Brandung wurde leiser und leiser, und endlich schlief ich trotz der unbequemen Lage in der Hängematte ein. Leider, denn ich lag plötzlich nicht mehr in der Hängematte, sondern auf weichem Sande, ich war aus meinem Gestell herausgefallen, und ehe ich mich noch recht besinnen konnte, wurde ich herzhaft von den auslaufenden Wellen der Brandung geliebkost. Pudelnaß rappelte ich mich wieder auf und fror allen Tropen zum Trotz ganz erbärmlich, da die frische Seebrise mir durch die nasse Kleidung strich. Um nicht ein zweites unfreiwilliges Strandbad zu nehmen, entschloß ich mich, den Rest des Weges zu Fuß zurückzulegen. Auf dem Meere waren in der Ferne die ruhig stehenden Lichter eines Schiffes zu sehen, die nichts anderes sein konnten, als die Lichter eines vor Kleinpopo ankernden Dampfers.

Eine gute Stunde war ich neben der Hängematte der Schwester im Sande gelaufen, da wurde auch auf dem Lande ein Licht sichtbar. Zwei Uhr nachts hielten wir todmüde unsern Einzug ins Nachtigal-Krankenhaus.

Das Nachtigal-Krankenhaus

Kleinpopo, 8. August

Die Lage Kleinpopos ist äußerst eigenartig, und wenn Lome kühn das Nizza der Westküste genannt wird, so würde mit gleichem

Rechte Kleinpopo ihr Venedig sein dürfen. Denkt Euch einen schmalen Streifen Dünensand, der auf der einen Seite vom offnen, brandenden Meere begrenzt wird, auf der anderen von einem breiten Arme einer nach dem Hinterlande zu vielfach verzweigten Lagune. Auf dieser Landzunge liegt mit mehreren tausend Schwarzen und etwa 40 weißen Einwohnern der Ort, schmal, aber über 2 km lang ausgestreckt. Die Nehrung ist durchschnittlich nicht viel über 100 m breit.

Hier stehen dicht gedrängt wohl an 6—800 Eingeborenenhütten, aus dunklem Lehm gebaut, mit Schilf gedeckt, nur durch winklige Quergäßchen voneinander getrennt, die so eng sind, daß zwei Menschen sich in ihnen kaum ausweichen können, und in denen man nicht aufrecht zu gehen vermag, ohne mit dem Kopfe an die von beiden Seiten überhängenden Schilfdächer zu stoßen. Sowohl nach dem Seestrand als nach der Lagune zu lassen diese Hüttenkomplexe nur einen schmalen, unbebauten Streifen frei, auf dem sich aller Verkehr abspielt. Hie und da fassen die einzelnen Häuser einen kleinen, unsauberen Hof zwischen sich, der als Koch-, Wasch- und Arbeitsplatz für die Frauen und als Spielplatz der Kinder dient. Denkt Euch einige undefinierbar zusammengesetzte Gerüche und die ganze Szenerie belebt von schwarzen Frauen, Männern, von lustig herumspringenden, spielenden, dickbäuchigen, schmutzigen, nackten Negerkindern, Hühnern, Enten, Tauben, Ziegen, Schweinen, die sich alle bei Wärme und Sonnenschein gleich wohl fühlen, so habt ihr das Milieu des Ortes Kleinpopo. Ich weiß nicht recht, ob es Stadt oder Dorf genannt wird. Wenn ich es nicht eben mit Venedig verglichen hätte, möchte ich ihm den Vorzug der Ländlichkeit geben gegenüber der Hauptstadt Lome.

Auf derselben Landzunge, meistens mitten unter die Negerhütten eingesprengt, liegen die Europäerhäuser. Hygiene? Am westlichen Ende des Ortes liegt abseits der Negerniederlassungen, frei von seiner Umgebung, das Nachtigal-Krankenhaus. Von sonstigen Regierungsgebäuden findet sich am entgegengesetzten Ende des Platzes das Zollamt und die Post; dazwischen verteilen sich die Faktoreien der sieben hier vertretenen Firmen und zwei Missionsanlagen, jede mit einem Kirchlein; sowohl eine katholische als eine wesleyanische sind hier vertreten. Letztere ist trotz ihres englischen Ursprungs mit einem deutschen Missionar besetzt, der augenblicklich auf Urlaub in der Heimat weilt. Dies ist der eigentliche Ort Kleinpopo. Indessen schließen sich weitere Niederlassungen der Eingeborenen überall entlang dem Ufer der Lagune an. Auf dem jenseitigen Ufer des breiten Lagunenarmes, der den Ort begrenzt, liegt, in dreiviertelstündiger Wasserfahrt zu erreichen, der Ort Sebe mit dem Bezirksamte und der Regierungsschule. Bis 1895 war dieses Sebe der Sitz des Gouvernements von Togo. Erst dann wurde es hauptsächlich aus hygienischen Rücksichten nach dem trocken gelegenen Lome verlegt, dessen Aufschwung seit diesem Jahre datiert.

Sehen wir uns noch ein wenig näher das Nachtigal-Krankenhaus an, das nun voraussichtlich für längere Zeit mein Heim sein wird. Seinen Namen trägt es nach dem bekannten deutschen Afrikaforscher Dr. Nachtigal, der im Jahre 1884 an der Togoküste die deutsche Flagge hißte, kurz darauf an der afrikanischen Westküste ein frühes Grab fand und dem nun im Nachtigal-Krankenhause ein schönes Denkmal dankbarer Erinnerung gesetzt worden ist. In meinem Arbeitszimmer steht seine lebensgroße Gipsbüste.

Das Krankenhaus ist noch nicht alt, vor sieben Jahren erst wurde es erbaut. Von einem Kokospalmen-Garten umrahmt, zweistöckig, luftig gebaut, mit breiter, rundherum laufender Veranda, weißem Anstrich bis auf die grünen Fenster und Türen, mit großen, hellen Räumen schön ausgestattet. Die Anordnung der Räumlichkeiten ist übersichtlich und anscheinend praktisch in der Verteilung. Das obere Stockwerk dient als Krankenabteilung, gleichzeitig hat der Arzt seine Wohnung in ihm; im untern Stockwerk sind die Räume für die drei Schwestern vom Roten Kreuz untergebracht, ferner eine reich ausgestattete Apotheke, Vorratsräume und ein gemeinsames Eßzimmer. Hier steht auch — ich glaube, es ist das einzige am ganzen Orte — ein Klavier. Zwar streiken einzelne Tasten, weil die Ratten den Filzbelag der Hämmer benagt haben, aber immerhin genügt es noch, um ihm einige heimatliche Lieder zu entlocken. Auf der Rückseite des Hauses sind zwei Anbauten aufgeführt: ein mittlerer, der unten die Küche birgt und oben einen allen europäischen Anforderungen genügenden Operationsraum sowie ein chemischbakteriologisches. Laboratorium; ferner ein seitlicher **Anbau** mit Bade- und Klosettanlage.

Die frische Seebrise, die den größten Teil des Tages über recht stark weht, trifft unser Haus in voller Stärke und trägt viel dazu bei, die tropische Hitze erträglich zu machen. Allerdings bringt sie auch reichliche Feuchtigkeitsmengen mit, so daß alle Eisenteile rasch rosten und selbst die chirurgischen Instrumente sich nur unter dauerndem Ölüberzug einigermaßen unversehrt halten lassen. Leder verschimmelt, Glas beschlägt vom salzhaltigen Wasser, und die Uhren versagen nach kurzer Zeit ihren Dienst.

Der Garten, der das Haus umgibt, hat etwa eine Ausdehnung von 100 m im Geviert, ist recht hübsch angelegt und auch leidlich instandgehalten. In ihm liegen noch einige Baracken, die als Wohnung für die schwarzen Hilfskräfte, als Leichenkammer, Geräteschuppen usw. dienen. Die angepflanzten Bäume sind hauptsächlich 6—7jährige Kokospalmen, die eben anfangen Früchte zu tragen; aber auch Casuarinen, Papayas mit ihren schmackhaften, melonenartigen Früchten und manche andere, mir vorläufig noch unbekannte Bäume und Sträucher sind vertreten. Auf den Gartenwegen und im sonnigen Sande laufen allerorten Eidechsen in großer Zahl herum, oft huschen sie sogar auf der Veranda und in den Zimmern hin und her; besonders auffällig ist dabei eine Art, von der sich das Männchen durch einen hochroten Kopf auszeichnet, während der übrige Körper dunkelblau gefärbt ist. Seekrabben sieht man ebenfalls in allen möglichen Größen und Farben über den Boden laufen und in ihren Löchern verschwinden, die sie sich überall graben. Eine Art wilder Tauben mit rotbraunem Gefieder, etwas kleiner als unsere daheim, bevölkern neben vielen größeren und kleineren Singvögeln den Garten. Unter letzteren scheint hier besonders häufig eine Art Webervögel zu sein, die, goldgelb· mit schwarzem Kopf, in der Nachbarschaft des Gartens auf hohen Kokospalmen ihre dicht aneinandergereihten Nester bauen.

Ich glaube, ich werde mich sehr bald hier wohl fühlen. Es ist alles ungleich behaglicher, als ich's mir vorgestellt hatte, und soviel ich zu meinem Teile vermag, will ich mir das Ziel stecken, das Haus und seine Umgebung nach Kräften zu pflegen, damit diejenigen, die es aufsuchen müssen, sich behaglich in ihm fühlen und außer ihrer körperlichen Genesung auch eine psychische Erfrischung mit von dannen nehmen können. Augenblicklich bilden fünf Europäer den Patientenbestand, die hoffentlich sämtlich in nächster Zeit ihre Tätigkeit wieder aufnehmen werden.

Außer den drei Schwestern setzt sich mein Hilfspersonal nur aus Schwarzen zusammen. Ihr Senior ist der Koch, eine würdige Gestalt, die über dem stattlichen Bauche stets eine saubere, weiße Schürze trägt. Er ist seit dem Bestehen des Krankenhauses in ihm tätig und scheint seine Sache gut zu machen. Max und Moritz sind zwei ungefähr 12jährige Bengel, die als Diener für die Zimmer der Kranken und des Arztes tätig sind. Außer ihnen versieht August, ein etwa 20jähriger Neger, Krankenwärterdienste, und Hans, in ungefähr dem gleichen Alter, hat die Instandhaltung des unteren Stockwerkes als Ressort zugewiesen erhalten. Zwei kleine Mädchen von etwa 10 Jahren, Hulda und Farfara, Waisenkinder aus dem Togohinterlande, helfen beim Säubern des Geschirres in der Küche, beim Putzen und beim Servieren bei Tisch. Für die Pflege des Gartens, seiner Anlagen und Wege, haben zwei weitere Eingeborene zu sorgen: Kwasi und Mensah. Ihre Haupttätigkeit besteht im Wassertragen für die neuen Anpflanzungen, für Gemüse- und Blumenbeete, die hier in der trockenen Zeit täglich früh und abends begossen werden müssen. Ein schwarzer Waschmann mit seinen Gehilfen vervollständigt das Personal der Eingeborenen.

Afrikanische Stadt- und Landpraxis

10. August

Heute morgen lief ein Woermann-Dampfer unsere Reede an. Da er den gelben Quarantänewimpel gehißt hatte, fuhr ich zu ihm hinüber. Nach Erledigung meiner dienstlichen Geschäfte verweilte ich noch ein Stündchen im Gespräche mit dem Schiffsarzte und den Passagieren. Der Zufall wollte es, daß sich unter letzteren eine Anzahl mit bekannten Namen befanden. So der Gouverneur von Deutsch-Südwestafrika Leutwein, der einen Heimatsurlaub antrat, angeblich, um nicht wieder ins Schutzgebiet zurückzukehren.

Doch ich glaube, daß, wie immer beim Urlaub eines Gouverneurs, der Wunsch seiner Gegner der Vater dieses Gedankens ist. Außer ihm benutzten denselben Dampfer bis Southampton drei vielgenannte Burengenerale mit ihrem Gefolge: Botha, der wetterfeste Dewet, der Zieten aus dem Busch, äußerlich ein häßlicher Kerl mit struppigem Haar und eckigen Zügen, fast mißtrauisch still, und Delarey, eine stattliche, hochgewachsene Erscheinung, mit freier hoher Stirn, Adlernase und klarem Auge in seinem von einem schwarzen Barte umrahmten, ausdrucksvollen Gesicht. Ich freute mich über die Gelegenheit, diesen drei Braven hier in Afrika die Hand drücken zu dürfen. Über den eigentlichen Zweck ihrer Europareise, jetzt nach dem Friedensschlusse, konnte ich nicht recht ins klare kommen. Wahrscheinlich habt Ihr inzwischen aus den Tagesblättern schon Näheres über sie erfahren. Sie gedenken auch Deutschland zu besuchen.

15. August

Es ist eine bunte Praxis, die hier der Erledigung harrt, teils schwarz, teils weiß, aber der erstere Teil ist der größere. Gestern abend mußte ich zum ersten Male „über Land". Nächtliche Landpraxis kommt hier also auch vor. Ich saß an meinem Schreibtisch, als plötzlich zwei Schwarze zu mir hereingestürmt kamen und mich baten, so schnell wie möglich nach Sebe zu kommen. Ein Kanu läge für mich am Ufer bereit. Ein schwarzer Soldat sei von einer Giftschlange gebissen worden! Ich nahm aus der Apotheke ein Taschenbesteck, eine Injektionsspritze, Kalium hypermanganicum und eine Dosis des vorrätigen Calmetteschen Schlangenserums zu mir. Damit eilte ich zum nahen Lagunenstrande und stieg ins Kanu, das Platz genug für einen Stuhl bot.

Es war meine erste nähere Bekanntschaft mit der Lagune, diese Nachtfahrt im hellen afrikanischen Mondschein. Im Schilfe des Ufers zirpten zahllose Grillen, Tausende kleiner Leuchtkäfer tauchten im feuchten Grase auf und nieder, Fledermäuse jagten ihrer Beute nach, und bisweilen scheuchte das Geräusch des fahrenden Kanus einen schlafenden Wasservogel auf, der, mit müdem Flügelschlage über unsern Köpfen hinwegfliegend, im dichten Buschwerk des Ufers verschwand. Die drei Neger, die mit langen Stangen das Kanu vorwärtstrieben, ermunterten sich durch Gesang und Zurufe zu rascher Fahrt, und in einer halben Stunde waren wir am Ziel.

Der Gebissene lag bei meiner Ankunft in tiefem Schlafe, schwer berauscht von großen Mengen Schnaps, die man ihm eingefüllt hatte. Offenbar gilt auch hier der Alkohol als wirksames Gegenmittel gegen Schlangengift. Außerdem war ihm von seinen Kameraden ganz kunstgerecht oberhalb der Bißstelle das Bein fest abgeschnürt worden. Ich machte ihm über die kleine, kaum sichtbare Bißwunde einen herzhaften Kreuzschnitt, wusch die Wunde mit einer Lösung von Kalium hypermanganicum aus und öffnete, da das Gift voraussichtlich doch schon weitergegangen war, die Hauptvene des Unterschenkels. Seine Alkoholnarkose ersparte ihm jeden Schmerz. Das Calmettesche Serum spritzte ich ihm in der Nähe der Bißwunde ein, dann wurde die Umschnürung gelöst; eine lebhafte, nicht unerwünschte Blutung folgte, die ich schließlich durch einen Verband zur Ruhe brachte.

Einer der Umstehenden hatte bei meinem Kommen bereits ein weiteres, angebliches Gegengift zur Hand, um es äußerlich auf die Bißwunde zu reiben und auch innerlich zu geben. Ich nahm mir das in einem Fläschchen enthaltene schwarze Pulver mit, um ermitteln zu lassen, was es wohl sei. Die Untersuchung ergab, daß es sich lediglich um pulverisierte Holzkohle handelte.

Heute vormittag ging es dem Patienten leidlich, bis auf einen gewaltigen Katzenjammer. Der Übeltäter war eine Puffotter (Clotho arietans) gewesen, die häufigste der hier vorkommenden Giftschlangen. Sie war nachträglich noch im Hofe von Sebe gefangen worden. Es ist eine bis 1½ m lange Schlange von Armstärke, mit plattem Kopfe, stark ausgebildeten Giftzähnen und schöner Rückenzeichnung: kupferfarbener Grundton, mit breiter, zickzackförmig verlaufender Streifung. Ich hoffe, der Patient ist außer Gefahr. Trotz ihres häufigen Vorkommens soll die Puffotter verhältnismäßig selten den Menschen beißen, und für Erwachsene ist ihr Biß nicht unter allen Umständen tödlich. Von Europäern ist überhaupt in Togo bisher noch keiner einem Schlangenbiß zum Opfer gefallen, so daß die Gefahr der Giftschlangen für sie nicht groß zu sein scheint.

Von sonstigen Giftschlangen findet sich im Küstenbezirk noch die gefürchtete Spuckschlange mit stahlblauem Rücken und zinnoberrotem Bauche, schlank gebaut und im Gegensatz zur trägen Puffotter äußerst beweglich. Sie besitzt die Fähigkeit, ihren Oberkörper vom Erdboden zu erheben und blitzschnell ihrem Angriffsobjekte eine Portion ihres stark ätzenden Giftes entgegenzuspucken. Trifft es das Auge eines Tieres, so ist eine rasche Erblindung die Folge. Von den zahlreichen ungiftigen Schlangenarten des Lagunengebietes ist die imposanteste der Python, der eine Länge bis zu 5 m erreicht.

Die schwarze „Stadtpraxis" wickelt sich zum größten Teile in der „Poliklinik" ab. Unter diesem stolzen Namen verbirgt sich eine vorläufig noch recht primitive Einrichtung, die aber trotzdem von unschätzbarem Werte ist. Diese Poliklinik liegt einige Minuten vom Nachtigal-Krankenhause entfernt inmitten des Negerdorfes. Vor etwa einem Jahre wurde sie von Dr. Sch. schüchtern ins Leben gerufen, anfänglich auf eigene Verantwortung und Kosten des Gründers, weil das Gouvernement dieser neuen Einrichtung zunächst mit Mißtrauen begegnete. Jetzt ist sie schon Hunderten von kranken Eingeborenen eine willkommene Zufluchtsstätte geworden. Aus bescheidenen Anfängen heraus hat sich ihre Frequenz dauernd gesteigert, und ich hoffe, daß diese Steigerung noch weiter anhalten wird.

Das Hauptgebäude der Poliklinik ist ein niedriges, einstöckiges Häuschen, nach Art der Eingeborenen aus Lehm mit Schilfdach gebaut; Glasfenster fehlen. Außer einem größeren Mittelraum enthält es drei kleinere Nebenräume. Ersterer dient als Sprech-, Untersuchungs- und Verbandzimmer der Schwarzen, für die ich täglich von 9 Uhr ab dort Sprechstunde halte; letztere dienen zur Aufnahme einzelner Kranker. Ans Hauptgebäude reihen sich zwei schmale, primitive Baracken von gleicher Bauart, nur noch niedriger, an; ich kann kaum aufrecht in ihnen stehen; eine von ihnen ist für Männer, eine für Frauen. Dort liegt die Mehrzahl der Schwerkranken und Operierten bis zu ihrer Genesung.

Das Ganze gehört einem Schwarzen, der es aber für die unbezahlte Schuld einer Firma verpfänden mußte. Von letzterer hat es die Regierung gemietet. Die innerlich Kranken bekommen in der Poliklinik ihr Rezept, mit dem sie zur Krankenhausapotheke pilgern, wo ihnen das verordnete Medikament von einer Schwester verabfolgt wird. Erforderliche Operationen nehme ich stets im Operationsraum des Hospitals vor; nach beendetem Eingriff werden die Patienten in einer Tragbahre zur Weiterbehandlung in die Poliklinik zurückgebracht. Ich glaube, daß gerade die ärztliche Hilfeleistung unter den Eingeborenen besonders geeignet ist, sie dem Weißen näherzubringen. Vielleicht ist es für sie vorläufig das einzige Geschenk der Regierung, für dessen Wert sie schon jetzt ein volles Verständnis besitzen.

Im Dienste der Poliklinik sind zwei schwarze Hilfskräfte beschäftigt, Dovi und Heinrich. Ersterer ist ein flinker, geweckter und wohl auch gewissenhafter Mensch, ungefähr 25 Jahre alt. Er war jahrelang im Dienste eines meiner Vorgänger, des 1899 hier verstorbenen Oberstabsarztes Wicke, tätig. Seine Ausbildung hat er zum Teil in Deutschland erhalten, eutsch und Englisch beherrscht er vollkommen in Sprache und Schrift, und bei Operationen leistet er sehr gute Assistenz. Heinrich ist noch jünger und Anfänger im Samariterdienst, zeigt aber viel Eifer und guten Willen trotz mancher Ungeschicklichkeiten, die ihm noch unterlaufen.

Die Lagune

19. August

Das Wort Lagune klingt Euch wohl nach schmutzigem, totem Wasser, nach Fieberdünsten, nach ödem Sumpf und Modergeruch. Aber eine solche Lagune ist die von Kleinpopo keineswegs. Sie ist im Gegenteil eine wichtige Lebensader für den ganzen Bezirk, ja fürs ganze Schutzgebiet. Sie stellt das vielarmige Mündungsbecken dreier stattlicher Flüsse (Schio, Haho und Mono) dar, das aber auf deutschem Gebiete keine Kommunikation mit dem Meere hat. Erst sechs Stunden ostwärts von hier, in der Nähe des französischen Grandpopo, steht einer ihrer Arme mit der See in Verbindung. Meilenweit erstrecken sich ihre anderen Arme ins Innere des Togolandes hinein, bald zu einem See erweitert, bald flußartig mit tiefem Wasser. Nur in vereinzelten, schmalen Ausläufern, die sie hie und da ausschickt, und wo ihr sonst hügeliges Ufer Flachland ist, bildet sie ein mit dichtem Gras und Schilf bewachsenes Sumpfland. Je nach der Jahreszeit wechselt der Wasserstand der zuströmenden Flüsse und damit auch derjenige der Lagune in erheblichen Grenzen.

Auf den leicht erhöhten Ufern reiht sich Dorf an Dorf, oft von ansehnlicher Größe, mit Tausenden von Einwohnern, die im lebhaften Marktverkehr untereinander stehen. Das fruchtbare Uferland wird als Farmland von den Schwarzen mit den verschiedenartigsten Kulturen bebaut, namentlich mit Mais, Maniok und Yams. Überall im Lagunengelände gedeiht die Ölpalme, besonders gut in den wasserreichen Überschwemmungsgebieten.

Dabei ist die Lagune selbst nicht tot, sie bietet ein buntes Bild regen Lebens, denn zahlreiche Kanus, das Hauptbeförderungsmittel der Eingeborenen für Personen und Produkte im hiesigen Bezirke, bevölkern ihre Fläche. In allen Größen sind sie vorhanden, vom schmalen Einsitzer bis zum geräumigen Lastkanu, das Platz und Tragkraft für eine ganze Anzahl mit Palmöl gefüllter Tonnen bietet und nebenbei noch die gesamte Familie beherbergt, die in ihm kocht, ißt und schläft. Bisweilen sind sie, ähnlich unseren Landwagen, zum Schutz gegen Sonne oder Regen mit einem Leinwanddache überspannt. Sie bedienen sich langer Stangen, mit denen sie im Kanu stehend auf den Grund stoßen und so, meist dicht am Ufer entlang fahrend, das Fahrzeug vorwärtstreiben. Vereinzelt sieht man auch ein komfortableres Boot am Lagunenufer liegen oder übers Wasser fahren, die verdeckte Gig einer Faktorei oder des Bezirksamtes. Der naheliegende Gedanke, mit einem flachgehenden Motorboote den Verkehr für den Europäer zu erleichtern, die Produkte der Eingeborenen durch Schleppen schneller und in größeren Mengen zu befördern und damit eine regelrechte Verbindung zwischen den Hauptmarktplätzen der Lagune zu schaffen, ist noch nicht verwirklicht. Die Möglichkeit dazu ist gegeben, da selbst bei niedrigem Wasserstand eine genügend tiefe Fahrrinne vorhanden ist. Für den Neger ist zwar Zeit noch nicht Geld, wohl aber für den Weißen, und auch der Schwarze würde es bequemer finden, seine

Produkte einem Motorboot anzuvertrauen oder seine damit beladenen Kanus von ihm schleppen zu lassen, nicht weil er Zeit, sondern weil er mühsame und anstrengende Arbeit dabei erspart, die er von Herzen gern meiden würde, wenn er es könnte. Aber gerade an naheliegende Probleme scheint man hier vielfach mit Zögern heranzugehen. In zehn Jahren wird man vielleicht darüber lachen, warum dieser Plan nicht schon längst verwirklicht wurde.

Ebenso mannigfach wie auf der Lagune ist das Leben an ihren Ufern und in der Tiefe ihres Wassers. Zum Treiben der Schwarzen gesellt sich die große, artenreiche Fauna der Wassertiere, der schwimmenden und der gefiederten.

Krokodile kommen häufig in der Lagune vor, ein beliebtes Jagdobjekt der Europäer. Wenn man zur Zeit des hohen Sonnenstandes auf dem Wasser fährt, dann sieht man sie am Ufer im Grase liegen, oft in tiefem Schlafe, die Schnauze der Sonne zugekehrt; schwimmend verraten sie sich nur durch drei über dem Wasser sichtbar werdende Punkte: die Nase, den Stirn- und den Nackenhöcker. Als unbeabsichtigter Fang verstrickt sich ein Tier mitunter in den Netzen fischender Eingeborener und wird dann lebendig gefesselt. Die Füße über dem Rücken befestigt, die Schnauze zugebunden, bringen es die Schwarzen an einer durchgesteckten Stange tragend zum Verkaufe. Ich habe in letzter Zeit mehrere Krokodile von schwarzen Patienten bekommen. Da sie bei dieser Art des Fanges vollständig unverletzt bleiben, eignen sie sich vorzüglich zum Ausstopfen. Durch eine Strychnininjektion sind sie rasch zu töten. „Élo" nennen die Togoleute das Krokodil, „evé" eine im Ufergebüsch der Lagune lebende Rieseneidechse, den Varan. Unerschöpflich ist der Reichtum an eßbaren Fischen und Krebsen, eine mühelose Nahrungsquelle der Schwarzen, die sie reichlich ausbeuten. Teils ziehen sie große Netze über die ganze Breite der Lagune, teils stellen sie Reusen auf, teils brauchen sie Rundnetze, die sie mit großem Geschick „werfen".

Die sumpfigen Teile des Lagunengebietes sind von Wasservögeln aller Art bevölkert. Den grauen Fischreiher, den braunen Purpurreiher und den weißen Silberreiher mit dem begehrten, wertvollen Federschmuck, sieht man oft im Grase nach Beute umherstolzieren.

Eisvögel mit prächtigem Gefieder, Bekassinen, Schnepfen, Strandläufer, Enten, Kormorane und Raubvögel in großer Zahl gehören zu den stehenden Gästen. Unter letzteren ist der imposanteste der schwarzweiße Gypohierax, der Geier-Seeadler.

Zehn Minuten hinter dem Krankenhause sendet die Lagune einen schmalen Arm ins Land hinein. Dorthin pilgere ich öfters nach beendeter Chirurgie am Spätnachmittage, vertausche das Operationsmesser mit der Jagdflinte, rufe Moritz als Begleiter, der in Ermangelung eines Jagdhundes die erlegte Beute apportieren muß, und suche das Menü der Krankenhausküche zu bereichern.

Auf den weiten Grasflächen, die sich zwischen den einzelnen Lagunenarmen ausbreiten, weiden mehrere Rinderherden, der Besitz einiger wohlhabenden Eingeborenen. Im ganzen mögen es einige hundert Stück sein, aber es sind kleine Tiere. Diese Riesengrasflächen würden ganz sicher geeignete Weideplätze für stattliche Herden abgeben, deren Unterhalt beinahe ohne Kosten möglich wäre. Warum nutzt man sie nicht aus? Auch hier vermag ich die Antwort nicht zu geben. Unter Tierkrankheiten leiden die Rinder an der Küste nicht, Futter ist in unbegrenzter Fülle da, Wasser desgleichen. Warum also nicht? Absatzgebiet würde in den viehannen Nachbarkolonien ebenfalls reichlich vorhanden sein, besonders aber wäre die regelrechte Versorgung Togos mit frischem Fleische möglich, während wir bis jetzt jeden Tag, an dem es frisches Rindfleisch gibt, als Festtag im Kalender rot anstreichen können. Auch dies, sollte ich meinen, wäre eine naheliegende Aufgabe. Wenn ich diese Weideplätze mit dem nie versiegenden Wasservorrat sehe, so muß ich immer an die trockenen, öden Flächen Südwestafrikas denken, wo sich der Viehzüchter abquält, alles Wasser mühsam zusammenzuhalten, und wo trotzdem gerade auf der Viehzucht ein großer Teil der begründeten Hoffnungen dieser Kolonie beruht. Was würden die dortigen Farmer darum geben, wenn sie dieses Weideland hätten! Und hier liegt es fast unbenutzt!

Für die Handelsfirmen Kleinpopos ist die Lagune die natürliche Zufuhrstraße des größten Teiles ihrer Exportprodukte, namentlich des Palmöls und der Palmkerne, die in den Kanus angebracht und in den Faktoreihöfen aufgestapelt werden, bis sich Gelegenheit

Produkte einem Motorboot anzuvertrauen oder seine damit beladenen Kanus von ihm schleppen zu lassen, nicht weil er Zeit, sondern weil er mühsame und anstrengende Arbeit dabei erspart, die er von Herzen gern meiden würde, wenn er es könnte. Aber gerade an naheliegende Probleme scheint man hier vielfach mit Zögern heranzugehen. In zehn Jahren wird man vielleicht darüber lachen, warum dieser Plan nicht schon längst verwirklicht wurde.

Ebenso mannigfach wie auf der Lagune ist das Leben an ihren Ufern und in der Tiefe ihres Wassers. Zum Treiben der Schwarzen gesellt sich die große, artenreiche Fauna der Wassertiere, der schwimmenden und der gefiederten.

Krokodile kommen häufig in der Lagune vor, ein beliebtes Jagdobjekt der Europäer. Wenn man zur Zeit des hohen Sonnenstandes auf dem Wasser fährt, dann sieht man sie am Ufer im Grase liegen, oft in tiefem Schlafe, die Schnauze der Sonne zugekehrt; schwimmend verraten sie sich nur durch drei über dem Wasser sichtbar werdende Punkte: die Nase, den Stirn- und den Nackenhöcker. Als unbeabsichtigter Fang verstrickt sich ein Tier mitunter in den Netzen fischender Eingeborener und wird dann lebendig gefesselt. Die Füße über dem Rücken befestigt, die Schnauze zugebunden, bringen es die Schwarzen an einer durchgesteckten Stange tragend zum Verkaufe. Ich habe in letzter Zeit mehrere Krokodile von schwarzen Patienten bekommen. Da sie bei dieser Art des Fanges vollständig unverletzt bleiben, eignen sie sich vorzüglich zum Ausstopfen. Durch eine Strychnininjektion sind sie rasch zu töten. „Élo" nennen die Togoleute das Krokodil, „evé" eine im Ufergebüsch der Lagune lebende Riesenedechse, den Varan. Unerschöpflich ist der Reichtum an eßbaren Fischen und Krebsen, eine mühelose Nahrungsquelle der Schwarzen, die sie reichlich ausbeuten. Teils ziehen sie große Netze über die ganze Breite der Lagune, teils stellen sie Reusen auf, teils brauchen sie Rundnetze, die sie mit großem Geschick „werfen".

Die sumpfigen Teile des Lagunengebietes sind von Wasservögeln aller Art bevölkert. Den grauen Fischreiher, den braunen Purpurreiher und den weißen Silberreiher mit dem begehrten, wertvollen Federschmuck, sieht man oft im Grase nach Beute umherstolzieren.

sogar bevorzugte) Brutplätze wie die Lagunentümpel, denn an erster Stelle scheinen die Moskitos „Haustiere" zu sein. Vor allem aber ist zu bedenken, daß erst derjenige Moskito für den Europäer eine Gefahr bedeutet, der sich vorher durch den blutsaugenden Stich an einem mit Malariakeimen behafteten Neger infiziert hat. Dazu ist infolge der nahen Eingeborenennachbarschaft die ausgiebigste Gelegenheit gegeben.

So hat man die Gefährlichkeit der Lagune zweifellos stark überschätzt und unterschätzt noch heute die Gefahren, die aus der Nähe der Negerhütten erwachsen. Im englischen Lagos hat man den anderen Weg eingeschlagen: man hat den durch seine Lage für den Handel bevorzugten Ort trotz schwerer hygienischer Bedenken nicht aufgegeben, sondern ist mit großem Eifer und unter Aufwendung bedeutender Summen darangegangen, Assanierungsarbeiten vorzunehmen. Lome ist dafür zur Regierungszentrale Togos erhoben worden, und wenn auch vorläufig der Export Kleinpopos den Lomes noch übertrifft, so wird letzteres doch endlich auch Handelszentrale werden, sobald es außer der im Bau befindlichen Landungsbrücke auch noch gute Zufuhrwege und eine Eisenbahn nach dem Hinterlande erhalten hat — alles Vorteile, die Kleinpopo versagt bleiben müssen.

Es liegt eine gewisse Schicksalstragik darin, daß Kleinpopo, der Ort, der über die Hälfte aller Einnahmen des Schutzgebietes aufbringt, es geduldig über sich ergehen lassen muß, daß diese Einnahmen dazu verwendet werden, seinen Rivalen Lome zu fördern und seine eigene Entwicklung, wenn nicht zum Rückschritt, so doch zum Stillstand zu bringen. So ist heute Kleinpopo, der einstige Sitz des Gouvernements, unter allen Bezirken Togos derjenige, der zwar die höchsten Einnahmen abwirft, aber dabei die weitaus niedrigsten Summen, sei es für Straßenbau, sei es für öffentliche Arbeiten — ganz zu schweigen vom hygienischen Gebiete —, zur Verfügung gestellt bekommt.

Alltagsleben in Kleinpopo

Kleinpopo, 30. August

Meine liebe Frau!

Deine ersten Nachrichten aus der Heimat habe ich gestern erhalten und mich herzlich darüber gefreut, daß sie in allen Stücken günstig lauten. Die Ankunft eines Postdampfers ist für die ganze Kolonie ein Freudentag, den wir monatlich leider nur zweimal erleben. Ich hoffe, daß inzwischen auch meine Lebenszeichen von der Reise und mein erster Brief aus Togo bei Euch eingetroffen sind, vielleicht ebenfalls in diesen Tagen. Ich sehe im Geiste, wie Du die Bogen liest und Anne daneben das Kuvert zerpflückt und nach Art der Kinder ihres Alters in ihr Mäulchen stopft.

Daß ich mich in Gedanken täglich noch oft heimwärts flüchte, brauche ich Dir kaum zu verraten, aber es wird gehen. Der Himmel hat hier ein ewig heiteres Lachen, bisweilen sogar ein wenig aufdringlich; aber es scheint, als ob sich ein Teil seiner Wolkenlosigkeit auch auf den Menschen übertrüge. Selbst die schwarzen Togoleute sind ein harmloses, heiteres Völkchen. Du weißt, ich liebe lachende Gesichter. Warum sollte ich nicht die gleiche Wirkung auch noch an mir verspüren? Ist mir der Kopf mal voll, so pilgere ich beim Sonnenuntergang zum nahen Strande und lasse mir vom scharfen Abendwinde alle trüben Gedanken aus dem Sinn fegen. Behalte auch Du weiter den Kopf hoch, wahre Dir die Ruhe des Gemütes im Gedanken an die Unabänderlichkeit und ängstige Dich vor allem nicht um meine Gesundheit. Wenn ich an Dich schreibe, so ist es gewöhnlich des Abends, und ich sitze auf der Veranda meines afrikanischen Heimes. Ich verträume manche stille Abendstunde auf ihr, und ich glaube, sie wird mein Lieblingsplatz werden. Das Branden und Rauschen des Meeres tönt zu mir herüber, bald zürnend und grollend, bald leise plaudernd. Das geschwätzige Flüstern der langgefiederten Kokospalmen im Garten regt den Träumer an, auch Euch vom Leben in der Ferne zu erzählen. Die Gedanken fliegen über das Wasser hinweg in die Ferne, und es paart sich im Denken und Fühlen die afrikanische mit der heimatlichen Welt.

Mein Leben ist äußerlich bereits in die geregelten Bahnen einer gewissen Alltäglichkeit eingelenkt. Laß Dir kurz die Umrisse eines gewöhnlichen Tageslaufes schildern. Die Sonne geht hier unterm 6. Breitengrade mit ziemlicher Pünktlichkeit morgens 6 Uhr auf und ebenso pünktlich 6 Uhr abends unter. Eine Dämmerstunde gibt's weder früh noch abends, der Übergang der Tageszeiten vollzieht sich in wenigen Minuten. Sobald es hell geworden ist — unsere Wanduhren haben sämtlich ihren Betrieb eingestellt —, wird eine Glocke unter meinem Schlafzimmer geläutet, das Zeichen für die schwarzen Angestellten, zur Arbeit anzutreten. Ich revidiere kurz, ob sie vollzählig erschienen sind; Säumige erhalten einen Lohnabzug. Nach dieser Revue über meine Heerscharen steige ich ins Bad, dessen Luxus man sich hier täglich gönnen kann und muß. (Leider kann man sich der Haifische wegen der offenen See nicht anvertrauen.) Inzwischen hat Moritz, der früh mit seinem verschlafenen Gesicht einen besonders dämlichen Eindruck macht, den Kaffee auf der Veranda serviert. Im Anschluß daran folgt ein kurzer Rundgang durch meine Gemarkung, um nach dem Rechten zu sehen und, wo es not tut, Anordnungen fürs Tagewerk der Schwarzen zu treffen. Daran schließt sich die Krankenvisite der weißen Patienten des Hospitals.

½9 Uhr ist die Zeit fürs Frühstück angesetzt, das ich ebenso wie Mittag- und Abendbrot mit den Schwestern zusammen im gemeinsamen Eßzimmer halte, wenn wir nicht vorziehen, auf der luftigen Veranda den Tisch decken zu lassen. Freilich meint es dort der Seewind oft reichlich gut, so daß wir das Tischtuch durch Klammern vor dem Davonfliegen bewahren müssen und abends nur Lampen mit unten geschlossener Glocke, sogenannte „Brisenlampen", brennen können. Nach dem Frühstück folgt der Gang zu der fünf Minuten entfernten Poliklinik der Eingeborenen, in der ich jeden Morgen Sprechstunde halte. Je nach der Anzahl der Hilfesuchenden nimmt sie mich längere oder kürzere Zeit in Anspruch. Sind Europäer außerhalb des Hauses krank, so schließe ich deren Besuche an und habe so bequeme Zeit, das Haupttagewerk am Vormittage zu erledigen.

Der Nachmittag steht zur freien Verfügung; das heißt, ich kann an ihm arbeiten, was ich arbeiten will. Welcher herrliche Kontrast allein schon darin gegenüber der heimischen Praxis, die einen bis zur Nacht keine Stunde Herr seiner Zeit sein läßt! Meist fülle ich ihn allerdings damit aus, daß ich mir einen oder mehrere der Patienten, die sich am Vormittage in der Poliklinik einfanden, operiere. Aber zu kleinen Streifzügen in die Umgegend, für die Pflege unseres Gartens, für interessante Untersuchungen, für Mikroskopieren, für Sammelzwecke usw. bleibt immer noch genügend Zeit zur Verfügung. Freilich mußt Du bedenken, daß man sich im Tropenklima sicher nicht die gleiche Arbeitsleistung wie daheim zumuten kann, wenigstens nicht dauernd, weder körperlich noch geistig. Ich empfinde zwar die tropische Hitze sehr wenig, und ihre Schilderungen in afrikanischen Reisebeschreibungen sind sicher meist stark übertrieben, aber eine gewisse Erschlaffung macht sich doch hier rascher geltend als im heimischen Klima.

Eine wissenschaftliche und eine Unterhaltungsbibliothek sind auch vorhanden; erstere sehr gut ausgestattet, letztere zweiter Güte, sich aus gelegentlichen Geschenken zusammensetzend, viel Bahnhofsliteratur dabei. Der wertvollste Teil letzterer stammt aus dem Nachlaß des verstorbenen Gouverneurs Köhler. Der äußere Komfort des Nachtigal-Krankenhauses übertrifft weit meine Erwartungen, und soweit es von ihm abhängig ist, wird sich's sicher sehr behaglich hier leben lassen. Die Zimmer sind anständig ausgestattet, wennschon die Möbel stark von der salzhaltigen, feuchten Seebrise mitgenommen werden. Auch die Verpflegung steht auf der Höhe. Leider sind wir zu einem großen Teil auf Konserven aus der Heimat angewiesen, die uns in monatlichen Lieferungen geschickt werden.

Die Schwestern vom Roten Kreuz sind, soweit ich bisher urteilen kann, alle drei tüchtig und mit Freude bei ihrem Berufe. Eine der Schwestern weilt schon 1½ Jahr im Lande, und die Spuren schwerer überstandener Fieber sind ihr deutlich anzusehen; aber sie setzt ihren Ehrgeiz darein, volle zwei Jahre — so lange läuft ihre Verpflichtung — auszuhalten. Das von den Schwestern zu bewältigende Arbeitspensum ist vorläufig derart geteilt, daß die afrikajüngste die Krankenpflege versieht, die älteste die Wirtschaft führt, wobei ihr ein schwarzer Koch zur Verfügung steht, und die dritte den Apothekenbetrieb sowie Laboratoriums- und Operationsdienst verwaltet.

Geselligkeit ist bei der geringen Einwohnerzahl des Ortes natürlich mangelhaft, aber ich entbehre sie nicht. Verheiratete Frauen fehlen ganz. Bisweilen kommt am Spätnachmittage ein Europäer des Ortes oder der Nachbarschaft zu Besuch; am liebsten sehe ich Dr. G., den Bezirksamtmann von Sebe, kommen, der zwar auch erst seit einigen Monaten im Schutzgebiete weilt, mir aber doch manche wertvollen orientierenden Auskünfte über allerlei mir unbekannte Verhältnisse geben kann. Oft sitze ich auch des Nachmittags ein Stündchen bei meinen Krankenhauspatienten und lasse mir außer von ihren Leiden auch davon erzählen, wie es im Hinterlande Togos oder in Dahome oder wo sie nun gerade hergekommen sind, aussieht.

Wöchentlich zweimal haben wir „Kasinoabend". Unglücklicherweise liegt das Kasino — mit diesem stolzen Namen bezeichnen wir ein sehr bescheidenes, einstöckiges, kleines Häuschen mit einem einzigen Raum — auf dem uns entgegengesetzten Ende der Landzunge, also einige Kilometer vom Hospital entfernt. Der abendliche Weg dorthin im Dünensande gehört nicht zu den angenehmsten Promenaden, besonders nicht, wenn der Mond fehlt, und Moritz ihn mit einer vorausgetragenen Laterne ersetzen muß. Außerdem benutzt der Neger mit großer Vorliebe gerade dieses Terrain zur Verrichtung aller seiner leiblichen Bedürfnisse, und der Seewind pflegt nachdrücklich genug der Nase des Passanten diese Tatsache in Erinnerung zu bringen. Das beste am ganzen Kasino sind die sich ihm anschließende Kegelbahn und eine dort aufbewahrte Bibliothek. Was an den Kasinoabenden geboten wird, sind außer schlechten Getränken schlechte Witze — gute macht nur der dicke Postmeister H. — und neben den höheren Gesichtspunkten des „Küstenklatsches" die schwierigsten Fragen der Kolonialpolitik. Was da in kurzer Zeit alles für Weisheit ausgekramt wird, namentlich dann natürlich, wenn der unvermeidliche Alkohol der Zunge und den Gedanken die Zügel gehörig gelockert hat! Neben mancher ganz treffenden Ansicht feiert hier der koloniale Dilettantismus die tollsten Orgien. Als jüngster Afrikaner hüte ich mich aber wohlweislich, vorläufig zu widersprechen.

Du siehst, im ganzen leben wir erträglich. Auf vieles freilich, was die Heimat als etwas Selbstverständliches bietet, müssen wir hier verzichten. Dafür sind wir in anderen Dingen wieder bevorzugt. Schwer drückt mich das Bewußtsein, drei Wochen Seefahrtszeit von der Heimat entfernt zu sein, und alles, was ich nach dieser Frist aus Deutschland erhalte, nur veraltet zu haben. Die Gewöhnung allein kann Abhilfe schaffen.

Eine Bitte habe ich noch auf dem Herzen: schicke mir ab und zu ein gutes Buch. Aber ein wirklich gutes muß es sein, denn anstatt ein schlechtes zu lesen, will ich lieber eine Operation mehr machen oder ein paar Enten auf der Lagune schießen. Ich selbst kann von hier aus schwer Spreu vom Weizen unterscheiden; was Dir wirklich gefallen hat, schicke heraus; auch alle Monate einen Packen Zeitungen. Auf der Reise fand ich in der Schiffsbibliothek ein Werk von Frenssen, Jörn Uhl. Es muß demnach schon vor geraumer Zeit erschienen sein, aber bis in unser verlassenes Bergdorf war noch keine Kunde davon gedrungen. Schaffe Dir es an. Es ist in unserer Zeit des Probierens, Suchens, Tastens und der Halbheiten seit langem wieder etwas Ganzes, es atmet nordische Kraft. Warum es mir besonders gefallen hat, kann ich Dir in kurzen Worten nicht sagen, aber ich zweifle nicht, daß es auf Dich eher noch stärker wirken wird, weil es in Deinem Heimatlande spielt. Schreibe mir mal darüber.

Einige lose Tagebuchblätter und photographische Aufnahmen mit den nötigen Erklärungen lege ich diesen Zeilen wieder bei. Du wirst gewiß mit allen möglichen Fragen bedacht werden, mehr vielleicht aus Neugier als wirklichem Interesse. Je nach Zeit und Neigung will ich auch in Zukunft kleine Notizen und Skizzen niederschreiben. Vielleicht können sie Dir und anderen, denen Du sie zugänglich machen willst, nach und nach ein annäherndes Bild unseres Lebens und Strebens hier geben, und uns sind sie später eine Erinnerung an diese Afrikazeit.

Lebe wohl, der nächste Dampfer bringt Dir bald mehr. Hoffentlich geht es Euch ebensogut wie mir. Dir und der Kleinen einen herz\`\`\`en Kuß vom fernen Vater.

11. September

Vor einigen Tagen traf Dr. Sch. aus dem Hinterlande hier ein, war während dieser Zeit mein Gast und hat sich heute morgen zu einem Heimaturlaub eingeschifft. Er weilte seit 1½ Jahren in der Kolonie und verbrachte einen großen Teil dieser Zeit im Hinterlande mit der Lösung einer bestimmten Aufgabe von weittragender Bedeutung, die ihm hoffentlich gelungen ist. Das Togohinterland besitzt große Reichtümer an Rinderherden, aber der Transport dieser Tiere zur Küste ist bisher unmöglich, weil sie während desselben der Ansteckung mit einer Seuche ausgesetzt sind, der Nagana, die ausnahmslos zum Tode führt; oft allerdings erst nach langem Siechtume. Hier in Togo sowohl als in Ostafrika und Kamerun herrscht in verschiedenen Distrikten diese Tierkrankheit, die nicht nur Rinder, sondern auch Pferde zu befallen pflegt. Die Krankheit wird den Tieren vermittelt durch den infizierenden Stich der Tsetsefliege. Die unmittelbare Küstengegend selbst ist in Togo frei von Nagana.

Abgesehen davon, daß durch diese Seuche das Hinabtreiben von Viehbeständen zur Küste für Schlacht- und Exportzwecke unmöglich gemacht wird, steht sie auch ihrer Nutzbarmachung als Zugtiere für den Lastverkehr oder den landwirtschaftlichen Betrieb entgegen. Solange wir daher über keine Eisenbahnen oder mit dem Automobil befahrbaren Straßen verfügen, müssen alle Produkte die kostspielige Beförderung auf dem Kopfe des Negers über sich ergehen lassen. Es würde natürlich einen großen Gewinn für unsere Schutzgebiete bedeuten, wenn es gelänge, die Rinder und wenn möglich auch die Pferde gegen diese Krankheit zu schützen. Verschiedene Autoritäten, Ausländer und Deutsche, haben sich dieses Ziel gesteckt, ohne bisher einen sicheren Erfolg aufweisen zu können. Dr. Sch. hat nun nach eingehenden Vorstudien über Ausbreitung und Verlauf der Seuche, auf Untersuchungen Robert Kochs fußend, eine Schutzimpfungsmethode ausgebaut. Er selbst enthält sich vorläufig eines abschließenden Urteils über den Erfolg seiner Versuche, da ja erst durch längere Beobachtungszeit sich zu erweisen hat, ob die von ihm behandelten Versuchstiere dauernd gesund bleiben.

Bisher ist man der Nagana bei allen Versuchen, soweit ich selbst die Nachrichten darüber hier verfolgen kann, auf Grund der Serum-Therapie zu Leibe gegangen. Eine zweite Möglichkeit wäre die, auf medikamentösem Wege dem Ziele zuzustreben. Es wäre nicht undenkbar, daß wir ein chemisches Mittel fänden, welches die Ansteckung zwar nicht verhindert, aber die in den Kreislauf eingedrungenen Parasiten nicht zur Entwicklung kommen läßt, ähnlich wie das Chinin die Parasiten der Malaria tötet. Die Behandlung mit einem solchen Mittel brauchte zu Transportzwecken ja nur eine kurz dauernde, während der Zeit des Durchtreibens durch das Gebiet der Tsetse zu sein. Haben sie einmal die Küste gesund erreicht, so ist eine neue Ansteckung nicht mehr möglich*).

Wenn in späteren Jahren eine Bahn in Togo bis zu den viehreichen Gegenden vorgedrungen sein wird, so ist neben vielen anderen wichtigen Fragen auch diese auf einfache Weise gelöst, denn es würde leicht gelingen, die für den Viehtransport bestimmten Wagen durch Schutz mit Drahtgaze derart einzurichten, daß ein Eindringen der Tsetsefliegen während der Fahrt ausgeschlossen ist. Leider wird aber die Verwirklichung eines solchen Bahnprojektes wohl mindestens noch ein Jahrzehnt auf sich warten lassen. Aber kommen wird sie doch. Sero sapiunt Phryges, dummodo sapiant.

Der Küstenneger und unsere Kultur

19. September

Was an schwarzen Männern und Frauen in und um Kleinpopo haust, ist kein reiner Volksstamm. Das, was sie eint, ist die Ewesprache, oder richtiger ein bestimmter Dialekt dieser über die ganze Südhälfte Togos ausgebreiteten Sprache. Schon seit langer Zeit scheint eine große Bewegung der Negervölker, vom Innern Afrikas nach der Küste zu drängend, stattzufinden, eine Bewegung, in der wir wahrscheinlich noch heute stehen. Sie hat sich kompliziert durch

---

*) *Die Hoffnung, durch eine Serumbehandlung der Naganaerkrankung vorzubeugen oder sie zu heilen, hat sich nicht erfüllt. Dagegen hat die deutsche chemische Industrie mit dem Naganol (Bayer 205) ein Mittel zur Verfügung gestellt, mit dem sowohl eine mehrmonatige Unempfindlichkeit gegen die Infektion wie Heilung im Krankheitsbeginn erzielt werden kann.*

eine Verschiebung der nach der Küste vorgedrungenen und der dort bereits seßhaften Stämme unter sich; eine Verschiebung, die halb friedlich, halb unter Kriegsfehden sich vollziehend, ebenfalls bis zur Besitzergreifung durch die Deutschen angehalten hat. Durch das Dazwischentreten des Europäers ist sie teils zum Stillstand gebracht, teils in andere Bahnen gedrängt worden.

Vom 16. Jahrhundert an datiert die Berührung unserer Togoküste mit dem Weißen und seiner Kultur. Der Name „Sklavenküste" besagt, welcher Art hauptsächlich diese anfängliche Begegnung mit dem Europäer war. Bis zum Anfang des 19. Jahrhunderts hat der Sklavenhandel hier in lebhafter Blüte gestanden. Erst dann wurde ihm durch das Eingreifen der europäischen Regierungen gesteuert.

Es scheint nicht völlig klargestellt zu sein, ob die ganze Institution des Sklavenhaltens, Sklavenverkaufes und Sklaventausches bereits vor dem Erscheinen des Europäers unter den Negerstämmen bestand, oder ob erst die Nachfrage der Weißen nach schwarzer Menschenware sie ausgebildet hat. Das erstere will mir viel wahrscheinlicher erscheinen, obwohl ich nicht bezweifle, daß die europäische Nachfrage die schändlichsten Auswüchse einer von alters her bestehenden Einrichtung zeitigte. Aber ich glaube, daß überhaupt kein Sklavenhandel möglich gewesen wäre, wenn er nicht auf einer alten Landessitte gefußt hätte. Es wird das alte Recht des Stärkeren gewesen sein, über Freiheit und Leben des Besiegten zu verfügen; und als der Europäer kam und für die Erzeugnisse seiner Kultur eine Gegenleistung verlangte, brachte ihm der Neger, was der Weiße von ihm haben wollte: Gold, Elfenbein und Menschen.

Wie tief die Überzeugung von dem Verfügungsrechte der Häuptlinge über ihre Sklaven unter den Negern wurzelte, geht daraus hervor, daß sich der Durchführung des Verbotes, Sklavenhandel zu treiben, die größten Schwierigkeiten entgegenstellten, und daß die Sklavenhändler anfänglich sogar überall von den Eingeborenen selbst gegen die Maßnahmen der europäischen Regierungen in Schutz genommen worden sind. Dieselben Schwierigkeiten haben sich der Beseitigung der Haussklaverei entgegengestellt; ja sie bestehen noch heute. Nicht nur der Häuptling erblickt begreiflicherweise darin einen Eingriff in seine Rechte, auch der Haussklave selbst ersehnt nicht die vom Europäer ihm ermöglichte Freiheit. Auch heute noch hält sich der vermögende Neger seine „Arbeiter" ohne Lohn, und im Hinterlande, wo die Überwachung keine allseitige sein kann, treffen die Stationsleiter auch jetzt noch gelegentlich auf die Spur eines bei seinem Metier gestörten Sklavenräubers. Dabei ist im Norden Togos der moslemitische Einfluß ein weiterer Grund für das Festhalten an der Sklaverei, die selbst durch ein religiöses Gebot des Propheten sanktioniert ist.

Sicher scheint zu sein, daß der Inlandsklave nicht zum Bewußtsein seiner Unfreiheit gekommen ist, sondern sie als selbstverständlich hingenommen und sich wohl in ihr gefühlt hat. Einen Teil seiner Arbeitskraft widmete er der Farm seines Herrn, den Rest seiner eigenen kleinen Farm; dafür hatte sein Besitzer für ihn zu sorgen. Gegen Hunger war er geschützt, und die Sklaverei war ihm eine sichere und bequeme Alters-, Invaliden- und Unfallversicherung.

Durch Verschiebung der einzelnen Stämme, durch Vermengung mit Sklaven, durch Berührung mit den Europäern ist im Laufe der Zeit die jetzt bestehende bunte Mischung der Küstenneger zustande gekommen. Schon im Körperbau verrät sich, daß sie nicht reinen Stammes sind. Das tiefste Schwarz der Hautfarbe wechselt mit dem häufigeren Dunkelbraun in allen möglichen Nuancen neben der geringen Zahl wirklicher Mulatten. Tätowierungen, das ursprüngliche Stammeskennzeichen, sind in den verschiedensten Ausführungen unter ihnen zu sehen und verraten die ursprüngliche Heimat ihres Trägers; bei der jüngeren, „modernen" Generation fehlen sie oft ganz. Schlanke, hagere, sehnige Gestalten sieht man ebensooft wie breite, muskulöse Typen.

Das Nervensystem der Küstenleute scheint sich noch die unveränderte Stärke eines Naturvolkes gewahrt zu haben. Geisteskrankheiten werden nur selten unter ihnen beobachtet. In einem Lagunendorfe fand ich als seltenen Vogel kürzlich eine an Tobsuchtsanfällen leidende Kranke. Sie war auf originelle Weise für ihre Umgebung dadurch unschädlich gemacht, daß man einen schweren Holzklotz um eins ihrer Fußgelenke gelegt hatte, der sie am langsamen Umhergehen nicht hindert, aber ermöglicht, daß sich jeder vor ihr in Sicherheit bringen kann, wenn sie einen ihrer Anfälle bekommt.

Bei Verletzungen und chirurgischen Eingriffen ist der hiesige Neger entschieden herzhafter und widerstandsfähiger als der Europäer. Um so befremdlicher scheint es, daß er bei inneren, selbst ganz harmlosen Leiden stets eine große Niedergeschlagenheit an den Tag legt. Wahrscheinlich beherrscht ihn auf diesem für ihn dunklen Gebiete noch der Fetischglaube und die früher oft gewiß nicht unbegründete Furcht vor einer heimlichen Vergiftung.

Erst seit der Besitzergreifung Togos durch die Deutschen findet nun eine dauernde gleichmäßige und intensivere Berührung der schwarzen Rasse mit der weißen statt, die im Begriffe ist, das Kulturbild des Negers weiter zu verändern. Allerdings reicht diese neueste Phase noch nicht weit in das Inland hinein. Auch sind die Umwandlungen, welche die Negerkultur in den letzten beiden Jahrzehnten durch uns erfahren hat, noch keine tief durchgreifenden; sie haften vorläufig wohl sämtlich nur an der Oberfläche. Trotzdem bezeichnet der Neger Kleinpopos alles, was hinter der Lagune wohnt, mit verächtlichem Stolze als ,,Buschneger''.

Was aber der Küstenneger freiwillig vom Europäer hier angenommen hat, beschränkt sich vielfach auf Äußerlichkeiten. Dabei ist es in vielen Fällen sehr fraglich, ob der Austausch seiner Landessitten für den europäischen Brauch überhaupt einen Fortschritt für ihn bedeutet. Greifen wir das Beispiel der Kleidung heraus. Es ist ja aus allen afrikanischen Reiseschilderungen genugsam bekannt, mit welcher Vorliebe gerade ein beliebiges Stück der europäischen Kleidung vom Schwarzen aufgegriffen wird. Hier an der Küste ist sie schon stark verbreitet und hat sich nicht nur als Festanzug eingebürgert, sondern wird auch von vielen Eingeborenen als tägliche Bekleidung getragen. Dabei ist die ursprüngliche Eingeborenentracht: ein Hüfttuch oder bei den Wohlhabenderen ein Tuch, das von den Männern ähnlich der römischen Toga um eine Schulter geschlagen, von den Frauen über die Brust geknotet wird, den klimatischen, hygienischen und praktischen Bedürfnissen des Negers weit besser angepaßt als der eng anliegende europäische Anzug. Selten ist das moderne Kostüm des Schwarzen in einer einigermaßen annehmbaren Verfassung. Wo er nicht der dauernden Beobachtung und Beaufsichtigung durch den Weißen unterworfen ist, trägt er es ohne Wechsel wochen-, selbst monatelang und arbeitet, schwitzt oder schläft je nach Bedarf in ihm. Dem Schweiß ist weniger Gelegenheit zur Verdunstung gegeben als bei seiner losen bequemen Landestracht, und allerlei Hautkrankheiten, zu denen er an sich schon neigt, sind die unmittelbare Folge. Kommt er in einen Regen, so ist er von früher her gewohnt, den Rest von Feuchtigkeit, der nicht von selbst von seiner geschmeidigen, öligen Haut herabläuft, von der Tropenwärme auftrocknen zu lassen. Hat er sein europäisches Gewand an, so legt er es nicht ab, kann es auch gar nicht, da er oft nur eins besitzt. Er behält es also in durchnäßtem Zustande auf dem Leibe, der Wind streicht durch die nassen Stücke, und die weitere Folge sind Erkältungskrankheiten, Katarrhe und rheumatische Erscheinungen, zu denen er ebenfalls an sich schon disponiert ist.

Besonders weit vorgeschrittene Neger tragen dauernd eine Kopfbedeckung, womöglich noch einen Sonnenschirm dazu. Die wirklichen „bigmen" wählen nicht etwa einen Strohhut oder eine leichte Mütze, sondern mit Vorliebe den Tropenhelm, den sie beim Europäer sehen. Durch eine Jahrtausende hindurch gesteigerte und fortgeerbte Akklimatisierung hat der Neger die uns leider fehlende Fähigkeit bekommen, barhäuptig der Tropensonne zu trotzen. Gewöhnt er sich ans Tragen unzweckmäßiger Kopfbedeckungen, so wird ihm dieser Vorzug ungleich schneller verlorengehen, als er ihn gewonnen hat. Ebenso zweifelhaft ist der Wert unserer Fußbekleidung für ihn; denn er wählt nicht die für ihn geeigneten Sandalen, sondern modernes, für seinen Fuß möglichst untaugliches Schuhwerk. Die Europäer sollten wenigstens dahin wirken, daß die Schwarzen ihrer nächsten Umgebung nichts anderes als ganz leichte, waschbare Kleidung tragen; noch verdienstvoller wäre es aber, wenn man die Eingeborenentracht zu erhalten suchte, sie vielleicht in dieser oder jener Hinsicht verbesserte, aber nicht ihre Verdrängung begünstigte.

Mit den Hosen allein zieht man dem Neger keine Kultur, sondern zunächst nur ein Stück Eitelkeit an. Beispiele dieser Eitelkeit haben wir täglich. Einen besonders originellen Fall erlebte ich kürzlich, als ein Neger mit einer schön gearbeiteten, großen Goldplombe seines Schneidezahnes — wie ich zunächst annahm — bei mir erschien. Bei näherem Zusehen entpuppte sich die Plombe als eine von einem eingeborenen Goldschmiede angefertigte, dünne, abnehmbare Kappe, die er über den ganz unversehrten Zahn geklemmt hatte.

Die des Lesens und Schreibens kundigen Neger kaufen ihre Bedürfnisse nicht nur in den hiesigen Faktoreien, sondern sind dazu übergegangen, direkte Bestellungen in Deutschland zu machen. Nichts ist begehrter als irgendein illustrierter Katalog des Europäers. Namentlich zwei Firmen sind es, die besonders oft mit Bestellungen bedacht werden. Allmonatlich treffen in Kleinpopo wohl über 100 Pakete und Paketchen ein, deren Inhalt aus Wäschestücken, Taschenmessern, Uhren, Ketten, Spiegeln, Mützchen und allerhand Plunder besteht. Heinrich trat vor einigen Tagen, stolz mit einer ganzen Reihe aus Deutschland bezogener Kotillonorden geschmückt, zum Dienst in der Poliklinik an! Früher schickten die deutschen Firmen an ihre schwarzen Kunden gegen Nachnahme. Da es aber zu oft vorkam, daß die Nachnahme nicht eingelöst wurde und das Paket zur Verfügung der Firma liegen blieb, liefern sie jetzt nur noch gegen Vorausbezahlung eines größeren Betrages. Max ertappte ich kürzlich dabei, wie er eine große Bestellung der törichtsten Sachen abfaßte in einem Briefe, der von heißen Freundschaftsbeteuerungen für die Firma J. nur so strotzte.

Sehr konservativ hat sich der Küstenneger bisher in der Bauart seiner Hütten gezeigt: niedrige Wände aus dunkelm Lehm mit weit überhängendem Dache aus Schilfgras. Nur die Wohlhabenderen, Häuptlinge und Mitglieder der Kaufmannsfamilie der de Almeidas haben nach europäischem Muster gebaut. Ziegelsteine zu brennen, haben sie vom Deutschen gelernt, und an Stelle des teuren, importierten Zementes benutzen sie vielfach einen Kalk, den sie durch Brennen von Austerschalen (die Lagune ist reich an Austerbänken) gewinnen. Der ganze Haushalt eines Küstennegers ist durchweg ein buntes Mosaikbild regellos zusammengewürfelter europäischer und afrikanischer Kultursteinchen; bald überwiegen diese, bald jene. Was er ohne große Mühe und Kosten im Interesse seines

Wohlbehagens und seiner körperlichen Bequemlichkeit haben kann, schafft er sich an: primitive Bänke, Tische, Stühle, Eß- und Trinkgeschirre, Petroleumlampen usw. Besonders gern beklebt er die Wände seiner Räume mit Bildern und Plakaten, die er aus irgendwelchen Zeitschriften oder Büchern herausgeschnitten hat.

Was ist nun der Beruf aller dieser Küstenneger? Wenn man einen Schwarzen danach fragt, bekommt man ebenso wie bei der Frage nach seinem Alter, das er nie anzugeben weiß, ein Lächeln zur Antwort, als wollte er damit ausdrücken: wie kann dieser Weiße eine so törichte Frage an mich richten. Daß man einen bestimmten Beruf nach unserer Auffassung als Lebenszweck erwählt, dafür fehlt ihm noch jedes Verständnis. Der Neger kennt zwar eine ganze Menge einheimischer und auch europäischer Gewerbe und Kunstfertigkeiten. Er treibt auch Handelsgeschäfte. Aber er betreibt alles nach Bedarf; wenn er gerade Nahrung oder Geld braucht, um damit seine Bedürfnisse zu befriedigen, dann arbeitet er.

Beim Buschneger hat natürlich noch keine Differenzierung der einzelnen Gewerbe stattgefunden; derselbe Mann, der heute auf der Lagune Fische fängt, baut morgen an seiner Hütte oder bessert sein Kanu aus oder schickt Frau und Kinder zum Einsammeln von Ölfrüchten. In Kleinpopo finden wir indessen schon viele Schwarze, die ein bestimmtes europäisches Handwerk leidlich beherrschen. Hat er Geld in den Händen, so ist es häufig in törichten Ausgaben verschleudert, und er hat oft zuletzt nicht nur nichts, sondern gerät tief in Schulden, aus denen er sich nicht anders retten kann, als daß er seinen Grundbesitz veräußert, seine Verwandtschaft bürgen läßt und sich verpflichtet, die Schuld allmählich abzuarbeiten.

Der Neger stellt sich beim Erlernen eines Handwerks im ganzen nicht ungeschickt an, und in den Arbeitsstätten der Regierung, der Firmen und der Missionen finden sich sehr geschickte Zimmerleute, Schmiede, Bootsleute usw. Selbst mehrere schwarze Photographen, die gute Arbeit liefern, haben wir in Kleinpopo; einer von ihnen betreibt nebenbei die Reparatur von Uhren! Großer Beliebtheit erfreut sich das Schneiderhandwerk, das teilweise sogar unter Benutzung der Nähmaschine ausgeübt wird. So ist unser schwarzer Kasinokellner in seinen vielen Mußestunden Gelegenheitsschneider.

Unsere Aufgabe ist es, den Neger einer geregelten Arbeit zuzuführen. Es wäre eine interessante und dankbare Aufgabe, den bisherigen Spuren der Beeinflussung des Schwarzen durch uns weiter nachzugehen. Schon auf dem mir naheliegenden hygienischen Gebiete tritt sie in mannigfacher Weise zutage. Dabei scheinen mir diese Fragen von weitgehender, allgemeiner Bedeutung zu sein; denn die pekuniäre Rentabilität eines Landes wird doch in letzter Linie von ihren Bewohnern garantiert und ist nicht zum geringsten Teile davon abhängig, ob sie sich in einer aufwärtssteigenden Entwicklung oder im Niedergange befinden.

Die hygienische Beeinflussung der Küstenneger durch unsere Kultur, und für die Hinterlandsstämme Togos gilt es zum großen Teile auch, ist teils von schädigender Wirkung, auch indirekt, nicht ohne weiteres für jeden ersichtlich. Bedenken wir, um ein Beispiel herauszugreifen, daß durch den vermehrten Handel, durch verbesserte Verkehrswege, durch Expeditionen der Europäer, die immer von einer Schar Diener, Lastenträger oder Polizeisoldaten begleitet sind, schließlich durch die Heranziehung der Eingeborenen zu öffentlichen Arbeiten eine viel innigere Berührung der einzelnen Dörfer und Stämme gegeben ist, als sie früher vorhanden war. Dieser innigere Kontakt steigert aber auch unmittelbar die Gelegenheit zur Übertragung ansteckender Seuchen, deren Ausbreitung früher weniger leicht möglich war. Ich denke dabei in erster Linie an die Pocken, zu denen sich noch Lepra und geschlechtliche Erkrankungen gesellen.

Es erwächst für uns also die Pflicht, beizeiten vorbeugende Maßregeln gegen diese großen hygienischen Gefahren, die unsere Kultur für die Schwarzen mit sich führt, zu treffen, wenn anders die Negerrasse nicht einer Degeneration verfallen soll. Für die Lösung solcher Aufgaben sind freilich mehr als zwei an der Küste stationierte Ärzte für ein Land von über 1 Million Einwohnern bei allem guten Willen erforderlich.

Der Kolonialarzt muß alles können!

28. September

Ich darf der Vorsehung wohl dankbar sein, daß sie mich die Schule des heimischen Landarztes hat gründlich durchkosten lassen, ehe sie mich hierher in eine afrikanische Tätigkeit verschlug. Es mag paradox klingen; aber sie haben beide gar manche Berührungspunkte. In unseren Tagen geht das allgemeine Streben dahin, im ärztlichen Wissen und Können zu spezialisieren. Jede der medizinischen Disziplinen verfügt an größeren Orten über Spezialisten. Anders in der Landpraxis, besonders wenn sie in einem abgelegenen Dorfe ausgeübt werden muß, anders auch hier. In allen schweren, dringenden Fällen, seien sie chirurgische, seien sie innere, muß der Arzt nach eigener Entschließung handeln, und sein ärztliches Gewissen ist der einzige Kollege, den er konsultieren kann. Er hat allein alle Verantwortung auf sich zu nehmen. Hier wie dort ist es nötig, auf mancherlei Komfort des Instrumentariums und der äußeren Einrichtung zu verzichten und so gut wie möglich mit beschränkten Mitteln das zu leisten, was bei reicheren Hilfsmitteln oft rascher, sicherer und leichter zu erreichen wäre. Dort wie hier bedarf die Ausübung der ärztlichen Praxis eines festen, abgehärteten Körpers, der den Einflüssen der Witterung und des Klimas trotzt; und um nicht zu erlahmen, bedarf es neben der physischen Kraft der ganzen Freudigkeit und der ganzen Überzeugung vom Werte des erwählten, harten Berufes.

Mit Dankbarkeit gedenke ich noch oft meiner ehemaligen Lehrer, namentlich an der Kieler Universität, die uns bewußt dahin zu bringen bemüht waren, daß wir nicht nur dasjenige später verwerten und wiedererkennen lernten, was uns ein oder mehrere Male gezeigt und erläutert werden konnte, sondern daß wir uns auch bei neuen, ungesehenen Erscheinungen zurechtfanden und ihnen nicht hilflos gegenüberstanden. Wie schön ist das Bewußtsein erfolgreich geleisteter Hilfe gerade in solchen Fällen, die einem zunächst als vollständiges Novum entgegentreten und die schließlich doch durch die beiden Hilfsmittel der Untersuchung und Beobachtung in klarem Bilde vor einem stehen und dadurch einer erfolgreichen Therapie zugänglich werden.

Dies Erlebnis ist schon daheim bisweilen, ungleich häufiger aber hier in den Tropen dem Arzte beschieden; besonders häufig natürlich unter den Krankheiten der Eingeborenen. Indessen verursacht das Tropenklima auch beim Europäer — abgesehen von der alltäglichen Malaria — nicht selten komplizierte Erkrankungsformen, denen wir daheim nur selten oder gar nicht begegnen. Als Beispiel will ich Euch kurz von zwei meiner letzten weißen Patienten erzählen.

Vor etwa vier Wochen kam aus Whydah, einem Handelsplatze des benachbarten französischen Dahome, ein junger Kaufmann in unser Krankenhaus. Er klagte über allerlei unbestimmte Beschwerden, die zunächst gar keinen Anhaltspunkt für die Natur des vorhandenen Leidens ergaben. Objektiv war außer leichter abendlicher Temperatursteigerung anfänglich gar nichts zu konstatieren. Die mehrmalige Blutuntersuchung schloß Malaria, an die man hier ja immer zuerst zu denken hat, aus. Mehrere Tage lang wurde die Beobachtung des Kranken fortgesetzt, die anamnestischen Ermittlungen erweitert und vervollständigt; und schließlich baute sich ein Stein zum andern, bis endlich nach einer Woche für mich unter Verwertung aller gewonnenen Ergebnisse die Diagnose feststand: ein in der Niere oder hinter derselben sitzender Abszeß. Non salus nisi cultro. Ich schlug dem Patienten die Operation vor, die vermutete Eiteransammlung freizulegen, zu spalten und so zur Ausheilung zu bringen. Er willigte ein, und unter Schleichscher Kokain-Anästhesie ging der Eingriff glatt vonstatten. Der vermutete retrorenale Abszeß fand sich, und heute morgen ist der Kranke geheilt nach Dahome zurückgekehrt.

Der zweite Erkrankungsfall eines Europäers, der für mich den Reiz seltener Eigenart bot, war folgender. Ein Patient, der schon längere Wochen hindurch an chronischer Dysenterie gelitten hatte, kam zur Aufnahme ins Hospital. Die Erscheinungen waren tatsächlich diejenigen, die dieses Leiden verursacht. Aber alle von ihm angewandten Mittel bei strengster Diät waren erfolglos geblieben. Auch die von mir zunächst eingeleitete Kur hatte keinen merklichen Einfluß auf den Krankheitsverlauf. Da brachte mir die wiederholte Untersuchung seiner Dejektionen, die ich unterm Mikroskope nach den Dysenterieerregern durchmusterte, nebenbei einen wertvollen Aufschluß. Es fanden sich darin die Eier einer bestimmten Art von Darmparasiten, des Anchylostoma duodenale. Es sind dies kleine Eingeweidewürmer, die durch ihre Invasion zu sehr hartnäckigen und weitgehenden Störungen Veranlassung geben. Daheim machen sie in letzter Zeit durch ihr gehäuftes Auftreten in den Bergwerksdistrikten des Ruhrgebietes von sich reden. Es handelte sich hier also um eine Komplikation der tropischen Ruhr mit diesen Darmschmarotzern. Die Vermutung lag nicht fern, daß sie der Genesung des Kranken bisher im Wege gewesen waren. Nachdem durch eine entsprechende Kur die zahlreich vorhandenen Übeltäter beseitigt waren, gelangte auch die Dysenterie rasch zur Ausheilung.

Solche Erfolge gehören zu den stillen Freuden des ärztlichen Berufes. Dabei ist sowohl die Freude über den praktischen Nutzen, als auch die innere Genugtuung über die Überwindung der vorhandenen Schwierigkeiten an sich ein ärztlich ästhetischer Genuß, der seine Krone noch erhält, wenn der Patient die geleistete Hilfe dankbar anerkennt.

Übersicht über die Verwaltung Togos

4. Oktober

Unser Schutzgebiet, dessen endgültige Grenzregulierung gerade jetzt vorgenommen wird, ist etwas größer an Flächenausdehnung als das Königreich Bayern. Leider hat der an die Küste stoßende Teil unseres Ländchens nur eine Ausdehnung von etwa 50 km. Die Zahl der schwarzen Bewohner wird verschieden hoch geschätzt; die niedrigste aber wahrscheinlich zutreffende Schätzung gibt sie auf eine Million an. Auch damit würde Togo noch für afrikanische Verhältnisse eine große Bevölkerungsdichte haben. Deutsch-Südwestafrika hat vergleichsweise auf einer Fläche, welche die des Deutschen Reiches übertrifft, kaum 300 000 Einwohner. Die in langsamer, aber stetiger Zunahme begriffene europäische Bewohnerschaft Togos beträgt jetzt ungefähr 150 Köpfe, wovon zwei Drittel auf die beiden Küstenplätze Lome und Kleinpopo entfallen, während der Rest sich auf das übrige Gebiet verteilt. Dem Berufe nach haben wir darunter über 50 Regierungsbeamte, etwa 40 im Dienste der Mission stehende Weiße und 60 Angehörige der Faktoreien oder Plantagen.

An der Spitze der Kolonie steht der Gouverneur, dessen Stellvertreter und erster Beamter in Togo den stolzen Namen Kanzler führt. Der Gouverneur untersteht der Kolonialabteilung des Auswärtigen Amtes in Berlin, diese wieder dem Reichskanzler. Seit Anfang dieses Jahres ist das Gouvernement bereits verwaist.

Für die Zwecke der allgemeinen Verwaltung ist das ganze Land in sieben Bezirke eingeteilt, von denen die beiden an der Küste gelegenen, Lome und Kleinpopo, vorläufig die wichtigsten der Kolonie, den Namen eines Bezirksamtes tragen. Die übrigen fünf „Stationen" sind im Westen Misahöhe, Kete-Kratschi und Mangu, im Osten Atakpame und Sokode. An der Spitze dieser einzelnen Gebiete steht der Bezirksamtmann bzw. Stationsleiter, dem zur Bewältigung des inneren und äußeren Dienstes seiner Station noch einige europäische Unterbeamte zur Seite stehen. Meist hat ein Bezirk neben dem Hauptsitze der Regierung noch eine Nebenstation, die ebenfalls von einem dem Stationsleiter unterstellten Europäer verwaltet wird. Nicht uninteressant ist die Tatsache, daß unter den Bezirksleitern Togos neben zwei Juristen und zwei Offizieren sich auch ein Arzt, ein Philologe und ein ehemaliger Missionar befinden. Auffallend muß es sein, daß gerade die wichtigen Bezirksämter an der Küste in ihrer Besetzung einem dauernden Wechsel unterworfen sind, während die Stationen des Hinterlandes seit vielen Jahren unter Leitung eines und desselben Beamten stehen.

Von weiteren Verwaltungszweigen der Kolonie ist die Zollverwaltung zu nennen. Die Zollämter der beiden Küstenplätze sind ihrer Bedeutung entsprechend mit europäischem Personal besetzt, während von den Zollposten der Grenze nur noch Tokpli, am Mono gelegen, einem Weißen untersteht. Einige weitere Grenzposten werden von farbigen Unterbeamten überwacht.

Als Zentrale für alle Abrechnungen der Einnahmen und Ausgaben des ganzen Schutzgebietes besteht die Gouvernementshauptkasse in Lome.

Postämter, von europäischen Beamten geleitet, sind in Lome und Kleinpopo eingerichtet. Beide Orte sind auch durch Telegraph und Telephon verbunden und haben dreimal wöchentlich Postverbindung über Land durch schwarze Boten. Nach dem benachbarten Dahome und der Goldküste besteht gleichfalls sowohl Postverkehr über Land als auch telegraphische Verbindung, durch die Togo ans französische und englische Kabel angeschlossen ist. Eine Schutztruppe hat Togo bisher noch nicht nötig gehabt. Eine Polizeitruppe hat genügt. Sie besteht aus ungefähr 4—500 farbigen Polizeisoldaten, die auf die einzelnen Stationen des Landes verteilt sind und deren Leitern zur Verfügung stehen.

Endlich will ich noch das Kapitel der Rechtspflege in unserer Kolonie streifen. In Angelegenheiten der Schwarzen unter sich und zum Teil auch zwischen Schwarzen und Europäern entscheidet das Bezirksamt oder die Station. Diese haben wieder die Möglichkeit, bei ihrem Urteil die Ansicht der Stammeshäuptlinge einzuholen oder ihnen für bestimmte Angelegenheiten die Urteilsfällung selbst zu überlassen. Hier in Kleinpopo haben wir drei ,,Kings", Lahwson, Garber und Aite. Treffender wäre wohl die Bezeichnung Dorfschulze, denn ihre Rolle ist wenigstens in der Öffentlichkeit seit der deutschen Besitzergreifung stark eingeschränkt worden. Sie beziehen von der Regierung ein jährliches Ruhegehalt von je 1500 M., gewissermaßen als Abfindungssumme für den ideellen und materiellen Verlust, der ihnen infolge der Übernahme der Rechtspflege durch die deutsche Regierung entstanden ist.

Für die Entscheidung von Sachen der Europäer untereinander haben wir einen ,,Bezirksrichter". Als zweite und gleichzeitig letzte Instanz gilt für Togo das Obergericht in Kamerun. Der Name Richter für den Bezirksrichter ist eigentlich nicht recht zutreffend, da man mit diesem Worte unwillkürlich den von der Heimat her gewohnten Begriff eines unabhängigen, unabsetzbaren richterlichen Beamten verbindet. Das ist er indessen in den Kolonien nicht. Wir haben keinen Richter, sondern einen ,,zur Rechtsprechung ermächtigten Beamten". Die grundsätzlichen Bestimmungen über die Organisation der Gerichte in den Kolonien sind enthalten in einem Schutzgebietsgesetze (September 1900), welches ungefähr lautet:

Auf die Gerichtsverfassung in den Schutzgebieten finden die Vorschriften über die Konsulargerichtsbarkeit mit der Maßgabe Anwendung, daß an die Stelle des Konsuls der von dem Reichskanzler zur Ausübung der Gerichtsbarkeit ermächtigte Beamte tritt. Wir haben also im Grunde genommen keine Trennung von Justiz und Verwaltung, so daß auch der als Richter funktionierende Beamte vom Gouverneur bzw. der Kolonialabteilung und dem Reichskanzler abhängig ist. In Schwur- und Strafgerichtssachen ist der Bezirksrichter unter Zuziehung von vier Beisitzern, die aus den Europäern der Kolonie ernannt werden, zuständig. Im allgemeinen gelten auch in den Schutzgebieten für den Europäer in privatrechtlicher und strafrechtlicher Beziehung die deutschen Reichsgesetze.

Aber das Konsulargerichtsbarkeitsgesetz läßt in seinem § 20 zu, daß diese keine Anwendung finden, soweit sie Einrichtungen und Verhältnisse voraussetzen, an denen es für das Schutzgebiet fehlt. Es ist dadurch die Möglichkeit gegeben, die in vieler Hinsicht von den heimischen abweichenden kulturellen Verhältnisse einer afrikanischen Kolonie bei der richterlichen Beurteilung zu berücksichtigen.

Allgemeines hygienisches Programm

8. Oktober

Togo liegt unter dem 6. bis 10. Grad nördlicher Breite, also in bedenklicher Nähe des Äquators. Sein Klima ist deshalb durchaus tropisch mit allen seinen Gefahren für den einwandernden Europäer, Gefahren, die daheim vielfach überschätzt, leider aber auch bisweilen nicht genügend gewürdigt werden. Sieht der neu Ankommende, daß es in vielen Punkten scheinbar gar nicht so schlimm ist mit dem gesundheitlichen Risiko, wie er es sich zunächst vorgestellt hat, so läßt er es sehr bald an der nötigen Vorsicht fehlen und hat ausnahmslos seine Unvorsichtigkeit schwer zu büßen. Wir müssen bedenken, daß nur junge, kräftige Leute mit ausgesuchter körperlicher Gesundheit im allgemeinen in die Tropen kommen, meist in den zwanziger oder dreißiger Jahren ihres Lebens, daß Frauen und Kinder bisher nur wenige vorhanden sind; und doch beläuft sich die jährliche Sterblichkeit auf 5% und darüber. Diese Zahl birgt dabei nicht in sich alle die, welche daheim an den unmittelbaren Folgen ihres Tropenaufenthaltes zugrundegehen, sondern nur diejenigen, die vor dem Feinde selbst bleiben. Es ist ferner zu bedenken, daß bei längerem Verweilen in den Tropen bisher kaum ein einziger ohne gesundheitlichen Schaden ist, daß also jeder als Blessierter heimkehrt. Die Frage ist nur die, ob er gnädig dabei wegkommt und schließlich von seiner Verwundung wiederhergestellt wird oder ob er einen bleibenden Nachteil davonträgt.

Das gesundheitliche Risiko ist gerade in Togo kein geringes. Dabei ist die Küste in der Stärke der Verluste bedeutend günstiger gestellt als das Hinterland. Aber daraus darf keineswegs der Trugschluß gezogen werden, daß die Küste ein gesünderes Klima habe als das Hinterland. Ich glaube, daß eher das Gegenteil der Fall ist und daß sich die größere Zahl der Todesfälle daselbst nur aus den größeren Strapazen erklärt, die der Dienst im Busch erfordert, und aus dem Mangel an rechtzeitiger, sachgemäßer Hilfe und Wartung in Erkrankungsfällen. Für das ganze Togohinterland steht noch kein Arzt zur Verfügung, so daß ein Erkrankter auf sich selbst angewiesen ist oder sich tage- oder selbst wochenlang in der Hängematte bis zur Küste schleppen lassen muß.

Einen Beweis für die Notwendigkeit eines Arztes im Togohinterlande hat kürzlich unter anderm die im Norden des Schutzgebietes tätige deutsch-englische Grenzexpedition, für die auf deutscher Seite fünf Teilnehmer entsandt wurden, geliefert. Zwei von ihnen starben, ehe sie noch recht ihre Tätigkeit begonnen hatten, ein dritter erreichte schwerkrank die Küste, wo ich ihn vor einigen Wochen im Hospital behandelte, bis er auf Grund seiner Untauglichkeit zu weiterem Tropendienste in die Heimat reisen mußte. Nun sind nur die beiden Führer der Expedition übriggeblieben, Graf Z. und Freiherr v. S., die beide als alte erfahrene Afrikaner hoffentlich den Anstrengungen ihrer Aufgabe erfolgreich trotzen werden.

Ein dritter Arzt ist ein dringendes Bedürfnis für Togo. Wenn auch die Hilfeleistung für Europäer seine Zeit nicht ganz ausfüllen würde, so steht ihm ein unbegrenztes Gebiet dankbarer und erfolgreicher Betätigung unter den Eingeborenen offen.

Im ganzen scheint es in den letzten Jahren mit den Gesundheitsverhältnissen besser zu werden, nur dürfen wir nicht zu früh frohlocken, denn Zufälligkeiten sind bei einer kurzen Reihe von Jahren nicht ausgeschlossen, und wenn die eine Gefahr glücklich bekämpft ist, so taucht eine neue unvermutet auf. Es wird uns ganz sicher gelingen, die Malaria einzudämmen, dafür wird mit wachsender Einwohnerzahl der Europäer die Dysenterie zunehmen oder der Typhus uns beschert werden, für deren Gedeihen und Ausbreitung die denkbar besten Bedingungen gegeben sind. Haben wir doch bisher nicht einmal an den Hauptküstenplätzen die wichtige Frage nach einwandfreiem Wasser gelöst! Ein Fortschritt scheint sicher zu sein: der, daß die Europäer selbst vernünftiger leben als früher. Sie fangen an einzusehen, daß viele der heimatlichen Gepflogenheiten sich nicht ohne Schädigung der Gesundheit im Tropenklima beibehalten lassen und daß man sich ein gut Teil der Gefahren durch Vorsicht vom Leibe halten kann. Das Klima an sich können wir nicht ändern, aber uns selber im Verhalten gegen die klimatischen Einflüsse.

Wird auf der einen Seite das hygienische Gesamtbild der Tropen nicht richtig beurteilt, so wird andererseits das Tropenklima mit einer großen Zahl von Verlusten belastet, die billigerweise auf einem anderen Konto stehen müßten. Stirbt einer vom Pfeilschuß eines törichten Negers, glaubt einer, täglich eine halbe Flasche Kognak oder Whisky nötig zu haben und geht schließlich an Herz-, Leber- oder Nierenkrankheit zugrunde, nimmt einer trotz ärztlichen Rates kein Chinin oder zu falscher Zeit und in falscher Dosis und büßt seine Torheit mit einem Schwarzwasserfieber, so stehen alle diese Verluste nur in sehr losem ursächlichen Zusammenhange mit dem Tropenklima. Es wäre interessant, einmal an Hand einer Statistik festzulegen, wie viele Todesfälle auf wirklich rein klimatischen Einflüssen beruhen.

Für die Eingeborenen möchte ich den Kampf gegen die Pocken aufnehmen. An den Küstenplätzen können sie als erloschen gelten dank ausgedehnter, schon von meinen Vorgängern geübter Impfungen. Sehr bald hinter der Küste aber hört dieser Schutz auf. Alljährlich durchzieht die Seuche mehr oder weniger ausgedehnte Teile des Hinterlandes und fordert ihre schweren Opfer. Wohl ist hier und da auch auf entfernten Stationen geimpft worden, wohl wurde bisweilen ein Dorf auf die Kunde, daß die Pocken besonders heftig in ihm wüteten, aufgesucht und durchgeimpft, aber im ganzen ist der Neger der Seuche noch schutzlos preisgegeben. Sollte es nicht möglich sein, ihm den Segen der Schutzimpfung möglichst ausgiebig angedeihen zu lassen?

Ich will es wenigstens versuchen. Einige Schwierigkeiten stehen dem Ziele entgegen; ich hoffe, sie werden sich beseitigen lassen. Die Eingeborenen selbst sind durchaus empfänglich für die Impfung, deren Wert ihnen vollständig klar ist. Haben sie doch selbst eine eigene, primitive Art derselben, die vereinzelt von ihnen geübt wird, die sogenannte Variolation, das heißt die nicht ungefährliche Impfung mit dem Inhalte echter, menschlicher Pockenbläschen. Der damit Behandelte macht eine regelrechte Pockenerkrankung durch, die im allgemeinen zwar mild, aber doch nicht ohne Lebensgefahr verläuft. Diese Variolation wird von ihnen mittels eines Schnittes über dem Handgelenk vorgenommen.

Die Schwierigkeiten liegen auf anderem Gebiete. Wer soll zunächst die zahlreichen, erforderlichen Impfungen im ganzen Lande vornehmen? Dafür schwebt mir folgender Plan vor. Wir haben mindestens zehn Stationen bzw. Nebenstationen über ganz Togo zerstreut, die dauernd mit europäischen Beamten besetzt sind. Jede von ihnen könnte ein oder zwei geweckte Eingeborene zur Küste entsenden, wo sie in wenigen Monaten vom Arzte genügend für eine sachgemäße Vornahme von Impfungen ausgebildet werden. Gleichzeitig können sie hier im Anlegen von Verbänden, Reinigen von Wunden und anderen primitiven Samariterdiensten unterrichtet werden. In ihre Heimat zurückgeschickt, müßten sie planmäßig unter Anleitung des Stationsleiters den Bezirk von Ort zu Ort bereisen und durchimpfen. Später hätten sie die Nachimpfungen der Kinder in regelmäßigen Zwischenräumen vorzunehmen und sonst auf der Station Lazarettgehilfendienste zu tun. Schon nach einer ersten, allgemeinen Durchimpfung würden die Pocken ihren Schrecken für die Eingeborenen verlieren. Materiell würde dadurch dem Schutzgebiete eine große Anzahl von Arbeits- und Kapitalskräften erhalten bleiben. Die Schwarzen würden ferner dadurch in imponierender Weise von einer seit langem schwer auf ihnen lastenden Plage befreit. Daß dieser Erfolg nicht ohne günstige Rückwirkung auf den Einfluß des Europäers überhaupt bleiben wird, bedarf wohl keines Beweises.

Eine weitere Frage ist die, woher sollen die erforderlichen großen Mengen von Lymphe beschafft werden? Wir bekommen jetzt allmonatlich eine bestimmte Portion aus Deutschland zugeschickt.

Dieselbe kommt meist in gutem Zustande an, verliert aber unter dem Einfluß der Tropen bald ihre Wirksamkeit und hat beim Versande ins Hinterland oft versagt. Auch der Kostenpunkt kann für Massenimpfungen nicht unberücksichtigt bleiben. Ein Überimpfen von Arm zu Arm hat wegen der Möglichkeit, ansteckende Krankheiten dabei zu übertragen, schwere Bedenken gegen sich, so daß besser nur Kälberlymphe zur Verwendung kommt, namentlich wenn man die Impfung schwarzen Hilfskräften anvertrauen muß. Jetzt kommt es nun vor, daß von den aus Deutschland ankommenden Mengen ein großer Teil unbenutzt lagert und verdirbt, während wieder in Fällen eines plötzlichen Pockenausbruches wochenlang bis zum Eintreffen frischen Vorrates gewartet werden muß. Aus diesen und anderen Gründen würde es ein großer Vorteil sein, wenn es gelänge, unabhängig von Lymphsendungen aus der Heimat zu werden und die erforderlichen Mengen hier an Ort und Stelle zu gewinnen und von hier aus die Stationen damit zu versorgen. Damit hat für mich die Lösung dieser zweiten Aufgabe einzusetzen. Rinderherden mit Kälbern sind genügend in Kleinpopo vorhanden. Ich will trotz der vorläufig primitiven technischen Hilfsmittel in größerem Maßstabe prüfen, ob es gelingt, wirksame Lymphe hier zu gewinnen und unbeschadet ihrer Wirksamkeit in das Hinterland zu versenden. Gelingt es, so will ich mit meinem Feldzugsplan hervortreten.

Ich weiß, daß sich manche Schwierigkeiten, die ich jetzt noch nicht übersehe, einstellen werden. Aber die Größe des möglichen Erfolges bei beiden gibt mir den Mut, ihnen nachzugehen. Sollte mir auch nur ein teilweiser Erfolg gelingen, so muß ich schon damit zufrieden sein. In magnis voluisse sat est!

Die Sprachenfrage

17. Oktober

Seltsam, daß eine Sprachenfrage für unsere Kolonien überhaupt existiert; aber sie ist da. Der Deutsche hat es fertig bekommen, bisher in einer deutschen Kolonie als Verständigungsmittel mit den Eingeborenen nicht die deutsche, auch nicht die Eingeborenensprache, sondern die englische zu pflegen, und noch heute nimmt das Englische im Lehrplan der Missionsschulen einen breiteren Raum ein als das Deutsche. Diese Tatsache kritisiert sich selbst genügend. Wir Deutsche bleiben leider in Fragen des nationalen Stolzes immer noch ein anspruchsloses Volk. Als charakteristisch sei erwähnt, daß erst unlängst der katholische Bischof — soviel ich weiß, selbst ein geborener Deutscher — der „deutschen" katholischen Kirche im „deutschen" Lome in Gegenwart der deutschen Beamten und Kolonisten eine englische Weiherede hielt!

Ganz abgesehen aber von allen idealen Gesichtspunkten, erwächst uns durch die Kultivierung der englischen Sprache auch ein schwerer materieller Schaden. Die englische Grenze über Land ist nicht fern, und zahlreiche Dampferverbindungen bieten bequeme Auswanderungsgelegenheit. Hat der Eingeborene das nötige Englisch mit deutscher Hilfe gelernt, so bedarf es nur des verlockenden Angebotes einer englischen Firma, daß er in ihre Dienste tritt, und der Deutsche hat dem Engländer seinen Clerk sorgfältig vorgebildet. Ich verstehe wohl, daß man anfänglich gezwungen war, sich englisch sprechender Dolmetscher zu bedienen, aber ich verstehe nicht, warum man 18 Jahre hindurch nicht mit Nachdruck darangegangen ist, sich ausschließlich deutsch redende Kräfte heranzubilden! Der Grund, daß der Schwarze leichter Englisch als Deutsch begreife, und daß namentlich das schauderhafte Pidgin-Englisch große Bequemlichkeiten bei der gegenseitigen Verständigung biete, kann ja in keiner Weise stichhaltig sein und stellt nur ein Armutszeugnis für diejenigen aus, die dazu berufen sind, den Eingeborenen Deutsch beizubringen.

Weiterhin wird eingewendet: es sei besser, der Schwarze versteht kein Deutsch, damit er die Gespräche der Europäer nicht belauschen kann. Ich entgegne: führt in Gegenwart eines Negers keine Gespräche, die nicht für sein Ohr bestimmt sind, genau wie man auch daheim in Gegenwart des Dienstpersonals oder der Kinder Vorsicht walten lassen muß. Aber selbst wenn der Eingeborene aus diesem Grunde dem Deutschen ferngehalten werden müßte, so wäre damit immer noch nicht die Notwendigkeit des Englischen für ihn erwiesen.

Näherliegend wäre die Folgerung: laßt den deutschen Kolonisten die Eingeborenensprache erlernen. Die Holländer halten zum Beispiel sehr darauf, daß in ihren überseeischen Besitzungen die Beamten die Sprache der Landesbewohner beherrschen und wenn ich nicht irre, setzt die Regierung sogar namhafte Prämien für solche Beamten aus, die nach einer bestimmten Zeit ein Examen in der Eingeborenensprache bestehen. Die Anforderungen beim Examen könnten ja niedrig gestellt und als Erfordernis nur eine gute Verständigung mit den Eingeborenen verlangt werden. Für Kamerun wäre der Vorschlag wohl undurchführbar, weil viele der zahlreichen Stämme ihre eigene Sprache sprechen. Aber für weite Bezirke Togos würde das Ewe genügen.

Seit zwei Monaten suche ich in seine Geheimnisse einzudringen, wozu mir der tägliche poliklinische Verkehr mit den schwarzen Patienten reichliche Gelegenheit bietet. Mehrere kurze Lehrbücher dieser Sprache gibt es auch, doch scheinen sie mir nicht viel zu taugen, wenigstens nicht dafür, daß ein Europäer nach ihnen lernt. Einige Schwierigkeiten bereitet es, unsere Eingeborenensprache mit ihren eigenartigen Nuancen in der Aussprache der Vokale und Konsonanten vermittels unseres deutschen Alphabetes zu schreiben. Wir haben fünf verschiedene Schulen in Togo: Baseler, norddeutsche, wesleyaner, katholische und die Regierungsschulen. Jede von ihnen hat ihre höchsteigene Schreibweise. Der naheliegende Gedanke, sich über sie zu einigen, harrt noch seiner Verwirklichung*). So kommt es vor, daß ein Schüler der Regierungsschule einen in seiner eigenen Muttersprache verfaßten Brief eines Missionsschülers überhaupt nicht lesen kann.

Hoffentlich komme ich bald so weit, mich ohne Dolmetscher verständigen zu können. Das Erlernen der Eingeborenensprache durch die Europäer würde natürlich große Vorteile gegenüber der Notwendigkeit eines Dolmetschers haben. Man denke nur an die Gerichtsverhandlungen, bei denen der untersuchende Beamte auf Treu und Glauben das hinnehmen muß, was jener ihm vermittelt. Wie leicht sind Mißverständnisse möglich, selbst wenn der Dolmetscher

---

*) *Inzwischen geschehen durch Prof. Westermann, Universität Berlin, „Die Ewesprache in Togo".*

zuverlässig ist. Aber auch in das ganze Denken und Fühlen der Eingeborenen wird sich derjenige besser hineinleben können, der ihre Sprachen versteht. Leider stehen der Aussicht, daß der Beamte in Togo das Ewe erlernen wird, große Schwierigkeiten entgegen. Nicht zum wenigsten die geringe Stetigkeit in der Besetzung der verschiedenen Ämter und die durchschnittlich kurze Dauer des Tropendienstes der Beamten. So wird uns nichts anderes übrigbleiben, als Eingeborene heranzuziehen, die Deutsch sprechen. Die beiden Regierungsschulen in Lome und Kleinpopo tun es bereits.

Die Gleichgültigkeit der Regierung gegenüber dem englischen Unterricht in der Mission aber wird hoffentlich bald ihr Ende erreichen, und hoffentlich werden auch die Europäer Togos allmählich ihren Stolz darein setzen, ihrem schwarzen Dienstpersonal Deutsch beizubringen, anstatt wie bisher sich durch englische Brocken mit ihnen zu verständigen. Im Nachtigal-Krankenhause dulde ich jedenfalls kein Englisch der Schwarzen mehr.

Beruf und Erholung

Kleinpopo, 30. Oktober

Lieber Bruder!

Für Deinen Brief mit den willkommenen Nachrichten aus der Heimat besten Dank. Leider kann ich Deine Bitte, für Zwecke der Veröffentlichung regelmäßige oder auch nur gelegentliche Abhandlungen aus unserem Kolonialleben zu liefern, nicht erfüllen. „Ich habe hier bloß ein Amt und keine Meinung." Alle Kolonialbeamten sind verpflichtet, jede geplante Veröffentlichung vorher durchs Gouvernement der Zensur des Auswärtigen Amtes vorzulegen. Die Kolonialabteilung will sich jedenfalls unliebsame und nörgelnde Kritiker vom Leibe halten — an sich gewiß ein berechtigter Wunsch, zumal wenn man bedenkt, daß das Schimpfen auf die Regierung für viele zum täglichen Brot gehört.

Aber dieses Verbot trifft doch nur ganz einseitig die Beamten, alle anderen Kolonisten: Kaufleute, Pflanzer und Missionare können schreiben und reden, was sie wollen. Die letzteren namentlich tun es auch. Erst kürzlich hat der Missionsinspektor Sch. von der norddeutschen Mission, der Togo auf einer Visitationsreise besuchte, die Liebenswürdigkeit gehabt, die Europäer der Sklavenküste, also Lomes und Kleinpopos, in einer Veröffentlichung ungestraft und unwidersprochen mit einer beleidigenden Generalkritik zu bedenken. Ferner wird aber auch vielen Beamten die Möglichkeit und Lust genommen, in größeren Kreisen ein ungeschminktes Bild vom Leben in den Kolonien zu geben und Interesse für unsere Schutzgebiete in der Heimat zu erwecken; und gerade das tut uns doch bitter not! Selbst unter den Gebildeten daheim herrscht ja eine kaum glaubliche Unwissenheit über unsere deutschen überseeischen Besitzungen. Allein eine Zusammenstellung von falschen Briefadressen, die wir hierher bekommen, würde eine traurige Illustration zu dieser Tatsache liefern. Welch Fülle geographischer und sonstiger Unwissenheit birgt z. B. die unlängst hier eingetroffene Aufschrift: An das Bürgermeisteramt zu Kleinpopo in Australien, oder: Togo in Kamerun usw.

Schon mit Rücksicht auf dieses für uns geltende Verbot kann ich also Deine Bitte nicht erfüllen. Zur Anonymität möchte ich nicht gern meine Zuflucht nehmen, sie hat für mich immer einen widerlichen Beigeschmack. Ich bezweifle aber auch, ob gerade meine Aufzeichnungen geeignet sein würden, einen nachhaltigeren Eindruck in weiteren Schichten hervorzurufen. In unseren Tagen ist Sensation um jeden Preis die Grundbedingung für den Erfolg. Gefährliche Reise-, Kriegs- und Jagdabenteuer unter Schwarzen, hübsch leicht und obenhin erzählt und gehörig mit Übertreibungen ausgestattet, würden lieber gelesen werden als die Schilderungen unserer Alltagsarbeit. Meist werden in unserer Kolonialliteratur mit Vorliebe solche Gefahren in den Vordergrund gestellt, die vom Klima, von wilden Völkern, auf Kriegszügen und von wilden Tieren drohen. Von Sensation aber hat mein Wirken hier nur wenig, vom nüchternen Alltagsleben zuviel.

Auch meine photographischen Aufnahmen bitte ich mit Diskretion zu behandeln. Ich halte ohnehin von Bildern, selbst von guten Bildern aus fremden Erdteilen nicht sehr viel. Man photographiert ganz unwillkürlich immer nur das, was einem besonders auffällt: Paradestückchen, Posen, besonders hervorstechende Momente im Leben und Treiben der Leute wie in der Landschaft. So wird das

Urteil, das man an Hand der Bilder gewinnt, ohne eine genügende Erklärung derselben zu bekommen, leicht falsch. Es fehlt ihnen die Farbe, das Leben, die Bewegung, die Stimmung, die der zwar hat, der sie aufnimmt, und die er wieder hineinträgt, wenn er sie selber ansieht oder anderen erklärt, die aber dem fernstehenden Betrachter fehlen. Mache die Probe: zeige zum Beispiel einem ein Marktbild von Kleinpopo, und wenn er sich's gehörig betrachtet hat, lege es zur Seite und frage, was er gesehen hat.

Obgleich ich also nicht in der von Dir gewünschten Weise zu der Verbreitung kolonialen Verständnisses daheim beitragen kann, so will ich Euch doch, soweit Neigung und Zeit dazu verbleiben, hin und wieder kleine Skizzen aus dem Treiben der Schwarzen und Weißen geben und Euch vertraut machen mit unserer Arbeit und unseren Zielen. Ich kann Euch zwar nichts Erschöpfendes bieten, aber ich hoffe, daß Ihr allmählich doch einen Überblick gewinnt. Wenn dann ein jeder in seinem Kreise bei gegebener Gelegenheit dazu beiträgt, Interesse für unsere Kolonie zu erwecken oder zu fördern, Vorurteile und falsche Urteile zu beseitigen, so ist der dadurch erzielte Nutzen vielleicht größer, als wenn ab und zu ein flüchtig gelesener Artikel in der Presse erscheint. Kolonialschwärmer gibt es genug daheim, Kolonialfeinde noch mehr, am dünnsten gesät sind die Kenner unserer Schutzgebiete. Schafft uns die letzteren!

Mit herzlichem Gruße an Dich und die Deinen

Dein Bruder L.

Kleinpopo, 12. November

Meine liebe Frau!

Seit vorgestern leben wir hier in einem gesundheitlich idealen Zustande: das Krankenhaus steht leer von weißen Patienten, nachdem es schon während der voraufgegangenen Tage nur noch wenige Rekonvaleszenten beherbergte, darunter Str., der von seinem Leberabszesse glücklich genesen ist. Wie lange wird die Leere freilich anhalten? Durch die kleine Regenzeit, die seit einigen Wochen eingesetzt hat, werden sich die Moskitos, welche wieder zahlreichere Brutstätten finden, vermehren, und bald genug werden durch sie wieder neue Fiebererkrankungen kommen. Trotzdem kamen uns allen die erfrischenden Regengüsse erwünscht. Die ganze Natur ist neu belebt, die Sträucher treiben frisches Grün, die Palmen, die ihre bestäubten Wedel in der langen Trockenzeit müde zur Erde senkten, recken die Köpfe wieder der Sonne zu. In unserem Garten wächst alles noch einmal so üppig wie zuvor.

Was würde man daheim drum geben, wenn ein solcher Tropengarten wie der unsere nach Deutschland verpflanzt werden könnte! Gerade der unsere zeigt jetzt ein buntes Gemisch heimatlicher und afrikanischer Gewächse. Auf der Rückseite blühen unter Kokospalmen die Rosen, die mein Vorgänger pflanzte; auf Beeten, die mit Agaven eingefaßt sind, entfalten Balsaminen, Lilien und andere heimatliche Blumen neben farbenprächtigen afrikanischen Geschwistern ihre Blüten. Auch der Gemüsegarten liefert gute Erträge: Salat, Kohlrabi, Radieschen, Gurken usw., und bringt so für uns und die Patienten wenigstens eine kleine Abwechslung in die Konserven, mit denen wir uns sonst behelfen müssen.

Unser kleiner zoologischer Garten am Hause ist in letzter Zeit auch mehrfach bereichert worden. Erst kürzlich brachte Schwester J. von einem Urlaube, den sie in Lome verlebte, zwei niedliche zahme Antilopen für ihn mit, von denen nun vier frei in ihm herumlaufen und sich alle unter dem Schatten der indischen Mandelbäume sehr wohl zu fühlen scheinen und Gesunden wie Kranken des Hospitals manche Freude bereiten. Auch die Eingeborenen bringen alle möglichen Tiere angeschleppt, teils zum Verkauf, teils als Honorar für ärztliche Hilfe. Soweit es nicht nötig ist, sie zu töten, wie Krokodile und Giftschlangen, werden sie in einem Käfige dem Tiergarten einverleibt. Affen, Wildkatzen, Stachelschweine, Papageien und selbst Raubvögel haben sie schon angebracht. Jedes der Tiere wird gewissenhaft von den Schwestern mit einem besonderen Kosenamen belegt. Besonders drollig sind ein Paar junge, noch ganz kleine, zahme Ginsterkätzchen, die tagsüber frei im Hause umherlaufen. Eigentlich erinnern sie nur in ihrer Farbe an eine graue Katze, sonst im schmiegsamen, zierlichen Körperbau mehr an einen Marder. Überall huschen sie umher, verstecken sich an allen möglichen Plätzen, oft sogar in den Blumensträußen, die wir im Zimmer stehen haben, und blicken neugierig mit ihren spitzen Köpfchen aus ihnen hervor. Verschiedene Schildkröten kriechen träge zwischen den lustig umherspringenden Antilopen im Tiergarten herum. Außer diesen kleineren Landschildkröten fingen die Schwarzen in letzter Zeit mehrere riesige Wasserschildkröten, die zur jetzigen Jahreszeit aus dem Meere an den Strand kommen, um dort ihre Eier abzulegen. Der Panzer eines solchen Tieres (Chelonia midas) mißt ¾ Meter im Durchmesser. Ihre Eier, rund, mit weißer, pergamentartiger Schale, von denen ein einziges Tier mehr als hundert hat, sind für den Neger eine Delikatesse. Auch für den Geschmack des Europäers sind sie ganz genießbar, wennschon ich mir die Schildkrötensuppe als Tribut dieser Tiere vorziehe.

Meine ganze Tätigkeit hier wächst mir von Woche zu Woche mehr ans Herz. Ich kann mit ungleich größerer Ruhe und Gründlichkeit meine Krankheitsfälle verfolgen als auf der täglichen Hetzjagd der heimischen Praxis und habe weit bessere Gelegenheit zu zahlreichen, interessanten Beobachtungen. So gut es geht, bemühe ich mich, unserem Nachtigal-Krankenhause in seiner inneren Einrichtung, seinem ganzen Betriebe und auch seiner äußeren Umgebung möglichst das Hospitalartige zu nehmen, um den Kranken wenigstens etwas vom Gefühl heimatlichen Behagens zu verschaffen. Die Schwestern helfen mit großem Fleiße bei der täglichen Arbeit, und auch über die schwarzen Angestellten habe ich mich nicht zu beklagen. Die mancherlei Entbehrungen europäischer Bequemlichkeit empfinde ich kaum noch. Auch das ursprünglich Fremde in der Umgebung, der Lebensweise, im Klima usw. ist mir bereits vertraut geworden.

Das einzige, womit ich mich noch nicht recht anfreunden kann, ist die für meine Begriffe recht umfangreiche bürokratische Schreibarbeit, die es zu bewältigen gibt. Irgendeine Hilfskraft habe ich dafür nicht, und so bleibt mir nichts anderes übrig, als alle bei einer Krankenhausverwaltung nötigen Bücher selbst zu führen und die laufenden Eingänge, Verfügungen, Erlasse, Anfragen vom Gouvernement und deren Beantwortung zu erledigen. Dazu kommen vierteljährliche, ausführliche Medizinalberichte, für die ein ganz bestimmtes Schema vorgeschrieben ist, vierteljährliche Kassenabrechnung, natürlich ebenfalls nach einem ganz bestimmten Schema,

Bestellungen von Medikamenten, Verbandmitteln, Vorräten, Getränken, Büromaterialien, ferner die Buchung der Einnahme- und Ausgabejournale und vieles andere mehr. Manche dieser Schreibereien sind ja sicher unvermeidlich, aber andere wieder ließen sich gewiß vereinfachen. Ich glaube, es wäre ganz zweckmäßig, wenn in ein neues Lehrbuch der Tropenhygiene auch einmal ein Kapitel über die Hygiene der Feder aufgenommen würde.

Vor kurzem ist der wesleyanische Missionar R. wieder in Kleinpopo eingetroffen und hat seine junge Frau mitgebracht. Hoffentlich wird es ihnen in jeder Beziehung gut hier gehen, damit recht bald andere sich ermutigt fühlen, es ihnen nachzutun. Ich zweifle nicht daran, daß es auch einer Frau möglich ist, das hiesige Klima zu ertragen.

Von allen Europäern hier komme ich am meisten in Berührung mit dem Bezirksamtmann Dr. Gr., der öfter nach beendeter Tagesarbeit sich im Krankenhause einfindet, wo wir den Abend auf der Veranda verplaudern. Ich halte ihn für einen sehr befähigten Menschen, der hoffentlich recht lange an der Spitze unseres Bezirkes bleibt.

Die bequeme und schöne Gelegenheit zum Jagen in den Büschen und an den Ufern der Lagune habe ich auch in letzter Zeit wieder mehrmals wahrgenommen. Lehrer G. ist dabei öfters mein Jagdgenosse. Für Sammelzwecke will ich versuchen, die hiesigen Vertreter der Vogelfauna möglichst vollständig zu bekommen. Was ich sonst noch gelegentlich auftreibe: Gehörne, Felle, Ethnologika usw. nehme ich natürlich auch. Mit dem nächsten Dampfer geht wieder eine stattliche Anzahl von Bälgen an S. in H. ab, der sie nach ihrer Fertigstellung Dir zuschicken wird. Es steckt eine ganze Menge Arbeit darin, denn wenn ich in der Dunkelheit oft recht müde mit meiner Beute heimkehre, so muß ich die zum Ausstopfen bestimmten Exemplare noch an demselben Abend abbalgen und präparieren, da sie gewöhnlich am nächsten Morgen bereits verdorben sind. So habe ich schon manchmal bis spät in die Nacht hinein bei der Arbeit gesessen, wenn es galt, ein besonders wertvolles Objekt nicht verlorengehen zu lassen. Ich habe in letzter Zeit angefangen, August mir als Gehilfen heranzubilden, und er hat im Abbalgen größerer Tiere schon eine recht gute Fertigkeit erlangt.

Leider fehlt allen noch so gut und naturgetreu ausgestopften Tieren eine wertvolle Beigabe: ihre Lebensäußerungen inmitten der für sie charakteristischen afrikanischen Umgebung. Ein Krokodil, lang ausgestreckt, mit weit geöffnetem Rachen im Schilfe liegend, den neben seinem Neste auf der Palme sitzenden, singenden und flatternden Webervogel mit dem im tropischen Sonnenschein leuchtenden, schwarzgoldenen Gefieder, die scheu äugende und in den Busch davoneilende Antilope kann ich Euch nicht schicken.

Mit gleicher Post wie diese Zeilen sende ich Dir ein kleines Paket mit einigen einheimischen Negerarbeiten, aus denen Du den Grad ihrer Kunstfertigkeit ersehen kannst. Die originellen Silber- und Goldarbeiten fertigt der schwarze Goldschmied nur mit äußerst primitiven Werkzeugen aus Geldstücken an, die man ihm gibt. Die bunt gemusterten Decken sind ebenfalls im Lande gewebt, und die geschnitzten und bemalten Kalabassen werden zu Tausenden in allen Größen und Formen von den Schwarzen aus der Schale einer kürbisartigen Feldfrucht hergestellt. Alle ihre Produkte: Mais, Palmkerne, Fische, Brot, Apfelsinen usw. bringen sie darin zu Markte. Aber nicht nur unseren Marktkorb stellt die Kalabasse dar, sondern sie wird ebenso als Eßgeschirr, als Wasserflasche, als Wasch- und Schutteimer und zu vielerlei anderen Zwecken des täglichen Lebens verwertet. Für Dich lege ich der Sendung einige weiße Reiherstutze bei, die Trophäen einer mühsamen Wasserjagd der letzten Tage, und für die Kleine ein Kästchen mit Muscheln, die ich am Strande sammelte. . . .

Lebt wohl, haltet Euch tapfer und bleibt gesund.

Dein L.

Die hauptsächlichen Handelswerte Togos

21. November

Unsere Kolonien werden gewöhnlich in Siedlungs-, Pflanzungs- und Handelskolonien eingeteilt. Für die dauernde Ansiedelung einwandernder Europäer kommt Togo als Tropenland vorläufig nicht in Betracht. Ich bezweifle zwar nicht, daß es endlich — und wenn Jahrhunderte im Kampf um dieses Ziel verfließen müßten — der weißen Rasse doch gelingen wird, sich dauernd auch in den Tropen zu akklimatisieren; aber bisher sind wir den schädlichen Einflüssen des Tropenklimas noch so stark preisgegeben, daß unser Organismus nach verhältnismäßig kurzem Tropenaufenthalte eine Erholung im heimischen Klima dringend nötig hat. Togo beansprucht deshalb zunächst nur als Handels- und als Pflanzungskolonie unser Interesse. Der Handel unseres Ländchens hat sich seit der deutschen Besitzergreifung dauernd gehoben und erreichte in Ein- und Ausfuhr im vorigen Jahre den ansehnlichen Wert von über 8 Millionen Mark.

Wenden wir uns an erster Stelle dem Export Togos zu. Seine Entfaltung kann drei verschiedene Stufen durchlaufen: 1. Wir können die bereits vorhandenen Reichtümer der Kolonie an Exportwerten ausnutzen. 2. Die Produktion seiner ursprünglich vorhandenen Exportwerte kann qualitativ und quantitativ gesteigert und geregelt werden. 3. Wir können völlig neue Werte für die Ausfuhr des Landes schaffen. Sehen wir uns unter diesem dreifachen Gesichtspunkte den Export Togos näher an. Acht Neuntel der gesamten Ausfuhr, die im verflossenen Jahre etwas mehr als 3½ Millionen ausmachte, wurde von den „Ölfrüchten" gestellt, d. h. den Palmkernen und dem Palmöl, die beide von der Ölpalme gewonnen werden.

Aus diesem Zahlenverhältnis geht schon hervor, welche große, vorläufig sogar überwiegende Rolle die Ölpalme für unsere Kolonie spielt. Dicht hinter der Küste beginnen ihre Bestände, die um so üppiger zu gedeihen scheinen, je wasserreicher der Boden ist, den sie finden. Solange die Ölpalme noch klein ist, treibt sie ohne Stammbildung ihre Wedel direkt aus der Erde hervor. Ungefähr vom 5. Jahre an bildet sich ein Stamm, der im Laufe der Zeit oft eine beträchtliche Höhe erreicht. Es soll Ölpalmen bis zu 15 Meter Höhe und darüber geben. Vom 8. Jahre an wird sie ertragsfähig. Ihre Früchte gleichen einer riesigen, dicht besetzten Traube, an deren jeder viele hundert einzelne Ölfrüchte eng zusammengedrängt sitzen. Ein solches Fruchtbündel, von denen jeder Baum etwa sechs trägt, wiegt mehrere Kilogramm, und bei besonders großen Exemplaren habe ich Mühe gehabt, sie mit einer Hand aufzuheben. Die anfänglich grünen Früchte bekommen später eine schöne, gelbrote

Farbe, die mit zunehmender Reife immer leuchtender wird. Diese Ölfrucht, die etwa die Durchschnittsgröße eines Taubeneies hat, besteht aus drei verschiedenen Teilen. Zunächst aus einer faserig-fleischigen, ölhaltigen Hülle; unter dieser folgt eine harte Schale, und letztere wieder umschließt einen weichen, nußartigen Kern, den „Palmkern".

Die Frucht der Ölpalme hat für den Haushalt des Negers eine große Bedeutung. Er gewinnt aus ihrer fleischigen Hülle das Palmöl, das von ihm als gewöhnlicher Fettzusatz zu allen Speisen, für Fleisch, Fisch und Backwerk verwertet wird. Aber auch zu Einreibungen der Haut, als Haaröl, Brennmaterial und Arzneimittel wird es gebraucht. Die Art der Ölgewinnung wurde mir aus verschiedenen Teilen Togos verschieden geschildert. In der hiesigen Umgegend werden die Ölfrüchte mit Wasser in einem großen Steintroge oder auch in einem leeren Kanu von den Frauen mit langen Pfählen zerstampft, bis sich das Fleisch von der harten Schale, die dabei unversehrt bleibt, gelöst hat. Der Wasserzusatz hat den Zweck, das Öl obenauf schwimmen zu lassen, um es bequem abschöpfen zu können. Die abgestampften Fasern werden außerdem mit den Händen ausgedrückt. Das rohe Öl, eine dicke, trübe, gelbrote Flüssigkeit wird in großen Töpfen eine Zeitlang gekocht, wobei sich Unreinigkeiten in dem Schaum der Oberfläche absetzen und entfernt werden. Vielleicht hat das Kochen auch den Zweck, die bei der Herstellung in das Öl hineingekommene Wassermenge zur Verdunstung zu bringen und es vor dem Ranzigwerden zu bewahren. Bei dieser rohen Art der Gewinnung geht natürlich ein hoher Prozentsatz des in den Fruchthüllen enthaltenen Öles verloren.

Nur einen Teil des gewonnenen Palmöles verbraucht der Neger für seinen eigenen Bedarf, den Rest bringt er zum Verkaufe. Die bei der Ölgewinnung zurückbleibenden hartschaligen Samen klopft er auf und gewinnt so die Palmkerne, den anderen von der Ölpalme stammenden Exportartikel. Diese Palmkerne, die ebenfalls einen hohen Gehalt eines wertvollen Öles bergen, werden in Säcken nach Deutschland verladen und erst dort weiter verarbeitet.

Doch die Ölpalme liefert dem Neger nicht nur das Fett seines Haushaltes, sondern auch sein Tafelgetränk, den Palmwein. Um guten Wein zu gewinnen, muß die Palme gefällt werden. Auch nach dem Fällen besteht die Gewinnung des Weines nicht nur in einem Anbohren des Stammes, dem der Saft entströmt, sondern es gilt, dabei eine ganze Menge Regeln, gepaart mit Fetischgebräuchen, zu beachten, damit er auch die richtige Beschaffenheit erhält. Ganz frisch gewonnen ist er ein harmloses Getränk, aber durch die sehr rasch eintretende Gärung bekommt er einen starken Alkoholgehalt.

Die Zahl der Palmen, die jährlich der Gewinnung von Palmwein zum Opfer fallen, ist sicher sehr groß; trotzdem scheinen die Bestände des Landes sich nicht dadurch zu lichten, so daß man wohl annehmen kann, der Togoneger schlägt nicht mehr Palmen nieder, als durch Nachwuchs gedeckt sind. Vielfach stehen sie so dicht, daß ein Ausfällen sogar im Interesse des besseren Gedeihens der übrigen sehr erwünscht sein muß. Der Nachwuchs der jungen Palmen ist überall sehr stark. Ich glaube zwar nicht, daß der Neger des hiesigen Bezirkes sie selbst pflanzt, aber die Samen, die beim Abernten der Fruchtstände verlorengehen, die von Vögeln oder vom Neger selbst verschleppt werden, sorgen im reichen Maße für neue Aussaat. Von einer regelrechten Kultur der Ölpalme durch den Eingeborenen kann zwar keine Rede sein, aber ein Verständnis für ihren Wert hat er doch; denn hie und da sieht man in der Nähe der Dörfer einzelne Exemplare, an denen die trockenen Blätter abgeschlagen sind oder in deren Umkreis das wuchernde Gebüsch beseitigt ist.

Die Ölpalme ist nicht über das ganze Togoland verbreitet, sondern wächst, dicht hinter der Küste beginnend, in größeren Beständen nur bis zur Entfernung von 140 km landeinwärts. Aber gerade dieser Ölpalmengürtel ist das Gebiet, das bisher die Exportfirmen besonders interessieren muß. Die Produkte der entfernteren Teile des Landes können leider vorläufig noch kaum berücksichtigt werden. Bahnen haben wir noch nicht; das Fehlen der Brücken auf den Straßen hindert einen Verkehr mit Lastwagen, so daß alles, was zur Küste kommen soll, auf dem Kopfe des Negers gebracht werden muß. Dadurch werden schon in geringer Entfernung von der Küste die Transportkosten für die Produkte so hoch, daß der Rentabilität sehr bald eine Grenze gezogen ist. Selbst die entferntere

Hälfte des Ölpalmendistriktes von Togo kann aus diesem Grunde noch nicht ausgebeutet werden. Da der Neger ferner überhaupt nur einen kleinen Teil der Bestände aberntet und den Rest unbenutzt dem Verderben anheimfallen läßt, so stellen die aus dem Lande ausgeführten Ölprodukte nur einen geringen Teil der in Togo wirklich vorhandenen Menge dar.

Wenn wir daher unter „Erschließung" einer Kolonie nicht nur ihren politischen Besitz, sondern die wirtschaftliche Herrschaft in ihr verstehen, so ist bisher noch kein Drittel Togos wirklich erschlossen. Allein eine Inlandbahn kann das bisher Versäumte nachholen. Wir haben begründete Hoffnung, daß sie gebaut werden wird. Gerade jetzt ist im Auftrage des Kolonialwirtschaftlichen Komitees eine Expedition in Togo tätig, um die Vorarbeiten und einen Kostenanschlag für eine Bahn von Lome nach Kpalime im Misahöhebezirke auszuarbeiten. Wird sie gebaut, so ist damit die Grenze der Rentabilität für die Ölpalmprodukte bis zur Grenze ihres Vorkommens hinausgerückt; für andere Produkte wird überhaupt erst eine Ausfuhr ermöglicht werden. Weite Strecken des Hinterlandes werden wirtschaftlich an die Küste angeschlossen werden. Durch diese Bahn werden auch die Folgen eines dies ater in unserer Kolonialpolitik, des 1. Juli 1896, für Togo wieder ausgeglichen werden.

Damals wurde (neben dem Verzichte Deutschlands auf Somaliland und Sansibar in Ostafrika) die deutsch-englische Grenze im Westen Togos unbegreiflicherweise so festgelegt, daß wir von der Voltamündung abgeschnitten wurden, und daß das linke Voltaufer bis zur Einmündung des Daka als Grenze bestimmt wurde, eine vielleicht einzig in ihrer Art dastehende Grenzregulierung! Die selbstverständliche Folge davon ist gewesen, daß viele aus dem deutschen Togo stammende Produkte ihren Weg auf dem Volta oder über Land direkt ins englische Gebiet hinein nehmen mußten. Durch die projektierte Bahn wird dieser Ausfall zum großen Teil wieder auf deutsches Gebiet herübergezogen werden können.

Wir sehen schon an dem Beispiel der Ölprodukte, daß ihr Export für Togo bei weitem nicht die Höhe erreicht hat, die er erreichen könnte. Aber die Kolonie bietet noch andere Exportwerte, die sicher einer Steigerung fähig sind, und von denen es mir in meinem Laienverstande wunderbar erscheint, daß man nicht schon längst darangegangen ist, ihre Produktion zu fördern. Wenn man die Umgegend der hiesigen Lagunendörfer durchstreift, so trifft man überall auf große Maisfelder. Wenn das Palmöl die Butter des Schwarzen ist, so ist der Mais sein Brot, wenigstens im hiesigen Bezirke. Mais gedeiht überall im Küstengebiete; dabei ist seine Qualität nach dem übereinstimmenden Gutachten der Firmen der des amerikanischen mindestens ebenbürtig, und doch zeigen die verflossenen Jahre nur einen geringen Wert für Export von Mais. Ganz so bequem wie bei der Ölpalme ist beim Mais allerdings die Ernte für den Eingeborenen nicht; denn er muß das Land, auf dem er wachsen soll, erst notdürftig säubern und ihn aussäen. Aber ich bin der Ansicht, daß es ein leichtes sein würde, den Neger dahin zu bringen, anstatt nur seinen Hausbedarf auch noch für Verkaufszwecke Mais anzubauen. Bei der guten Qualität und den niedrigen Einkaufspreisen (den Zentner Mais bekommt man augenblicklich hier für 1,50 M.) würde einem rentablen Geschäfte im großen nichts im Wege stehen.

Ähnlich liegen die Verhältnisse mit der Erdnuß, einem in Europa wegen seines Gehaltes an vorzüglichem Öle sehr begehrten Handelsartikel. Eine Tonne Erdnüsse steht auf dem heimischen Markte noch weit höher als eine Tonne Palmkerne. Als Muster für die Ausbreitung der Erdnußkultur kann uns die französische Senegalküste dienen, wo sich entlang der Küstenbahn von Saint-Louis nach Rufisque die Eingeborenen sehr schnell dazu bereitgefunden haben, große Flächen mit Erdnüssen zu bebauen, deren jährlicher Export einen Wert von 20 Millionen Fr. erreicht hat. Da die Erdnuß gerade im sandigen Boden besonders gut gedeiht, so würde ihre Kultur in Togo auch da noch möglich sein, wo Ölpalmen und Mais nicht in Frage kommen.

Ein ebenfalls sehr wertvolles Handelsprodukt, das in Togo gewonnen wird, wenn auch bisher in geringem Maße, so doch von vorzüglicher Beschaffenheit, ist der Gummi. Wegen seines hohen Marktwertes verträgt er bereits jetzt die Kosten eines Transportes auch aus entfernteren Teilen des Landes. Bei der Gummigewinnung tritt die Notwendigkeit einer Regelung und Überwachung seiner Produktion durch die Regierung besonders deutlich zutage. Überläßt man die Gummigewinnung dem Gutdünken des Eingeborenen, so schlägt er die Gummibäume einfach um und läßt ihren Saft auslaufen. Die rationelle Methode, die Rinde der Bäume an einzelnen Stellen sachgemäß anzuschneiden und den aus den Schnittwunden herausquellenden Gummi zu sammeln, ist ihm unsympathisch, weil sie zeitraubender ist. Natürlich werden durch das erstere Verfahren der Raubwirtschaft die Gummibestände schwer geschädigt. Es fragt sich deshalb für die Regierung nur, ob sie letztere dem Raubbau schonungslos preisgeben will, um dadurch eine kurze Zeit anhaltenden hohen Export von Gummi aus Togo zu ermöglichen, oder ob sie ihn einschränken bzw. bekämpfen will, um dadurch eine gleichmäßigere, geregelte und dauernde Ausfuhr zu erzielen.

In der Kolonie Lagos hat man sich zu umfassenden Abwehrmaßregeln gegen die Raubwirtschaft entschlossen. Dort begann die Ausfuhr von Kautschuk im Jahre 1894. Nach vier Jahren hatte sie bereits einen Wert von fast 6 Millionen Mark erreicht. Da sich indessen dieser hohe Export auf Raubbau gründete, erließ der Gouverneur Vorschriften, durch die der Wert der Ausfuhr zwar auf kaum eine Million sank, aber eine Stabilität derselben gewährleistet wird. In den bisher erwähnten Produkten, denen der Ölpalme, Mais, Erdnuß und Kautschuk, haben wir die Exportwerte von Bedeutung, die das Land schon jetzt bietet. Meiner Überzeugung nach ist bei ihnen allen eine Steigerung der Ausbeute um ein vielfaches des jetzigen Wertes möglich. Besonders müßte der Mais auch schon jetzt in den für seine Kultur überaus geeigneten, großen, bisher unbebauten Flächen der Lagunenniederung weit mehr kultiviert werden als es geschieht.

Außer dem großen Reichtum an pflanzlichen Produkten müssen noch die großen Rinderherden Togos erwähnt werden, die leider auch für die Ausfuhr bisher noch nicht in Frage kommen. An der Küste haben wir nur die kümmerlichen Anfänge einer Rindviehzucht zu verzeichnen, ohne daß ihrem rationellen Betrieb irgend etwas im Wege stünde. Wirklich stattliche Herden weist aber die nördliche Hälfte Togos auf. Das Herrschen der Nagana, gegen die wir bisher ohnmächtig sind, und das Fehlen einer Hinterlandbahn machen auch diesen Reichtum der Kolonie vorläufig zu einem toten Kapital.

Wir haben neben den bisher angeführten, nächstliegenden Exportwerten und deren Steigerung die Möglichkeit, neue im Lande zu schaffen, sei es durch Plantagenbetrieb, sei es durch Einführung ihrer Kultur als Volkskultur unter den Negern. Als Beispiel für erstere ist die Anpflanzung der Kokospalme zu nennen, aus deren Nüssen die Kopra gewonnen wird. Die Kokospalme gilt vielfach für ein in Afrika beheimatetes Gewächs, sie ist indessen erst dort hingebracht worden, wahrscheinlich durch die Portugiesen. Unsere Küstenneger nennen sie „yevúnèti", „Nußbaum des weißen Mannes". Entlang der ganzen afrikanischen Küste hat sie sich ausgebreitet, vielleicht unter Mithilfe der Meeresströmungen, die Früchte von einem Bezirke nach dem anderen schwemmten. Merkwürdigerweise soll sie nur an der Küste wachsen; ja, es wird sogar behauptet, sie habe zu ihrem Gedeihen die Seebrise nötig. Ich kann an diese Behauptung nicht recht glauben, denn ich habe schöne Kokospalmen in Dörfern wachsen sehen, in denen von Seebrise sicher nichts mehr zu spüren ist. Ihr ausschließliches Vorkommen an der Küste wird wohl eher dadurch zu erklären sein, daß ihr bisher wenig Gelegenheit gegeben wurde, sich nach dem Innern zu auszubreiten. Ihre schweren Früchte werden weder vom Winde noch von Tieren verschleppt; auch der Neger befaßt sich nicht mit ihrem Transport. Sollte sie aber im Hinterlande dieselben Bedingungen des Klimas und des Bodens finden wie an der Küste, so würde sie wohl auch ohne Seebrise dort wachsen.

In Kpeme, zwei Stunden von Kleinpopo entfernt, haben wir eine große Kokosnußplantage, deren Anlage etwa vor neun Jahren begonnen wurde. Sie weist jetzt einen Bestand von ca. 100 000 Palmen auf. Sonstige Plantagenunternehmungen in größerem Maßstabe sind in Togo nicht vorhanden. Kleinere Versuche sind mit dem Anbau von Kakao, Kaffee und Tabak gemacht worden, ohne daß bisher ein abschließendes Urteil über den Erfolg gefällt werden kann. Alle solche Versuche müssen darunter leiden, daß die Regierung keine nennenswerten Mittel zu ihrer Unterstützung aufwenden kann, und daß das Privatkapital wegen der Ungewißheit des Erfolges begreiflicherweise sich nur zögernd an sie heranwagt.

Von weit größerer Bedeutsamkeit als die Plantagenwirtschaft versprechen für Togo die Ergebnisse von Versuchen zu werden, die gerade jetzt vom Kolonialwirtschaftlichen Komitee mit dem Anbau von Baumwolle in größerem Maßstabe angestellt worden sind. Es handelt sich darum, mit Hilfe amerikanischer Baumwollfarmer die Baumwollkultur als allgemeine Volkskultur unter den Negern Togos einzubürgern. Bei seinen, auf die wirtschaftliche Hebung unserer Kolonien gerichteten Bestrebungen springt das Kolonialwirtschaftliche Komitee oft da in die Bresche, wo die Mittel der Regierung und das Privatkapital versagen, und es pflegt nicht nur die Aussichten eines Projektes durch genaue Erkundigungen von Sachverständigen festzustellen, sondern setzt auch seine praktische Durchführung energisch ins Werk. Das bisherige Ergebnis der Versuche in Togo hat das Kolonialwirtschaftliche Komitee dazu ermuntert, seine Bestrebungen auf dem Gebiete der Baumwollkultur auch auf andere Kolonien auszudehnen. Gelingt das Projekt, so eröffnet sich dem Mutterlande die Perspektive, wenigstens zu einem Teile den jährlichen Riesenbedarf an Rohbaumwolle in absehbarer Zeit aus den eigenen Schutzgebieten zu decken. Da die Hauptgebiete, die für den Anbau von Baumwolle in Frage kommen, im mittleren und nördlichen Togo gelegen sind, so ist auch für sie der Bau einer Inlandbahn von ausschlaggebender Bedeutung.

Nachdem wir einen Blick auf den Export unserer Kolonie geworfen haben, wollen wir noch ihre Importwerte kurz betrachten. Sie entfallen zum kleineren Teil auf die Bedürfnisse der Europäer, zum weit größeren auf die der Eingeborenen. Dem Werte nach an erster Stelle stehen die Textilwaren: Bekleidungsgegenstände usw., von denen im Betrage von über 1½ Millionen eingeführt werden. Aber gleich nach ihnen rangiert, ebenfalls noch eine Million überschreitend, der Branntwein, der in einer Menge von über 1 Million Litern jährlich ins Schutzgebiet kommt. So harmlos der erstere Importartikel ist, so gefährlich ist der letztere. Die Menge von einer Million Litern Schnaps auf eine Million Einwohner des Schutzgebietes kann zunächst niedrig erscheinen. Aber wir müssen bedenken, daß bisher für den Konsum dieser Menge längst nicht das ganze Land gleichmäßig in Betracht kommt, sondern daß er vorwiegend auf die Küstenebene entfällt, weil bei zunehmender Entfernung die Transportkosten und damit der Preis für den Branntwein wachsen. Auch scheint der im Norden vorherrschende Islam ein recht starkes Bollwerk gegen den Alkohol zu sein. Ferner müssen wir in Betracht ziehen, daß der von uns importierte Schnaps nicht das einzige alkoholische Getränk ist, das der Neger hat, sondern daß er neben ihm seinen Palmwein und in anderen Gegenden verschiedene Biere (aus Mais, Hirse oder Honig dargestellt) trinkt und daß die Einfuhr von Branntwein sich vorläufig in stark aufsteigender Richtung bewegt. Ich sehe in ihr eine große Gefahr, die dem Neger vom Europäer droht, eine Gefahr, der man möglichst bald mit größtem Nachdruck entgegentreten muß.

Für viele werden die Folgen auf Jahre hinaus noch unmerklich sein; ja, vielleicht wird durch den steigenden Alkoholimport zunächst das scheinbare Gegenteil von einer schädlichen Wirkung eintreten, der Export wird sich heben. Denn je mehr Neger sich den Genuß des Branntweins verschaffen wollen, um so mehr Produkte müssen dafür eingesammelt und zum Verkauf gebracht werden. In Wirklichkeit aber wird bald der Rückschlag eintreten. Der Neger ist schonungslos der degenerierenden Wirkung des Alkohols preisgegeben. Momente, die bei unserer Rasse dem Alkoholismus noch einigermaßen entgegenwirken wie gesellschaftliche und sittliche Hemmungen, fallen für ihn natürlich weg. Bei der jetzt lebenden Generation werden die Folgen vielleicht weniger deutlich in die Erscheinung treten, obschon der Alkohol jetzt bereits manche Krankheit unter den Negern verursacht und die Disposition für viele krankhafte Zustände, die ihm bisher fehlten, schafft. Aber die kommenden Geschlechter werden weit stärker unter ihm zu leiden haben. Der Nachwuchs der Negerrasse wird sich an Zahl und Qualität wesentlich verschlechtern. Eine der vornehmsten Aufgaben der Regierung müßte es darum sein, die Eingeborenen vor der Schnapsflasche zu bewahren. Ein Einfuhrverbot ist für Togo unangebracht. Ohne ein gleichzeitiges Mittun der dicht benachbarten Engländer und Franzosen würden nur diese einen Nutzen von ihm haben, da sehr bald ein lebhafter Schmuggel über die östliche und westliche Grenze stattfände. Den meisten Erfolg verspreche ich mir von der Erhöhung des Einfuhrzolles auf Branntwein, die von den drei beteiligten Mächten gleichzeitig und in gleicher Höhe eingeführt werden müßte und jährlich immer weiter anzusteigen hätte, bis sie im Verlaufe von 10 bis 15 Jahren einem Einfuhrverbote gleichkommt. So würde auch für die Firmen Togos, die jetzt einen großen Teil ihres Handels auf Alkohol basiert haben, ein schonender Übergang gegeben sein.

Als weitere wirkliche Massenartikel, die für den Bedarf der Eingeborenen importiert werden, sind noch Pulver, Gewehre, Tabak, Eisenwaren (Messer usw.) und Glasperlen zu erwähnen. Alle diese Waren werden dem Neger auf verschiedene Weise zugänglich gemacht.

Sämtliche Firmen unterhalten in ihren Faktoreien an der Küste umfangreiche Ladengeschäfte, in denen der Eingeborene gegen bare Münze oder im Tausch seine Wünsche befriedigen kann. An der Küste hat sich der Gebrauch deutschen Geldes bereits gut neben dem englischen eingebürgert. Kupfergeld, Zehnpfennig- und Dreimarkstücke sind merkwürdigerweise nicht im Verkehr der Kolonie zugelassen. Weit in das Hinterland hinein ist aber der Geldverkehr noch nicht gedrungen; hier spielen noch die Kaurimuscheln, von denen vierzig Stück etwa den Wert eines Pfennigs darstellen, eine große Rolle. In größeren Ortschaften bis zur Entfernung von einigen Tagereisen landeinwärts, haben die Firmen Zweigniederlassungen, die meist von einem schwarzen Händler (Clark) verwaltet werden, errichtet. Sie dienen als Einkaufsfilialen für die Landesprodukte, unterhalten aber ebenfalls Ladenbetrieb und besonders den Ausschank von Spirituosen.

Für das entferntere Hinterland besorgen die Hausa den Zwischenhandel. An allen größeren Orten verkehrsreicher Handelsstraßen des Landes haben sie eigene Ansiedelungen; auch Kleinpopo hat eine Hausakolonie, die nur wenige Minuten hinter dem Krankenhause gelegen ist und wohl einige hundert Bewohner zählt. Die Hausa unterscheiden sich ganz wesentlich von den Küstennegern Togos. Meist sind sie stattlich gebaute, tiefschwarze Gestalten mit markanten, klugen Gesichtszügen. Schon ihre abweichende Kleidung: ein mantelartiges bis über die Knie herabreichendes und dort lose anschließendes Gewand, weiß oder blau, aus selbst gearbeitetem und gefärbtem Stoffe hergestellt, bei den Wohlhabenden mit kunstvoller Stickerei besetzt, dazu eine phrygische Mütze oder den Turban auf dem Kopfe, läßt sie auf den ersten Blick erkennen. Aber auch in der Bauart ihrer Hütten, in ihren Hausgerätschaften, ihrer Sprache, ihrer Religion — sie sind Mohammedaner —, in ihren Sitten und Gebräuchen, kurz in ihrer ganzen Kultur sind sie scharf vom Eweneger unterschieden. Namentlich sind sie ihm an Arbeitsamkeit, Ausdauer und Geschäftssinn sicher weit überlegen. Der Alkohol hat noch wenig Anklang bei ihnen gefunden; ihr ständig gebrauchtes Anregungsmittel besteht im Kauen der Kolanuß; auch der Schnupftabak ist ihnen nicht fremd. Der nicht auf größeren Handelsreisen befindliche, in der Niederlassung zurückbleibende Teil der Hausa handelt inzwischen in der nächsten Umgebung unter Weißen und Schwarzen mit den Erzeugnissen ihres Gewerbefleißes: mit allerhand Zeugen, Bastgeflechten, Körben, Matten, Tellern, Hüten, Lederwaren, Waffen usw. Selbst eine ganz ansehnliche Herde von Schafen und Ziegen haben sie hier in Kleinpopo in Zucht.

Reise nach Grandpopo

Kleinpopo, 9. Dezember

Meine liebe Frau!

Diesen Brief schreibe ich Dir in der Gig des Bezirksamtes, auf der Heimfahrt von einem Besuche „über Land" nach dem französischen Grandpopo. Gestern nachmittag wurde ich telegraphisch von einem französischen Beamten gebeten, seine erkrankte Frau zu besuchen. Da es sich offenbar um eine ernste Erkrankung handelte, nahm ich Schwester J. zur eventuellen Pflege der Patientin mit. Die Dunkelheit war schon hereingebrochen, als wir abfuhren. Nach achtstündiger Wasserfahrt kamen wir gegen 2½ Uhr nachts an; am Ufer warteten einige dort postierte Schwarze, die uns ins Haus des Mr. Rehm, des „inspecteur de la garde indigène", brachten. Du siehst, daß auch in den französischen Kolonien mit stolzen

Titeln nicht gegeizt wird, denn hinter dem Inspektor der Eingeborenengarde verbirgt sich ein ehemaliger französischer Unteroffizier, der ungefähr denselben Dienst zu verrichten hat wie in unserer Kolonie der Polizeimeister. Er selbst ist Elsässer, seine Frau eine unternehmende Pariserin, die ihm schon früher einige Jahre lang nach Dakar im Senegal gefolgt war, ohne sich ernstliche Störungen ihrer Gesundheit zugezogen zu haben. Ich hoffe, daß auch ihre jetzige Erkrankung trotz stürmischer Erscheinungen, mit denen sie eingesetzt hat, bald in Genesung übergehen wird.

Nach Erledigung des ersten nächtlichen Krankenbesuches zog ich mich wieder in die Gig zurück, um im Korbstuhl so gut es bei den Angriffen der Moskitos möglich war, bis zum Sonnenaufgang zu schlafen. Heute morgen besuchte ich die Patientin zum zweiten Male, und mein Anerbieten, die Schwester zu ihrer Pflege vorläufig zurückzulassen, wurde offenbar mit Freuden angenommen. Weiter verabredeten wir, daß die Kranke, falls unter Befolgung der von mir gegebenen Anordnungen in den nächsten Tagen keine entscheidende Besserung eintrete, in Begleitung von Schwester J. in unser Krankenhaus gebracht werden soll. Ich denke aber, es wird nicht nötig sein. Grandpopo selbst hat noch kein Hospital, doch ist ein solches im Bau.

Ehe ich die Rückreise antrat, benutzte ich die Gelegenheit zu einem Rundgang durch den Ort, der in seiner ganzen Anlage unserm Kleinpopo sehr ähnelt, aber trotz seines Namens sowohl an Zahl der dort wohnenden Europäer wie Schwarzen kleiner ist als dieses. Von den ansässigen sieben Firmen sind fünf deutsche und nur zwei französische; erstere besuchte ich. Auch dem administrateur (unser „Bezirksamtmann"), einem Mr. Dreyfuß, einem liebenswürdigen, kleinen, beweglichen Herrn, der ebenfalls mit seiner Frau hier weilt, machte ich einen Besuch. Seit 11 Uhr fahre ich wieder heimwärts und will sehen, ob ich noch irgendeine Jagdbeute machen kann. Am Abend gegen 7 Uhr hoffe ich wieder im Krankenhause zu sein.

Die schöne, patientenlose Zeit des Hospitals hat nicht lange angehalten, und gleich der erste neue Fall stellte uns vor eine schwere Aufgabe. Es war eine Typhuspatientin, die, schon in der Genesung begriffen, an einer schweren Psychose mit heftigen Tobsuchtsanfällen erkrankte und einige Tage hindurch Grund zu den ernstesten Befürchtungen bot. Mehrere Nächte waren anstrengende Wachen nötig, in die ich mich mit den Schwestern teilte. Seit Ende November ist aber die bange Sorge um die Schwerkranke der freudigen Gewißheit einer glatten Genesung gewichen. Morgen soll sie in die Heimat reisen. Mit demselben Dampfer wird Schwester L. aus dem Krankenhause, deren zweijährige Dienstzeit abgelaufen ist, ebenfalls fahren. Als Ersatz für sie kam schon vor 14 Tagen eine neue Schwester, G. K., in Lome an.

In den letzten Tagen des November ging ein Woermannschiff hier vor Anker und brachte mir zum ersten Male, seitdem ich hier bin, den Besuch eines Schiffsarztes. Leider hatte er das Pech, daß sein Kapitän eher von hier abfuhr, als verabredet war. Wir mußten zusammen auf der Lagune nach Porteseguro fahren, wo der Dampfer wieder vor Anker gegangen war, aber auch da dampfte er uns vor der Nase weg. Schließlich blieb nichts anderes übrig, als den Pechvogel über Nacht in der Hängematte nach Lome, dem nächsten Anlegeplatz seines Schiffes zu befördern. Dort hat er am nächsten Morgen auch glücklich wieder seinen liebenswürdigen Kapitän erreicht.

Mit demselben Dampfer kam ein Trupp von 17 Togonegern, Männern und Frauen, aus Deutschland zurück. Sie waren zu Schauzwecken wohl mehrere Jahre durch ganz Deutschland gereist. Ich glaube, durch neuere Bestimmungen ist dieser Unfug der Verschickung von Eingeborenen zu solchen Zwecken unterbunden worden. Was kann auch Gutes dabei herauskommen. Schon die Mitnahme eines einzelnen Schwarzen durch einen Europäer zur Erziehung oder zur Ausbildung für irgendeinen Beruf ist ein gewagtes Experiment, das in den meisten Fällen, in denen es angestellt wurde, fehlgeschlagen ist. Nur dann glückt es, wenn der betreffende Europäer, mit afrikanischen Verhältnissen vertraut, ängstlich darauf achtet, daß sein Zögling der Gefahr entgeht, von allen Seiten angestaunt, verwöhnt und verzogen zu werden.

Mehrere von den unlängst Zurückgekehrten kommen sogar mit Tuberkulose behaftet wieder. Die Mission hat sich der Gesellschaft angenommen. Einen der Männer habe ich als Gartenarbeiter angestellt, aber ich zweifle, ob er nach seinem in Deutschland durchkosteten Schlaraffenleben noch Gefallen an der Arbeit finden wird. Die Produktionen, die sie auf ihren Jahrmarkts- und Panoptikumsreisen vollführt haben, geben alles andere wieder als die Sitten und Gewohnheiten der hiesigen Neger. Es waren ausnahmslos Tänze, Gesänge und Gebräuche, die ihnen von ihrem Impresario ad hoc einstudiert wurden.

Ob sie zu wissenschaftlichen, anthropologischen Beobachtungen auch verwendet worden sind, weiß ich nicht. Nur eine einzige, verfehlte Abhandlung ist mir bekannt geworden, in der ein Berliner Plattfußspezialist an diesem kleinen Material beweisen zu können glaubt, daß die Behauptung, der Plattfuß sei unter den Negern besonders verbreitet, unzutreffend sei. Er bedenkt dabei nicht, daß er erstens keine Vertreter einer reinen Negerrasse vor sich hatte, soweit es sich um Küstenneger handelte, und daß für diesen Versand nach Deutschland natürlich gerade solche Gestalten ausgewählt wurden, die auch nach europäischem Geschmacke einen imposanten Eindruck machen konnten.

Morgen will ich Ruhetag halten, übermorgen muß ich zusammen mit Dr. Gr. eine kleine Reise über Aklaku nach Agomeseva (am Mono) unternehmen, von wo der dort stationierte schwarze Zollposten frische Pockenerkrankungen gemeldet hat. Ich will das ganze Dorf und von der nächsten Umgebung soviel, wie zu erreichen ist, schleunigst durchimpfen. Die Hinreise werden wir über Land auf einem zweirädrigen, von Schwarzen gezogenen Karren machen, soweit wir sie nicht zu Fuße bewältigen können; die Rückreise soll den Fluß abwärts im Boot vor sich gehen. Ich denke nicht länger als zwei Tage mit der ganzen Angelegenheit aufgehalten zu sein.

22. Dezember

Gestern lief ein Woermanndampfer unsern Ort an, signalisierte, landete uns einen schwerkranken Europäer und fuhr wieder von dannen. Auf einem Langstuhl liegend, der ins Brandungsboot gesetzt war, ohne Begleitung eines Offiziers oder eines anderen Europäers vom Schiffe war der Bewußtlose für die gefährliche Fahrt nur den schwarzen Bootsleuten anvertraut worden. Am Ufer nahm ihn eine Tragbahre des Krankenhauses auf. Er litt an perniziöser Malaria. Ohne das Bewußtsein wieder erlangt zu haben, ist er heute nachmittag gestorben. Nur aus einem zufällig in seiner Kleidung aufgefundenen Notizbuche erfuhr ich überhaupt seinen Namen. Woher er kam, wohin er wollte, wissen wir nicht. Vielleicht verrät es uns der Dampfer auf der Rückreise.

23. Dezember

Heute morgen begruben wir unseren toten Fremdling. Ein schlichter Sarg war gezimmert worden. Mit deutschem Flaggentuche beschlagen, mit Palmen und Blumen bedeckt, so trugen ihn acht schwarze Polizeisoldaten zur Lagune, in ein bereitstehendes Boot. Eine Viertelstunde von Kleinpopo entfernt erstreckt sich eine Halbinsel der Lagune: Adjido. Dort liegt der Friedhof der Europäer. Wir Bewohner Kleinpopos folgten ihm. Eine kurze Rede des Missionars R. vor dem offenen Grabe, dann sank der Sarg in die Gruft.

Eine ernste Stätte, dieses Adjido. 80 Gräber, von Palmen und Kasuarinen beschattet, geben Kunde von den Opfern, die hier im Verlauf der letzten 18 Jahre, der Heimat fern, im afrikanischen Sande ihre Ruhe fanden. Die schlichten Steine mit ihren Inschriften, meist von den Angehörigen der Verstorbenen gestiftet, verraten uns, daß weder Kinder noch Greise unter ihnen waren, daß nur Menschen in der Blüte ihres Lebens, daß nur Jugendkraft hier der Erde anvertraut wurde.

Weihnachten in Afrika

25. Dezember

Weihnachten, das Fest, an dem sich die Sinne unwillkürlich flüchten und nicht eher ruhen, bis sie wieder in der Heimat beim Lichterbaume sind . . . Gestern hatten wir unseren Baum geschmückt, in Ermangelung einer Tanne eine Kasuarine des Gartens. So wenig weihnachtlich das Äußere mich anmutete, oder vielleicht gerade deshalb, um so stürmischer flogen die Gedanken von dannen über das weite Meer. Sie träumten sich zurück in die Zeit, wo wir als

Kinder in stattlicher Schar in der elterlichen Pfarre unterm Weihnachtschoral uns unseren bescheidenen, aber heiß ersehnten Geschenken nahen durften; weiter zu den Jahren, wo wir dem Elternhause entfernt doch gerade die Weihnachtstage als gemeinsame Freudentage wieder verlebten; weiter zu dem Weihnachtsfeste des vergangenen Jahres, an dem ich zum erstenmal den Baum im eigenen Heim anzündete, den Schnee noch im Haar von einem abendlichen Gange in der winterlichen Praxis . . .

Tausend Erinnerungen tauchten auf. Daheim war es für uns ein Fest der Freude, hier ein Fest der Sehnsucht. Wie malte ich mir aus, daß um dieselbe Stunde unser Kindchen daheim beim ungewohnten Anblicke die kleinen Augen erst weit aufreißen und dann in lauter Freude jauchzen würde. Ich hörte sie fast. Weihnachten in Afrika — fremd und doch traut in der Erinnerung. Es fehlt der Winter, es fehlt der Tannenbaum, es fehlen die alten Gesichter, es fehlt die weihnachtliche Stimmung. Aber ein Freudentag war es doch, wenn auch die Schatten des vorhergegangenen Trauerfalles ihn umschleierten.

Die Kranken des Hospitals sowie Dr. Gr., Lehrer E. und Kaufmann E. hatten sich in unserem Kreise eingefunden. 7 Uhr kamen unsere schwarzen Jungen und Mädchen herein ins Eßzimmer, wo neben dem brennenden Baum auf langer Tafel ihre Geschenke lagen. Schwester F. spielte das alte traute Weihnachtslied, und wir sangen dazu: Stille Nacht, heilige Nacht! Der Christbaum brannte schön, und ebenso hell leuchteten die schwarzen Gesichter beim Anblick der Schätze, die ihnen gehören sollten, und die teils noch verpackt ihrer Neugier entzogen waren. Bald griffen sie ein jeder zu seinem Teile und entfernten sich, um zu sehen, was die Hülle bergen mochte, und schwatzten in gewohnter Ausführlichkeit über ihre Geschenke.

Wir Europäer zogen uns auf die Veranda zurück, plauderten noch lange und sangen noch manches heimatliche Lied bis tief in die Nacht hinein. Doch am Schlusse, als alle sich verlaufen hatten, pilgerte ich allein zum Strande, wo die Brandung ihr rauschendes Lied sang. Ich blickte hinaus auf die weißen, sich überstürzenden Kämme der Brecher, ich lag im Sande und träumte. . . .

1903

Aus der Poliklinik für Eingeborene

7. Januar

Die Zahl der schwarzen Patienten, die täglich zur Poliklinik kommen, hat im Laufe der Zeit eine ganz ansehnliche Höhe erreicht und beträgt jetzt ungefähr monatlich 100 neue Zugänge. Eine weitere Steigerung wäre mir nicht einmal um jeden Preis erwünscht, denn jetzt ist es bei dem beschränkten Raume und der primitiven äußeren Einrichtung gerade noch möglich, alle einzelnen Fälle einigermaßen gründlich zu untersuchen, zu beobachten und zu behandeln. Bei noch mehr wachsender Frequenz würde ich bald genötigt sein, wie es ja daheim in vielen poliklinischen Betrieben die Regel ist, ärztliche Momentaufnahmen zu machen.

Überrascht hat mich das große Zutrauen der Togoleute zum Messer des Arztes. Zum Teil ist es wohl der in die Augen springende Erfolg, den es herbeiführt, zum Teil auch die Anwendung der Schleichschen Anästhesie an Stelle der allgemeinen Narkose bei ernsteren Operationen. Schon mein Vorgänger hat sie hier unter den Schwarzen eingebürgert, weil sie gegen eine allgemeine Betäubung eine große Abneigung hegen. Es ist ihnen unsympathisch, in einen bewußtlosen Zustand versetzt zu werden, in dem sie nicht verfolgen können, was mit ihnen geschieht, und erst im Laufe der Jahre wird es gelingen, sie mit der Narkose zu befreunden.

Die operative Tätigkeit gestaltet sich hier zu einer Art Saisonchirurgie. Ist ein Eingriff bei einem Eingeborenen geglückt, so dauert es nicht lange, und es kommen eine ganze Reihe gleichartiger Patienten mit dem Verlangen, auch behandelt zu werden. Kurz nach der ersten Bruchoperation — Bruchleiden sind äußerst stark hier verbreitet — folgte eine ganze Anzahl weiterer. Ebenso ging es nach der ersten Hydrocelen-Operation; und nachdem sich kürzlich die erste Starblinde einer erfolgreichen Staroperation unterzogen hatte, haben auch mehrere andere Starkranke Hilfe nachgesucht.

Viele Patienten kommen in einem Krankheitsstadium zum Arzte, das man daheim niemals erlebt. Jahrelang haben sie sich mit ihrem Leiden herumgeschleppt, sei es, daß sie so lange nicht den Mut fanden, sich dem weißen Arzte anzuvertrauen, sei es, daß bis zu ihrem Dorfe die Kunde von seiner Existenz überhaupt noch nicht vorgedrungen war, sei es, daß der mächtige Fetischpriester ihnen vor dem weißen Medizinmanne Angst gemacht hatte. Kürzlich kam ein Kranker mit einer riesigen Hydrozele in Behandlung, die einen Inhalt von 3½ l ergab. Der Patient hatte sich eine eiserne Kette um die Hüften schmieden lassen und an dieser einen großen Sack befestigt, in dem er jahraus jahrein seine Geschwulst mit sich umhergetragen hatte.

Alle größeren Eingriffe müssen im Operationsraume des Nachtigalhospitales vorgenommen werden. Zur weiteren Behandlung liegen die Patienten in der Poliklinik. Neuerdings gebe ich jedem Schwarzen nach der Operation eine starke Dosis Opium, und dies aus folgendem Grunde. Die Schwarzen fühlen sich selbst nach schweren Operationen in keiner Weise angegriffen und können es trotz eingehender Ermahnungen nicht verstehen, warum zu ihrer Heilung wenigstens für einige Tage absolute Ruhe erforderlich ist. Sobald sie in ihrer Klause angekommen sind, hockt gewöhnlich die ganze Verwandtschaft um das Lager herum, und es beginnt ein ausgiebiges Fragen und Erzählen. Der Operierte findet selbst nichts dabei, in einem unbewachten Augenblicke auch ruhig einmal seine Lagerstätte zu verlassen.

So hatte ich kürzlich nachmittags 5 Uhr eine recht schwierige Bruchoperation glücklich beendet. Um 7 Uhr erschien Dovi aus der Poliklinik und meldete, daß es dem Betreffenden „schlecht gehe". Ich eilte zu ihm und stellte folgendes fest: Der brave Schwarze hatte im Vollgefühl seines Wohlbefindens bei Einbruch der Dunkelheit, also kaum eine Stunde nach der Operation, den altgewohnten abendlichen Gang nach dem Meeresstrande gemacht, um dort sein Bedürfnis zu verrichten. Bei dieser Kraftleistung hatte die Unterbindung einer Arterie nicht standgehalten, und eine lebhafte innere

Blutung war eingetreten. Der Schwächezustand des Kranken hatte bei meinem Erscheinen schon einen recht bedenklichen Grad erreicht. Wir nahmen ihn sofort ins Hospital, wo ich die vernähte Wunde rasch wieder öffnete und so schnell, als es bei Lampenlicht möglich war, die blutende Arterie aufsuchte. Glücklicherweise hat dieses Vorkommnis keinerlei nachteiligen Einfluß gehabt. Um aber der Wiederholung ähnlicher Vorfälle vorzubeugen, beschloß ich, jeden Operierten in Zukunft für die ersten Tage seiner Genesung durch Opium oder Morphium außer Gefecht zu setzen.

Dieses Medikament wirkt auf Eingeborene weit nachhaltiger als auf Europäer. Nach 20—30 Tropfen der gewöhnlichen Tinktur und erst recht nach einer Morphiuminjektion schlafen sie oft 24 Stunden und länger ganz fest. Nur bei solchen, die an Alkohol gewöhnt sind, versagt leider diese prompte Wirkung. So operierte ich unlängst einen alten Bootsmann, einen strammen Säufer, sonst aber guten Kerl, am Star. Er bekam seine Opiumtropfen. Am nächsten Morgen war er trotzdem verschwunden, und alle Nachforschungen über seinen Verbleib waren erfolglos. 14 Tage später kam er freudestrahlend wieder an, um mir guten Tag zu sagen. Da ihm das Ruhigliegen und die Entziehung des gewohnten Schnapses in der Poliklinik zu lästig geworden waren, hatte er sich nachts davongeschlichen, seinen Verband abgenommen, war in ein Kanu gestiegen und hatte sich fischend und Fische verkaufend zwei Wochen lang auf der Lagune umhergetrieben. Ich fürchtete natürlich, ein völlig verlorenes Auge bei ihm vorzufinden, und war nicht wenig überrascht, als die Wunde trotz des möglichst unzweckmäßigen Verhaltens des Kranken bei voller Funktionsfähigkeit des Auges gut verheilt war.

Leider siegt nicht immer die Urkraft der Negerkonstitution über solche Unvernunft. Eine alte Frau, gleichfalls am Star operiert, wurde auf ihren Wunsch ausnahmsweise nicht in der Poliklinik, sondern in ihrer eigenen Wohnung nachbehandelt. Bei meinem ersten Besuche traf ich sie ohne Verband, ihre kurze Tonpfeife rauchend, am qualmigen Herdfeuer damit beschäftigt, die Familiensuppe zu kochen. Sie büßte ihre Sorglosigkeit mit dem Verlust des Auges ein.

Ein besonders hohes Kontingent aller Hilfesuchenden stellen die Patienten mit Ulcerationen. Diese Geschwüre, meist die unteren Gliedmaßen befallend, kommen oft in enormer Größe und in ganz unbeschreiblich vernachlässigtem Zustande zur Poliklinik, so daß bisweilen die erste ärztliche Hilfeleistung in der Entfernung der Insektenmaden, die sich in ihnen eingenistet haben, besteht. Derartige Wunden wird der Arzt daheim kaum jemals zu Gesicht bekommen. Trotzdem zeigen sie bei sachgemäßer antiseptischer Behandlung sämtlich eine große Tendenz zu rascher Heilung. Die Ursachen für diese Beingeschwüre sind mannigfache. Zunächst scheint die Oberhaut des Negers — diesen Eindruck habe ich namentlich beim Impfen gewonnen — zarter gebaut zu sein als die des Europäers, obwohl man vielleicht das Gegenteil zunächst erwarten sollte. Ferner ist der barfußgehende Eingeborene allen möglichen kleinen Verletzungen und Insulten seiner unteren Gliedmaßen ausgesetzt. Moskitostiche, Kaktusstacheln, eingetretene Steinchen, Sandflöhe, Kratzwunden verursachen eine anfänglich kleine, harmlose Wunde. Durch Unsauberkeit, unzweckmäßige Behandlung und die bekannte Indolenz des Negers nehmen sie allmählich einen bösartigen Charakter an, und erst in diesem Stadium wird ärztliche Hilfe für nötig gehalten.

Die größere Heilungskraft des Negers bei Wunden wird von fast allen Tropenärzten berichtet. Sie scheint nicht auf äußere, klimatische Bedingungen, sondern auf eine dem Neger innewohnende, spezifische Eigenschaft zurückzuführen zu sein. Beim Europäer ist in den Tropen vielfach das Gegenteil zu beobachten: ein langsames, schlechtes Heilen auch kleiner Wunden, und ein hartnäckiger Verlauf vieler Krankheiten, in Vergleich zu deren gutartigem heimischen Auftreten.

Auch Kranke mit inneren Leiden suchen die Poliklinik auf. Unter ihnen stehen an Häufigkeit obenan die malariakranken Kinder. Die Malaria gehört ja keineswegs zu den Erkrankungen, die wie Pocken oder Scharlach schon nach einmaligem Überstehen eine dauernde Immunität zurücklassen, sondern neigt im Gegenteil zu dauernden Rückfällen. Jedes Negerkind macht in seiner Jugend soundso viele Malariaanfälle durch, bis sich im Laufe der Jahre ganz allmählich eine gewisse Abschwächung der Attacken einstellt, die endlich in eine beschränkte Immunität überzugehen scheint.

Mit Kleinigkeiten kommt der Schwarze so leicht nicht an, sucht er den Arzt auf, so kann man sicher sein, daß ihm wirklich etwas fehlt. Übertreibungen und Simulationen sind nur bei Gefangenen vereinzelt zu beobachten. Wenn neben der praktischen Betätigung leider nicht immer genügend Zeit verbleibt, das reiche Material auch wissenschaftlich auszubeuten, so muß ich mich mit dem Wahrspruch trösten: Primum humanitas alterum scientia, erst der Mensch, dann die Wissenschaft. Sonst ist es in jeder Hinsicht ein Vergnügen, unter den Schwarzen ärztlich tätig zu sein. Das moderne Spezialistentum deutscher Großstädte, das für viele Ärzte die bequeme Gelegenheit bietet, eine Verantwortung, der man sich nicht gewachsen fühlt, abzuwälzen, das aber auch den Arzt um den Reiz bringt, auf dem ganzen Gebiete des medizinischen Wissens und Könnens erfolgreich zu arbeiten, kennen wir hier nicht. Auch die Dankbarkeit des Negers für geleistete Hilfe fehlt dem Arzte nicht. Wenn er sie häufig zwar nicht in klingender Münze abstatten kann, so genügen auch sein freudestrahlendes Auge und seine unbeholfenen Dankesworte, um sie erkennen zu lassen. Oft kehrte noch nach Wochen ein genesener Patient aus seinem Heimatsdorfe zurück und brachte mir als äußeres Zeichen seiner Dankbarkeit irgend etwas: ein Antilopenfell, ein Horn oder sonst etwas, wovon er annahm, daß es Wert für mich habe.

Abgesehen von der rein ärztlichen Seite bietet wohl kaum ein anderer Beruf bessere und reichere Gelegenheit, in nahe Berührung mit dem Schwarzen zu kommen, seinem Fühlen und Denken, seinen Gewohnheiten, seinen großen und kleinen Sorgen, seiner ganzen Lebensweise nachzuspüren und sich allmählich immer besser in seinen Gedankenkreis zu versetzen. Dabei wird der Arzt auch hier, selbst wenn es nur ein Schwarzer ist, dem er seine Mühe widmet, immer mehr das Ziel erreichen, im Leidenden nicht nur das Objekt ärztlicher Tätigkeit zu sehen, sondern den ganzen Menschen, der im Vertrauen auf sein Können zu ihm kommt. Oft läßt mich ein kurzes, mühsam geführtes Gespräch mit einem schwarzen Patienten einen tieferen Blick in den Seelenmechanismus des homo sapiens tun als eine lange, glatte Konversation mit einem gebildeten Europäer.

Silvester

Kleinpopo, 8. Januar

Meine liebe Frau!

Zum Postschlusse für den am 10. fälligen Dampfer werde ich voraussichtlich nicht hier sein, so daß ich Dir schon heute ein Lebenszeichen geben will. Ich will morgen mit G. und dem Zollverwalter St. eine kleine Reise auf der Lagune unternehmen bis zum Orte Agbanakawe, einem Zollposten an der französischen Grenze. Dort wollen wir einen Platz für ein neu zu errichtendes Zollhaus suchen. Dieses Agbanakawe, das an der Einmündungsstelle des Mono in die Lagune in einem ausgesprochenen Sumpfgebiet liegt, ist ein besonders ungesundes Nest. Von fünf Europäern, die früher dort versuchsweise stationiert waren, haben vier nach kurzem Aufenthalte den Ort schwerkrank verlassen müssen, einer ist an den Folgen seines dort erworbenen Schwarzwasserfiebers gestorben. Am besten wäre es, man überließe den ganzen Posten einer schwarzen Hilfskraft, aber er scheint zu wichtig dazu zu sein. Nach der Rückkehr von dieser Reise steht mir die höchst langweilige Erledigung der verschiedenen Quartalsabschlüsse und Berichte bevor.

Meinen letzten Brief aus dem alten Jahre hast Du wohl inzwischen erhalten? Mit einer kleinen Silvesterfeier sind wir ins neue Jahr eingetreten. Ein verspätet aus Deutschland eingetroffener wirklicher Tannenbaum — ein Woermann-Dampfer hatte ihn in einem Kübel eingepflanzt mitgebracht — war für den Abend im Kasino geschmückt worden. Der Raum selbst war mit Flaggen und Palmzweigen, unseren wohlfeilen aber hübschen tropischen Dekorationsmitteln, ausgeschlagen. Mit vieler Mühe war auch unser Krankenhausklavier von Schwarzen ins Kasino transportiert worden. Obwohl wir von allem geräuschvollen Ulk Abstand genommen hatten, war die Stimmung doch schließlich recht fidel und afrikanisch hoch gestimmt. Punkt 12 Uhr knallten drinnen die Champagnerpfropfen und draußen einige Salutschüsse der alten Zollkanone. Ein auf der Reede ankernder Dampfer beleuchtete den Aufgang des neuen Jahres mit Buntfeuer und Raketen. Mit besonderer Begeisterung sangen wir dann das alte „Afrikanerlied", das tatsächlich die vorherrschende Stimmung eines deutsch-afrikanischen Gemütes am besten wiedergibt, das Baumbachsche „Was die Welt morgen bringt".

Leider erkrankte Schwester Fr. vor einigen Tagen recht schwer an ihrer Erstlingsmalaria, wahrscheinlich in ursächlichem Zusammenhange mit der Pflege unseres unlängst verstorbenen Schwerkranken. Seit gestern ist sie in der Besserung. Leider hat sie sich einen Teil der Schuld an ihrer Erkrankung selbst zuzuschreiben, denn mit großer Hartnäckigkeit hat sie bisher kein Chinin genommen, um zu sehen, wie lange sie ohne dasselbe fieberfrei bleiben würde. Angeblich vertrug sie es auch nicht und hatte deshalb einen unüberwindlichen Abscheu vor ihm. Selbst als die Malaria endlich da war, konnte ich sie nicht zum Nehmen des Chinins bewegen. Nur durch einen frommen Betrug habe ich es ihr doch schließlich einverleibt. Als Komplikation ihrer Malaria stellten sich nämlich äußerst schmerzhafte Kolikanfälle ein, die so heftig waren, daß ich sie ihr durch eine Morphiuminjektion erträglich machen mußte. Vorgestern früh und gestern habe ich ihr nun als angebliche Morphiuminjektion eine Chininlösung eingespritzt, die ihr ganz vorzüglich bekommen ist, denn sie schlief nicht nur ausgezeichnet nach dem Pseudo-Morphium, sondern auch ihre Kolikanfälle und ihre hohe Temperatur sind seitdem weggeblieben.

Der neue Gouverneur H. wird im nächsten Monat eine längere Orientierungsreise durchs ganze Togoland antreten, Gr. wird in dieser Zeit für ihn die Geschäfte des Gouvernements führen und deshalb nach Lome übersiedeln müssen. Ich werde ihn sehr vermissen. An seiner Stelle übernimmt wahrscheinlich ein Assessor, Freiherr v. R., der bisher Bezirksrichter in Lome war, neben seinen richterlichen Geschäften das Bezirksamt in Sebe.

Der Harmattan

15. Januar

Seit einigen Wochen weht — wie alljährlich um diese Jahreszeit — der Harmattan bei uns, ein eigenartiger Landwind, von dem die einen behaupten, er sei kalt, während ihn andere als heiß bezeichnen. Jedenfalls sind es äußerst trockene Luftströmungen, die zur Zeit dieses Harmattans übers Land ziehen, und diese außergewöhnliche Trockenheit bewirkt eine für tropische Verhältnisse auffällige Verdunstungskälte. Namentlich in den ersten Morgenstunden ist die Abkühlung so stark, daß man ganz erbärmlich unter seiner leichten Decke friert. Um die Mittagszeit setzt dann aber die große Hitze wieder ein. Diese Trockenheit des Harmattans äußert sich in mannigfacher Weise: das sonst dauernd feuchte Holz der Möbel trocknet ein und kracht in allen Fugen, die Büchereinbände, die Aktendeckel krümmen sich, von den Wänden der Häuser blättert der Kalk und die Farbe ab, selbst Fensterscheiben zerspringen. Die Neger sieht man morgens fröstelnd in ihre Tücher eingewickelt, Erkältungskrankheiten mehren sich bei ihnen, die Lippen springen auf, die Augen röten sich. Auch die Tierwelt scheint zu leiden, und die Dürre des überall rissigen Bodens sowie der Vegetation erreicht zur Zeit des Harmattans ihren Höhepunkt.

Die Schwarzen machen sich diesen Umstand zunutze und brennen alljährlich die großen Grasflächen des Landes ab. Allabendlich haben wir jetzt das schöne Schauspiel, am Horizonte die helle Feuerfläche dieser Grasbrände aufleuchten zu sehen. Oft setzen sich letztere in großer Ausdehnung tagelang fort und springen auch auf Waldbestände über, deren junger Nachwuchs natürlich dabei verlorengeht. Warum der Neger diese Brände anlegt, ist mir noch nicht ganz klar geworden, wahrscheinlich hat er verschiedene Gründe dafür. Er benutzt diese Zeit fleißig zur Jagd, indem er den Antilopen und anderem Wilde, das aus dem Brandmeer zu entfliehen sucht, auflauert und es niederschießt. Vielleicht wird durch das Niederbrennen des verdorrten, alten Grases auch eine Art primitive Aschendüngung erzielt, die dem in der bald folgenden Regenzeit aufschießenden Nachwuchse zugute kommt. Über den prasselnden Brandstätten kreisen zahlreiche größere und kleinere Raubvögel und Insektenfresser, die von Zeit zu Zeit pfeilschnell in die Tiefe des Brandes stoßen, um sich ihre Beute aus ihm herauszuholen: Ratten, Mäuse, Käfer und dergleichen.

Morgens lagert zur Zeit des Harmattans über der ganzen Umgegend ein nebelartiger Dunstschleier, der bis weit hinaus aufs

Meer reicht. Aus ihm schlägt sich überall ein feiner, heller Staub nieder, der wohl auch die Ursache dafür ist, daß die Atmungsorgane und Augen des Menschen in Mitleidenschaft gezogen werden. Dieser Staub wird von den meisten Afrikanern für Sand angesehen, den gerade der Harmattan mit sich führen soll. Eine andere Erklärung scheint mir viel näherliegend zu sein. Die Grasbrände beginnen im Togohinterlande wie im ganzen inneren Afrika bereits im Dezember, weil dort die Trockenheit ihren Höhepunkt eher erreicht als an der Küste; allmählich setzen sie sich bis zum Küstenlande fort, so daß es wohl sehr wahrscheinlich ist, daß der Staub aus nichts anderem besteht als aus feinen Aschenteilchen, die vom Winde mitgeführt werden. Daß Aschepartikelchen wirklich über weite Entfernungen durch Luftströmungen mitgeführt werden können, ist auch sonst wohlbekannt. Man hat dies besonders nach heftigen Eruptionen von Vulkanen beobachtet. Man hat zum Beispiel bei einem Ausbruche des Vesuvs feststellen können, daß Aschenteilchen von ihm bis nach Konstantinopel verweht worden sind. Die ganze Frage nach der Herkunft dieses Harmattanstaubes würde sich wohl dadurch entscheiden lassen, daß man eine größere Menge davon, vielleicht auf einer frei aufgestellten großen Glasplatte, sammelt und mikroskopisch sowie chemisch daraufhin untersucht, ob er vorwiegend pflanzliche oder mineralische Bestandteile enthält. Vielleicht wird auch die ganze charakteristische Luftströmung des Harmattans überhaupt durch nichts anderes ausgelöst als durch die zur Trockenzeit über ganz Afrika verbreiteten Steppenbrände.

Malaria-Schutz durch Chinin

Anfang Februar

Vor einiger Zeit kam ein Oberleutnant Pr. aus Lome, ein Landsmann (sächsischer Pionier), bei mir zu kurzem Besuche an, hauptsächlich um mich wegen der Folgen einer ernsten Verletzung zu konsultieren, die er vor einigen Wochen erlitten hat. Die Bauhütte der Landungsbrücke in Lome war in Flammen aufgegangen. Pr. hatte sich auf dem Brandplatze in seiner Eigenschaft als Bezirksamtmann von Lome zu schaffen gemacht, als das Dach des

Schuppens niederging und ihn zum Rückzug zwang. Bei dieser Gelegenheit mußte er eine zur Absperrung lose über zwei Zementblöcke gelegte Eisenbahnschiene überspringen und kam dabei zu Fall. Die schwere Schiene fiel ihm quer übers Gesicht und verursachte eine schwere Verwundung: außer einem gewaltigen Durchzieher über die rechte Backe und dem Verlust einiger Zähne eine Quetschung mehrerer Gesichtsnerven u. a. Die durch letztere hervorgerufenen Störungen werden voraussichtlich die hartnäckigsten sein und nur langsam zur Heilung kommen.

Außer Pr. haben noch einige andere Beamte aus L. in den letzten Tagen das Krankenhaus zu längerem Aufenthalte aufgesucht. Die berufliche Arbeit hat sich augenblicklich im Vergleich zu früher gehäuft, besonders dadurch, daß zwei Schwestern gleichzeitig erkrankt sind und nun, anstatt helfen zu können, selbst der Hilfe bedürfen. Schwester F. liegt mit einem Malariarückfalle und Schwester G., die erst seit reichlich zwei Monaten hier weilt, mit ihrem Erstlingsfieber. Beide büßen ihren trotz energischen Abratens angestellten Versuch, ohne prophylaktisches Chinin auszukommen. Die dritte Schwester ist bereits über 1½ Jahr unter regelmäßigem Chiningebrauch völlig malariafrei geblieben.

In einigen Wochen will ich die Resultate, die sich bisher bei der Beobachtung der verschiedenen Arten des prophylaktischen Chiningebrauches in Kleinpopo ergeben haben, zusammenstellen*). Ich schickte zunächst an alle hiesigen Europäer Fragebogen, in denen ich sie um genaue Angaben über Dauer ihrer Tropenzeit, überstandene Fieber, über die Art, sich mit Chinin zu schützen, und alle übrigen dieses Gebiet berührenden Fragen bat. Aus den einlaufenden Antworten war aber deutlich zu ersehen, daß viele dabei recht oberflächlich verfahren waren. Viele sogenannte „kleine Fieber" waren verschwiegen worden, obwohl gerade sie, wenn sie nicht ordentlich ausgeheilt werden, besonders häufig die Ursache des gefürchteten Schwarzwasserfiebers sind; manche Europäer konnten sich überhaupt auf die Zahl, die Zeit und den Verlauf ihrer einzelnen Krankheiten nicht mehr besinnen und gaben so wieder den Be-

---

*) *Veröffentlicht im Archiv für Schiffs- und Tropenhygiene, Bd. VII, Heft 8. Weitere Beiträge: Bd. IX, Heft 6.*

weis für die weitverbreitete Gleichgültigkeit in gesundheitlichen Dingen. Ich habe deshalb möglichst durch gelegentliches, mündliches Befragen die schriftlich erteilten Antworten kontrolliert und ergänzt und war oft erstaunt über die verkehrten Ansichten, auf die ich bei dieser Gelegenheit stieß.

Je besser ich die Gesundheitsverhältnisse unserer Kolonie überblicken lerne, um so mehr festigt sich in mir die Überzeugung, daß von den vielen „Tropenkrankheiten" dem Leichtsinn oder sogar der Selbstverschuldung der Kranken ein großer Teil zuzuschreiben ist. Aber auch die allgemeinen hygienischen Maßnahmen, für welche die Regierung zum Schutze der Gesundheit der Kolonisten zu sorgen verpflichtet wäre, lassen noch viel zu wünschen übrig. Oft fehlen die Mittel, sie in Angriff zu nehmen, oft wird aber auch da gefehlt, wo pekuniäre Opfer nicht in Frage kommen. Es ist z. B. schon längst die allgemeine Erfahrung gemacht worden, daß der Europäer nach ungefähr 1½jährigem Aufenthalte in unserem Klima gesundheitlich gewöhnlich auf dem Punkte angelangt ist, daß er einen Erholungsurlaub nötig hat. Auf Grund dieser Erfahrung ist von der vorgesetzten Behörde die 1½jährige Dienstzeit für Togo und Kamerun eingeführt worden.

Trotzdem bleibt eine große Anzahl von Beamten weit über diesen Termin ohne Urlaub in der Kolonie, sei es, daß sie dazu gezwungen sind, weil kein rechtzeitiger Ersatz für sie aus Deutschland eintrifft, sei es, daß sie die Verlängerung ihrer Dienstzeit im Vertrauen auf ihre Widerstandsfähigkeit oder in dem Wunsche, eine ihnen liebgewordene Tätigkeit möglichst lange ausüben zu können, selbst gewünscht haben. Gerade auf diese verlängerte Dienstzeit der Beamten entfällt ein großes Kontingent von schweren Erkrankungen, ja selbst Todesfällen. Die Engländer beurlauben ihre Beamten in der benachbarten Goldküstenkolonie bereits nach einem Jahre, die Franzosen in Dahome allerdings erst nach 21 Monaten; aber ich glaube, daß wir mit unserer 1½jährigen Dienstzeit die richtige Grenze getroffen haben, über die ohne zwingenden Grund nicht hinausgegangen werden sollte.

Augenblicklich bin ich damit beschäftigt, für den nächsten Etat des Schutzgebietes mit Hilfe eines Architekten Pläne und Kostenanschlag für einen einfachen Neubau einer Eingeborenenpoliklinik auszuarbeiten. Unsere jetzige enge Bude wird immer baufälliger, durch den Harmattan ist ein großer Teil des Mauerwerkes gerissen und abgebröckelt, auch der Platz ist unzureichend für die wachsende Zahl der hilfesuchenden Schwarzen, ganz abgesehen von dem wahren Hohn auf alle Regeln der Anti- und Asepsis dieses Lokales. Ich habe zwar Bedenken, ob mein Antrag Gehör finden wird, aber G. hat mir Mut gemacht. Ich habe ihn ans Gouvernement einzureichen, und wenn dieses ihn in den Etat aufnimmt, hängt seine Bewilligung wieder von der Kolonialabteilung ab und in letzter Instanz vom Reichstage. Es ist also ein langer Weg, auf dem drei Klippen zu überwinden sind*). Damit der Kostenpunkt nicht hindernd im Wege steht, will ich nur 18 000 M. erbitten, das ist der Betrag, der durch die Einnahme aus verkauften Arzneien und Gebühren für Behandlung in der Poliklinik bei ihrer jetzigen Frequenz verzinst und in einigen Jahren amortisiert werden kann.

Kleinpopo, 16. Februar

„Lucie Woermann", einer der neuesten Woermanndampfer, kam heute nachmittag auf der Rückreise von Kamerun hier durch. Der Reeder A. W. selbst mit Frau kehrte von einer Orientierungsreise auf ihm in die Heimat zurück. Dr. Gr., mehrere andere Europäer und ich fuhren durch die Brandung hinüber. Ersterer lud in seiner Eigenschaft als Bezirksamtmann W. ein, auch unserm Orte, mit dem er ja ausgedehnte Handelsbeziehungen unterhält, einen kurzen Besuch abzustatten. Leider wurde die Einladung abgelehnt, und so manche Wünsche, die von den Vertretern der hiesigen Firmen ihm gern persönlich vorgetragen worden wären, mußten unausgesprochen bleiben. Die Woermannlinie ist bisher die einzige für die deutschen westafrikanischen Länder in Betracht kommende Reederei. Mit dem-

---

*) *Der Antrag fand keine Genehmigung. Später erbot sich der Chef der Firma M. Paul in Bremen ein bei Kleinpopo gelegenes, ihm gehöriges Haus kostenlos als Poliklinik zur Verfügung zu stellen, falls die Regierung die Instandhaltung des Gebäudes gewährleiste. Leider konnte das Anerbieten wegen der ungünstigen Lage des Hauses nicht angenommen werden. Auch ein Eingeborener Garber erklärte sich bereit, aus eigenen Mitteln nach meinen Angaben einen Neubau auszuführen, wenn ihm ein angemessener Mietspreis sicher wäre.*

selben Schiffe reisten zwei von den drei Deutschen, die ich im Juli vorigen Jahres zu Tischgenossen während der Ausreise gehabt hatte, zu weiterem Tropendienste unfähig, ins heimische Klima zurück; der eine, um dort von einem schweren Herzleiden, der andere, um von schwächenden Fieberanfällen Genesung zu suchen*). Sie hatten also nicht viel über ½ Jahr den Tropen getrotzt.

Eingeborenen-Medizin

20. Februar

Wie alle Naturvölker hat auch der Togoneger seine Medizinen. Gerade die innige Berührung mit der Natur und eine durch Jahrhunderte allmählich sich vervollkommnende und ergänzende Beobachtung hat ihm in der Pflanzen- und Tierwelt eine Menge Stoffe gezeigt, die auf seinen Organismus nicht ohne deutlich erkennbaren Einfluß blieben. So ist er zur Kenntnis pflanzlicher und tierischer Gifte gekommen und hat sich deren Wirkung nutzbar gemacht. Viele der von ihm gebrauchten Arzneien sind für uns hinsichtlich ihrer Zusammensetzung, ihrer Herstellungsart und ihrer Wirkungsweise noch in völliges Dunkel gehüllt. Wir kennen z. B. heute noch nicht die wirksamen Bestandteile der äußerst starken Pfeilgifte oder der tödlichen Fetischtränke. Andere wieder sind uns wohl bekannt. Ein großer Teil der Medizinen ist auch nicht Allgemeingut aller Togoneger, sondern Privatgeheimnis der Priesterkaste, der „Fetischmänner". So hat sich genau wie im klassischen Altertume und auch im Altertume der germanischen Völker die Ausübung der Heilkunde in ihren Anfängen mit religiösen Vorstellungen vergesellschaftet. Das Ansehen, das der Fetischpriester unter seinen Landsleuten genießt, beruht weniger auf seiner priesterlichen Würde als auf dem Respekt, den man vor seiner geheimnisvollen Medizin hat; im Grunde nichts anderes als eine schwache Karikatur der gleichen Suggestionswirkung, die einst Tausende zu den Tempeln des Äskulap pilgern ließ. Fast als selbstverständlich setzt der Schwarze auch beim Europäer voraus, daß er über starke Medizinen verfügt; gut wirkende Arzneien vermögen beim Neger eine wichtige Rolle

---

*) Der dritte meiner damaligen Reisegenossen, Graf F. v. G., starb einige Monate später durch den vergifteten Pfeil eines Negers im Kamerunhinterland.

im Glauben an die Überlegenheit des Weißen zu spielen. Klugerweise haben sich die Missionen diese Tatsache zunutze gemacht und betreiben eine ausgedehnte Verabfolgung von Arzneien unter den Eingeborenen ihres Wirkungskreises.

Der Fetischpriester beutet den Glauben des Eingeborenen an seine Medizin oft in der rücksichtslosesten Weise aus. Aber auf lange Jahre hinaus wird dies den Neger nicht hindern, in Erkrankungsfällen immer erst seine Hilfe zu suchen, ehe er sich an den Europäer oder, wenn ein Arzt vorhanden ist, an diesen wendet. Daß der Neger auf solche Schwindeleien hineinfällt, darf uns nicht wundern, wenn wir bedenken, wie daheim, in unserem auf seine Aufklärung stolzen Jahrhundert, Tausende immer wieder ein Opfer der plumpsten Scharlatanerien werden.

Ja, es sind mir sogar mit Sicherheit einige Fälle bekannt geworden, in denen kranke Europäer hier ihre Hilfe zunächst bei einem „schwarzen Doktor" gesucht haben, einem ehemaligen Lazarettgehilfen, der seine kümmerlichen Rudimente medizinischen Wissens lediglich einem mehrjährigen Dienste im Nachtigal-Krankenhause verdankte, aus dem er als unbrauchbar entlassen wurde. Daß er und die meisten früheren Gehilfen europäischer Ärzte unter ihren Landsleuten eine ausgedehnte Kurpfuscherei schlimmster Art betreiben, bei der gestohlene Medikamente und selbst das Messer eine große Rolle spielen, ist eigentlich selbstverständlich. Tout comme chez nous! Vorsichtigerweise verlegen sie aber den Schauplatz ihrer Tätigkeit meist ins Hinterland oder auf französisches Gebiet.

Ich habe die in der Poliklinik mich aufsuchenden Kranken lange Zeit hindurch alle danach gefragt, ob sie schon bei einem Fetischpriester gewesen seien. Nur sehr wenige verneinten es. Auf die Frage, warum sie nun doch zu mir kämen, gaben sie gewöhnlich die Antwort, die Medizin des weißen Mannes sei doch stärker als die des Fetisch. Im Küstengebiet hat übrigens der Fetischmann die noble Passion, nur Gold als Bezahlung anzunehmen, treibt also praxis aurea im wahrsten Sinne des Wortes. Im Hinterlande begnügt er sich als Landarzt auch mit einem Huhn, einer Ziege oder mit Feldfrüchten.

Viele, namentlich pflanzliche Mittel werden indessen auch vom ganzen Volke häufig angewendet. Eine mühsame, zeitraubende aber aussichtsvolle Aufgabe wäre es, den Spuren dieser Eingeborenenmedizin gerade beim hochentwickelten Togoneger nachzugehen, um brauchbares vom unbrauchbaren zu scheiden. Ich bin fest überzeugt, daß es dabei gelingen würde, eine ganze Anzahl uns unbekannter, therapeutisch wirksamer Stoffe zu ermitteln und unseren Arzneischatz um manches wertvolle Medikament zu bereichern. Sind uns doch bereits früher manche wirkliche Heilmittel mehr oder weniger zufällig durch Vermittlung der Naturvölker zugefallen. Eine Grundbedingung für den Erfolg solcher Studien würde es aber sein, daß man sich vorher das volle Vertrauen der Eingeborenen erwirbt, denn der Neger mißtraut zunächst jeder Frage des Weißen, deren Grund er nicht versteht, und wo er mißtrauisch ist, antwortet er stets mit einer Lüge. Auch eine Kenntnis ihrer Sprache und namentlich ihrer medizinischen termini technici wäre erforderlich. Sie sind meist sehr bezeichnend und geben vielfach einen deutlichen Hinweis auf die oft eigenartige Vorstellung, die er vom Wesen der betreffenden Krankheit hat, bisweilen lassen sie auch die Art, wie er sie zu behandeln pflegt, erkennen. Die Malaria nennt er z. B.: atíkèsi; atí = der Baum, eke = die Wurzel, esi = das Wasser, also: die Krankheit, die mit einer aus Baumwurzeln hergestellten Arznei behandelt wird.

Bei einzelnen Krankheitsformen legen die Schwarzen oft ein wirklich wesentliches und bezeichnendes Merkmal des Symptomenkomplexes ihrer Benennung zugrunde, die eine scharfe Beobachtungsgabe verrät. So haben sie für die ekzematösen Hauterkrankungen das Wort akpa. Akpa ist ein Flecken, der über eine schadhafte Stelle gesetzt wird, wenn z. B. ein Defekt im Strohdach der Hütte ausgebessert oder wenn neuer Lehm über eine bröckelnde Stelle des Hauses gestrichen wird, kurz alles, was dadurch doppelt erscheint, daß etwas Neues auf einer alten Unterlage aufgetragen wird. Dabei haben sie ein gutes Unterscheidungsvermögen für einzelne sich ähnelnde Krankheiten, die sie nur selten verwechseln, so daß man sich — soweit sich's um äußere Erkrankungen handelt — im ganzen auf die vom Eingeborenen selbst gestellte Diagnose verlassen kann. Bei anderen wieder nimmt er das Wort nach einem nebensächlichen, ihm aber auffälligen Merkzeichen, und wenn er das Erbrechen mit tutrú, das Fieber mit kpòkpo (schlagen, klopfen), den Husten mit ekpé benennt, so ist eine naive Tonmalerei unverkennbar. Den Unterleibsbruch belegt er nach den an ihm zu hörenden, gurrenden Darmgeräuschen mit dem Namen aklòloe, „etwas, was hin und her rauscht". Das Bewußtsein von der Übertragbarkeit kommt in seiner Sprache dadurch zum Ausdruck, daß er ganz allgemein von einem Menschen, der krank ist, sagt: er hat die Krankheit angefaßt: élè lé dò. Vereinzelt findet sich die auch bei anderen Völkern zu beobachtende Erscheinung, daß er Seuchen, die ihn besonders schwer bedrohen, euphemistisch mit einem ehrenden Namen belegt, wie z. B. die Pocken: mía tó = mein Herr.

Was im Innern des Menschen vor sich geht, behandelt er wie die meisten Naturvölker mit großer Scheu und denkt nicht gern darüber nach. So sieht er es auch höchst ungern, wenn der Arzt an einem Verstorbenen eine Sektion vornimmt. Seine Anschauungen vom anatomischen Baue des Menschen sind daher auch äußerst primitive, eine Tatsache, die sich auch in der Nomenklatur zeigt. Den Bauch im allgemeinen nennt er z. B. do, und in ihm unterscheidet er summarisch den dogbó, den „großen Bauch" = Magen und den doví, den kleinen Bauch = Darm. Ähnlich hilft er sich bei der Unterscheidung von Hand und Finger, erstere alo, letztere alo-ví = die kleine Hand; oder beim Fuß und der Zehe: afo bzw. afoví.

Die Mission

Im Februar

Die christliche Mission ist in Togo dreifach vertreten, durch eine protestantische (norddeutsche und Baseler), eine wesleyanische und eine katholische Niederlassung. Nur die letztere verfügt über wirkliche Theologen und ist schon dadurch den evangelischen Missionen weit überlegen. Allen Religionsgemeinschaften ist freie Ausübung ihrer Missionstätigkeit unter den Eingeborenen gewährleistet, und sie machen in weitgehender Weise von dieser Freiheit Gebrauch. Vielleicht in zu weitgehender? Ich kann es z. B. weder verstehen noch gutheißen, wenn an den Hauptplätzen der Togokolonie neben der protestantischen Mission gleichzeitig eine katholische sitzt. Die Folgen liegen auf der Hand. Die Missionare können und dürfen schlechterdings den Eingeborenen gegenüber ihren konfessionellen Standpunkt nicht verlassen und tun es auch nicht. In Wort und Schrift wird häufig genug nicht das betont, was die christlichen Konfessionen gemeinsam haben, sondern das, was sie trennt. Der Erfolg davon ist der Übertritt getaufter Schwarzer von einer Konfession zur anderen; ein betrübliches Ereignis, das keineswegs zu den Seltenheiten gehört, wiewohl sich die offizielle Statistik darüber ausschweigt.

So haben wir in Togo das seltsame Schauspiel, daß verschiedene Konfessionen einer gemeinsamen Religion sich an demselben Platze den Rang bei den Eingeborenen abzulaufen suchen, ein Wettlauf, der durchaus nicht immer in harmonischen Bahnen vor sich geht. Ob er wohl geeignet ist, christliche Überzeugung und christliches Wesen unter den Schwarzen zu vertiefen? Wie leicht wäre es gewesen, an einem bestimmten Orte oder Bezirke immer nur eine Mission ihre Tätigkeit entfalten zu lassen; wie leicht wäre es noch jetzt möglich, wenigstens für die Zukunft und für bisher jungfräuliche Plätze eine solche Scheidung der Missionsarbeitsfelder vorzunehmen.

Die Resultate der Missionen sind in Togo, soweit sie sich in Zahlen ausdrücken lassen, und im Vergleiche zu den Erfolgen der Mission unter anderen schwarzen Heidenstämmen keine schlechten. Leider sagen Zahlen allein herzlich wenig. Die Anzahl der Kirchgänger, der Schüler, der Beichtkinder, der Täuflinge gibt keinen Maßstab für das Eindringen christlicher Anschauungen. Ebensowenig besagt der Gesang eines Kirchenliedes, das Beherrschen des Katechismus usw. Es ist nicht zu verlangen, daß der Neger in kurzer Zeit ein tiefes Verständnis für die Ethik oder gar Dogmatik der ihm neuen Lehre gewinnt; wir verlangen das von unseren Kindern in der Heimat auch nicht. Aber „an ihren Früchten sollt ihr sie erkennen". Nur sollen diese Früchte nicht allein für den Geschmack der Mission, sondern auch den der Allgemeinheit genießbar sein. Das, was man mit Recht verlangen darf, was einen Anhaltspunkt dafür gibt, daß die Lehre nicht äußerlich geblieben ist, daß sie vielmehr haftet und in die Tiefe dringt, ist der Beweis, daß sie den Neger „besser" macht, besser nach den Begriffen unserer Moral, wenn wir einmal die Berechtigung anerkennen, diese ihm zu vermitteln. Dieser Beweis bleibt noch zu erbringen, und er wird auch schwer zu führen sein.

Wenn ich die Macht dazu hätte, würde ich trotz des scheinbaren Odiums, dem er entspringt, folgenden Vorschlag machen. Man lasse in den Straflisten der Bezirksämter und Stationen bei jedem bestraften Eingeborenen eine kleine Rubrik einfügen, in der ein kurzer Vermerk darüber enthalten ist, ob der Delinquent getauft ist oder nicht und wie lange er der christlichen Gemeinschaft angehört. Vielleicht wäre es auch nicht uninteressant, die Motive, die zu dem jeweilig vorliegenden Vergehen oder Verbrechen führten, klarzulegen. Dann berechne man jährlich den Prozentsatz der Bestrafungen, der auf die Getauften und die Heiden des Bezirkes entfällt, natürlich im Verhältnis zu ihrer Kopfzahl. Ich glaube fast, es würde sich ein ganz sonderbares Resultat ergeben.

Ich bin der Überzeugung — mag sein, daß sie falsch ist —, daß, wenn Togo heute von allen Europäern verlassen werden müßte und wir nach etwa 20 Jahren wiederkämen, nichts von all den Zeichen der Kultur zu finden sein würde, die wir heute mit einem gewissen Stolze als unser Werk bewundern, und die doch nur erst an der äußersten Oberfläche haftet. Der Neger würde rasch in seinen früheren Zustand zurücksinken, und auch sein Christentum würde in Trümmer gehen. Der Baum der neuen Lehre hat vorläufig noch nicht tiefe Wurzeln im Boden Afrikas geschlagen, und wenn er wächst, so ist es nur der emsigen Arbeit der Mission zu verdanken, die immer von neuem den Boden lockert. Aus eigener Lebenskraft würde er noch nicht weiter gedeihen. Damit will ich natürlich nicht aussprechen, daß es fortgesetzter Arbeit nicht doch gelingen wird, die fremde Pflanze auf fremdem Boden zu voller Ertragsfähigkeit zu entwickeln. Hoffen wir es. Für mich gilt genau wie für so manche andere koloniale Bestrebungen vorläufig ein: noch nicht.

In vielen kolonialen Kreisen wird allen Ernstes die Ansicht vertreten, daß der Islam für den Neger „geeigneter" sei als das Christentum. Daß er ihn leichter annehmen würde, besonders weil er die

Polygamie gestattet und auch sonst dem passiven Temperament mehr entgegenkommt, bezweifle ich nicht. Vielleicht erleben wir in Togo sehr bald ein Zusammentreffen der von der Küste nach dem Innern vordringenden christlichen Mission mit dem vom Norden immer weiter zur Küste vorschreitenden Islam. Noch liegt eine kleine Zone neutralen Gebietes zwischen beiden, aber im Laufe der nächsten Jahre werden sie voraussichtlich aufeinanderstoßen. Möglicherweise erlebt Togo dann auch die Erscheinung, daß der bisher indolente Mohammedaner des Hinterlandes sich zu einem Verteidigungsfanatismus gegen das vordringende Christentum aufrafft, ein Ereignis, das nicht ohne weitgehende Folgen bleiben könnte.

Eine andere Frage könnte indessen mit größerem Rechte aufgeworfen werden, ob überhaupt der Togoneger in seinem Denken und Fühlen so hoch steht, daß jetzt schon die christliche Lehre eine Veredelung für ihn mit sich bringt, ob er überhaupt neben der äußeren Form wenigstens einen Teil ihres Wesens in sich aufzunehmen imstande ist. Von manchen wird die Frage verneint. Ich selbst halte die Möglichkeit nach den Gesprächen, die ich häufig mit intelligenten Schwarzen in dieser Richtung führte — sie waren immer von letzteren, nicht von mir angeregt —, für vorhanden. Wie viele es freilich sind, die dieses Ziel erreichen, werden die Missionare besser beurteilen als ich.

Die eigentliche Missionsaufgabe kann nicht schöner präzisiert werden als in dem Befehl Christi: „Gehet hin und lehret alle Völker und taufet sie." Aus diesem engeren Rahmen ist die Mission herausgetreten, hat ihre Ziele teilweise erweitert und so eine Anzahl anderer Aufgaben auf sich genommen. Sie vertritt mit gutem Geschick und Erfolg geschäftliche Interessen — in Kamerun ist sogar der Handel der Baseler Mission ein sehr blühender —, sie läßt sich die ärztliche Fürsorge für Eingeborene nicht entgehen, sie unterhält Schulen für den allgemeinen Unterricht, bildet Handwerker aus, scheut nicht vor Plantagenarbeit zurück u. a. m. Soweit diese Bestrebungen darauf hinzielen, dem Schwarzen neben dem Beten auch das Arbeiten begreiflich zu machen, sind sie nur zu loben. Die katholische Mission ist auch hierin der protestantischen überlegen.

Die Lösung eines anderen Teiles dieser Aufgaben aber läge billigerweise der Regierung ob. Daß gerade diese weiteren Aufgaben, welche die Mission in ihr Arbeitsgebiet einbezieht, den Grund zu Reibungen aller Art zwischen Mission und den übrigen Europäern abgeben können, unterliegt keinem Zweifel. Beschwerden der Eingeborenen über wirkliche oder vermeintliche Härten der Beamten entgegenzunehmen, kann man der Mission wohl kaum verübeln. Aber wie heikel ist schon die weitere Erledigung solcher Beschwerden! Wie verführerisch ist es, die Leute nicht an die maßgebende Regierungsstelle zur Untersuchung zu weisen, sondern selbst den Anwalt der Bedrückten zu spielen. Wie klein ist der Schritt von da bis zur allgemeinen Kontrolle der Regierungstätigkeit und weiter der Tätigkeit und des Lebenswandels der Europäer überhaupt. Wie klein ist der weitere Schritt dahin, alles aufzusuchen, was anrüchig zu sein scheint, und dieses Material bei Gelegenheit zu verwerten! Und wie lautete doch der Taufbefehl Christi, auf dem sich die Berechtigung der Heidenmission aufbaut? Bei seiner Ausübung würde die Mission sicher keiner Unfreundlichkeit der Europäer begegnen. Aber die zuletzt angedeuteten Aufgaben? Wie leicht ist ein casus belli gegeben.

Freilich kann es dem Kundigen nicht verborgen sein, wer in einem solchen Falle von vornherein der Unterlegene ist, wenn er die Machtreserven bedenkt, die hinter der Mission stehen. Hat doch die katholische Mission als selbstverständlichen Rückhalt daheim das ganze Zentrum der Volksvertretung, das es allein in der Hand hat, den Kolonialetat zu bewilligen oder nicht. So ist die Mission ein Noli me tangere! Doch genug davon. Seine Bewunderung wird niemand dem großen Werke versagen können. Zudem bleibt der Beruf des Missionars einer der schwersten aller kolonialen Berufe; die Hingebung, die Opferfreudigkeit, die Unermüdlichkeit, mit der er seinen harten Acker bearbeitet, kann jedem nur zum Vorbilde dienen. Ich bewundere ferner, mit welchen großen pekuniären Mitteln namentlich die katholische Mission im Vergleich zu den einzelnen Ressorts der Regierung arbeitet. In allem sieht man, wie die Arbeit auf ein festes Ziel gerichtet ist, man sieht, wie dieses Ziel mit zäher

Konsequenz verfolgt wird, wie die Person ganz in den Hintergrund tritt, wenn es gilt, das Werk zu fördern.

Ein kurzes Zwiegespräch will ich hier, soweit es mir in der Erinnerung haftet, wörtlich folgen lassen. Ich hatte es kürzlich mit Dovi, derjenigen schwarzen Seele, die mir wohl am treusten zugetan ist. Oft erleichtert er auf dem Wege von der Poliklinik zum Krankenhause sich mir gegenüber das Herz. Es gibt vielleicht besser als lange Erörterungen einen Einblick in manche ungelöste Frage.

Dovi: Doktor, was ist besser, protestantisch oder katholisch?

Ich: Warum willst du das wissen?

Dovi: Ich will mich und meine Kinder taufen lassen und weiß noch nicht recht wo.

Ich: Warum willst du dich taufen lassen?

Dovi: Weil der weiße Mann auch getauft ist, und die Christen alle Brüder sind, und ich bin dann auch Bruder vom weißen Mann.

Ich: Sind die Buschleute*) auch deine Brüder?

Dovi: Nein (mit großer Entrüstung in der Stimme).

Ich: Weißt du nun auch, was der Unterschied zwischen Christen und Fetischleuten ist?

Dovi: Das weiß ich schon längst, und ich wollte mich deshalb auch schon früher taufen lassen.

Ich: Warum hast du's aufgeschoben?

Dovi: Ich habe zwei Frauen, und beide sind mir gleich lieb, und wenn ich Christ werde, muß ich die eine fortschicken. Diese wird dann hingehen und einen anderen Mann nehmen und wird auch ihr Kind mitnehmen, und beide können nicht mehr für mich arbeiten.

Ich: Willst du denn jetzt deine Frau wegschicken?

Dovi: Ja, ich will es tun, weil der Missionar sagt, daß es nötig ist, wenn ich Christ werden will. Ich will Suleika behalten und die andere zu ihren Verwandten schicken.

Ich: Tust du's gern?

Dovi: Nein.

---

*) *Der Küstenneger hat ein starkes Stammesbewußtsein, das ihn mit ausgesprochener Verachtung auf den „Buschmann", den Neger des Hinterlandes, herabsehen läßt.*

Ich: Warum willst du denn gerade Suleika behalten?

Dovi: Weil sie nicht von hier stammt und keine Verwandten kennt, die für sie sorgen können.

Ich: Warum habt ihr Schwarzen denn überhaupt mehrere Frauen?

Dovi: Doktor, da sind viele Gründe.

Ich: Nenne mir einen wichtigen davon!

Dovi: Wenn die Frau ein Kind bekommen wird, oder ein Kind hat, das noch bei ihr trinkt*), so ist es nicht gut, sagt der schwarze Mann, daß man die Frau braucht.

Ich: Was meinst du selbst denn, was besser sei, protestantisch oder katholisch?

Dovi: Protestantisch**).

Ich: Warum?

Dovi: Weil der Gouverneur auch protestantisch ist.

Im weiteren Gespräche bat er mich schließlich trotz meines Ausweichens darum, ihm einen Rat zu geben. Ich riet ihm, seine Kinder ruhig taufen zu lassen und in die Schule zu schicken, damit sie von Jugend an als Christen aufwüchsen. Er selbst solle weiter die Kirche besuchen, und wenn er nach einem Jahre immer noch entschlossen sei, eine Frau wegzuschicken, solle er tun, was er selbst für richtig halte.

Berufliche Bedingungen des Kolonialarztes

Kleinpopo, 7. März

Sehr geehrter Herr Kollege!

Ihre Zeilen vom vorigen Monat habe ich kürzlich erhalten. Ich bin einigermaßen in Verlegenheit, Ihnen zu antworten, da ich selbst erst ¾ Jahr im Lande weile. Doch so gut ich kann, will ich Ihnen gern die gewünschte Auskunft geben. Wenn Sie als Arzt in die deutschen Kolonien gehen wollen, so stehen Ihnen zwei Möglichkeiten offen, entweder als Schutztruppenarzt, das heißt also in

---

*) *Die Negerfrau nährt ihr Kind drei Jahre lang.*
**) *Wir haben in Kleinpopo keine protestantische Mission, aber die wesleyanische gilt unter den Eingeborenen wegen ihrer nahen Verwandtschaft mit dem Protestantismus als solche.*

militärischer oder als Regierungsarzt in zivilärztlicher Stellung. Da Sie schon längere Jahre als praktischer Arzt tätig sind, würde es Ihnen wahrscheinlich nicht leicht werden, sich reaktivieren zu lassen, Uniform anzuziehen und sich in die äußeren Formen des Dienstbetriebes zu gewöhnen. Freilich haben die Schutztruppenärzte den großen Vorteil einer genau geregelten Laufbahn. Für Regierungsärzte ist nur eine ganz beschränkte Anzahl von Stellen in unseren Schutzgebieten offen, und von diesen wenigen erlangen wieder nur einzelne nach langjährigen Diensten eine etatsmäßige Anstellung, so daß Sie im Falle einer Invalidität völlig in der Luft schweben und keinerlei Ansprüche auf Pension oder sonstige Entschädigung erheben können. Sie bekommen einen zunächst auf 1½ Jahre lautenden Kontrakt zur Unterschrift vorgelegt. Dieser enthält für Sie die Pflichten, die Sie übernehmen, für das Auswärtige Amt die Rechte, die es Ihnen gegenüber hat. Nach 1½ Jahren haben Sie Anspruch auf vier Monate Heimatsurlaub.

Sie tun am besten, Ihre Dienste der Kolonialabteilung des Auswärtigen Amtes anzubieten. Aber Sie können bei der geringen Anzahl ärztlicher Stellen nicht darauf rechnen, in kurzer Zeit Verwendung zu finden. Über die Aussichten, die sich Ihnen zur Zeit bieten, erhalten Sie am besten Auskunft beim Medizinalreferenten der Kolonialabteilung, Oberstabsarzt Dr. St., der selbst längere Jahre in Ostafrika war. Er wird Ihnen sicher gern jede gewünschte Auskunft erteilen. Ich rate Ihnen, diesen Herrn persönlich aufzusuchen. Innerhalb der einzelnen Schutzgebiete können Sie sich kein bestimmtes Feld der Tätigkeit wählen, sondern Sie müssen sich rundweg dem Auswärtigen Amt zur Verfügung stellen. So können Sie je nach Laune des Zufalles ebensogut nach Kamerun wie nach Herbertshöhe geschickt werden.

Beim Einreichen Ihres formellen Gesuches gebe ich Ihnen den wohlgemeinten Rat zu verschweigen, daß Sie verheiratet sind; wenigstens so lange, bis Sie sicher sind, angenommen zu werden. Ihre Gattin wird Ihnen diese in Ihrem Interesse begangene Unterlassungssünde gewiß verzeihen. Es besteht leider in Berlin vorläufig eine prinzipielle Abneigung gegen verheiratete Beamte. Warum, ist mir nicht verständlich. Wahrscheinlich aber deshalb, weil die Wohnungsverhältnisse in den Tropen meist derartig mangelhafte sind, daß die Unterbringung eines verheirateten Beamten auf große Schwierigkeiten stößt. Anstatt diesem Mangel energisch abzuhelfen, wie es wohl das Nächstliegende wäre, hilft man sich damit, Unverheiratete zu bevorzugen. Meine feste Überzeugung ist die, daß die Kolonien in jeder Beziehung nur Nutzen davon haben würden, wenn man möglichst viel Beamte mit ihren Frauen dort ansiedeln könnte. Es soll von einer in kolonialen Fragen in Berlin maßgebenden Persönlichkeit in Berlin das Wort gefallen sein, verheiratete Beamte seien nur halbe Beamte. Ich wäre neugierig, die Begründung dieser Behauptung kennenzulernen. Wahrscheinlich ist es ein eingefleischter Junggeselle, der dieses Wort gesprochen hat. Es würde wohl kaum schwerfallen zu beweisen, daß sie doppelte Beamte sind! Jedenfalls kann ich Ihnen nur raten, Ihre Frau mitzunehmen, wenn es die äußeren Verhältnisse des Ortes, für den Sie bestimmt werden, irgend gestatten. Ich zweifle nicht, daß man an maßgebender Stelle auch allmählich die jetzige Ansicht aufgeben wird.

Für den Fall, daß es von Berlin aus nicht verlangt wird, gebe ich Ihnen den Rat, sich vor Ihrer Abreise einige Wochen im tropenhygienischen Institut in Hamburg umzuschen. Es steht unter Leitung des Hafenarztes Dr. N. Ein früher in Ostafrika tätig gewesener Stabsarzt Dr. F. hält dort für Schiffs- und Kolonialärzte einen tropenhygienischen Kurs mit besonderer Berücksichtigung der Malaria ab. Ich verdanke einem kurzen Aufenthalte dort sehr viel. Dr. F. ist mit großem Geschick bemüht, denen, die noch nicht in den Tropen waren, die wissenschaftlichen und praktischen Forschungsergebnisse dieses Gebietes zu vermitteln. Für den viel beschäftigten praktischen Arzt in Deutschland ist ja erklärlicherweise gerade das Kapitel der Tropenhygiene eine terra incognita. Im Hamburger Tropenkrankenhause haben Sie auch Gelegenheit, Patienten zu sehen, die mit tropischen Krankheiten behaftet heimkehren.

Was das Leben in den Tropen anbelangt, so habe ich selbst bisher nur über die Togoküste eigene Erfahrungen sammeln können. Gesundheitlich und beruflich fühle ich mich hier außerordentlich wohl. Die Gewöhnung an das Klima hat sich bei mir rasch vollzogen. Gegen die gefürchtete Malaria habe ich mich bisher mit vollem Erfolg durch prophylaktisches Chininnehmen geschützt. Die Art und Weise es zu nehmen, unterliegt noch der Kontroverse. Ich habe mich zunächst an die Empfehlung Kochs gehalten und nehme jeden 8. und 9. Tag 1 Gramm, ohne andere als ganz vorübergehende Beschwerden davon zu haben. Ich rate Ihnen, vor der Ausreise auf jeden Fall zur Probe ein Gramm Chinin zu schlucken, auch Ihre Frau Gemahlin dazu zu veranlassen, um zu sehen, daß keine Idiosynkrasie gegen dasselbe besteht. Denn ein Mensch, der kein Chinin verträgt, ist leider vorläufig in den Tropen unmöglich.

Meine ärztliche Tätigkeit unter Europäern wie Schwarzen ist eine ungleich befriedigendere als diejenige, die ich in mehrjähriger Landpraxis daheim ausübte. Die Schattenseiten unseres ärztlichen Berufes in der Heimat werden Sie ja am eigenen Leibe zur Genüge erfahren haben. Hier habe ich ein hübsches, kleines Hospital, das Nachtigal-Krankenhaus; für Schwarze besteht eine gut besuchte Poliklinik, da die Eingeborenen für ärztliche Hilfe sehr empfänglich und auch dankbar sind. Die ärztliche Ausrüstung in Kleinpopo übertraf weit meine Erwartungen. Instrumentarium, Apotheke, Laboratorium sind für afrikanische Verhältnisse sehr gut ausgestattet, außerdem steht eine reichhaltige ärztliche Bibliothek zur Verfügung, und monatlich werden für sie fast alle wichtigen medizinischen Zeitschriften, auch einige ausländische, geliefert. Bei Bestellung von Desideraten wird, wenn sie einigermaßen berechtigt sind, wohl ausnahmslos der Wunsch des Arztes erfüllt. Freilich weiß ich nicht, ob in den übrigen Schutzgebieten gleich günstige Verhältnisse für den Arzt obwalten. Ich will Ihnen deshalb nicht allzuviel von meinen Freuden hier vorschwärmen und Sie in Illusionen und Träume wiegen, aus denen Sie vielleicht enttäuscht in Neuguinea oder sonst irgendwo erwachen.

Indessen bin ich jederzeit gern bereit, Ihnen weitere spezielle Fragen zu beantworten und würde mich freuen, gelegentlich wieder von Ihnen zu hören.

Ihr ergebenster

Dr. K.

Allerlei Alltagssorgen

Kleinpopo, 20. März

Meine liebe Frau!

Den heutigen Abend will ich zum plaudern mit Dir benutzen; ich sitze und warte auf einen telegraphisch aus Lome angemeldeten Kranken, der gegen 3 Uhr in der Hängematte abgegangen ist und vor Mitternacht nicht hier eintreffen kann. Vor einigen Wochen starb in Lome ein junger Europäer. Dieser Todesfall hat die Gemüter anscheinend wieder etwas ängstlich gemacht; denn in den letzten Tagen suchten bereits zwei andere Patienten von dort unser Hospital auf. — Ums Haus heult ein heftiger Tornado, einer der kurzen Gewitterstürme, die wir beim Übergang der trocknen in die Regenzeit hier öfter erleben. Hoffentlich hat der Kranke gerade Unterschlupf in einem Negerdorfe gefunden.

Deine letzte Nachricht hat mich vorgestern über Frankreich erreicht; danach ist die vorletzte verlorengegangen. Im allgemeinen funktioniert die Postverbindung nach und in unsern Kolonien sehr gut, aber vereinzelte Verluste lassen sich nicht vermeiden. (Erst kürzlich hatte es z. B. der schwarze Postbote aus Grandpopo vorgezogen, seinen Postbeutel nicht bis hierher zu tragen, sondern ihn unterwegs im Meer zu „verlieren", wie er sich ausdrückte.)

Wie das törichte Gerücht von meinem Tode entstanden ist, kann ich von hier natürlich nicht ermitteln, aber ich freue mich, daß Du es sofort als das angesehen hast, was es war, und ich ärgere mich nur über die Gefühllosigkeit, die darin liegt, daß G. auf einer offenen Postkarte darüber bei Dir angefragt hat. In Wirklichkeit ist „uns ganz kannibalisch wohl als wie fünfhundert" . . . Und was braucht man mehr als Gesundheit und frohen Mut? Wir wollen uns damit trösten, daß nach einem alten Aberglauben gerade den fälschlich Totgesagten eine lange Lebensdauer beschieden ist. Beruflich und gesundheitlich fühle ich mich wie bisher ohne Ausnahme vollkommen auf der Höhe, und das gefürchtete Tropenklima ist noch immer spurlos an mir vorübergegangen, ich müßte denn einige Sandflöhe, deren Saison jetzt hier angebrochen zu sein scheint, und die auch meine Füße hin und wieder als Brutplätze zu benutzen suchen, für eine Tropenkrankheit ansehen. Sobald ich ihre Einkehr festgestellt habe, unterzieht sich August mit großem Geschicke der ehrenvollen Aufgabe, sie zu entfernen. Ich habe auch jetzt gerade keine Neigung und Zeit, einen Tribut ans Klima zu zahlen, denn alle drei Schwestern sind augenblicklich marode.

Dabei kann ich ihre Hilfe schlecht entbehren, denn abgesehen vom Krankenhausdienste müssen gerade in nächster Zeit die umfangreichen Jahresbestellungen an Wirtschaftsvorräten, Geräten für den Haushalt, Wäsche und namentlich an Medikamenten aufgestellt und eingereicht werden. Der Proviant wird dann in monatlich immer wiederkehrenden Sendungen uns zugeschickt, die Medikamente in vierteljährlichen Raten, alles übrige auf einmal. Bei unsern schwankenden und wechselnden Verhältnissen ist es zwar ein gewagtes Unternehmen, auch nur einigermaßen genau den voraussichtlichen Jahresbedarf für ein Hospital vorherzubestimmen. Ganz unmöglich ist es natürlich, den mutmaßlichen Bedarf an Arzneien für ein Jahr vorauszusehen. Viel richtiger wäre es, wenn die Bestände der Apotheke alle 3—4 Monate, je nachdem sie durch Verbrauch gelichtet worden sind, durch Neubestellungen ergänzt würden. Aber es besteht vorläufig noch keine Neigung, eine Änderung in dem bisher geübten Schema eintreten zu lassen. Die selbstverständliche Folge davon ist, daß man von der einen Hälfte der Arzneien zu viel bestellt, weil man den Verbrauch zu hoch taxiert, während man von der andern Hälfte zu wenig erbittet, weil man den Bedarf zu niedrig angesetzt hat. Im ersteren Falle muß der Überfluß unbenutzt lagern und verdirbt natürlich zum Teil, im letzteren werden Nachbestellungen erforderlich. Von mir geht die Bestellung ans Gouvernement, von da an die Kolonialabteilung und von ihr an eine bestimmte Berliner Apotheke, die kontraktlich allen Bedarf für die Schutzgebiete liefert, ganz gleichgültig, ob es Krankenbetten, Glaswaren, chirurgische Artikel, eine Eismaschine oder Arzneien sind. Ihre Preise sind ganz enorm. Bei direktem Bezuge der Kolonie aus der Fabrik oder durch Ausschreibung könnten allein für unser Ländchen jährlich einige tausend Mark gespart werden.

Bei den Konservenbestellungen ist es ebenfalls unmöglich, den durchschnittlichen Bedarf vorher annähernd richtig festzulegen, denn die Krankenzahl des Hospitals schwankt ganz erheblich. Aber hierbei können wir uns besser helfen; denn bekommen wir zu wenig, können wir aushilfsweise in den hiesigen Faktoreien dazukaufen, bekommen wir zu viel, können wir von unserm Überflusse abgeben. Die Proviantlieferungen sind durchweg gut und im Preise nicht zu hoch. Das einzige, was einem bisweilen Ärger dabei verursacht, ist, daß die Sendungen, ehe sie in unsern Besitz gelangen, beraubt werden. Wo diese Beraubung geschieht, und wer sie vollführt, wird schwer festzustellen sein. Es könnte durch Schwarze während der Seereise des Dampfers geschehen; denn jedes Woermannschiff nimmt auf der Fahrt an hundert Kruneger als Arbeiter an Bord. Aber die raffinierte Art und Weise dieser Stehlereien läßt mich vermuten, daß sie nicht von Negern und nicht auf der Dampferfahrt, sondern eher von Weißen in den Hamburger Lagerschuppen verbrochen werden. Die bestohlenen Kisten sind ganz sorgfältig geöffnet und wieder verschlossen, und meist ist aus ihnen mit vielem Verständnis gerade das herausgesucht, was für einen europäischen Gaumen schmackhaft ist. Unser geringer Vorrat von Wein und Sekt wird gern einer gründlichen Probe unterzogen, Bier schon seltener, und die kondensierte Milch wird völlig mit Verachtung gestraft. Bei den Konserven bleiben die Gemüse immer unberührt, während Kaviar und Lachs ihre Liebhaber finden. Um das Gewicht der Kisten wieder voll zu machen, sind uns leere Flaschen mit schmutzigem Wasser nachgefüllt worden, auch Steinkohlen hat man uns schon als Quittung für den Diebstahl beigelegt.

Haben wir die Schätze glücklich in unsern Vorratsräumen, so sind sie dort auch noch nicht ganz sicher. Von Menschenhand sind sie dann zwar nicht mehr bedroht, wohl aber von Ratten, Ameisen und Küchenschaben. Letztere (hier Kukurutschen genannt, wohl eine Verballhornisierung des englischen cockroaches) scheinen im afrikanischen Klima an Zahl und Größe besonders gut zu gedeihen und gefährden nicht nur alles Eßbare, sondern auch unsere Wäschebestände. Um sie auszurotten, haben wir, abgesehen von anderen Mitteln, neuerdings eine „Fetischschlange" in Tätigkeit treten lassen. Es ist dies eine in der Zeichnung dem Python ganz ähnliche, an Wuchs aber kleinere, ungiftige Schlange, die im Fetischkult der Küstenneger eine große Rolle spielt; kein Neger wagt sie zu töten.

Ein solches Tier setzen wir in den Wäscheschrank und in den Vorratsraum, wo es tatsächlich Jagd auf die ungebetenen Gäste macht.

Mir scheint es, als ob hier die ganze Tierwelt aufdringlicher oder weniger menschenscheu sei als zu Hause. Die Ratten zeichnen sich durch besondere Frechheit aus; mit großer Vorliebe tummeln sie sich nachts auf meinem Waschtische und fressen als offenbare Delikatesse die Seife weg. Einmal wachte ich kürzlich sogar dadurch auf, daß eine von ihnen, die sich unter mein Moskitonetz eingeschlichen hatte, ganz dreist anfing, meine Zehen zu benagen. Wir wollten ihnen schon früher einmal mit Strychnin zu Leibe gehen, aber vergiftete Strychninbrocken zu legen, ist bei dem lebhaften Verkehr im Krankenhause nicht unbedenklich. Das erste Opfer war damals auch nicht eine Ratte, sondern der Hund eines Europäers. Katzen sind gegen die Rattenplage hier nicht recht zu brauchen, weil sie — ebenso wie die Hunde — sehr bald im Tropenklima ihr Temperament verlieren, faul werden und obendrein an allen möglichen Krankheiten leiden. Tagsüber besuchen uns in den Zimmern höchstens die zierlichen Eidechsen; aber sobald es dunkel wird, mehrt sich die Zahl der Gäste: Moskitos, Nachtschmetterlinge, die oft zu Hunderten an den Decken und Wänden der Veranda und der Stuben sitzen; selbst Fledermäuse haben wir mit dem Schmetterlingsnetz schon in unseren Räumen gefangen, und unlängst flog sogar eine schöne, große Schleiereule gerade während des Abendbrotes gegen die Hängelampe unseres Eßzimmers an. Ich schloß rasch die Türen und fing sie; mit dieser Post soll ihr Balg neben einer Anzahl anderer auf der Jagd erbeuteten Vögel abgehen.

Auf einer deutschen Plantage

Kleinpopo, 9. April

Den gestrigen Nachmittag verbrachte ich auf der Plantage Kpeme, die in zweistündiger Lagunenfahrt von hier zu erreichen ist. Ein Feldwagen mit Ochsen bespannt, von einem schwarzen Diomedes gefahren, stand am Ufer für mich bereit und brachte mich durch die schöne, lange Kokospalmenallee, welche die ganze Anlage der Palmenbestände von der Lagune bis zur See durchquert, nach dem 15 Minuten entfernten Europäerhause der Plantage. Hier wohnt ihr Leiter W., einer unserer ältesten und tüchtigsten Togoafrikaner, der schon seit 10 Jahren in der Kolonie tätig ist und auch weiter ihr seine Dienste zu widmen gedenkt, obwohl er bereits siebenmal im Laufe seiner Tropenzeit an Schwarzwasserfieber erkrankte.

Außer ihm und seinem langjährigen, rührigen und geschickten Assistenten Schl. traf ich Bergassessor a. D. H. und Dr. K. an. H., der schon vor fünf Jahren die Kolonie durchreist und damals, abgesehen von seinen geologischen Untersuchungen, auch zur ersten politischen Erschließung Togos beigetragen hat, weilt diesmal im geschäftlichen Auftrage einer neu gegründeten Gesellschaft, der Deutschen Togogesellschaft, seit Ende Januar im Lande. Gleichzeitig hat er die Aufgabe übernommen, die vom Kolonialwirtschaftlichen Komitee ins Leben gerufenen Einrichtungen zur Einführung der Baumwollkultur zu besichtigen. So hat er in Begleitung W.s den Osten des Schutzgebietes bis hinauf nach Sokode bereist und ist vor einigen Tagen, über Misahöhe im Westen zurückkehrend, wieder an der Küste angekommen. Gleichfalls im Auftrage des Kolonialwirtschaftlichen Komitees wird er in der nächsten Woche schon von Kleinpopo aus Dahome und Lagos aufsuchen, um eine wirtschaftliche Erkundung der dort von den Franzosen und Engländern bereits gebauten Eisenbahnen, ihrer Verkehrsverhältnisse, Tarife, Betriebsregelung u. a., vorzunehmen, damit die dortigen Erfahrungen für die geplante Togo-Inlandsbahn nutzbar gemacht werden können. Dr. K., ein Mediziner, ist Stationsleiter des 1898 in deutsche Verwaltung gekommenen Sokodebezirkes, des nordöstlichen Teiles der Kolonie.

Wie es für mich immer einen großen Reiz hat, mit Männern zusammenzutreffen, die aus langer Erfahrung das Land kennen, und ihre Ansichten über seine Entwicklung, ihre Pläne und die Schilderung ihrer Unternehmungen anzuhören, so brachte mir auch dieser Abend eine wertvolle Bereicherung meiner Vorstellungen vom Innern des Landes. Hoffentlich wird es mir möglich sein, später aus eigener Anschauung diese entfernteren Gebiete kennenzulernen, denn je öfter ich Berichte aus dem Togohinterlande höre, um so klarer wird mir, daß in allem ein himmelweiter Unterschied zwischen den an der Küste herrschenden Verhältnissen und den dortigen besteht.

Außer den Fragen nach den allgemeinen kolonisatorischen Arbeiten, nach Land und Leuten, nach den hygienischen Zuständen unter Weißen und Schwarzen, stand natürlich vor allem die Baumwollkultur zur Diskussion. Ende März hatte auf Wunsch H.s der auf seiner Inlandreise befindliche Gouverneur eine „Baumwollkonferenz" nach Tafie zusammenberufen, die bestimmte Vorschläge zur weiteren Förderung des Baumwollanbaues formuliert hat. Der Gouverneur selbst nahm nicht an ihr teil. Außer H. und W. waren die Stationsleiter der drei Bezirke Misahöhe, Atakpame und Sokode und die beiden in Togo tätigen amerikanischen Baumwollexperten erschienen. Hoffentlich wird den von den Kennern des Landes und Kennern der Baumwollkultur gemeinsam gemachten Vorschlägen auch wirklich Beachtung geschenkt. „Fehlende Mittel" werden leider wohl auch hier dafür sorgen, daß mancher Wunsch auf dem Papiere bleibt, wenn nicht das Kolonialwirtschaftliche Komitee, wie schon oft bei anderen Gelegenheiten, so auch hier nicht nur als Vorarbeiter der Regierung, sondern ebenso pekuniär helfend eingreift.

Dr. K. ist zur Küste gekommen, um nach zweijähriger Dienstzeit einen Heimatsurlaub anzutreten. Unter großer Mühe hat er vier prächtige Strauße aus seinem Bezirke mit zur Küste gebracht, um den Versuch zu machen, sie lebend nach Deutschland zu bekommen, wo bisher noch kein Togostrauß existiert. Für die Verschiffung durch die Brandung und den Transport zur See hat er bis ins kleinste sorgfältige Vorbereitungen getroffen, so daß ihm hoffentlich sein Versuch gelingen wird*).

Erst um Mitternacht entschloß ich mich zum Aufbruch und suchte mein Kanu zur Heimfahrt auf.

*) *Von den vier Straußen verunglückte einer in der Brandung, drei kamen wohlbehalten auf den Dampfer. Von ihnen verendete einer beim Eintritt ins kühle Klima, und einer ging in Hamburg durch die Verständnislosigkeit des in K.s Abwesenheit ausschiffenden Personals zugrunde: man vergaß das Gestell, in dem der Strauß durch den Kran auf dem Schiff nach dem Lande gehoben wurde, zu schließen, das Tier wurde unruhig, arbeitete sich gerade auf der Höhe des Kranes heraus und blieb mit gebrochenen Gliedern auf dem Kaipflaster liegen. Nur der vierte ist wohlbehalten als der erste seiner Art in den Besitz des Berliner Zoologischen Gartens gelangt.*

Die Erziehung des Negers

15. April

Soviel verschiedene Weiße hier draußen sind, so viel verschiedene Methoden werden zur Lösung der Aufgabe, den Neger zu erziehen, empfohlen. Zu den verschiedenen Zeiten haben in den verschiedenen Kolonien die Ansichten der Kenner gewechselt. Selbst auf die Gefahr hin, meinerseits die große Zahl der schon vorhandenen Ansichten noch um eine neue zu vermehren, will ich es doch wagen, sie zu äußern, in dem beruhigenden Bewußtsein, daß sie ja doch kaum irgendwann zur Geltung kommen wird. Ich beschränke mich dabei allerdings auf meine Kenntnis des Togonegers, so wie er jetzt ist. Meiner Überzeugung nach ist die Erziehung dieses Eingeborenen in den Hauptpunkten übereinstimmend mit der Erziehung eines Kindes, aber — und diese Einschränkung muß unterstrichen werden! — eines teils noch völlig unerzogenen, teils verzogenen Kindes, verzogen von der freigebigen Natur, in der es lebt, und die ihm nahezu mühelos spendet, was es braucht. Die Hauptkunst, ein Kind zu erziehen, besteht darin, selbst erzogen zu sein, und zwar in jeder Beziehung. Aus diesem Grunde scheiden eine ganze Reihe von Kolonisten von vornherein als ungeeignet für die Mitarbeit an der Erziehung des Negers aus. Darin, daß ich die Erziehung des Schwarzen mit der des Kindes vergleiche, ist auch von selbst inbegriffen, daß ein allgemeingültiges, starres Schema selbst nicht für alle Stämme des kleinen Togolandes möglich ist. Denn es gibt eben gutmütige und störrische, rauflustige und friedliche, begabte und unbegabte Kinder. Es gibt solche, bei denen es ohne viel Schläge abgeht und solche, die den Stock haben müssen.

Wozu wollen wir den Neger erziehen? Ich weiß nicht, ob man sich in maßgebenden Kreisen über diese Frage schon viel den Kopf zerbrochen hat; selbst in den Schutzgebieten würde man recht verschiedene Antworten zu hören bekommen. Mancher würde vielleicht in Verlegenheit sein, überhaupt zu antworten, obwohl er selbst bereits jahrelang lustig darauf los erzogen hat. Wir müssen uns zuvor erst eine zweite wichtige Frage beantworten, aber ehrlich beantworten; das ist die: weshalb haben wir überhaupt Kolonien erworben? Antwort: getrieben vom Kampfe ums Dasein, vom natürlichen Expansionstrieb der Rasse, welcher der heimische Boden zu eng wird, getrieben von dem Willen, dem Mutterlande neue Quellen zuzuführen und neue Abflußgebiete zu verschaffen. Alle anderen Motive sind post festum hineingetragen worden, um dem nackten Kinde ein Mäntelchen umzuhängen. Haben wir sie etwa an erster Stelle erworben, um das Christentum dort auszubreiten, haben wir sie in Besitz genommen, um sittliche Tendenzen unter den Eingeborenen zu verfolgen? Wollen wir doch aufrichtig sein und uns eingestehen, daß die wahrsten, reinsten materiellen Interessen uns dazu gebracht haben, mögen sie sich nun in die Formeln: „Schutz der deutschen Handelsinteressen", „Schaffung neuer überseeischer Absatzgebiete" oder irgendwelche anderen Worte kleiden.

Wir wollen also unsere Kolonien dem Mutterlande nutzbar machen, und — auch dies müssen wir offen eingestehen — an erster Stelle materiell nutzbar machen. Dieses Motiv schließt keineswegs aus, daß ihm sittliche Tendenzen beigegeben werden. Im Gegenteil. Ist es nicht schon ein sittliches Verdienst, wenn zum Nutzen des Vaterlandes fremde Gebiete erschlossen werden? Als Maßstab für die Berechtigung jeder kolonialen Arbeit hat man sich meiner Überzeugung nach immer zu fragen, welcher Vorteil dem Mutterlande aus ihr erwächst. Die Wege, auf denen wir diesem Ziele zustreben, brauchen durchaus nicht unsere hergebrachten Begriffe von Moral zu verlassen. Wir haben ein lebhaftes eigenes Interesse daran, den Neger in seiner Qualität zu heben. Aber den Eingeborenen heben zu wollen auf die Gefahr hin, dem Mutterlande dadurch Schaden zu bringen, ist ein Verbrechen am eigenen Vaterlande.

Legen wir uns jetzt nochmals die Frage vor: wozu sollen wir den Neger erziehen? Meine kurze und bündige Antwort lautet: zur Arbeit für uns. Tun wir das, so haben wir den materiellen Nutzen auf unserer und eine Veredelung der Eingeborenen auf der anderen Seite, denn Arbeit hat noch nie einen anderen als veredelnden Einfluß ausgeübt. Jede einzelne koloniale Bestrebung in der Eingeborenenpolitik, die dieses Endziel im Auge hat, kann uns willkommen sein; jede, die es hindert, muß als parasitär bekämpft werden. Zur Arbeit sollen wir den Neger erziehen, gleich wie wir das Kind durch

Erziehung zur Entwicklung von Fähigkeiten bringen wollen, die es später befähigen, ein für das Gemeinwesen nützliches Glied der Menschheit zu sein. Dieses aller Negererziehung gesteckte Endziel gibt uns ohne weiteres eine große Anzahl von Aufgaben an die Hand, die wir zu erfüllen haben, wenn wir's erreichen wollen; Aufgaben, die sicher niemand als unsittlich zu bezeichnen wagen wird.

Durch zwei Eigenschaften muß die Negererziehung ausgezeichnet sein, Gerechtigkeit und Strenge. Beide schließen nicht aus, daß man ein Herz für die Leute hat. Nachgiebigkeit oder Milde an falscher Stelle wird der Schwarze immer falsch verstehen und leicht als Schwäche deuten, die er ausnutzt. Auch unsere Kinder müssen wir oft gegen ihre Neigungen, gegen ihren Willen erziehen, unbekümmert darum, ob sie unsere Maßnahmen zunächst verstehen oder uns gar Dank dafür wissen, und niemand wird es für unsittlich halten, ein unfolgsames Kind zu strafen.

Man sagt oft obenhin, der Neger sei arbeitsscheu und faul. Das ist richtig und falsch zugleich. Fleiß ist ein sehr relativer Begriff, und wenn wir den Togoneger mit anderen Stämmen, etwa mit den südwestafrikanischen Hottentottenstämmen vergleichen, so ist er entschieden fleißiger als diese. Wir haben beim Neger zu unterscheiden zwischen arbeiten können, arbeiten wollen und arbeiten müssen! Das Arbeiten-Können wird man den Togonegern nie absprechen dürfen. Braucht man doch nur hinzusehen, wie er ohne Murren seine schweren Lasten tagaus tagein auf Reisen auf dem Kopfe trägt, oft singend oder gar trabend dabei die heiße, staubige Straße zieht; wie er die Brandungsboote unermüdlich durch die hohe See steuert, wie er seine Farmen bestellt u. a. m.

Aber der Wille zur Arbeit ist ein beschränkter. Eine geregelte Arbeit ist ihm unsympathisch, doppelt unsympathisch, wenn er keinen Nutzen sieht, die sie ihm selbst bringt. Er arbeitet aus eigenem Antrieb soviel, als er eben braucht, um leben zu können. Für ein Mehr bedarf er eines kräftigen Anspornes. Den Willen zur Arbeit anzustacheln und zu stärken, ist der eine Hebel, an dem die Erziehung zur Arbeit einzusetzen hat. Dort, wo dieser nicht ausreicht, kommt als zweites, oft erforderliches Hilfsmittel der Zwang zur Arbeit hinzu. Die Möglichkeiten, die geeignet erscheinen, die Arbeitslust des Negers zu erhöhen, sind gar mannigfache. Schon die Aussicht auf einen nahen, greifbaren, persönlichen Nutzen macht ihm die zugemutete Arbeit annehmbar. Die Zahlung eines Lohnes entweder in Münze, für die er sich irgend etwas nach seinen Wünschen schaffen kann, oder in Waren, die seinem Geschmack entsprechen, bringt den Neger zur Arbeit.

Indessen ist dieses Hilfsmittel ja nur für die Arbeit anwendbar, die er direkt im Auftrage des Europäers ausführt. Es gilt ihn aber auch zu selbständiger Arbeit in unserem Interesse zu erziehen. Hier wird häufig eine Belehrung nicht ausreichen, sondern ein Zwang eintreten müssen, der indessen für viele nur ein zeitweiliger zu sein braucht. Es wird z. B. dem Togoneger zunächst nicht klar sein, was ihm daran gelegen sein kann, daß er vom Weißen dazu angehalten wird, Baumwollfelder oder Maisfarmen anzulegen. Wenn er indessen im Laufe der Jahre sieht, wie er für die geerntete Baumwolle oder den gelieferten Mais durch Geld entschädigt wird, wie er indirekt sich vermehrte Bequemlichkeiten und Genüsse dadurch verschaffen kann, die er früher entbehrte, so dämmert ihm doch allmählich die Erkenntnis vom Wert der geleisteten Arbeit auf, und er wird sie auch ohne Zwang weiter verrichten. Ich glaube, daß gerade der Togoneger gar nicht lange Zeit nötig hat, um ein solches Verständnis zu gewinnen.

Erwähnt sei als weiteres Hilfsmittel zur Erziehung zur Arbeit noch die Besteuerung. Eine Geldsteuer hat für Togo schwere Bedenken. Die Nähe der englischen und französischen Grenze würde bei ihrem Eintreiben ein Ausweichen auf fremdes Gebiet sehr nahe legen. Aber es gibt auch die Möglichkeit der Arbeitssteuer, deren für Togo geplante Einführung zu einem großen Segen fürs Schutzgebiet werden kann. Rechnen wir unter der Million Eingeborener Togos nur 100 000 Arbeitsfähige und für jeden derselben nur 10 Tage im Jahr als Arbeitssteuer, so sind damit schon eine Million Arbeitstage jährlich für den Dienst der Regierung flüssig gemacht.

Diese Handhaben, die sich uns bei der Erziehung des Negers bieten, ließen sich noch um viele vermehren. Zum Schlusse sei nur noch eines Hilfsmittels gedacht, das langsamen aber sicheren Erfolg verspricht. Das ist die Erziehung einer möglichst großen Volksdichte im Lande, die Hebung der Einwohnerzahl. Mit ihr wird der natürliche Zwang zur Arbeit ganz von selbst wachsen. Die paradiesischen Existenzbedingungen werden härteren weichen, es wird ein großer Teil aller der Faktoren eintreten, die auch unter heimischen Verhältnissen dicht bewohnte Distrikte zu erhöhter Regsamkeit des Fleißes bringen. Eine Hebung der Bevölkerungszahl wird durch verschiedene Maßnahmen gefördert werden können. Vielleicht weniger unmittelbar durch Erleichterung einer Zuwanderung aus Nachbargebieten als indirekt durch Ausschaltung aller der Schädlichkeiten, die bisher einer stärkeren Vermehrung der Negerstämme hindernd im Wege stehen, durch Verbesserung der allgemeinen Lebensbedingungen der Schwarzen und vor allem durch Bekämpfung dezimierender Volksseuchen. Gerade bei diesem letzteren Bestreben kann sich die ärztliche Tätigkeit besonders wirkungsvoll in den Dienst des gesamten Kolonisationswerks stellen. Für Togo wird sehr bald auch die Erschwerung der Auswanderung ins Auge gefaßt werden müssen, denn bereits jetzt ist der Togoneger in den benachbarten Kolonien eine gesuchte Kraft, die man durch hohen Lohn zum Verlassen des Landes bewegt.

Ich glaube, daß viele der oben angedeuteten Gesichtspunkte vielleicht unbewußt, aber doch mit Erfolg gerade in Togo bei der Erziehung der Eingeborenen wirklich maßgebend gewesen sind und daß wir hoffen können, daß auch in Zukunft auf diesem Wege weiter gewandelt werden wird. Beide, der Weiße wie der Schwarze, werden Nutzen davon haben. Bei vielen Maßnahmen wird freilich erst eine mehrjährige Erfahrung zeigen können, ob sie den gewünschten Erfolg haben oder nicht. Aus diesen Andeutungen geht gleichzeitig von selbst hervor, was meiner Ansicht nach in der Frage der Eingeborenenerziehung verkehrt ist. Wie ein Kind, so kann man auch den Neger falsch erziehen. Man kann ihm die Zügel zu lang lassen, aber man kann ihn auch durch Ungerechtigkeit verbittern. Wenn der Schwarze zunächst nicht den Sinn dieses oder jenes Gebotes oder Verbotes des Weißen einsieht, so hat er doch instinktiv ein feines Unterscheidungsvermögen für eine gerechte oder ungerechte Bestrafung, die ihn für eine Übertretung trifft. Einige Wochen harter Arbeit für eine begangene Dummheit wirken nachhaltiger und eindrucksvoller auf den Neger und machen ihn uns dienstbarer als ein ganzes Dutzend guter Sonntagspredigten; aber eine ungerechte Strafe wird ihn auf lange Zeit hinaus kopfscheu machen. Ein schwerer Erziehungsfehler, dem leider auch der Togoneger noch häufig genug ausgesetzt wird, ist der Wechsel in der Person des Erziehers. Dabei brauchte ein Wechsel in der Person an sich nicht nachteilig zu wirken, wenn nicht ebenso häufig mit ihm auch die Ansichten über das, was dem Neger frommt oder nicht frommt, dabei wechselten.

Der gefährlichste Grundsatz aber bei der Negererziehung, der auch hie und da zum Glück nur vereinzelt verfochten wird, ist in dem Worte enthalten: gleiches Recht für alle Rassen. Es wäre ein großes Verhängnis, wenn er je die Oberhand gewinnen sollte. Gerade auf der Überzeugung von der Verschiedenwertigkeit der Rassen, von dem Höherstehen der weißen, baut sich im letzten Grunde die ganze Berechtigung unserer Kolonialpolitik auf; aus ihr allein kann überhaupt die Berechtigung kolonialer Erwerbungen hergeleitet werden. Hier ist auch die Gefahr vorhanden, daß der Kurs, den eine von dieser Überzeugung geleitete Kolonialregierung nehmen muß, zur Kollision führt mit dem Kurse einer anderen kolonisatorischen Macht, der Mission. Soll eine solche vermieden werden, so bedarf es des ganzen Geschickes und auch des guten Willens der beiderseitigen Steuerleute. Der Negerchrist sucht sich am liebsten aus der christlichen Ethik den Satz von der Gleichheit, vom Brudertum aller Menschen heraus. Ich will nicht daran zweifeln, daß diese Gleichheit ihm von den Missionaren lediglich als eine Gleichheit vor Gott gelehrt wird. Aber es ist auffällig, wie der Neger diese Gleichheit durchaus nicht so versteht, sondern sich nach seinem Geschmack zurechtlegt. Ja, er betrachtet sie nicht einmal als eine Gleichheit aller Menschen untereinander, sondern wendet diesen Begriff mit großer Vorliebe gegenüber dem Weißen an, während auf der anderen Seite sein angestammter Rassenstolz so groß ist, daß er mit Geringschätzung und allen anderen als brüderlichen Gefühlen auf alle nicht zu seinem engeren Stamm gehörigen „Buschneger" — wie er sie nennt — herabblickt. Ich könnte eine ganze Reihe teils spaßhafter Illustrationen zu diesem ernsten Kapitel geben.

Der Sinn einer anderen christlichen Lehre: jedermann sei untertan der Obrigkeit, die Gewalt über ihn hat, ist dem Schwarzen viel weniger sympathisch. Und doch liegt in einer richtigen Beherrschung des Eingeborenen die wahre Freiheit für ihn, genau wie für das Kind in der elterlichen Herrschaft die Bürgschaft für eine richtige Erziehung liegt. Wohin die „Freiheit" den Neger führen kann, wenn ihre Ausübung ihm selbst überlassen bleibt, das zeigt am besten das Zerrbild europäischer Kultur, wie wir's in der Negerrepublik Liberia an der Westküste anstaunen können, die freilich ihre vorläufige Existenz nur dem Umstande verdankt, daß keine Macht der andern den Erwerb ihres Gebietes gönnt. „Frei" sollen wir den Neger machen, gewiß, aber nicht durch Halbbildung frei von der Arbeit, sondern frei zur Arbeit durch eine Erziehung, die seinem Kulturniveau angepaßt ist. Wir begehen vielfach einen großen Fehler, indem wir annehmen, daß alles, was uns selbst als ein Fortschritt, ein Vorzug, als wertvolle Errungenschaft unserer Kultur erscheint, für den Neger die gleiche Bedeutung haben müsse; wir neigen stets zu der Torheit, unseren heimischen Maßstab an seine Verhältnisse anzulegen. Mit nichten sollen wir den Eingeborenen als unsern schwarzen „Bruder" ansehen, sondern als unser unmündiges Kind. Auch hier trennt eine tiefe Kluft die Anschauungen der Mission von jeder praktischen Kolonialpolitik, eine Kluft, die sich zwar überbrücken, aber nie ausfüllen lassen wird.

Wenn ich in meinen Ausführungen den Vergleich mit dem unerzogenen Kinde zugrunde gelegt habe, so möchte ich doch nicht vergessen hervorzuheben, daß dieser Vergleich cum grano salis zu nehmen ist. Vor allem möchte ich nicht den Glauben erwecken, als wenn der Erziehungszeitraum, dessen der Neger bedarf, dem des Kindes gleichzusetzen sei.

Aus meinem Krankenhausleben

Kleinpopo, 9. Mai

Meine liebe Frau!

So, nun sind wir über den Berg, die erste Hälfte der anderthalbjährigen Dienstzeit liegt hinter uns; hoffentlich verläuft die zweite ebenso glatt für Euch daheim wie für mich hier draußen. Die ursprüngliche Heimat ist eine Mutter, sagt ein Sprichwort, die zweite eine Stiefmutter, aber es gibt auch gute Stiefmütter, wie ich sehe; Togo läßt sich wirklich liebgewinnen, und das Liebste am ganzen Lande ist mir unser Nachtigal-Krankenhaus. Zwei wichtige Neuerwerbungen haben wir in den letzten Wochen für dasselbe gemacht: eine, die hoffentlich seinen materiellen Wert, eine andere, die seine ideelle Bedeutung erhöhen wird.

Erstere besteht in einem schönen, neuen, großen Kochherde, der nach vielem Hin- und Herschreiben endlich aus Deutschland eintraf und seinen alten, qualmenden und rußenden Bruder, der uns gar manche Mahlzeit verärgerte, verdrängt hat. Die starken Bretter der Riesenkisten, in denen er sorgsam verpackt war, gaben mir gleichzeitig Gelegenheit, das eine meiner drei Zimmer, das fast leer stand, mit einigen primitiven Möbeln auszustatten. Ein schwarzer Zimmermann hat nach meinen Angaben und unter meinen Augen mehrere ganz brauchbare Stücke, darunter sogar einen Schreibtisch, *gezimmert, so daß der Raum jetzt wenigstens den Eindruck eines* bewohnbaren Zimmers macht. Der einzige Fehler, der diesen neuen Kunstwerken anhaftet, ist der, daß wir sie in Ermangelung von Beize mit Ölfarbe anstreichen mußten.

Die zweite Eroberung ist ein Denkmal, ein wirkliches, stattliches Denkmal, das erste, das in Kleinpopo errichtet werden soll zum Andenken an unsern ersten Regierungsarzt, Oberstabsarzt Wicke, der im Jahre 1899 nach elfjähriger Tätigkeit hier starb. Die Kosten sind teils vom Nachtigalverein in Berlin, einem Verein für vaterländische Afrikaforschung, teils von den Freunden des Verstorbenen, teils von dankbaren Patienten Togos und seiner englischen und französischen Nachbarkolonien aufgebracht worden. Selbst hiesige Schwarze haben namhafte Beträge gespendet! Der zuerst genannte Verein hat auch die Aussendung des Denkmals bewerkstelligt. Es kam mit einem Begleitschreiben der Kolonialabteilung an, in dem scharf betont ist, daß keine Unkosten aus amtlichen Mitteln bei seinem Aufbau entstehen dürfen. Angesichts der langen, verdienstvollen Arbeit des Verstorbenen, der unter Weißen und Schwarzen weit über die Grenzen unserer Kolonie hinaus sich großen ärztlichen Ansehens und ebenso großer persönlicher Beliebtheit erfreute, mutet mich diese Ablehnung seltsam an. Wie ich den gewünschten amtlich „kostenlosen" Aufbau bewerkstelligen soll, weiß ich zur Zeit noch nicht*).

Vorläufig bin ich aus einem andern Grunde leider nicht imstande, mich an diese Aufgabe zu machen, denn bei der Landung des Denkmales ist uns ein ärgerliches Mißgeschick zugestoßen. Das ganze Denkmal besteht aus einzelnen Blöcken weißen Granits, die nach den übersandten Plänen und Zeichnungen zu einem massiven Unterbau zusammengefügt werden müssen. Auf diesem sich nach oben leicht verjüngenden Unterbau tragen vier Säulen eine mit einem Kranze gekrönte Kuppel; auf seiner Vorderseite wird eine Bronzetafel mit dem lebensgroßen Brustbilde Wickes eingelassen. Das ganze Monument wird die stattliche Höhe von 5 m erreichen. Das Gesamtgewicht der einzeln verpackten, größeren und kleineren Granitblöcke beträgt über 400 Zentner. Nun waren die meisten dieser Einzelteile nicht größer, als daß sie bequem in ein Landungsboot aufgenommen werden konnten. Nur die obere, aus einem Stück gehauene Deckplatte erreichte das Gewicht von 40 Zentnern und damit gerade die äußerste Grenze der Tragfähigkeit eines solchen Bootes.

Zunächst kostete es lange Verhandlungen mit dem Kapitän des Dampfers. Ich erbot mich, innerhalb eines halben Tages aus Balken ein breites Floß bauen zu lassen; aber das Anerbieten wurde nicht angenommen, weil der Dampfer nicht so lange warten konnte. Die See war überdies schlecht, die Brandung sehr hoch. Als schließlich der große Block unbefestigt quer über ein Boot gelagert, sich der Brandung näherte, sah ich schon von Ferne mit Bangen die Unruhe der schwarzen Bootsleute. Sobald sie in den ersten Brecher gekommen waren, verloren sie die Gewalt über das Fahrzeug, sprangen ins Wasser und überließen es seinem Schicksal. Noch einige Brandungswellen gingen darüber hinweg, dann schlug es ungefähr 50 m vom Ufer entfernt um, und der Block versank.

---

*) *Die für Landungsgebühren, Fundament, Baugerüst und Arbeitslöhne später entstandenen Ausgaben von 3—400 M. wurden durch freiwillige Beiträge der Beamten Togos gedeckt.*

Ich konnte einstweilen nichts anderes tun, als die Stelle, an der er unterging, am Lande genau zu markieren, im übrigen müssen wir abwarten, ob bei einer ausnahmsweise tiefen Ebbe wieder etwas von ihm sichtbar wird. Ein anderes Boot mit sechs kleineren Stücken schlug ebenfalls um; doch es glückte den Schwarzen, diese durch Tauchen wieder heraufzubefördern. Jetzt liegen vorläufig alle gelandeten Blöcke vor dem Krankenhause am Strande, bis es uns entweder gelingt, die fehlende Platte aus ihrem nassen Grabe zu heben, oder bis wir Ersatz aus Deutschland bekommen*).

Zu den Krankenhausgeschäften kommt in letzter Zeit noch die vertretungsweise Erledigung bezirksamtlicher Angelegenheiten, soweit sie keinen Aufschub gestatten; v. R. muß oft auf Reisen sein, teils in seiner Eigenschaft als Bezirksamtmann, teils als Bezirksrichter. Ich selbst mußte kürzlich zweimal nach Porteseguro gondeln, wo ein vom Hinterlande zugewanderter Eingeborener an Pocken erkrankt liegengeblieben war, so daß die schleunige Durchimpfung des ganzen Ortes nötig wurde. Die Meldung des Pockenfalles kam durch Vermittelung der katholischen Mission, die dort eine Niederlassung hat.

Ich reiste sofort hin, suchte, vom Missionsbruder N. geführt, den Kranken auf, sorgte für seine Isolierung und verhandelte mit dem Häuptling des Ortes „King Mensah" und seinen Dorfältesten darüber, daß gleich am nächsten Morgen alle anwesenden Einwohner zum Impfen antreten sollten. Die Verhandlungen fanden im sauber eingerichteten Hause Mensahs statt, der ein intelligenter Mensch zu sein scheint. Er spricht fließend französisch, die Frucht eines früheren, längeren Aufenthaltes in Marseille. Auch sonst machte er mir einen sehr sympathischen Eindruck. Um so mehr tat es mir deshalb leid, eine von ihm angebotene Erfrischung, die er „champagne d'Afrique" nannte, eine bedenkliche Mischung von Pilsener Bier und brausender Zitronenlimonade, ablehnen zu müssen. Tags darauf machte ich in Begleitung Dovis die Tour (3½ Stunden Ent-

---

*) *Einige Wochen später wurde zur Zeit der Ebbe eine Ecke des Blockes sichtbar. Es gelang, Schienen unterzuschieben, ein Drahtseil umzulegen und durch einen Vorspann von vier Ochsen der hilfsbereiten Plantage Kpeme, verstärkt durch 50 schwarze Gefangene aus Sebe, ihn aufs Trockene zu bringen.*

fernung auf der Lagune) noch einmal und impfte unter seiner
Assistenz die erschienenen Schwarzen, über 400 an der Zahl. Die
dabei verwendete Lymphe hatte ich selbst gewonnen.

Die im Oktober vorigen Jahres begonnenen Versuche zur Lymphgewinnung habe ich bisher ununterbrochen fortgesetzt; anfänglich
schlugen manche von ihnen fehl, auch äußere Schwierigkeiten waren
zu überwinden; aber jetzt darf ich wohl hoffen, daß es keine Mühe
haben wird, wirksame Tropenlymphe in Togo selbst herzustellen.
Um die Dauer ihrer Wirksamkeit und die Möglichkeit ihres Ver-
sandes zu prüfen, habe ich auch ins Hinterland größere Probemen-
gen verschickt und will auch an Dr. Z., den Regierungsarzt Dualas
in Kamerun, in nächster Zeit Proben verschiedenen Alters schicken.
Wir sind ja in unseren äußeren Hilfsmitteln auf das einfachste angewiesen, die schönen komfortablen Einrichtungen unserer modernen heimischen Lymphanstalten fehlen uns natürlich; aber es muß
vorläufig auch ohne sie gehen. Bis Juli sollen die Versuche noch
weiter fortgeführt werden, dann will ich ihr Ergebnis einmal zu-
sammenstellen und sehen, ob sich nicht eine allgemeine Durchimpfung des Landes ermöglichen läßt; denn es sterben im Hinterlande jährlich Tausende an den Pocken, wie mir erst kürzlich wieder Dr. K., mit dem ich in Kpeme zusammentraf, versicherte*).

Dovi, Heinrich und August haben es alle sehr bald begriffen,
sachgemäß die nötigen Hilfeleistungen beim Impfgeschäft auszuführen, das wir — nachdem das Kalb auf weichem Sande gestürzt
ist — im Gemüsegarten unter dem Schatten einer hohen Kasuarine
vornehmen. Die nötigen Kälber bekomme ich sogar kostenlos von
den schwarzen Herdenbesitzern geliehen, wohl in dem Glauben, daß
durch die an ihnen vorgenommene Impfung irgendein Schutz gegen
Tierkrankheiten zustande kommt. Für August sind die Impftage
geradezu Festtage, und das Stürzen der Tiere, ihre Säuberung, die
Beaufsichtigung ihrer Fütterung usw. scheint ihm besondere Freude
zu bereiten. Er ist wohl überhaupt der schlauste unter unseren

---

*) *Ausführliche Berichte über die Lymphgewinnung und die Pockenbekämp-
fung in Togo finden sich veröffentlicht im Archiv für Schiffs- und Tropenhygiene, Bd. VII und Bd. IX.*

schwarzen Angestellten, leider nicht der zuverlässigste, so daß er ab und zu einer ernsten Lektion bedarf. Ein beliebter Trick von ihm ist der, daß er sich von Zeit zu Zeit einen arbeitsfreien Nachmittag zu verschaffen sucht. Zu diesem Zwecke kommt er gewöhnlich mit einem tieftraurigen Gesichte an und erzählt eine lange Geschichte von einem schwerkranken „Bruder", den er unbedingt besuchen müsse. Seitdem das nicht mehr wirkt, hat er mehrere Brüder auch schon sterben lassen. Jedenfalls übertrifft er aber an Anstelligkeit und Geschicklichkeit in der Arbeit alle übrigen, namentlich in der Hilfeleistung bei Schwerkranken. Besonders gern erkundigt er sich morgens beim Säubern der Krankenzimmer nach dem Befinden der Patienten und bringt mir vor der Visite schon ausführlichen Bericht über ihren Zustand und ihre Wünsche. Da er das Deutsche noch nicht völlig beherrscht, laufen ihm freilich allerhand Verwechslungen unter. Kürzlich z. B. meldete er mir, ein Schwerkranker wünsche zwei Beefsteaks. Ich war überrascht durch diese an sich hocherfreuliche Appetitäußerung, doch als ich mich selbst erkundigte, hatte der Patient um zwei Biskuits gebeten.

Die Photographien, die ich Dir diesmal mitschicke, sind nur zum Teil von mir selbst aufgenommen, der Rest stammt von einem Mulatten Herpin, einem dankbaren Patienten. Auf den Bildern unseres kleinen Tiergartens beachte die größte der Schirrantilopen! Sie trägt nämlich einen regelrechten Gipsverband. Eines Morgens herrschte große Trauer im Krankenhause, denn „Kasper" lag mit gebrochenem Unterschenkel im Stalle, sei es, daß ihn eine Wildkatze über Nacht gehetzt hatte, oder daß er aus sonst einem Grunde scheu geworden war; jedenfalls hatte er einen doppelten Beinbruch, wahrscheinlich durch Hängenbleiben im Staket der Umzäunung davongetragen. Ich wollte ihn eigentlich durch einen Schuß von seinen Schmerzen befreien, aber auf vieles Bitten der Schwestern entschloß ich mich, den Versuch einer Einrichtung und eines Verbandes zu machen, ohne eigentlich selbst Hoffnung auf Erfolg zu haben. Es ging jedoch besser, als ich dachte. Die Schwarzen hielten die Antilope auf einem Bündel Stroh fest, und mit Hilfe von Schwester J. wurde ein kunstgerechter, durch Schusterspahn verstärkter „Gehverband" angelegt, in dem sie sehr bald wieder umherlaufen konnte.

Vorgestern haben wir ihn abgenommen, und der Bruch ist recht gut darunter verheilt. — — —

15. Mai

Aus dem benachbarten Porteseguro wurde mir heute morgen ein Schwarzer zugeführt, den ein Krokodil durch einen Biß ins Bein schwer verletzt hatte. Fast die gesamte Wadenmuskulatur war ein Opfer des Bisses geworden. Es ist dies der erste derartige Fall, den ich hier erlebe. Auch nach den Erzählungen der Eingeborenen kommt es trotz der Häufigkeit der Krokodile in der Lagune nur selten vor, daß ein Mensch von ihnen verletzt wird. Es scheint mir, als ob gerade das Krokodil ein besonders auffälliges Beispiel dafür bietet, daß die Lebensgewohnheiten einer und derselben Tierart längst nicht an allen Orten ihres Vorkommens die gleichen sind.

Gerade das Krokodil wird von den meisten Beobachtern, darunter auch sicher zuverlässigen, als ein hinterlistiges, raub- und angriffslustiges Tier geschildert. Unser Lagunenkrokodil — crocodilus niloticus — ist alles andere als dies. Hier hat man sehr häufig Gelegenheit, teils im Wasser, teils auf dem Lande seine Gewohnheiten zu beobachten. Geht es an Land, so scheint sich's nie allzuweit vom Wasser zu entfernen, oft schläft es so fest am Ufer, daß man sich ihm auf wenige Schritte nahen kann. Ich habe selbst mehrmals auf eine Entfernung von 20—30 Metern auf sie geschossen, ohne daß der Knall sie veranlaßt hätte, ins Wasser zu gehen; sie warteten ruhig einen zweiten Schuß ab. Schießt man zu kurz, so werden sie durch das aufspritzende Erdreich geweckt und gleiten ins Wasser. Oft liegen sie paarweise in ihrem Sonnenschlafe. Ich glaube, daß sie mit Vorliebe für ihre Sonnenbäder immer wieder denselben Platz aufsuchen. An einigen Stellen des Lagunenufers traf ich fast regelmäßig immer wieder dieselben Tiere, kenntlich an ihrer Größe, an. Sie scheinen nur ausnahmsweise den Menschen zum Ziele ihres Angriffes zu wählen, und die Neger fürchten sich im allgemeinen nicht vor ihnen. Ich sah wiederholt Schwarze in der Lagune waten und in aller Ruhe mit ihren Fischnetzen hantieren, während in kurzer Entfernung davon Krokodile am Lande lagen. Ich glaube, daß ihnen der große Fischreichtum der Lagune mühelos so viel Nahrung bietet, wie sie brauchen, so daß sie andere Beute verschmähen. Ganz entgegengesetzt lauten z. B. die Schilderungen aus Ostafrika, nach denen es häufig aus dem Hinterhalte Menschen überfällt, und ich entsinne mich, daß auch französische Ärzte über die Häufigkeit und Bösartigkeit der Krokodilbisse auf Madagaskar berichten.

Gerade aus diesem Beispiel des Krokodils geht hervor, wie verschieden der Charakter — sit venia verbo — eines Tieres sein kann. Es folgt ferner die Lehre daraus, wie vorsichtig man beim Aufstellen biologischer Resultate und ihrer Verallgemeinerung sein sollte; denn wie das Krokodil, so werden sicher eine große Anzahl anderer Tiere unter ostafrikanischen und ostindischen Bedingungen ganz andere Eigenschaften entwickeln als hier in Westafrika.

Reise nach Lome

1. Juni

Die letzte Maiwoche habe ich in Lome verlebt. Der Grund zu meiner Reise dorthin war der, daß Dr. K. am 26. Mai auf Urlaub gehen durfte und ich die ärztlichen Geschäfte, Abrechnungen, Apotheke, Inventar usw. von ihm übernehmen sollte, um sie seinem für den 28. erwarteten Nachfolger zu übergeben. Es traf sich, daß noch drei andere Europäer, darunter zwei Genesene des Krankenhauses, zur selben Zeit dasselbe Reiseziel hatten wie ich, so daß wir zu vieren in der Nacht des 23. am Strande entlang nach Lome zogen, wo wir am Morgen des 24. eintrafen. Ich fand gastliche Aufnahme beim stellvertretenden Gouverneur G., der zusammen mit dem Regierungsbaumeister S. im Gouvernementsgebäude wohnt. Beide steckten kurz vor Postschluß für den Heimatsdampfer tief in der Arbeit drin, um noch alle möglichen Berichte, Eingaben und Antworten an die Behörde in Berlin fertigzustellen. Hier habe ich zum ersten Male gesehen, daß auch in den Tropen die Notwendigkeit vorliegen kann, bis weit in die Nacht hinein zu arbeiten.

Zehn Monate lang hatte ich Lome nicht gesehen, an sich eine kurze Zeit; und doch hatte sich seither viel in ihm verändert. Das augenblickliche Hauptwerk der Kolonie, der Bau der Landungsbrücke, ist inzwischen weit vorgeschritten, nachdem sich anfänglich ganz unvorhergesehene, hartnäckige Schwierigkeiten ergeben hatten. Als ich im vorigen Jahre in Lome ankam, hatte man eben mit dem Bau des Brückenkopfes auf dem Lande begonnen. Im Dezember war man beim Fortschreiten des Werkes, ungefähr 50 m vom Ufer entfernt, unter dem Sande des Meeresgrundes auf eine Schicht harten Sandsteins gestoßen, die das Einrammen der eisernen Brückenstützen mit den an Ort und Stelle vorhandenen Hilfsmitteln unmöglich machte. Die Beschaffung geeigneter Werkzeuge aus Deutschland verursachte natürlich einen erheblichen Zeitverlust; aber seit der Beseitigung dieses Hindernisses schreitet der Bau rasch vorwärts, und jetzt hat man die Brücke bereits 150 m weit in die Brandung hinein vorgeschoben, das ist die Hälfte ihrer Gesamtlänge. Bei 180—200 m Entfernung vom Lande steht gewöhnlich der erste Brandungsbrecher. Es war mir hochinteressant, mich sowohl vom Regierungsbaumeister S. als vom Ingenieur der bauenden Firma, P., einem liebenswürdigen Bayern, in die Einzelheiten der eigenartigen Brückenkonstruktion einweihen zu lassen. Bis zum Ende des Jahres wird sie voraussichtlich fertiggestellt sein.

Aber die Landungsbrücke ist nicht das einzige Bauwerk, das im Entstehen begriffen ist. Unweit des Brückenkopfes baut man an einem stattlichen Zolldienstgebäude mit den zugehörigen Zollschuppen, und die Betonmauern des massigen neuen Gouvernementsgebäudes waren ein stattliches Stück emporgestiegen. Auch die private Bautätigkeit des Ortes ist rege, denn mehrere Firmen stehen gleichzeitig in einem Neubau ihrer Geschäftshäuser. Aber es bleibt trotz emsiger Arbeit der Zukunft gerade in der Wohnungsfrage noch viel vorbehalten. Die Zahl der Beamten hat sich in der Landeszentrale weit stärker vermehrt als die Zahl der zur Verfügung stehenden Wohnungen. Eine gewisse Ironie liegt darin, daß eines der ältesten und zugleich das minderwertigste und unhygienischste aller Beamtenhäuser dem Wächter der Hygiene, dem Arzte, als Wohnung angewiesen worden ist. Die Bedeutung einer hygienischen und nicht allzu notdürftig ausgestatteten Wohnung für das körperliche und psychische Wohlbefinden des Europäers in den Tropen wird bisher noch unterschätzt. Zudem liegen die Fragen der Wohnungshygiene hier weit komplizierter als in Deutschland, denn außer den allgemeinen sanitären Anforderungen, die auch dort an eine Wohnung gestellt werden müssen, sind noch eine ganze Reihe weiterer, besonders durchs Tropenklima bedingter Bedürfnisse zu berücksichtigen. An erster Stelle müßte in Zukunft darauf Bedacht genommen werden, nie mehr Häuser zu bauen, in denen mehrere Beamte gemeinsam untergebracht werden, sondern ausschließlich Einzelhäuser, in denen weit besser und sicherer alle die Bedingungen erfüllt werden können, die man an eine gesundheitlich und auch sonst einwandfreie Tropenwohnung stellen muß.

Etwas Halbes ist nach meinem Dafürhalten der „botanische Versuchsgarten" Lomes, der zwar schön und sauber angelegt ist, aber, sei es aus Mangel an fachmännischer Leitung, sei es aus Mangel an Mitteln, sei es durch den ungeeigneten Boden des für ihn gewählten Terrains oder auch aus allen diesen Gründen zusammengenommen, noch weit von dem wünschenswerten praktischen Ziele entfernt ist, maßgebende Versuche über die Anbaufähigkeit tropischer Nutzpflanzen anzustellen.

Am 26. morgens wollte Dr. K. an Bord des Heimatdampfers gehen. Die See war ungewöhnlich schlecht, die Brandung so hoch, wie ich sie kaum jemals bisher gesehen habe, und, was immer ein bedenkliches Zeichen ist, die schwarzen Bootsleute zögerten selbst, die Fahrt anzutreten. Trotzdem versuchten Dr. K. und sein Namensvetter, der Regierungslehrer K., in einem Brandungsboote die Überfahrt. Schon nach wenigen Minuten waren sie in den Brechern gekentert und kamen mit Unterstützung der Schwarzen, die eine große Routine in der Hilfeleistung bei solchen verhältnismäßig oft an der Togoküste sich ereignenden Bootsunfällen haben, aus der schweren See wieder an Land.

Trotz ihres Mißgeschickes und trotz des Widerrates der am Strande versammelten Europäer war die Verlockung, den auf der See liegenden Dampfer doch zu erreichen, so groß, daß beide schon nach einer Viertelstunde sich zu einem neuen Versuche entschlossen. Diesmal ging es ihnen noch schlimmer. Das Boot wurde weit abgetrieben, so daß wir es schließlich nur noch mit dem Fernglase von der Veranda des Zollgebäudes aus genauer verfolgen konnten. Vergeblich kämpften die ermüdenden Schwarzen immer wieder von neuem gegen die andrängenden Brecher an; endlich entschwand das Fahrzeug, durch einen kleinen Vorsprung des Landes verdeckt, unseren Blicken. W., der zu Pferde anwesend war, galoppierte auf meinen Wunsch am Strande entlang, um sein weiteres Schicksal zu beobachten, und kam mit der Nachricht zurück, daß es abermals umgeschlagen sei. Lehrer K. war auch diesmal verhältnismäßig leicht an Land gekommen, aber Dr. K. hatte das Unglück gehabt, anfänglich unter das Boot zu geraten, und wurde nur unter großen Anstrengungen der vom langen Rudern selbst erschöpften Bootsleute halb bewußtlos aus der hohen Brandung an die Küste gebracht. Der schwarze Lazarettgehilfe Felicio hatte rasch eine Hängematte für seinen Herrn zur Hand, in der er in seine Wohnung getragen wurde. Sein Zustand machte anfangs einen bedenklichen Eindruck; am Nachmittage stellte sich hohes Fieber ein, sei es durch die Einwirkung der Tropensonne, der er infolge Verlustes seines Tropenhelmes im Wasser lange Zeit schutzlos preisgegeben war, sei es durch einen vom unfreiwillig langen, kalten Bade provozierten Malariaanfall. Aber schon am nächsten Morgen hatte er sich wieder vollkommen erholt. Natürlich war der Dampfer inzwischen ohne die beiden Verunglückten abgefahren, so daß sie erst nach vierzehn Tagen ihren Versuch, in die Heimat zu gelangen, erneuern können*).

Am 28. Mai ging der aus Deutschland fällige Dampfer vor Anker und landete außer dem Zolldirektor der Kolonie H.**) zwei Ärzte: Dr. H., den Nachfolger K.s und Dr. Sch., der nach abgelaufenem Urlaube ins Schutzgebiet zurückgekehrt ist, um von neuem seine Arbeiten zur Bekämpfung der Nagana der Rinder aufzunehmen. So waren ausnahmsweise vier Ärzte gleichzeitig in Lome versammelt.

Vorgestern reise ich wieder nach Kleinpopo zurück.

---

*) *Auch am 10. Juni waltete wieder ein Unstern über ihnen; wieder schlug das Boot zweimal um, und erst der dritte Versuch, die Brandung zu passieren, glückte!*

**) *H. starb ein Jahr später auf der Heimreise kurz vor Madeira auf hoher See.*

Besuch eines Kriegsschiffes

2. Juli

Der „Habicht", das Kriegsschiff unserer deutsch-westafrikanischen Küste müssen wir sagen; denn nur dies eine kreuzt in den Gewässern der drei Schutzgebiete, die an Größe das Mutterland um mehr als das Doppelte übertreffen, und dieses eine gehört zu unseren ältesten und steht auf der Grenze der Tropendienstfähigkeit. Ostafrika, selbst Samoa, ganz zu schweigen von Kiautschou, sind weniger kärglich von der Flottenleitung bedacht worden.

Die Geschichte unserer Kolonien ist eng mit der Geschichte unserer Kriegsmarine verknüpft, und namentlich in Westafrika hat letztere mehrfach Gelegenheit zu ernstem Eingreifen gehabt. Soweit die Togoküste in Betracht kommt, erschien als erstes Schiff auf der Reede von Kleinpopo, wo seit 1880 deutsche Handelsniederlassungen entstanden waren, Anfang 1884 die „Sophie" (Kapitän Stubenrauch), um den Verträgen der Firmen mit den Eingeborenen Nachdruck und Bestätigung zu verschaffen, da durch freundnachbarliche englische Einflüsse die Schwarzen anfingen, den Deutschen Schwierigkeiten zu bereiten. Die erste Gegenwart der „Sophie" genügte aber noch nicht, um ihnen den nötigen Respekt einzuflößen. Als sie nach dem heutigen Grandpopo abgedampft war, wurden die Unfreundlichkeiten nur noch stärker, so daß sie auf dringende Bitten der Deutschen zurückkehrte. Jetzt entschloß sich der Kommandant zu einer Maßnahme, für die wir ihm noch heute dankbar sein müssen, denn ihre Wirkung unter den Eingeborenen ist sicher sehr weittragend gewesen: er nahm nach Landung eines starken Detachements eine Anzahl der angesehensten Mitglieder der englischen Partei als Geiseln auf die „Sophie", mit der sie nach Deutschland gebracht wurden. Hier haben sie in mehrwöchigem Aufenthalte Gelegenheit gehabt, sich entgegen den englischen Verkleinerungen davon zu überzeugen, was sie unter Deutschland eigentlich zu verstehen hätten. Daß die Eindrücke, welche die Geiseln dort empfingen, sehr nachhaltige gewesen sind, geht daraus hervor, daß sie nach ihrer Rückkehr von der Zwangsfahrt nach Deutschland wirkliche Anhänger des Deutschtums in der Kolonie geworden sind. Mehrere von ihnen leben noch heute in oder bei Kleinpopo, und ich habe mir schon mehrfach ausführlich von ihnen über ihre damaligen Erlebnisse erzählen lassen, wobei ich oft ihr gutes Gedächtnis und ihre scharfe Beobachtungsgabe bewundern mußte.

Während der Abwesenheit der Geiseln stellte sich immer noch kein friedlicher Zustand ein, indem bald die englische, bald die deutsche Schutzherrschaft den Eingeborenen wünschenswert erschien. Klarheit trat erst ein, als Anfang Juli 1884 die „Möwe" in Kleinpopo ankam. Mit ihr kamen die Geiseln zurück, deren Erzählungen von allem, was sie in Hamburg, Berlin und sonst in Deutschland gesehen hatten, sicher viel dazu beigetragen haben, den deutschen Einfluß in Togo zu stärken. An Bord desselben Schiffes befand sich aber auch der Reichskommissar Dr. Nachtigal, der kurzerhand in Bagida und Lome die deutsche Flagge hißte und durch Vermittlung des bevollmächtigten Stabträgers mit dem Häuptlinge vom Orte Togo einen Vertrag abschloß. So wurde dieser Teil der Küste mit seinem Hinterlande unter deutschen Schutz gestellt. Später ist die ganze Kolonie nach diesem Lagunendorfe Togo benannt worden.

Der Besitz Kleinpopos blieb selbst damals noch unentschieden, da plötzlich die Franzosen angeblich ältere Rechte geltend machten. Als im April 1885 die Korvette „Bismarck" (Kommandant Knorr) eintraf, wehten über unserm Orte die französischen Farben. Knorr dampfte sofort westwärts nach Porteseguro, wo bereits ein französisches Kriegsschiff bereitlag, um auch diesen Platz für Frankreich zu beanspruchen. Aber dessen ungeachtet wurde unter Protest gegen die geplante französische Besitzergreifung von ihm die deutsche Flagge gehißt. Bei den darauffolgenden diplomatischen Verhandlungen gab Frankreich seine Ansprüche auf Kleinpopo und Porteseguro preis.

Seither hat, was Togo anbetrifft, der Besuch der deutschen Kriegsschiffe einen weniger bedeutungsvollen Hintergrund gehabt. Aber trotzdem gehören auch jetzt noch die kurzen Tage der alljährlich wiederkehrenden Anwesenheit des „Habicht" zu den größten Festtagen der Kolonie. Die Gelegenheit Feste zu feiern ist hier draußen seltener als daheim, und wenn sich dann endlich eine Gelegenheit bietet, so wird sie gern wahrgenommen. Am 26. Juni hatten wir ihn von Lome her erwartet, aber wir lugten vergeblich an diesem Tage nach dem Horizonte aus. Erst am 27. gegen 11 Uhr konnte ich ihn von der Veranda des Krankenhauses aus mit dem Fernglase sichten. Langsam quälte er sich heran, mächtig dampfend und bei der bewegten See bedenklich schaukelnd; aber doch imponierte er mit dem weißen Tropenkleide und den hohen Segelmasten weit mehr als die grauen und schwarzen Handelsdampfer mit ihren nüchternen äußeren Formen. Alle Häuser legten Flaggengala an, und die Europäer versammelten sich am Strande.

Als er vor Anker gegangen war, fuhr der kurz zuvor erst aus dem Hinterlande zurückgekehrte Freiherr v. R. zur Begrüßung hinüber. Nach einer Stunde kehrte er zurück und mit ihm vier Offiziere des Schiffes, darunter der Arzt Dr. T., ein alter Kieler Bekannter. So ist die weite Welt doch immer noch klein genug, um überall alte Bekanntschaften und Erinnerungen zu erneuern. Zu unser aller großen Freude kam auch der stellvertretende Gouverneur Dr. G. aus Lome mit dem „Habicht" nach Kleinpopo, um seinen früheren Wirkungskreis noch einmal kurz zu besuchen, und um sich gleichzeitig von uns zu verabschieden, da er mit dem nächsten Dampfer in die Heimat reisen wird. Leider wird er wahrscheinlich nie wieder nach Togo zurückkehren. Unter den Offizieren befand sich auch als Oberleutnant und Adjutant der Sohn des Admirals Knorr, dessen einstigem energischen Auftreten gegen die Franzosen wir die ganze Osthälfte unserer Kolonie zu verdanken haben. Nach einem Imbiß und Willkommentrunk in unserm primitiven Kasino suchten die Gäste bald ihre Quartiere auf, da die hohe Brandung sie nicht trocken hatte an Land kommen lassen. Den Doktor nahm ich natürlich mit mir ins Krankenhaus.

Während der vier Tage, die der „Habicht" Aufenthalt vor Kleinpopo nahm, gaben wir uns redlich Mühe, unseren Gästen ein möglichst genaues Bild unseres Landes, soweit sie es sehen konnten, unseres Lebens, unserer Arbeit, unseres Wollens, unseres sehr beschränkten Könnens und unserer unerfüllten Wünsche zu geben. Am 2. Tage kam auch der Kommandant, Kapitän St., an Land. Da die See besser geworden war, erbaten wir von ihm die Vergünstigung, doch die Kapelle des Schiffes an Land zu beurlauben. An musikalischen Genüssen haben wir hier in Kleinpopo nicht gerade Überfluß. Abgesehen von den Trommeln der Schwarzen, unserem mangelhaften Klavier im Krankenhause und einer von Dr. Sch. gestifteten Gitarre existieren nur noch einige Grammophone als musikalische Instrumente in der Kolonie. So ist unsere Sehnsucht nach einer Militärkapelle wohl erklärlich. Die Frage nach der Unterkunft der zwölf Musikanten ließ sich dadurch lösen, daß ich mich erbot, sie in einer Baracke des Hospitals einzuquartieren.

Durch Flaggensignal verständigt, wurden am Nachmittage Leute und Instrumente ohne Verlust oder Beschädigung gelandet, so daß wir bereits zu dem am Abend in Sebe angesetzten Festessen nicht ohne Tafelmusik waren. In Ermangelung eines anderen genügend großen Raumes war für diesen Zweck das Eingeborenengefängnis ausgeräumt, gesäubert und mit Palmwedeln und Flaggentuch zur Festhalle geschmückt worden. In einem davor aufgeschlagenen Reisezelte spielte die Kapelle. Einige flott gespielte Märsche verfehlten ihre Wirkung auf die Gemüter nicht. Musikstücke wechselten mit Gesängen und Trinksprüchen, deren Hochs und Hurras in die tropische Nacht hinein erschallten. Die Palmen mit ihren langbehaarten Häuptern mochten verwundert auf dieses seltsame Treiben herabschauen, und ebenso verwundert starrten die dicht umherstehenden Neger auf das ungewohnte Bild.

Gegen 12 Uhr wollte Dr. G. in seiner stillen Art sich möglichst unbemerkt entfernen, um über Nacht für den kurzen Rest seiner Togotage wieder nach Lome zurückzukehren. Doch so geräuschlos gelang ihm der Abschied aus seinem ehemaligen Bezirke nicht. Die Schiffskapelle formierte sich, einige Schwarze mit Laternen traten voran, und hinter ihnen gruppierten sich die Europäer mit G. in der Mitte. „Muß i denn, muß i denn zum Städtele hinaus" spielten die deutschen Matrosen, und so setzte sich der Zug nach der nahen Lagune hin in Marsch, gefolgt von dem Haufen neugieriger Schwarzer. Uns allen ging der Abschied sehr zu Herzen, denn jeder wußte, wie eng der Scheidende mit der Arbeit für unsern Bezirk verknüpft war, jeder wußte aber auch, welche oft unverdienten Schwierigkeiten ihm bei seinen Bestrebungen erwachsen waren. An der Landungsstelle, wo die Gig wartete, drückte ihm jeder der (abgesehen von der Mission) vollzählig erschienenen Europäer zum Abschied die Hand, dann gab es drei kräftige Hochs, und er fuhr in die dunkle Lagunennacht. „Auf Wiedersehen", „wiederkommen" tönte es ihm immer wieder über die Wasserfläche nach, und ich glaube, manches Auge eines wetterfesten alten Afrikaners konnte sich nur mühsam einer Abschiedsträne erwehren. Eine rechte Festesstimmung wollte nicht wieder unter uns aufkommen; wir trennten uns bald danach.

Die nächsten Tage wurden zu einer kleinen Treibjagd entlang eines Lagunenarmes benutzt, an die sich ein Besuch der Plantage Kpeme anschloß. Auch die Kaufmannschaft ließ sich's nicht nehmen, für die Gäste vom Kriegsschiffe einen Festabend zu veranstalten. Am letzten Abend ihrer Anwesenheit einte uns ein Beisammensein auf der Veranda des Nachtigal-Krankenhauses. Gestern früh lichtete der „Habicht" wieder die Anker.

Beurlaubte Beamte

Kleinpopo, 9. Juli

Meine liebe Frau!

In aller Eile für diesen Dampfer einige Zeilen. Ich habe ausnahmsweise wirklich einmal alle Hände voll zu tun. Durch den Besuch des Kriegsschiffes sind manche dienstlichen Schreibereien, die der Quartalsschluß ja immer mit sich bringt, liegengeblieben und müssen jetzt aufgearbeitet werden. Außerdem habe ich seit gestern einen fast hoffnungslos Schwerkranken im Hospitale, der eigentlich meine unausgesetzte Gegenwart erfordert. Ferner ist erst vor wenigen Tagen eine neue Pflegeschwester G. H., eine Schweizerin, für Schwester J., die im Juni ihre zweijährige Dienstzeit beendet hatte, eingetroffen und muß sich natürlich erst einleben, ehe sie dasselbe leistet wie ihre Vorgängerin. Ich hoffe aber, daß es keine Not damit hat, denn sie ist keine Anfängerin in ihrem Berufe.

Abgesehen von der Anwesenheit des „Habicht" an der Togoküste ist auch sonst so manches seit meinem letzten Briefe in unserm Ländchen passiert. Seit einer Woche ist der Gouverneur wieder in Lome eingetroffen, nachdem er auf einer vier Monate langen Reise die ganze Kolonie bereist und allen wichtigeren Plätzen einen

Besuch abgestattet hat — nur nicht unserm Kleinpopo, dem an Europäerzahl zweitgrößten, an Export ersten Handelsplatze seines Schutzgebietes. Wir kennen die Gründe dieser Unterlassung nicht; aber die Europäer, besonders die hiesigen Kaufleute sind mit Recht mißgestimmt darüber, denn mancherlei Wünsche hätten auch sie zu äußern gehabt.

G. geht mit diesem Schiffe endlich auf Heimatsurlaub, den er eigentlich schon vor mehreren Monaten hätte haben müssen. Ich glaube, er tut ihm wirklich not, er machte mir, als ich ihn kürzlich zum letzten Male sah, einen recht angegriffenen Eindruck, wenn er sich auch wie immer gut zu beherrschen wußte. Auch eine tiefe Verstimmung konnte ich unschwer bei ihm herausfühlen, die nur zu erklärlich ist bei der übergroßen Arbeit, die auf ihm, noch dazu wegen recht unerquicklicher Dinge, hier gelastet hat. Obwohl wir es alle natürlich lebhaft wünschten, glaube ich nicht, daß er wieder nach Togo kommt, denn er gehört zu den Leuten, welche die erste Bürgerpflicht des Kolonialbeamten: Ruhe zu halten, nicht anerkennen mögen, wenn sie dabei gegen ihre Überzeugung handeln sollen.

v. R., der nur vier Monate lang das Bezirksamt verwaltete, eine Zeit, von der noch ein großer Teil auf Abwesenheit im Atakpamebezirke entfiel, ist ganz plötzlich abberufen worden und geht ebenfalls morgen nach Hause. Auch er hat ganz gröblich gegen das erste und oberste deutsche Kolonialgebot verstoßen. Namentlich hat er sich erkühnt, in dem Konflikte, der zwischen der in Atakpame tätigen Mission und dem dortigen Bezirksleiter ausgebrochen ist, energisch zu sein. Diese Angelegenheit, von deren näheren Einzelheiten ich Dir ja schon schrieb, scheint allmählich immer größere Dimensionen annehmen zu wollen, und sie beschäftigt die Gemüter der Europäer in hohem Maße. Eine Entscheidung oder Schlichtung ist durch die Abberufung v. R.s natürlich wieder hinausgeschoben, da nun erst das Eintreffen eines neuen Richters, der sich von neuem einzuarbeiten hat, abgewartet werden muß; denn Togo hat außer dem Gouverneur nach dem Weggange G.s und v. R.s keinen Juristen mehr im Lande. An Stelle v. R.s übernimmt Oberleutnant Pr. aus Lome das Bezirksamt in Sebe. Da er aber seine anderthalbjährige Dienstzeit bereits überschritten hat, wird seine Tätigkeit leider auch nur eine kurze sein können. Schade um den Bezirk, der unter dem dauernden Wechsel ja nie in glatte Entwicklung eintreten kann.

Als dritter geht morgen der Postmeister H. nach dreijährigem ununterbrochenen Tropendienste in die Heimat. Zu guter Letzt hat er mir noch die wenig angenehme Überraschung gemacht, an einem Schwarzwasserfieber zu erkranken. Er ist der erste von den in Kleinpopo wohnenden Weißen, der seit meinem Hiersein daran erkrankt ist. An Malariaanfällen litt er freilich häufig, denn er war einer von denen, die das Chinin nicht regelmäßig, sondern „nach Bedarf" nehmen, das heißt, wenn die Malaria bereits da ist. Glücklicherweise war der Anfall leicht, so daß er sich schnell erholt hat und ich ihm vom Antritt der Reise nicht abzuraten brauche. Sein Nachfolger, der neue Postmeister B., tat mir aufrichtig leid. Als er in Lome landete, wehten dort gerade die Flaggen für einen verstorbenen Europäer halbmast, und als er tags darauf hierher nach seinem neuen Wirkungskreise kam, fand er seinen Amtsvorgänger mit Schwarzwasserfieber zu Bett liegend vor; gewiß kein verlockender Beginn für einen Tropenanfänger! —

Todesfälle

12. Juli

Am 8. Juli brachten sie ihn an, nachts drei Uhr, in der Hängematte, denselben Mann, der kaum ein Jahr zuvor in voller Frische manchen fröhlichen Jagdzug mit mir unternommen, mit dem ich noch vor wenigen Wochen in Lome heitere Stunden verplaudert hatte; jetzt eine Ruine, zusammengebrochen unter der schwersten aller Tropenkrankheiten, dem Schwarzwasserfieber. Vor 15 Monaten kam er in frischem Lebensmute heraus ins afrikanische Leben, jung an Jahren, mit kräftiger Gesundheit; jetzt so geschwächt, so leicht an Körpergewicht, daß ich ihn bequem auf meinen Armen die Treppe des Hospitals hinauf in sein Bett tragen konnte. Seine Sinne waren umflort, dennoch schien er mich wenigstens in seinen Phantasien wiederzuerkennen. Hoffnung, ihn zu retten, war kaum vorhanden. Daheim zwei betagte Eltern, sechs Geschwister und hier in der Ferne der Sohn, der Bruder dem Tode nahe. Bei der Untersuchung ergab sich eine schwere Komplikation, ein Leberabszeß.

Was tun? Ohne operativen Eingriff alles Bemühen von vornherein verloren. Eine Operation möglicherweise die letzte Rettung. Ein Zögern erhöhte nur die Gefahr. Nach wenigen Stunden der Ruhe für den Kranken ist der Eingriff beendet. Er hat ihn gut überstanden. Aber die Hoffnung ist noch gering, obschon die Besinnung wiederkehrt und er selbst sich auf die baldige Heimkehr zu der Seinen freut. Er hat sie nicht erlebt. Zwei Tage hielt die Besserung an, am dritten setzte zu allem Vorhergegangenen ein schwerer Malariaanfall ein. Auf der Höhe desselben schlief er ohne Todesahnung ruhig hinüber.

Er hatte mir während des Lebens ein wenig näher gestanden als mancher andere. Nun lag er als Opfer des Tropenklimas vor mir. Hätte ich ihn doch vielleicht retten können? Hatte ich seine Krankheit in allen Einzelheiten richtig erkannt? War nichts übersehen, nichts versäumt worden? Diese und ähnliche Gedanken quälten mich. Nur das Sektionsmesser konnte mir Gewißheit darüber geben. Es war Nacht geworden, am nächsten Morgen mußte er bestattet werden. Sollte ich's tun und nach wenigen Stunden Zwischenzeit vom Bette des Kranken an den Sektionstisch treten? Ich rief Max, den schwarzen Gehilfen, er trug verschlafen und schweigend eine Laterne voran, stumm gingen wir unter den Palmen des Gartens entlang den kurzen Weg zur Leichenhalle. „Leuchte mir!" Ein kurzes Zaudern, und die mitternächtliche Sektion war begonnen. Er war nicht zu retten gewesen. . . .

Heute an einem Sonntage begruben wir ihn, drüben auf der stillen Halbinsel Adjido. Die Flaggen der Europäer und die des Dampfers auf der Reede wehten halbmast. Die uniformierten schwarzen Träger senkten den Sarg ins Grab. Der Missionar hielt seine Rede, jeder von uns warf ihm den Abschiedsgruß auf den Sarg, und schweigend fuhren wir wieder hinüber, ein jeder ans gewohnte Tagewerk. Feminis lugere, viris meminisse honestum.

14. Juli

Außer dem Todesfalle im Krankenhaus haben wir in letzter Zeit noch zwei weitere in Togo zu beklagen gehabt. Der nähere Zusammenhang eines von ihnen sei kurz geschildert, weil er als typisches

Beispiel für eine Reihe ähnlicher Fälle gelten kann, die mit gleich traurigen Ausgange endeten. Vorher will ich zu seiner Beleuchtung zwei von den sanitären Anträgen anführen, die ich seit meinem Hiersein hoffentlich nicht vergeblich gestellt habe: 1. Jeder Beamte ist vor der Ausreise in den Tropen von einem in Tropenhygiene erfahrenen Arzte zu untersuchen und über das Tropenklima zu unterweisen. 2. Jeder, der zum ersten Male in die Tropen kommt, hat, wenn er fürs Hinterland bestimmt ist, vor seiner Abreise dorthin einen Regierungsarzt der Kolonie aufzusuchen, der mit ihm eingehend die gesundheitlichen Gefahren seines zukünftigen Arbeitsfeldes bespricht.

Nun unser Fall. Ende Mai kommt ein neuer Beamter B. heraus ins Schutzgebiet. Zwei Tage nach seiner Ankunft muß er bereits die Reise ins Hinterland antreten nach einer etwa drei Wochen entfernten Station. In jugendlichem Feuereifer zieht er los, ein Hüne von Gestalt, im Vertrauen auf seine gesunde Kraft. Proviant nimmt er nur notdürftig mit, keinen Koch, keinen Dolmetscher, kein Chinin führt er mit sich, geschweige daß er es regelmäßig nähme, gerade jetzt in der gefährlichen Zeit. Zwei Wochen ist er unterwegs, da packt ihn schon das Fieber. Schwerkrank mitten im fremden Lande, keine ordentliche Ernährung, keine Pflege, keine Arzenei, keine weiße oder schwarze Seele zur Verständigung, nur auf seine Hängemattenträger angewiesen. Noch sieben Tage vom Endziel entfernt, kehrt er in Eilmärschen zur Küste zurück, um hier Rettung zu suchen. Über eine Woche dauert es, ehe die Eingeborenen den Bewußtlosen in der Hängematte nach Lome bringen. Hoffnungslos kommt er an der Küste an, am folgenden Tage ist er tot, einen Monat nach der Ankunft im Schutzgebiete.

Auch ein Opfer des Tropenklimas?

Eine Seekuh

20. Juli

Heute machte ich hier eine seltene Beute, oder war vielmehr Zeuge, als sie gemacht wurde. Ich fuhr, von Moritz begleitet, im Kanu nach Sebe. Unterwegs traf ich am Strande von Adjido fischende Schwarze. Ich sah ihnen eine Zeitlang zu, wie sie ihre großen Netze ans Land zogen, um einige Lagunenhechte oder sonstige brauchbare Fische fürs Krankenhaus einzukaufen. Da sie bei ihrer Arbeit einen außergewöhnlichen Lärm vollführten, glaubte ich zunächst, es hätte sich ein Krokodil in ihrem Netze verstrickt und rief ihnen zu: „élo élè?" ist es ein Krokodil? „O, nyoe" (eine Seekuh ist es), kam es zurück. Dieses letztere Wort kannte ich nicht.

Nachdem ich einige Minuten hatte neugierig warten müssen, brachten sie das Netz endlich auf den Strand und hatten darin ein großes dunkles Etwas. Gesehen hatte ich das Tier zuvor noch nie, entsann mich auch nicht, es von Abbildungen her wiederzuerkennen. Auf den ersten Blick erinnerte es an einen Seehund, dazu war es aber zu groß. Ähnlichkeit hatte es auch mit einem Wal, doch der deutlich abgesetzte Hals verriet, daß es auch kein Wal sein konnte. Was war es nun? Es trug zwei Vorderflossen und eine Hinterflosse, hatte einen verhältnismäßig kleinen Kopf mit wulstiger Schnauze und kleinen versteckten Augen, grauschwarze Haut, die mit dünnen Borsten bedeckt war. Ich beobachtete das seltsame Tier von allen Seiten und machte schließlich den Fischern den Vorschlag, es zu kaufen. Aber mein Angebot stieß auf unüberwindlichen Widerspruch, weil das Fleisch dieses nyoe sehr gut schmecke. Endlich gelang es mir, wenigstens den Kopf des Tieres zugesprochen zu bekommen. Am Nachmittage auf der Rückfahrt von Sebe wollte ich ihn mir abholen. Als wir zurückkamen, waren die Schwarzen beim Schmause. Trotz des äußerlich appetitlichen Aussehens verbreitete das fetttriefende Fleisch einen widerlichen, tranigen Geruch. Ich handelte den Schädel für zwei Mark ein, dann ging's nach Hause, um an der Hand eines zoologischen Werkes das Tier zu bestimmen.

Diese Bestimmung fiel nicht schwer, weil außer den charakteristischen Eigenschaften des ganzen Tieres der Schädel die sehr auffällige Eigenschaft aufwies, daß er nur Backenzähne hatte, während Schneide- und Eckzähne vollkommen fehlten. Es ergab sich, daß sie einen Manati, eine Seekuh, gefangen hatten, ein für hiesige Gegend sicher seltenes Tier, denn ich habe von seinem Vorhandensein in den Gewässern Togos bisher weder gehört noch gelesen. Mit einer Kuh hat es freilich wenig gemeinsam, höchstens das, daß es die auf dem Fluß oder Lagunengrunde wachsenden Wassergräser abweidet.

Den Schädel habe ich in Bearbeitung genommen. Da die Tiere in kleineren Gruppen leben sollen, will ich Anweisung geben, daß ich benachrichtigt werde, falls sie ein zweites fangen, damit es mir dann möglich ist, ein ganzes Skelett zusammenzustellen.

Das Land der Widersprüche

6. August

Afrika ist das Land der Widersprüche, des Werdens, der Neugestaltung, der inneren und äußeren Gegensätze; und unsere Kolonie ist ein kleines Stück von diesem Ganzen. Es kann keine interessanteren und eigenartigeren Landschaftsbilder geben als die afrikanischen, aber auch die trostlosesten und langweiligsten Einöden sind hier zu finden. Nirgends brennt die Sonne heißer als in Afrika, und nirgends kann man erbärmlicher frieren als hier. Wir können täglich im Genusse von Ananas, Bananen, Apfelsinen und anderen tropischen Früchten schwelgen, aber die Tage, an denen es ein zähes Stück frisches Rindfleisch gibt, werden als Feste gefeiert. Die Frage nach dem besten Bier, Wein und Sekt für die Tropen ist längst mustergültig gelöst, aber ein Glas einwandfreies Trinkwasser kann die ganze Kolonie nicht bieten.

Afrika eine Welt voller Licht, Freude und Arbeit ebenso wie voller Dunkelheit, Moder, Ärger und Faulenzerei. Mir scheint es, als wenn das Widerspruchsvolle der äußeren Umgebung auch im Charakter der einzelnen Europäer zum Ausdruck käme. Freude und Leid, Übermut und Verzagtheit, große Ideen und Kleinigkeitskrämerei, gründliche Sachkenntnis und seichter Dilettantismus, ernstes Wollen und oberflächlicher Schein, alles ist nebeneinander anzutreffen. Weit mehr als daheim bewegt sich alles noch in Extremen und im Wechsel. Es wechseln die Personen — weit mehr als nötig wäre —, es wechseln die Anschauungen, es wechseln die angestrebten Ziele, und nur wenig Dauerwerte tauchen aus der Flucht der Erscheinungen empor. Nirgends gibt es größere und schönere Aufgaben zu lösen, und nirgends wird mehr im kleinen gelebt wie hier; nirgends wird solider, sparsamer, zurückgezogener und entbehrungsvoller gelebt als in Afrika, und doch wird nirgends auch toller exzediert. Es läßt sich keine größere Freiheit für den Europäer denken als die afrikanische, und nirgends achtet der eine so auf den andern wie hier. In keinem heimischen Berufe kann die Verantwortung für das Tun des einzelnen größer und weittragender sein als im kolonialen, und doch haben wir hier die schlimmste Bevormundung und Instanzenwirtschaft in den nichtigsten Dingen. Nirgends wird ängstlicher gespart, und nirgends mehr Geld unnütz vergeudet. Nirgends wird mehr über gesundheitliche Dinge gesprochen, nirgends spielen sie eine ausschlaggebendere Rolle, und doch werden nirgends die einfachsten Regeln der Hygiene so leichtfertig unbeachtet gelassen oder mit Füßen getreten wie in den Tropen.

Wie sind diese Erscheinungen zu erklären? Ich glaube, uns fehlt noch etwas, was man am treffendsten vielleicht unter dem Worte: psychische Akklimatisierung begreifen könnte. Viele erwerben sie sich nie, viele müssen, wenn sie glücklich so weit sind, aus ihren Stellungen wieder ausscheiden, und nur wenige bleiben als wertvoller Besitz längere Jahre der Kolonie erhalten. Ich glaube, daß die psychische Anpassung ans Tropenklima ebenso wichtig und unerläßlich ist wie die körperliche. Nicht nur das von außen an uns herantretende Klima ist neu für uns, wenn wir hinausgehen in die Kolonie, ebenso neu sind die Ideen, für die wir zu arbeiten haben. Ich bin deshalb auch der Überzeugung, daß es außer der körperlichen ebenso eine psychische Tropendienstuntauglichkeit gibt, die freilich schwerer ärztlich im voraus zu erkennen ist als erstere, da sie meist erst bei der wirklichen Berührung mit der ungewohnten Umgebung in die Erscheinung tritt.

Der alte Afrikaner

5. September

Der alte Afrikaner repräsentiert eine eigene Spezies des genus humanum. Trotz mancher Spielarten ist er doch durch eine ganze Reihe gemeinsamer charakteristischer Merkmale seines Wesens von seinen Mitmenschen unterschieden. Er gedeiht, wie der Name sagt, nur auf tropischem Boden und im warmen Klima Afrikas. Gewisse Anklänge an seine Art findet man zwar auch daheim unter den als Spießbürgern und Kannegießern gewöhnlich bezeichneten Gewächsen, aber doch decken ihre Eigenschaften auch unter Berücksichtigung der örtlichen, verschiedenen Wachstumsbedingungen sich nicht. Solch ein alter Afrikaner ist ein ganz sonderbarer Mensch. Alt an Jahren braucht er keineswegs zu sein, im Gegenteil, denn alte Leute findet man in Afrika überhaupt wenig. Alt ist nur relativ zu verstehen, und „alter Afrikaner" ist er nur deshalb, weil er eine Reihe von Jahren, jedenfalls aber länger wie die zum ersten Male neu Herauskomenden im Lande weilt. Mit gewissem Stolze und nicht immer ohne einen kleinen Beigeschmack von Verächtlichkeit blickt er auf die jüngere Generation herab. Er ist das reaktionäre Element der Kolonie. Jede Neuerung, jeden geplanten Fortschritt nimmt er zunächst einmal unter die stark lichtbrechende Lupe seiner Kritik. Aber bei diesen kritischen Betrachtungen findet er prinzipiell immer nur das, was gegen die beabsichtigte Neuerung spricht, während er ihre Vorteile hartnäckig aus seinem Gesichtsfelde ausschaltet. Er weiß nicht nur alles, dieser alte Afrikaner, er weiß alles viel besser. Ist eine Eisenbahn projektiert, so sieht er die drohenden Unglücksfälle unter den schwarzen Negerkindern durch Überfahren voraus; ist eine Erhöhung der Spritzölle geplant, so prophezeit er den Ruin einer ganzen Anzahl von Firmen; hebt sich der Export von Mais, so plant er allen Ernstes ein Ausfuhrverbot dieses Produktes, um einer Hungersnot unter den Eingeborenen vorzubeugen usw. usw.

Er schwärmt bei jeder Gelegenheit von der guten alten Zeit, so wie sie damals war, als er herauskam. Gewisse Äußerlichkeiten geben ihm ein scheinbares Recht dazu, denn das Huhn kostete tatsächlich anno dazumal nur 20 Pfennig, für eine leere Blechbüchse bekam man — wie noch heute im Busch — ein halb Dutzend Eier eingetauscht, ganze Landstrecken konnte man gegen eine Flasche Schnaps von den Eingeborenen in Kauf oder Pacht nehmen. Natürlich pocht er auf die Länge seiner Erfahrungen, und in die Dauer seiner Tropendienstzeit rechnet er gewissenhaft den gesamten Urlaub in Deutschland mit hinein, und jedes angefangene Tropenjahr wird selbstverständlich als voll gezählt.

Jeder Afrikaner hat auch auf Grund seiner ausgiebigen Kenntnis von Land und Leuten ein unfehlbares System, die Kolonie zu reformieren, zu reorganisieren und einer blühenden Zukunft entgegenzuführen. Bei jeder passenden Gelegenheit weiß er sein Kulturprogramm in fließender Rede zu entwickeln. Dabei kommt es ihm nicht immer darauf an, Pläne, die gar nicht von ihm stammen, als eigene Prägung auszugeben. Häufig ist der alte Afrikaner nur wenige Stunden über den Küstenbezirk hinausgekommen. Dies hindert ihn natürlich nicht, über die Verhältnisse des Hinterlandes völlig unterrichtet zu sein.

Überhaupt zeichnet er sich durch große Vielseitigkeit seiner Talente aus. Daß er gerade sein Berufsfach allein am allerbesten versteht, daß er unersetzlich ist, und daß keiner seiner Stellvertreter oder Nachfolger es ihm gleichtun kann, ist selbstverständlich; und hat ihm in seiner Abwesenheit etwa einer durch eine Neuerung ins Handwerk gepfuscht, so ist es bei seiner Rückkehr das erste, daß diese rückgängig gemacht wird. Auch über jedes andere Thema, über das mitzusprechen ihm in der Heimat vielleicht ein leises Lächeln der Kenner eintragen würde, weiß er vollkommen Bescheid und ist höchst entrüstet, eine abweichende Meinung vertreten zu sehen. Er wird ohne weiteres einen geschlossenen Vortrag darüber halten, wie unfehlbar der Gummiexport sich in kurzem verzehnfachen läßt, wie die Nagana der Pferde und die Malaria des Menschen sicher auszurotten sind, usw. An letzterer leidet er übrigens niemals, denn dem echten, alten Afrikaner darf auch das Klima nichts anhaben, selbst wenn er alle Monate einige Tage auf der Nase liegt.

Kurz, er ist nicht nur vielseitig, sondern allseitig beschlagen und ist ganz erstaunt, daß sein genialer Gedankengang nicht schon längst von maßgebender Stelle angenommen wurde, so daß endlich die goldene Morgenröte des Schutzgebietes emporsteigt. Abweichende Ansichten vertreten zu sehen, ärgert ihn; Widerspruch ist dasjenige Mittel, mit dem er am allerfürchterlichsten gereizt werden kann, und besonders dann, wenn die Opposition von einem stammt, der vielleicht einige Monate nach ihm in die Kolonie kam. Das ist ein Kapitalverbrechen. Ganz selbstverständlich ist es, daß gerade dasjenige Ressort, dem er angehört, das wichtigste des ganzen Schutzgebietes ist, und daß mit seinem Gedeihen oder Nichtgedeihen die Kolonie steht oder fällt. Das Wort „ich" habe das und das getan, „ich" habe es bereits damals vorausgesagt, „ich" habe schon längst davor gewarnt, gehört in das stehende Programm des alten Afrikaners.

Zu seinen allgemeinen charakteristischen Merkmalen gehört ferner eine wohlausgebildete Eigenschaft: er muß auf alles, was die Regierung tut, schimpfen. Das gehört nicht nur zu seinem seelischen, sondern auch zu seinem körperlichen Wohlbefinden, das hat er so nötig, wie die Blume die Sonne oder die Pflanze den Morgentau. Und treffen sich zwei alte Afrikaner nach längerer Trennung in der Kolonie oder einer Berliner Weinstube wieder, so kann man sicher sein, der erste Abend wird beim Trunke mit zweierlei Dingen verbracht: sich ordentlich auszuschimpfen und sich gegenseitig tüchtig etwas vorzurenommieren. Es wird von den gegenseitigen Erlebnissen erzählt, von Verwaltungsschwierigkeiten der einzelnen Bezirke, von Leoparden-, Büffel- und Elefantenjagd. Wehe, wenn er bei Besetzung einer Stelle, auf die er vielleicht entfernt Anspruch zu haben glaubte, nicht berücksichtigt wurde. Dann bricht die Entrüstung los; eine geharnischte Beschwerde soll abgehen und tut es bisweilen auch, allerdings schon in mildere Form gekleidet: bellende Hunde beißen nicht. Er wird ausscheiden aus dem Kolonialdienst, und es wird ein unersetzlicher Verlust für das Land sein und — er bleibt schließlich doch und fühlt sich behaglich und wohl, denn er ist ja ein alter Afrikaner. Er ist in allen Ständen zu finden, unter Kaufleuten, Beamten, Missionaren; und wenn erst mehr Frauen ihren Männern in die Tropen folgen können, so bin ich sicher, daß auch unter ihnen die alte Afrikanerin rasch erscheinen wird.

Einige äußere Eigenschaften vervollkommnen das Bild. Da er nur für Afrika lebt, so dokumentiert er das unbeabsichtigt auch oft in seinem Äußern, in Kleidung, Lebensweise und im Gebrauch drastischer Worte, deren Inhalt oft noch nachhaltig durch die Lautheit der Stimme verstärkt wird.

So ungefähr ist „der alte Afrikaner", und manch einer ist dabei, der wirkliche Verdienste um die Kolonie hat. Und ich mag sie alle sehr gern leiden, denn sie sind im Grunde schrecklich harmlos, wenn man sie nur gewähren läßt und sie nicht reizt. Übrigens möchte ich nicht etwa behaupten, daß jeder Europäer in der Kolonie über kurz oder lang zu einem alten Afrikaner wird. Meist ist er sich dessen selbst gar nicht bewußt, denn nur allmählich bildet sich diese Mutation aus. Wer weiß, ob ich nicht später auch einmal dazu komme oder vielleicht gar schon angefangen habe, in diese Umwandlung unbemerkt einzutreten. Eine Eigenschaft schätze ich jedenfalls an ihnen besonders hoch: ihren unbegrenzten Patriotismus für ihr Adoptivvaterland sowie ihre daraus entspringende Arbeitsfreudigkeit für dasselbe. Trotz aller Kritik und äußerer Mißstimmung hat es ihnen ihre Kolonie angetan. Ihre psychische Akklimatisierung ist eine so vollkommene, daß sie immer wieder hinausziehen ins „Affenland". Schon nach kurzen Jahren finden sie sich in Deutschland nicht mehr zurecht und sind froh, wenn das Ende eines Urlaubes wieder naht und sie den Dampfer besteigen können, der sie dem alten Wirkungskreise wieder zuführt. Ich fand besonders bei den alten Südwestafrikanern, denen doch unter allen deutschen Kolonisten die härtesten Lebensbedingungen beschieden sind, diese Eigenschaften am stärksten ausgeprägt. Es war rührend anzuhören, mit welcher Anhänglichkeit und Begeisterung sie von ihrem reizlosen Dasein erzählten.

Im allgemeinen macht mir das alte Afrikanertum den Eindruck einer leichten psychischen Tropenkrankheit. Jedenfalls ist es die leichteste aller Tropenkrankheiten und hat nur selten Neigung, bösartige Formen anzunehmen. Ihr Kardinalsymptom könnte man vielleicht präzisieren als eine leichte Verschiebung der normalen Urteilsgrenzen, als ein Aufquellen des eigenen Ichs.

Gefährlicher und mir unsympathischer ist der Antipode des alten Afrikaners, der auch anzutreffen ist, und dem ich den Gattungsnamen des Salonafrikaners geben möchte. Er schadet infolge seiner parasitären Natur unseren Kolonien in vieler Hinsicht. Dazu gehören alle die, welche hinausgehen, um einmal draußen gewesen zu sein und später damit renommieren zu können, die einen raschen persönlichen Vorteil durch einen kurzen, afrikanischen Aufenthalt erzielen wollen, einen Schwerterorden, einen Titel oder dergleichen, die als Schaumschläger eine kurze Zeit in der Kolonie weilen, ohne sie in irgendeinem Punkte auch nur einen Schritt weiterzubringen.

Der Kolonialdienst

Im Oktober

Was befähigt einen Menschen zum Dienste in den Kolonien? Etwa ausschließlich der heimische Beruf? Muß nicht vielmehr jeder in allen Punkten seine Anschauungen modifizieren, wenn er in neue Verhältnisse kommt? Muß nicht jeder erst sich in das ungewohnte afrikanische Leben hineintasten? Wir haben nicht die Möglichkeit zu einer eingehenden Spezialvorbildung für den kolonialen Beruf in der Heimat. Solange uns diese Möglichkeit fehlt, wird sich von der Heimat aus nie mit Sicherheit entscheiden lassen, ob der fürs Ausland sich Meldende geeignet ist oder nicht*). Atteste, Qualifikationen usw. aus heimischem Betriebe sind für die Beurteilung dieser Frage ganz belanglos, denn gerade über das, worauf es in den Tropen ankommt, schweigen sie sich notgedrungen aus. Wir brauchen Leute, die sich neben ihrer beruflichen Tätigkeit einen freien, offenen Blick gewahrt haben, die sich nicht im Halbschlafe durchs Leben schieben lassen, sondern für große Ziele mit großer Ausdauer zu arbeiten entschlossen sind; Leute, die nicht ermüden, auch wenn ein Erfolg ihrer Arbeit sich nur langsam einstellt; Leute mit Charakter, aber auch mit Lebensmut; Leute, die noch nicht in spießbürgerlichen Anschauungen erstarrt sind, lieber mit einer kleinen Dosis Draufgängertum ausgestattet, als daß sie mit stumpfer Resignation ihre Zeit abdienen und vor jeder Schwierigkeit die Segel streichen. Staubige Perückenköpfe taugen am allerwenigsten in unsere Kolonien, wir brauchen Männer mit scharfem Blick fürs Praktische, ohne Schwerfälligkeit des Lebens und der Gedanken, wir brauchen ganze Menschen.

Als stellvertretender Bezirksamtmann

6. November

Seit der Abreise P.s bin ich wieder zum stellvertretenden Herrscher in Sebe bestimmt worden, so daß ich neben meinen ärztlichen auch noch die bezirksamtlichen Geschäfte bis auf weiteres zu verrichten habe. Leider werden es voraussichtlich auch diesmal nur

---

*) *Inzwischen sind in Deutschland zahlreiche Einrichtungen geschaffen worden, die eine eingehende Spezialvorbildung für den kolonialen Beruf vermitteln.*

einige Wochen sein, während deren ich mich dem Bezirke widmen kann, so daß sich's nicht lohnt, größeren Plänen näherzutreten und ich mich auf die Erledigung der laufenden Angelegenheiten beschränken muß. Aber auch sie bieten des Interessanten genug. Täglich morgens 9 Uhr wartet ein Segelboot aus Sebe am Lagunenufer auf mich, auf dem ich bei leidlichem Winde in 20 Minuten überfahren kann. Gegen 1 Uhr bringt es mich wieder nach Kleinpopo zurück. Ein Sekretär und ein Polizeimeister stehen mir als europäische Hilfskräfte zur Verfügung.

Am Mittwoch und Sonnabend findet sogenannter „Palavertag" statt, an dem die Eingeborenen ihre mannigfachen Anliegen dem Bezirksamt zur Entscheidung vorbringen. Leider muß ich mich bei den Verhandlungen immer noch eines Dolmetschers bedienen. Wenn ich auch die Ewesprache leidlich verstehe, genügen meine Kenntnisse zu einer selbständigen Unterhaltung noch nicht. Diese Dolmetscherwirtschaft ist ein häßliches, aber unvermeidliches Übel. Obendrein weiß man nie recht, ob die schwarze Kraft zuverlässig ist. Ich möchte fast annehmen, daß die Parteien vielfach erst beim Dolmetscher Einkehr halten und ihn durch Versprechungen oder Geschenke für sich zu bestimmen suchen.

Die Hauptstreitigkeiten, die sie zur Schlichtung anbringen, sind vornehmlich Weiber- und Diebstahlsangelegenheiten. Meist liegen die Verhältnisse übersichtlich, und der gesunde Menschenverstand wird auch ohne juristische Fachbildung genügen, sie richtig zu beurteilen. Oft besteht die Hauptkunst der Verhandlung in ihrer Abkürzung und darin, das prinzipielle Lügen des Schuldigen möglichst auszuschalten. Wie bei allen seinen Erzählungen, so neigt der Neger erst recht beim Lügen zu einer ausführlichen Breite. So frage ich zum Beispiel, wenn ein Schwarzer etwa Kokosnüsse gestohlen hat oder sonst bei einem Mundraub ertappt wurde, gar nicht erst, ob er sich schuldig bekennt oder nicht, sondern sofort: wievielmal oder wieviel Stücke hast du gestohlen? Meist folgt darauf das Eingeständnis. Fragt man anders, so erfolgt regelmäßig zunächst ein langgezogenes, mit Kopfschütteln begleitetes: „O" (Nein), gefolgt von einer wohlüberlegten, langen Ausrede.

Einige der zulässigen Strafen sind Zwangsarbeit, Kettenhaft

und Todesstrafe. Alle Urteile über sechs Monate Freiheitsentziehung unterliegen der Bestätigung durchs Gouvernement. Oft genug kommen auch Kapitalverbrechen vors bezirksamtliche Forum, die eine schwere Bestrafung erheischen und bei denen es einer eingehenden Untersuchung bedarf, ehe man ein klares Bild des objektiven Tatbestandes gewinnt.

Häufig muß man dabei auf die althergebrachten Rechtsbegriffe der Eingeborenen Rücksicht nehmen, eine Notwendigkeit, der ich am besten dadurch Rechnung zu tragen glaube, daß ich bei solchen Fällen die drei Könige Kleinpopos oder angesehene Häuptlinge der Umgegend an den Verhandlungen teilnehmen lasse und sie nach Klarstellung des Sachverhaltes um ihr Urteil befrage. Ganz schließe ich mich diesem zwar niemals an, schon um die überlegene Autorität des Weißen zu wahren; aber es dient mir doch als maßgebende Richtschnur. Es wäre sehr verdienstlich, wenn ein Beamter sich einmal der Mühe unterzöge, die ungeschriebenen Rechtsnormen der Eingeborenen zu sammeln oder eine solche Sammlung wenigstens anzufangen. Eine bisher unerfüllte Voraussetzung dafür würde es freilich sein, daß der Beamte mehrere Jahre hindurch in einem und demselben Bezirke tätig sein könnte, um eine engere Fühlung mit den Leuten zu gewinnen.

Auf der anderen Seite ist es indessen nicht immer zu vermeiden, daß man unhaltbaren Rechtsbegriffen der Eingeborenen entgegentritt. So ist es, um ein Beispiel anzuführen, sehr schwer, sie von der eingewurzelten Anschauung der Blutrache für Mord oder auch Totschlag loszutrennen. Einen dafür charakteristischen Fall erlebte ich unlängst. Ein Schwarzer betrifft bei seiner Heimkehr in seinem Hause einen Dorfgenossen in flagranti beim Ehebruche mit seiner Frau. Er will auf ihn eindringen. Der Bedrängte hebt zu seiner Verteidigung die Tür des Raumes aus, um sich zu schützen. Der betrogene Ehemann greift zum Messer, sticht an der Tür vorbei nach dem Delinquenten und trifft ihn so unglücklich in die Schlagader des Oberarmes, daß er verblutet. Ich sprach unter Annahme mildernder Umstände das Urteil auf 1½ Jahre Kettenhaft. Am nächsten Tage erschienen der Häuptling und eine Anzahl Männer aus dem Heimatdorfe des Verurteilten und baten, das Todesurteil gegen ihn auszusprechen, weil er nach seiner Entlassung ja doch von den Angehörigen des Ermordeten getötet werden müsse. Hierbei bedarf es natürlich der energischen Aufklärung darüber, daß mit Verbüßung der vom Europäer auferlegten Strafe das Verbrechen gesühnt ist und daß jeder, der darüber hinausgeht, sich selbst schuldig macht.

Nicht selten spielt auch der Fetischaberglaube eine Rolle, und man wird lebhaft an die Verzauberungsprozesse unseres Mittelalters dabei erinnert. Ein interessantes derartiges Vorkommnis, dessen Aufklärung zunächst einige Schwierigkeiten verursachte, kam ebenfalls zur Verhandlung. Ein Neger hat ein ihm gehöriges Grundstück mit einem Zaun umgeben, um ein Haus darauf zu bauen. Sein Nachbar macht ihm den Besitz streitig und, um ersteren von dem Betreten des Grundstückes abzuhalten, macht er „Fetisch". Er stellt in der Nähe des Zaunes einen alten Topf mit irgendwelchen Ingredienzien auf und befestigt daneben ein Bündel rot gefärbtes Stroh nebst einigen anderen Fetischemblemen. Der Besitzer geht über Nacht hin, entfernt diesen Fetisch und verbrennt ihn. Am nächsten Morgen bemerkt er an seinem Arme eine schmerzhafte Hauterkrankung, kommt zum Bezirksamt und verklagt seinen Partner, daß er ihn mit seinem Fetisch vergiftet habe.

Tatsächlich ergab die Besichtigung seiner Unterarme eine lebhafte Entzündung der Haut. Ich konnte mir zunächst nicht recht vorstellen, wie sie zustande gekommen sein mochte, da schlechterdings nicht anzunehmen war, daß wirklich die Berührung dieser Fetischzeichen eine so ausgedehnte Hauterkrankung hervorgerufen hatte, selbst dann nicht, wenn irgendein Giftstoff in ihnen enthalten gewesen wäre. Ich ließ mir nun von dem Kläger genau vorführen, wie er die Verbrennung vorgenommen habe. Dabei ergab sich, daß er, um das Verbrennen des gefürchteten Fetisch möglichst gründlich zu besorgen, ihn mehrmals mitten ins Feuer gedrückt hatte und dabei der Flamme sehr nahe gekommen war. Dadurch hatte er sich ein Brandekzem zugezogen, womit sehr gut die Tatsache übereinstimmte, daß die fragliche Veränderung der Haut sich nur in den Innenflächen der Unterarme befand. Die vermeintliche Giftwirkung des Fetisch entpuppte sich also als eine simple Verbrennung.

Unter allen „Palavern" der letzten Wochen stehen zwei obenan, von denen das eine vorläufig noch der Entscheidung harrt und die Gemüter der schwarzen haute volée in lebhafter Erregung hält. Es handelt sich dabei um folgenden Tatbestand. Die drei Häuptlinge Kleinpopos hatten vor der Besitzergreifung des Landes außer der Gerichtsbarkeit auch Zollgerechtsame gegenüber den hier ansässigen Firmen und gegenüber ihren Untertanen. Diese konnten unter deutscher Schutzherrschaft natürlich nicht aufrechterhalten werden. Um die damals immerhin einflußreichen Herren schadlos zu halten, hatte Gouverneur v. Puttkamer jedem eine Jahresrente ausgesetzt. Einer der damaligen Staatspensionäre war inzwischen gestorben, und jahrelang hatte King Aite als rechtmäßiger Nachfolger gegolten und als solcher im unbestrittenen Genusse der Rente gestanden. Jetzt rührte sich plötzlich eine Gegenpartei, geführt von einem Angehörigen der ebenfalls einflußreichen Familie d'Almeida, zweifelte die Berechtigung Aites zum Empfang der Rente an und stellte eins ihrer Familienmitglieder als rechtmäßigen Nachfolger hin.

Die Angelegenheit muß natürlich gründlich untersucht und erwogen werden; es bedarf dazu eines eingehenden Studiums der alten Akten und langer Vernehmungen vieler Zeugen. Ich habe bereits mehrere Vormittage dieser Aufgabe gewidmet, ohne bisher zu einer Entscheidung gekommen zu sein. Bei den Verhandlungen geht's immer recht lebhaft zu, namentlich im Zuschauerraum. Die Palaver werden öffentlich in der Eingangshalle zum Bezirksamt abgehalten, Zeugen und Zuschauer, die bei diesem Streitfalle besonders zahlreich erscheinen, sitzen auf der zuführenden Treppe oder auf dem davorliegenden Hofplatze. Auch die Weiblichkeit ist stark vertreten und nimmt oft lebhafteren Anteil an den Verhandlungen, als mir lieb ist. So ereignete sich's gestern, daß beim Schlusse der Tagung, als sich die Waage zugunsten Aites neigte, die Männer zwar in würdiger Ruhe auseinandergingen, die schwarzen Holden aus den beiden Lagern aber in ein heftiges Wortgefecht gerieten, das sehr bald in eine regelrechte kleine Schlacht ausartete. Alle Ermahnungen zur Ruhe und Aufforderungen auseinanderzugehen, fruchteten nichts. Endlich blieb mir nichts anderes übrig, als durch die Wache die

Streitenden gruppenweise nach der Lagune abschieben und in ihre Kanus befördern zu lassen.

Gleich lebhaft ging es bei einer Verhandlung über eine zweite Haupt- und Staatsaktion zu. Alljährlich steigt im Oktober die Lagune um mehrere Meter in ihrem Wasserstande. Dieses Ansteigen hat eine doppelte Unannehmlichkeit für die Eingeborenen im Gefolge. Zunächst kann es so hochgradig werden, daß die Gefahr eines Durchbruches durch die Negergrundstücke hindurch nach der See hin eintritt, und ferner ist bei hohem Wasserstande das Fischen mit Grundnetzen sehr erschwert, weil diese nicht mehr den Lagunengrund erreichen. Wenn nicht bald ein Fallen des Wasserspiegels eintritt, stechen deshalb die Eingeborenen bei solch abnorm hohem Wasserstande die Lagune an ihrer schmalsten, am Ostende des Ortes Kleinpopo gelegenen Stelle bis zur See durch und verschaffen ihr so Abfluß. Die Öffnung schließt sich dann durch Versandung im Laufe einiger Monate wieder.

Vor etwa zehn Tagen kamen nun einige Häuptlinge von Lagunendörfern an und erbaten die Erlaubnis, die Lagune durchstechen zu dürfen. Ich versprach ihnen, die Notwendigkeit dieses Durchstiches zu prüfen und ihnen nach einigen Tagen Bescheid zu geben. Aus Informationen in den Bezirksamtsakten und durch Erkundigungen bei alten Afrikanern ergab sich, daß bei den letzten beiden vollzogenen Durchstichen vor drei und fünf Jahren der Wasserstand beträchtlich höher gewesen war als in diesem Jahre. Ferner fing der Lagunenspiegel bereits wieder an zu fallen, und einige Nivellierungen, die ich von einem gerade hier anwesenden Geometer vornehmen ließ, brachten mich zu der Ansicht, daß die Lagune mit ihrem jetzigen Wasserstande kaum bei einem Durchstich nach der See abfließen würde oder daß ihr Überdruck wenigstens nicht genügend sei, um zu verhindern, daß der von der See her mit dem Wellenschlag angeschwemmte Sand die Öffnung bald wieder verschließen werde. Alles dies veranlaßte mich, den Häuptlingen ihre Bitte abzuschlagen.

Am Tage nach der Abweisung erschienen anstatt der sechs zunächst petitionierenden schon zwanzig Häuptlinge und Unterhäuptlinge, die aber trotz ihrer nachdrücklichen Forderung gleichfalls ablehnenden Bescheid erhielten. Am dritten Tage hatte sich die Zahl der Petenten auf über hundert erhöht, was mich trotz des Lärmens, mit dem sie ihr Anliegen erneuten, nicht zum Nachgeben bewegen konnte. Am vierten Tage waren es mehrere hundert, die bei meinem Erscheinen den Vorplatz von Sebe bevölkerten und von neuem mit erhöhtem Ungestüm ihre Bitte vortragen wollten. Da ich natürlich mit einer solchen Menschenmenge nicht verhandeln konnte, erklärte ich, nur die Häuptlinge selbst anhören zu wollen, allen übrigen gebot ich Schweigen. Die Häuptlinge setzten mir daraufhin mit großer Ausführlichkeit auseinander, wie sie Hunger leiden müßten, wenn ich ihrer Bitte nicht willfahre, und daß sie gezwungen wären, auf französisches Gebiet auszuwandern. Ich verwies sie auf den bereits sinkenden Wasserstand und gab ihnen zu bedenken, daß ihr Vorhaben, die Lagune zu durchstechen, wahrscheinlich mißlingen werde. Aber sie blieben fest. Obwohl ich nicht recht von der Gefahr einer Hungersnot überzeugt war, und mir auch ihre Drohung auszuwandern wenig imponierte, wollte ich die Sache doch nicht auf die Spitze treiben und erteilte ihnen die Erlaubnis, am Nachmittage ihr Vorhaben auszuführen, unter der Bedingung, daß sie selbst die nötigen Arbeitskräfte stellten.

Die Erlaubnis wurde mit begeistertem Dankgeheul entgegengenommen. In den Lagunenorten wurde nun schleunigst durch Ausrufen bekanntgegeben, daß am Nachmittage kein Kanu die Lagune befahren dürfe, denn bei einem Durchstiche ist die Strömung nach der See anfänglich so stark, daß jedes Boot Gefahr läuft, von ihr in die See hinausgerissen zu werden. Gegen 4 Uhr traten einige hundert freiwillige Arbeiter an, ausgerüstet mit ihren primitiven Kalabassen und leeren Tins, um die Arbeit zu beginnen. Sämtliche Europäer Kleinpopos hatten sich als Zuschauer eingefunden. Schon nach zwei Stunden hatten sie über die 40 m breite Landzunge einen gut 3 m tiefen und ebenso breiten Graben geschaufelt. Mit großer Begeisterung und dem unvermeidlichen Lärm gruben sie ihren Sand, aufgemuntert durch Zurufe der Häuptlinge, durch Singen und Schlagen von Glocken und Trommeln usw. Wohl drang das Wasser von der Lagune her in den Graben ein, aber sobald eine Brandungswelle von der See kam, brachte sie genügend Sand mit sich, um den

Ausgang wieder zu verstopfen; kurz, der Lagunenstand erwies sich als nicht hoch genug, um einen genügenden Überdruck gegen die See hin zu erzielen und den Abfluß offenzuhalten. Bis Mitternacht setzten sie ihre Bemühungen mit gleicher Unermüdlichkeit fort, vertieften den Graben, warteten auf die Ebbe, aber vergeblich. Endlich sahen sie die Aussichtslosigkeit ihrer Arbeit ein.

Für den kommenden Morgen bestellte ich sämtliche Häuptlinge nach Sebe. Sie kamen vollzählig an und gaben kleinlaut zu, der weiße Mann habe doch recht gehabt. Ich gab ihnen zu verstehen, daß sie eigentlich Strafe verdient hätten, die sie auch selbst wohl erwarteten. Die gute Gelegenheit, so viele Häuptlinge des Lagunendistriktes zusammen zu haben, nahm ich indessen wahr, um einem meiner Lieblingspläne das Wort zu reden. Anknüpfend an ihre Behauptung, daß sie hungern müßten, suchte ich ihnen klarzumachen, wie sie in Zukunft leicht der Gefahr einer Hungersnot vorbeugen könnten. Sie sollten von jetzt ab ein jeder in seinem Dorfe möglichst viel Mais anpflanzen und an Stelle der bisher damit bebauten Fläche das doppelte oder dreifache Areal damit bestellen. Ich wies sie darauf hin, daß jeder Überfluß, den sie selbst nicht brauchen könnten, ihnen sicher von den Faktoreien abgekauft werden würde. Weiter suchte ich ihnen begreiflich zu machen, wie sie auf diese Weise nicht nur selbst immer Nahrung haben würden, sondern überdies auch noch Geld verdienten, für das sie sich viele ihrer Wünsche befriedigen könnten.

Sie versprachen scheinbar mit großer Bereitwilligkeit, diesen Rat zu befolgen. Ob sie ihr Versprechen halten werden, bleibt freilich abzuwarten. Würde ich das Bezirksamt länger verwalten, so ließe ich vom Polizeimeister die jetzt von den einzelnen Ortschaften bebaute Maisfläche ungefähr vermessen und würde später kontrollieren, ob sie tatsächlich mindestens das doppelte Areal bestellen. Später könnte man sogar die zu bebauende Fläche entsprechend der Kopfzahl festlegen und hätte so in den Lagunengebieten eine sichere und bequeme Möglichkeit, den Maisbau als Volkskultur für weite Flächen einzubürgern. Ich bin überzeugt, daß ein Zwang sehr bald dabei überflüssig werden würde, da die Leute schon nach einigen Jahren einsehen würden, welche Vorteile sie davon haben.

Leider ist ja gerade für die äußere Verwaltung und Erschließung des Kleinpopogebietes bisher herzlich wenig geschehen. Der häufige Personalwechsel und die fehlenden Mittel tragen die Hauptschuld daran, um so mehr, als leider der Nachfolger zumeist seine erste Aufgabe darin erblickt, daß er seinen Vorgänger korrigiert, um nicht zu sagen, diskreditiert, die von ihm eingeleiteten Maßnahmen aufhebt und durch neue ersetzt, die seiner Ansicht nach besser sind. Nichts muß natürlich den Eingeborenen verwirrter machen, und nichts hemmt eine gleichmäßige Entwicklung mehr, als wenn alle Monate der Weiße, der als Autorität angesehen werden soll, etwas anderes predigt. Besser als Niederreißen bleibt immer das Weiterbauen.

Ich fühle, daß sich bei mir im Laufe der Zeit ein gewisser Lokalpatriotismus für Kleinpopo herausbildet, und mein sehnlichster Wunsch, der mir leider nie in Erfüllung gehen wird, wäre der, gerade diesen Bezirk einmal ein bis zwei Jahre verwalten zu können. Der Ort und der ganze Bezirk sind im Vergleich zu Lome und selbst den Hinterlandsstationen rückständig, sowohl in der Erschließung als in der Ausführung öffentlicher Arbeiten. Ich sehe wohl ein, daß es, wie die Verhältnisse nun einmal liegen, nicht anders möglich ist, als nur den einen Ort der Kolonie, Lome, vorläufig mit Nachdruck zur Entwicklung zu bringen; für andere größere Pläne reichen die Einnahmen des Schutzgebietes, das à tout prix pekuniär auf eigenen Füßen stehen soll, nicht aus. Aber selbst ohne größere geldliche Nachhilfe ließe sich viel mehr aus dem Bezirke machen, als bisher geschehen ist. Das beste Zeichen für seine günstigen natürlichen Entwicklungsbedingungen ist, daß er trotz der notgedrungen stiefmütterlichen Behandlung doch mehr Exportprodukte liefert als das andere Togo zusammengenommen.

Sorgen mit Schwerkranken

Kleinpopo, 15. November

Meine liebe Frau!

Wenn Du diese Zeilen erhältst, so stecke ich wahrscheinlich im Busch in Atakpame. Morgen in aller Frühe reise ich ab. Ich freue mich natürlich sehr darauf, nun endlich einmal auch einen Teil des entfernteren Hinterlandes kennenzulernen.

Die letzten Tage waren für mich recht arbeitsreich, teils durch bezirksamtliche, teils durch ärztliche Geschäfte. Vorgestern kam der Kanzler, Graf Z., aus Lome ins Krankenhaus zu Besuch, wo er bis heute nachmittag blieb. Er hatte hier als Vertreter des Gouverneurs verschiedene dienstliche Angelegenheiten zu erledigen, von denen die wichtigste wohl eine Besprechung mit den hiesigen Firmen über einen geplanten Zolltarif für Togo war. Gestern nachmittag wurde durch ihn in Gegenwart aller Europäer des Ortes die Enthüllung des Wickedenkmales vollzogen, dessen Aufbau nach so manchen Schwierigkeiten endlich vollendet war. Ein gemeinsames Essen hielt die Teilnehmer an der schlichten Feier noch einige Stunden im Krankenhause zusammen.

Leider hatte ich gerade während Z.s Anwesenheit nicht die nötige Ruhe, um alles das, was mir im Interesse des Bezirkes auf der Seele lag, vorzutragen. Die Sorge um einen schwerkranken Europäer nahm mich zu sehr in Anspruch. Es handelt sich um einen Kaufmann K., den Chef einer hiesigen Firma, verheiratet und Vater mehrerer Kinder, der erst seit wenigen Wochen in Togo weilt, und hier bereits einen Bruder, dessen Frau und einen Schwager auf dem Friedhofe liegen hat. Er erkrankte vor einigen Tagen ganz plötzlich nachts, nachdem er bei einem leichten Unwohlsein eigenmächtig eine Dosis Chinin genommen hatte, an schweren Blutungen aus Magen, Darm, Nase, Mund und selbst aus der Haut. Diese stürmischen Blutungen haben ihn natürlich hochgradig geschwächt. Dazu kommt eine tiefe Gemütsdepression, die im Hinblick auf die schweren Verluste, die seine Familie hier schon erlitten hat, nur zu begreiflich ist; unglücklicherweise sind seine Verwandten in demselben Zimmer und in demselben Bette gestorben, in dem er jetzt liegt. Ein Transport ins Krankenhaus war bei seinem Zustande leider unmöglich. Die beträchtlichen Blutungen ließen sich am zweiten Tage zwar zur Ruhe bringen, nur die Zahnfleischblutungen blieben mit großer Hartnäckigkeit, allen angewandten Mitteln zum Trotz, bestehen. Als sie am Morgen des dritten Tages immer noch anhielten, entschloß ich mich, die ganze Mundhöhle fest zu tamponieren.

Der Kranke mußte in diesem qualvollen Zustande ungefähr zwei Stunden verharren; er tat es mit großer Standhaftigkeit; dann wurden die Tampons entfernt, die Gelegenheit zur vorsichtigen Zuführung von Flüssigkeiten benutzt und die Tamponade erneuert. Nach fünfmaliger Wiederholung dieser Prozedur gelang es endlich, auch diese Blutungen zu stillen.

Nachdem es ihm vier bis fünf Tage leidlich gegangen war, ist vorgestern eine heftige Malaria bei ihm zum Ausbruch gekommen, die ihn in neue Gefahr versetzt. Sein sehnlichster Wunsch ist der, möglichst bald auf einen Dampfer gebracht zu werden. Obwohl eigentlich sein Zustand nicht derartig ist, daß er ungefährdet die Heimreise antreten kann, habe ich mich doch bewegen lassen, den Kapitän eines in der Nähe liegenden Dampfers telegraphisch zu bitten, ihn an Bord zu nehmen. Morgen in aller Frühe erwarten wir das Schiff. Vielleicht gewährt ihm der Antritt der Heimreise eine psychische Beruhigung, die ihrerseits wieder seinen Krankheitszustand günstig beeinflußt.

Auch ein schwarzer Patient machte mir gerade in den letzten Tagen viel zu schaffen. Es war wieder einmal eine von den schweren Schußverletzungen, die durch unvorsichtig gelegte Selbstschüsse der Eingeborenen hier nicht selten verursacht werden. Um Antilopen mühelos zu schießen, werden diese Selbstentlader da, wo die Tiere wechseln, gelegt, ohne jedes Warnungszeichen für etwaige Passanten. So kommt es vor, daß ein armer Teufel, der gerade in der Dunkelheit darüber hinwegläuft, die ganze grobe Ladung aus nächster Nähe bekommt. Dieser hatte nicht weniger als 18 Treffer in beiden Oberschenkeln und dem Unterleib sitzen.

Heute abend will ich noch allerlei für die Reise vorbereiten. Da ich mich entschlossen habe, die Strecke bis Atakpame, etwa 160 km, mit dem Rade zurückzulegen, muß ich die Träger meiner Lasten in Begleitung eines Polizeisoldaten schon heute ein Stück des Weges vorausschicken, bis nach Akumape, wo ich sie morgen vormittag einholen will. Am ersten Reisetage gedenke ich dann noch bis Tschegbo weiter zu radeln. Als Endziel des zweiten Tages habe ich mir Nuotschä gesteckt, am dritten Tage will ich in Atakpame eintreffen.

Moritz wird mich begleiten, außerdem noch Adubi, ein Kochjunge des Hospitals. Aus Atakpame schreibe ich Dir ausführlicher. . . .

Reise ins Hinterland

Atakpame, 5./6. Dezember

Meine liebe Frau!

Morgen nachmittag wird ein Bote von hier abgehen, um Post zur Küste zu bringen. Die Zeit bis dahin will ich verwerten, Dir von meinem Aufenthalte in Atakpame zu erzählen. Am 16. November in aller Frühe radelte ich von Sebe los. Anfangs waren die Wege des Kleinpopogebietes gut instandgehalten, je weiter ich von der Küste wegkam, um so mangelhafter wurden sie; aber ich konnte doch während des ganzen ersten Tages das Rad benutzen. Die Nacht verbrachte ich in Tschegbo, wo ich in einer dem Häuptling gehörigen Hütte mein Feldbett aufschlug. Am 2. Tage war nur noch eine kurze Strecke des Weges fürs Rad passierbar (bis Esse), dann mußte ich es tragen lassen und selbst weiter zu Fuße bis zur Grenze des Bezirkes auf einem schmalen Negerpfade wechselweise durch hohes Gras und dichtes Gebüsch laufen.

In dem Dorfe Game, das ich in glühender Mittagshitze erreichte, hielt ich bis zum Einbruch der Dunkelheit Rast. Von dort wird der Weg nach Atakpame wieder fahrbar, und ich wollte die an meiner Tagesleistung noch fehlenden 20 km bis Nuotschä gemächlich in den kühlen Abendstunden zurücklegen. Ich war aber kaum eine halbe Stunde unterwegs, als meine Radlaterne explodierte, so daß ich in tiefster Dunkelheit, das Rad führend, weiter pilgern mußte. Nach langweiligem zweistündigen Marsche in stockfinsterer Nacht verriet mir der charakteristische Geruch, der sich in der nächsten Umgebung von Negeransiedelungen auszubreiten pflegt, die Nähe eines Dorfes. Diesmal begrüßte ich ihn ausnahmsweise mit großer Freude!

Ich ging in die erste beste am Wege liegende Hütte und machte ihrem Bewohner, den ich gerade bei seiner beschaulichen Abendmahlzeit störte, klar, daß er mich zum Häuptling von Nuotschä bringen sollte. Mit einer kümmerlichen Öllampe ausgestattet, begleitete er mich, und schon nach wenigen Minuten stand ich in einem nach Art der Eingeborenen gebauten großen, geräumigen und zu meiner freudigen Überraschung von einem Europäer bewohnten Hause. Seit wenigen Tagen war Nuotschä als Nebenstation des Atakpamegebietes, an dessen südlichem Ende es liegt, mit einem weißen Unterbeamten Sch. besetzt worden. Da meine Träger mit meinem Feldbett ausblieben, so mußte ich die Nacht gestiefelt und gespornt in einem Langstuhle verbringen; ich schlief aber auch in ihm ganz gut.

Der dritte Tag führte mich durch den Atakpamebezirk, den jüngsten, erst vor fünf Jahren von Hauptmann v. D. gegründeten Bezirk Togos. Schon die Reise auf der überall gut instandgehaltenen Straße nach Atakpame ließ mich erkennen, daß hier fleißig gearbeitet wird. Die rechts und links gelegenen Ortschaften, die oft aus mehreren hundert Hütten bestehen, sind an ihrem Eingang mit Namensschildern ausgestattet; selbst Wegweiser und Kilometertafeln sind angebracht. Jedes größere Dorf enthält ein Rasthaus für durchreisende Europäer, dessen Instandhaltung dem Häuptling des Ortes obliegt; alles Bequemlichkeiten, an die im Küstenbezirke, der doch schon viel länger unter Kultur steht, noch kein Mensch gedacht hat. Auch die Eingeborenen machten auf mich einen entgegenkommenderen, freundlicheren und zutraulicheren Eindruck als die scheue Bevölkerung im nördlichen Teil des Kleinpopobezirkes.

Am 18. November nachmittags traf ich in Atakpame ein. Das Landschaftsbild der Küstenebene mit den dichten Palmenwäldern und wasserreichen Niederungen ging allmählich über in eine herrliche afrikanische Gebirgslandschaft. Das große Negerdorf Atakpame selbst, das mehrere tausend Hütten zählt, liegt ganz ausgestreckt in einem engen Tale. Auf halber Höhe des einen, den Ort überragenden Bergzuges ist die malerisch gelegene Stationsanlage errichtet. Ein schöner breiter Fahrweg führt zu ihr hinauf. Auf der gegenüberliegenden Anhöhe hat die katholische Mission ihr Domizil. An einen sanften Abhang gelehnt, bilden die Gebäude der Station ein nach dem Tale zu offenes, großes Viereck, dessen höchsten Punkt das Wohnhaus des Stationsleiters einnimmt. Neben ihm steht noch als Erinnerung an frühere primitive Zustände eine kleine Döckersche Baracke, die während des Aufbaues und der Einrichtung der Station ihrem Gründer, Hauptmann v. D., anfänglich als Unterkunft diente. Während meines Aufenthaltes hier habe ich sie als Quartier zugewiesen bekommen. Die eine der Längsseiten des Stationsvierecks wird eingenommen von dem Palaverhause, in dem gleichzeitig der Büroraum untergebracht ist, einem Assistentenhause, dem Wohnsitze der weißen Hilfskräfte, ferner einer Werkstatt für schwarze Handwerker sowie der Wache. Auf der gegenüberliegenden Seite sind das Gefängnis für Eingeborene, Stallungen, Wohnungen für die schwarzen Angestellten der Station und Wirtschaftsräume errichtet. Die zahlreichen Gebäude selbst sowie der große von ihnen eingeschlossene Stationshof befinden sich in einem musterhaften Zustande, und allein der Anblick der ganzen Anlage würde genügen, um dem Talente und der Arbeitskraft sowohl ihres Gründers v. D. wie des jetzigen Stationsleiters Sch., der seit mehr als zwei Jahren diese Stelle innehat, das glänzendste Zeugnis auszustellen. Einige Tage werde ich voraussichtlich hier oben weilen und dann zur Küste zurückkehren.

Kleinpopo, 12. Dezember

Vorgestern abend Rückkehr ins Krankenhaus. Während meiner Abwesenheit abermals ein neuer Herrscher in Sebe eingezogen, Assessor Hansen, der mit Frau inzwischen aus Deutschland eingetroffen war.

1904

Der Alkohol in den Tropen

Kleinpopo, 14. Januar

Sehr geehrter Herr Doktor!
Für ihre freundlichen Zeilen besten Dank. Sie kennen meinen Standpunkt in der Alkoholfrage und regen mich deshalb an, diese in ihrer Bedeutung für die Tropen für weitere Kreise zu erörtern, da die Literatur in diesem Punkte eine Lücke aufweise. Ganz unerörtert ist dieses Thema indessen auch für die Tropen nicht geblieben. Ich könnte Sie auf gelegentliche Äußerungen vieler Afrikaforscher verweisen, wie Livingston, Götzen, Stanley, Peters u. a. Ausführlicher hat ein deutscher Tropenarzt in holländischen Diensten, Major Dr. Fiebig, über den Einfluß des Alkohols auf den Europäer in den Tropen geschrieben. Ferner finden Sie das Thema „Alkohol und Akklimatisation in den Tropen" von Dr. H. Blocher behandelt, und in Volkmanns klinischen Vorträgen (1900 Nr. 297) „Die Akklimatisation der europäischen und insbesondere der germanischen Rasse in den Tropen und ihre hauptsächlichen Hindernisse". Indessen ist es wohl der Mühe wert, erneut diesen Feind aller kolonialen Entwicklung anzugreifen, zumal er längst noch nicht besiegt ist.

Ich will meine Aufgabe etwas verallgemeinern und schlechthin die Hauptpunkte der „Hygiene des Trinkens in den Tropen" überhaupt einer kurzen Erörterung unterziehen. Dabei will ich im ersten Teile das, was wir nicht trinken sollen, also die Alkoholfrage, besprechen, während ich in der zweiten, positiven Hälfte einige praktisch wichtige Fingerzeige für die Wahl der Getränke und die Art und Weise des Trinkens in den Tropen geben will. Die Arbeit wird Ihnen in einigen Wochen von Deutschland aus zugehen. Ich muß sie vorher, wie alle beabsichtigten Publikationen, auch wenn sie rein fachwissenschaftlicher Natur sind, der Zensur des Auswärtigen

Amtes unterwerfen. Indessen zweifle ich nicht, die Genehmigung zur Veröffentlichung zu erhalten.

Wenn wir vielleicht auch aus der schlimmsten Saufperiode unserer Kolonien bereits heraus sind — was Europäer anbelangt — so bleibt doch unendlich viel zu tun übrig, um der Erkenntnis von der Größe der Gefahr des Alkohols Bahn zu brechen. Wie mancher begabte Mensch, der nach den offiziellen Berichten ein „bedauerliches Opfer des heimtückischen Klimas" war, ist selbstverschuldet an den Folgen des Alkohols in den afrikanischen Sand gesunken, wie mancher hat die vorzeitige Aufgabe seiner kolonialen Tätigkeit oder frühe Invalidität ihm zu verdanken; wie manche Herzschwäche, Dysenterie, Nierenerkrankung, Tropenkoller, nervöse Reizbarkeit usw. sind nicht aufs Konto des Tropenklimas, sondern des Alkohols zu setzen! Für mich steht es außer jedem Zweifel, daß die Alkoholwirkung in den Tropen auf den Organismus noch eine weit schwerere ist als daheim. Es ist dies auch gar nicht wunderbar, da ja gerade die Kreislaufs-, die Verdauungsorgane und das Nervensystem in den Tropen unter erhöhten Anforderungen arbeiten müssen und gerade sie vom Alkohol besonders in Mitleidenschaft gezogen werden. Ich werde deshalb auch nicht versäumen, darauf hinzuweisen, warum der sogenannte „mäßige" Genuß gerade in den Tropen nicht zu billigen ist, sondern volle Enthaltsamkeit empfohlen werden muß.

Damit die Abhandlung überall gelesen wird, will ich sie möglichst kurz fassen. Ferner werde ich mich bemühen, eine größere Anzahl von Separatabdrücken in allen unseren Kolonien zur Verteilung gelangen zu lassen. Wenn es damit gelingt, auch nur wenige zum Nachdenken zu veranlassen, so ist der Gewinn schon sehr groß, und die kleine Mühe ist nicht umsonst gewesen. Sie wissen ja selbst zur Genüge, wie schwer es schon daheim ist, auf diesem Gebiete etwas zu erreichen. Doppelt schwer ist es in den Tropen, denn gerade hier sind die Verlockungen zum Alkoholgenusse in doppelter Zahl und Stärke vorhanden. Das an Tagesereignissen gewöhnlich arme Kolonialleben, das Gefühl der Verlassenheit auf einer entfernten Hinterlandsstation, der Mangel an Anregung oder Zerstreuung im Kreise Gleichgesinnter, mangelndes Familienleben, psychisch deprimierende Einflüsse und die ohnehin sich in den Tropen einstellende Neigung, bei fehlender Kontrolle soviel Fesseln wie möglich von sich zu werfen, alles das sind Lücken, die der Europäer nur allzugern durch Alkoholgenuß auszufüllen geneigt ist. In Wirklichkeit füllt er sie natürlich nicht aus, sondern täuscht sich nur über ihr Vorhandensein hinweg. Ist die kurze Alkoholwirkung verflogen, so sind sie erneut und noch schwerer fühlbar, und es wird weiter getrunken.

Sobald ich das Manuskript von Berlin zurückhabe, schicke ich es Ihnen zu. Entschuldigen Sie die unvermeidliche Verzögerung.

Mit bestem Gruße bin ich

Ihr ergebener

Dr. K.

Die Schlafkrankheit

20. Januar

Vor einigen Monaten war durch einen Bericht, den die Mission nach Berlin geschickt hatte, die Aufmerksamkeit der Regierung auf das Vorkommen der Schlafkrankheit unter den Negern der Landschaft Boëm im Bezirke von Misahöhe gelenkt worden. Dr. H. war von Lome aufgebrochen, um sich an Ort und Stelle über dieselbe zu informieren. Seit seiner Rückkehr zur Küste weilt augenblicklich Dr. Kr., der inzwischen aus Deutschland zurückkehrte, am Herd der Krankheit, um ebenfalls ihre Entwicklung zu studieren und ihre Bekämpfung in Angriff zu nehmen. Wie es scheint, ist es nur ein kleines Gebiet dieser gebirgigen Gegend, in dem die Seuche festen Fuß gefaßt hat. Wieviel Eingeborene ihr bereits zum Opfer gefallen sind, wird sich kaum ermitteln lassen, aber jetzt scheint sie durch Aussterben der davon befallenen Ortschaften schon im Erlöschen zu sein*).

Die Schlafkrankheit ist eine epidemisch auftretende, wohl in allen Fällen tödlich verlaufende Krankheit, über deren Ursachen

---

*) *Die Schlafkrankheit ist leider trotz der aufopferungsvollen Arbeit der Deutschen Schlafkrankheitskommission im Schutzgebiet nicht erloschen, sondern hat sich in den letzten 25 Jahren sehr ausgebreitet. Ihre Bekämpfung wird eine der wichtigsten hygienischen Aufgaben nach Wiedergewinnung des Schutzgebietes sein.*

man sich lange im unklaren war, bis vor nicht langer Zeit von Castellani in Uganda ihr Erreger in der Cerebrospinalflüssigkeit der Erkrankten entdeckt wurde. Dieser Parasit gehört zu den Trypanosomen und ähnelt in seiner äußeren Gestalt dem Erreger der Nagana der Rinder und Pferde, so daß man daraus wohl mit Recht auf eine analoge Übertragung der Schlafkrankheit schließen darf. In anderen Gebieten West- und Ostafrikas scheint ihre Ausbreitung weit stärker zu sein als hier, so daß dort der Bevölkerung große Gefahren drohen.

Die Krankheitserscheinungen sind im Beginn des Leidens wechselnd: hohes Fieber, Mattigkeit, heftige Kopfschmerzen usw., bis sich ein durch immer kürzer werdende Pausen unterbrochener, schlafartiger Zustand einstellt. Selbst zur Aufnahme der Nahrung müssen die völlig apathischen Kranken erst geweckt werden. Oft erst nach wochen-, selbst monatelangem Bestehen dieses Sopors gehen die hilflosen Patienten an Entkräftung zugrunde.

Rückkehr vom ersten Heimaturlaub

Kleinpopo, 2. August

Am 28. Juli kam ich mit dem Adolph Woermann glücklich wieder vor Lome an. Dasselbe Schiff brachte außer mir noch den Baumeister M. und den Landrentmeister G. nach Togo. Mehrere Europäer begrüßten uns schon an Bord, und Graf Z. schickte mir durch den Polizeimeister eine Einladung, im Gouvernement zu wohnen. Bis zum 29. abends war ich sein Gast und konnte mit ihm die mir in Berlin bereits angekündigte Impfreise ins Hinterland besprechen. Die Zeit bis Anfang Dezember, also vier Monate, stehen mir für diese Reise zur Verfügung. Dr. H. wird das Krankenhaus bis dahin weiter behalten und nach meiner Rückkehr zur Küste auf Urlaub gehen.

In Lome hat sich wenig verändert; das Äußere sauber, sonnig und freundlich wie immer. Leider wurde mir die Freude des Wiedersehens durch die Nachricht vom Tode des braven Assessors T. schmerzlich getrübt. Am 8. Juli war er im Nachtigal-Krankenhause gestorben. Nur ein Jahr war er in der Kolonie tätig gewesen und hatte bei all seinem guten Willen und Pflichteifer nur wenig Freude beruflich und außerberuflich erlebt. Seine aufreibende Arbeit scheint nicht ohne schädigenden Einfluß auf seine körperliche und geistige Widerstandskraft geblieben zu sein. Ein heimtückischer Typhus hat ihn schließlich dahingerafft.

H. war schon seit April als stellvertretender Kanzler nach Lome versetzt worden, hatte also kein halbes Jahr das Bezirksamt Kleinpopo verwaltet; an seiner Stelle ist ein Oberleutnant Sch. mit Frau in Sebe eingezogen, der bisher acht Jahre in Kamerun war.

Die Nacht vom 29. zum 30. benutzte ich zur Hängemattenreise von Lome nach Kleinpopo und traf gegen 5 Uhr morgens im Krankenhause ein. Alles lag noch im tiefen Schlafe. Ich zog mich möglichst geräuschlos in eines der leerstehenden Krankenzimmer zurück, bis beim Sonnenaufgang das Haus zum Leben erwachte. Farfara und Moritz waren die ersten, die mich mit verschlafenem, freudigem Grinsen begrüßten. Im Krankenhause fand ich mancherlei verändert. Äußerlich war es zwar dasselbe geblieben, nur unser kleiner, mit vieler Mühe zusammengebrachter und unterhaltener Tiergarten, der mir und vielen anderen so manche Freude bereitet hatte, war aufgelöst worden. Und von den Schwarzen sind gerade die besten alten Kräfte dem Hospitale untreu geworden. August ist nicht mehr im Dienste, und die beiden poliklinischen Lazarettgehilfen Dovi und Heinrich haben ebenfalls ihre Stellung verlassen. Heinrich ist Clark einer Firma geworden, und Dovi hat sich kurz nach meiner Abreise im Februar taufen lassen und hat daraufhin von der wesleyanischen Mission eine Anstellung als Lehrer erhalten. Schwester F. L. ist inzwischen auf Urlaub gegangen, eine Schwester Fr. M. ist an ihre Stelle getreten. Schwester G. K. hat aus gesundheitlichen Rücksichten ihren Tropendienst aufgeben müssen und wird ohne Ersatz bleiben, so daß fortan nur zwei Schwestern im Krankenhause Hilfe leisten.

Im Laufe der nächsten Tage muß ich meine Vorbereitungen zur Reise treffen. Ich will den Osten des Schutzgebietes, die beiden Bezirke Atakpame und Sokode, aufsuchen und will sehen, möglichst viel Schutzpockenimpfungen unter den dortigen Eingeborenen selbst vorzunehmen, um die Schutzimpfung bei ihnen einzubürgern. Da in diesen Gegenden genügend Rinderherden vorhanden sind, will ich die erforderliche Lymphe an Ort und Stelle selbst herstellen. Für den Anfang hat Dr. Kr. in Lome mir 2000 von ihm gewonnene Portionen Lymphe überlassen. Hoffentlich wird diese Impfreise der Beginn einer ersten allgemeinen Durchimpfung des Landes sein. Ich will versuchen, auch eingeborene Hilfskräfte in beiden Bezirken so weit zu bringen, daß sie sachgemäß impfen lernen und das unter ihren Landsleuten begonnene Werk fortsetzen können. Zu einer weiteren Aufgabe wird diese Reise voraussichtl ebenfalls günstige Gelegenheit bieten: zu Nachforschungen über die Ausbreitung der Lepra unter den Eingeborenen.

Damit habe ich den Hauptzweck meiner Reise genannt. Im einzelnen muß ich natürlich die Ausführung meines Programms den örtlichen Verhältnissen anpassen und werde mir dabei zuvor den Rat der Stationsleiter in Atakpame und Sokode einholen, die beide schon durch jahrelange Tätigkeit ihre Bezirke genau kennen. Lieber wäre mir, ich hätte die doppelte Zeit zur Verfügung, um auch den Westen des Landes durchziehen zu können. August, der augenblicklich beschäftigungslos ist, hat sich erboten, mich auf der Reise zu begleiten. Da er im Impfen und sonstigen ärztlichen Hilfeleistungen ganz gewandt ist, nehme ich ihn sehr gern mit. Außerdem wird Adubi als Küchenmeister mit mir gehen. Im Oktober werde ich voraussichtlich mit Dr. Sch. im Hinterlande zusammentreffen können, der dort umfangreiche Impfungen gegen Nagana vornehmen will.

Neuer Zolltarif

Kleinpopo, 5. August

Seit dem 1. August ist ein neuer Zolltarif für Togo in Kraft getreten, der eine wesentliche Steigerung der bisherigen Zolleinnahmen des Landes erwarten läßt. Entscheidend war für seine Einführung an erster Stelle das Bestreben, die Verzinsung und Amortisation des Kapitals zu ermöglichen, das die nunmehr bewilligte Bahn von Lome nach Kpalime erfordert. Ob alle Änderungen des Zolltarifs von den Europäern mit besonderer Freude begrüßt werden, möchte ich bezweifeln. Der allgemeine Wertzoll, der für alle Einfuhrartikel, die nicht einem spezifischen Zoll unterliegen, bisher 4 Prozent betrug, ist von jetzt ab auf 10 Prozent erhöht worden. Es unterliegen ihm also auch alle nicht dem Handel dienenden, sondern nur für den persönlichen Bedarf des Europäers eingeführten Waren und Lebensmittel.

Läßt zum Beispiel ein Europäer jährlich für den Betrag von 1000 Mark Nahrungsmittel aus Deutschland kommen, so hatte er bisher 40 Mark Zoll zu entrichten, von jetzt ab 100 Mark; also immerhin eine sehr empfindliche Steigerung. Ebenso werden die ohnehin schon hohen Preise der Faktoreien für Konserven, Getränke und andere Artikel dadurch noch beträchtlich steigen, so daß die allgemeine Lebensführung in der Kolonie erheblich verteuert werden wird. Wertvoller sind die übrigen Änderungen des Zolltarifes, die einen Mehrertrag der Einnahmen auf Kosten der Eingeborenen versprechen. Für Salz, das bisher in Togo völlig zollfrei war, ist eine Abgabe von 2 Mark für 100 kg eingeführt worden. Da es besonders im Hinterlande ein von den Schwarzen sehr begehrter Handelsartikel ist und in kleinen Mengen zu ganz enormen Preisen verkauft wird, kann es diese Besteuerung sehr gut vertragen. Der Zoll für Feuerwaffen ist pro Stück von 2 auf 3 Mark und von Pulver von 50 Pfennig auf 1 Mark fürs Kilogramm erhöht worden. Vielleicht wäre es für Togo sogar möglich gewesen, gerade auf Salz, Pulver und Gewehre nicht nur einen erhöhten Zoll zu legen, sondern genau wie für den Alkoholverkauf eine besondere Lizenz einzuführen. Der Handel mit ihnen ist so rentabel, daß er auch diese Belastung noch gut vertragen könnte. Zucker und Petroleum, die bisher ebenfalls zollfrei waren, sind von jetzt ab mit 5 Mark für 100 Kilogramm bzw. mit 5,5 Pfennig fürs Liter zu verzollen.

Zur allgemeinen Überraschung ist der Spirituosenzoll vorläufig vom neuen Zolltarif unberührt geblieben. Selbst die Firmen hatten eine wesentliche Erhöhung, mit der sie sich einverstanden erklärt hatten, erwartet, und in dieser Erwartung große Vorräte von Branntwein aufgestapelt. Ich glaube, daß diese Erhöhung doch sehr bald eintreten wird und nur durch Verhandlungen mit den Nachbarländern verzögert wurde. Es ist für Togo natürlich von großer Bedeutung, daß es bei einer Erhöhung des Zolls auf Spirituosen nicht über die Höhe der Zölle der englischen Gold-Küste und des französischen

Dahome hinausgeht, womit nur ein lebhafter Grenzschmuggel zugunsten der ausländischen Firmen erzielt werden würde*).

Von größerer Bedeutung für das Schutzgebiet wird auch eine andere Neuerung werden, die sich im Laufe der letzten Monate vollzogen hat: der sogenannte Kitta-Vertrag mit England ist von Deutschland gekündigt worden und seit Ende April dieses Jahres außer Kraft getreten. Mit diesem Namen bezeichnen wir in der Kolonie ein Zollabkommen mit England aus dem Jahre 1894, durch das der östlich vom Volta liegende Teil der englischen Gold-Küste, der direkt dem Hinterlande von Togo vorgelagert ist, mit Togo in Zollunion stand. Es hieß das nichts anderes, als daß die Firmen der englischen Hafenplätze dieses Gebietes: Kitta und Denu ihre Waren zollfrei vom englischen Gebiete direkt ins deutsche bringen durften. Dieses Kitta-Abkommen setzte seinerzeit der schon unbegreiflichen Regulierung der westlichen Grenze, die ich wohl früher bereits erwähnte, die Krone auf.

Meine Reise nach Atakpame

Voga, 12. August

Während ich diese Zeilen meinem Tagebuche einverleibe, sitze ich zur Mittagsrast in Voga unter einem großen schattigen Affenbrotbaume des Dorfplatzes, umringt von einer Schar neugieriger Kinder. Über mir zwitschern ungezählte Webervögel, deren Nester zu Hunderten an den Zweigen hängen.

Heute morgen bin ich aufgebrochen, omnia mea mecum. Bis nach Atakpame ist mein Weg derselbe, den ich vor dreiviertel Jahren in eiliger Fahrt mit dem Rade zurücklegte. Diesmal werde ich mir diese Reise etwas bequemer machen können. Die erste Einkehr hielt ich bei Lahwson in Wokutime, meinem „Freunde"; so nennt er sich wenigstens selbst, und zum äußeren Zeichen dafür hat er meine Visitenkarte, die er, wer weiß von wem, nur nicht von mir selber bekommen hat, nebst einer Reihe anderer am Spiegel seines „din-

---

*) *Im November 1904 trat auch die Erhöhung des Einfuhrzolles für Spirituosen in Kraft. Alle Alkoholika von 50% Gehalt sind pro Liter mit 64 Pf. belastet. Jedes Prozent mehr erhöht diesen Betrag um 1,3 Pf. Früher betrug der Satz 48 Pf.*

ner-room" befestigt. Er servierte mir ein stattliches Frühstück, die Quantitäten natürlich nach dem Negerappetit bemessen; denn als erster bescheidener Gang figurierte eine große kalte Hammelkeule. Als Getränk setzte er mir in aufmerksamer Erinnerung meiner Verachtung des Alkohols eine Flasche Cola-Champagner vor. Auf der Etikette stand, trotz des deutschen Ursprungs des Fabrikates: free from alcohol zu lesen.

In allen größeren Ortschaften, die ich von Sebe aus berührte, kamen die Häuptlinge zur Begrüßung. Teils war ich ihnen von früherem gelegentlichen Aufenthalte in ihrem Dorfe her bekannt, teils kannten sie mich als Arzt, teils auch aus meiner kurzen, bezirksamtlichen Vertretungszeit. Mit besonderer Vorliebe behandelte ich in den Gesprächen mit ihnen den Anbau von Mais, suchte ihnen möglichst die Vorteile, die sie davon haben würden, auseinanderzusetzen und knüpfte regelmäßig die Ermahnung daran, möglichst viel davon anzubauen. Ich lebe der festen Überzeugung, daß es für Togo außer den bereits jetzt in Blüte stehenden Ausfuhrprodukten der Ölpalme eine weitere Trias gibt, deren rentabler Export zu großem Umfang entwickelt werden kann: Baumwolle, Erdnuß und Mais. Von diesen dreien bedarf die Hebung des Maisanbaues sicher der geringsten Nachhilfe des Europäers, und gerade für den Lagunenbezirk kommt er an erster Stelle in Betracht. Lahwson behauptete, daß schon während der jetzigen Farmzeit bedeutend größere Flächen von den Lagunenbewohnern angebaut worden seien als früher, und daß in der folgenden eine weitere Zunahme zu erwarten sei, wenn die Leute nur erst sähen, daß ihnen der Mais wirklich abgekauft werde. Hoffentlich beurteilt er seine Landsleute richtig.

Game, 13. August

Zu meinem größten Ärger höre ich eben von dem hier stationierten schwarzen Polizisten, daß Oberleutnant Pr. heute hier durchgereist sei und erst vor wenigen Stunden in der Richtung nach Lome abmarschierte. Ich hätte gern den Abend mit einer weißen Seele verlebt. Game liegt in der nordöstlichen Ecke des Lomebezirkes, dessen Bezirksamtmann Pr. ist. In der Nähe von Game treffen die drei Bezirke: Lome, Kleinpopo und Atakpame zusammen. Pr. hat ein sehr schönes Rasthaus errichtet, in dem ich eben sitze und schreibe, bis mein Abendbrot fertig ist.

Gestern gegen acht Uhr abends erreichte ich das Dorf Tschegbo. Leider mußte ich einen Teil des Gepäckes bei Einbruch der Dunkelheit in Akumape zurücklassen, da auf der letzten Strecke zwei Flüsse zu passieren waren und die Träger sich weigerten, schwere Stücke in der Dunkelheit hindurchzutragen. Ich gab ihnen die Weisung, beim Morgengrauen nachzukommen. Da die große Regenzeit für die Küste eben zu Ende gegangen ist, führen die Flüsse jetzt alle reichlich Wasser. Mehr als der Flußlauf selbst macht das Durchwaten des Sumpfes Schwierigkeiten, der sich in Ausdehnung von einigen hundert Metern an beiden Seiten dem Flußbett in der Regenzeit anschließt.

Im ganzen hat solch ein nächtlicher Flußübergang etwas von afrikanischer Poesie an sich. Die schwarzen Gestalten bis zu den Hüften im Wasser, ihre Köpfe mit Lasten beschwert, vorweg einer von ihnen mit einer Laterne auf dem Kopfe, vorsichtig von Schritt zu Schritt die Tiefe prüfend, am Ufer die riesigen gespenstischen Waldbäume, von denen die Stimmen der schreienden Neger in die Nacht hineinhallen, die sich ohne Unterbrechung einander zurufen, welche Stelle der Hintermann zu wählen hat; dazu Legionen zirpender Grillen. Leider war mir herzlich wenig poetisch dabei zumute, denn ich mußte mich, links und rechts einen Arm in ängstlicher Zärtlichkeit um den Nacken je eines Schwarzen geschlungen, durchschleppen lassen. Abgesehen von der ständigen Gefahr, dabei ins Wasser oder in den Sumpf gesetzt zu werden, benutzten mich unzählige Moskitos als willkommene Beute. Ich hatte zwar krampfhaft eine kurze Pfeife zwischen die Zähne geklemmt und dampfte verzweiflungsvoll drauflos, aber diese blutdürstigen Bestien kehrten sich nicht daran, und da ich meine Hände zum Festhalten nötig hatte, war ich ihnen wehrlos preisgegeben.

Beim Häuptling von Tschegbo, einem alten Bekannten, bezog ich Nachtquartier. Heute vormittag bin ich bis Esse gewandert, wohin der Weg streckenweise durch herrliche Palmenhaine führt. Hinter Esse hört, genau wie es vor dreiviertel Jahren auch war, ein wirklicher Weg auf, und man muß sich auf einem krummen Negerpfade durch hohes Gras und Gebüsch mühsam hindurchquälen. Dazu kam am Nachmittage zwischen Esse und Game der Übergang über den Haho, einen zur Regenzeit ganz ansehnlichen Fluß. Das Überschreiten bestand freilich in einem dauernden Voltigieren und Klettern über umgerissene oder angeschwemmte Baumstämme, die eine fehlende Brücke ersetzen mußten.

Ein kleines Mißgeschick verdarb mir leider die gute Laune für den Rest des heutigen Marsches. Ich war eben trocken über den Haho gekommen und wollte, müde von meinen turnerischen Leistungen, auf dem bis Game noch fehlenden Stück des Weges mich in der Hängematte tragen lassen. Ich hatte mich eben zurechtgelegt, die Landkarte unter den Rücken geschoben, um sie zur Orientierung nötigenfalls zur Hand zu haben, und war gerade in einen molligen Halbschlaf versunken, als ich jäh aus meinen Träumen emporschreckte. Die schwarzen Kerle, die mich trugen, waren mit mir hart über den Stumpf eines abgeschlagenen Baumstammes gefahren, der unerbittlich das Herz meiner Hängematte zerfleischte. Zum Glück war die auf Leinwand gezogene Landkarte unter meinem Rücken etwas tiefer gerutscht, so daß durch sie weiteren Zerstörungen vorgebeugt wurde, was ich im Interesse meiner Khakihosen mit Genugtuung konstatierte.

Eine kleine Bestrafung folgte für die Schuldigen auf dem Fuße. Notgedrungen mußte ich zu Fuß weitermarschieren. Im nächsten Dorfe kramte ich aus einem meiner Blechkoffer mein Nähzeug hervor und flickte mühsam nach allen Regeln der Chirurgie die schwere, klaffende Wunde meiner Hängematte. Eine halbe Stunde lang hielt das Meisterwerk, dann gab es wieder ein ominöses Geräusch, und ich zog es vor, den Rest der Strecke bis nach Game auf den Beinen zu bleiben. Morgen früh will ich meine Kunst noch einmal versuchen, und zwar wegen der Größe des Defektes mit Zuhilfenahme der Transplantation; ,,untersetzen" heißt wohl der eigentliche terminus technicus der Nähkunst?

Einen kleinen Trost hatte ich wenigstens bei diesem körperlichen und seelischen Schmerze. Während ich die Hängematte flickte, hörte August in dichter Nähe ein Buschhuhn schreien und bat mich um die Erlaubnis, es mit meinem Gewehr schießen zu dürfen. Nach zehn

Minuten brachte er es an. Die Aussicht auf das gebratene Huhn half mir einigermaßen über meinen Kummer hinweg. Adubi ist eben dabei, es zuzubereiten, und ein einladender Duft zieht vom Hofe bereits ins Rasthaus zu mir herein.

Nuotschä, 14. August

Heute vormittag in leichtem Marsche Nuotschä erreicht, den ersten größeren Platz im Atakpamebezirke, seit dreiviertel Jahren Sitz einer von einem Europäer verwalteten Nebenstation. Leider ist letzterer gerade abwesend, um den Wegebau in der Umgegend zu inspizieren. Statt seiner kam mir auf dem Hofe der Stationsanlage ein sauber weißgekleideter Neger, mit gelben Lederstiefeln und blitzenden Goldplomben in den Vorderzähnen entgegen. „My name is Mr. (!) Robinson", stellte er sich unter leichtem Lüften seines Tropenhelmes vor und lud mich ein, sein Gast zu sein, was ich indessen mit dem Hinweise auf meine eigene, genügende Verproviantierung dankend ablehnte. Im Laufe des Gesprächs entpuppte er sich als der amerikanische Baumwollexperte Robinson, der durch Vermittlung des Kolonialwirtschaftlichen Komitees nach Togo gekommen ist.

In einem leeren Raume der Wohnung des abwesenden S. habe ich mich häuslich eingerichtet, da ich bis übermorgen hierbleiben will. Gleich nach meiner Ankunft kam der Häuptling zu mir, der mich auch von meiner Durchreise im vorigen Jahr wiedererkannte. Er behauptete, den Zweck meines Kommens bereits zu kennen und erklärte mir, daß seine Leute gern bereit seien, sich impfen zu lassen; es seien gerade in den letzten Monaten wieder neue Pockenfälle in der Umgegend vorgekommen. Heute will er eine Bekanntmachung im Dorfe erlassen, und morgen früh werden die Impflinge antreten. Auch über die Lepra verhandelte ich mit ihm. Die Krankheit ist den Eingeborenen gut bekannt, und in der hiesigen Gegend nehmen sie in fortgeschrittenen Stadien sogar eine Art Isolierung der Aussätzigen vor. Sie müssen ihre Wohnungen abseits der anderen aufschlagen. Bei Märkten und anderen Zusammenkünften freilich mischen sie sich ungehindert unter die Gesunden. Da gerade die schwer Aussätzigen wahrscheinlich nicht zum Impfen kommen werden, so bat ich den Häuptling, sie mir zuzuschicken. Weil ich einen größeren Vorrat an Verbandmitteln und Medikamenten mit mir genommen habe, so erklärte ich ihm, daß auch alle anderen Kranken und Verletzten während meiner Anwesenheit zu mir kommen dürften; soweit ich könne, würde ich ihnen gern Arznei geben oder sie verbinden.

In den Nachmittagsstunden machte ich mit Robinson einen Rundgang durch die Umgegend, auf dem er mich über seine Arbeiten unterrichtete. Unter seiner Leitung steht hier in Nuotschä eine Baumwollschule für junge Eingeborene aus den verschiedenen Teilen des Landes. Zwischen 40 und 50 Schüler werden in allen Zweigen der Kultur, der Aberntung der Baumwolle sowie im Betriebe der Ginmaschinen und Pressen, die in Nuotschä aufgestellt sind, unterwiesen, damit sie ihre Kenntnisse später den Bewohnern ihrer Heimatdörfer vermitteln können. Auch einige frühere Regierungsschüler aus Sebe sind unter ihnen. Sie kamen gleich nach meinem Eintreffen zur Begrüßung an, hatten allerhand Wünsche auf dem Herzen, aus denen mir hervorzugehen scheint, daß ihnen die ungewohnte anstrengende Arbeit, zu der sie angehalten werden, nicht recht behagt, und daß sie sich wieder in ihre Heimat zurücksehnen. Die Lehrzeit beträgt zwei Jahre. Ihre praktische Unterweisung erfolgt auf den Baumwollpflanzungen, die Robinson in der Umgegend angelegt hat. Sie umfassen in diesem Jahre ungefähr 70 Hektar, von denen er mindestens 50 000 Pf. unentkernte Baumwolle zu ernten hofft. Soviel ich mit meinen Laienaugen urteilen kann, stehen seine Baumwollfelder sehr gut. Auf der Rückreise im Dezember werde ich hoffentlich Gelegenheit haben, sie in der Ernte zu sehen.

Leider sind seine Pflanzungen nicht von Schädlingen verschont geblieben, die sich auch in anderen Gegenden Togos gezeigt haben. Vielleicht sind sie mit amerikanischer Saat ins Land gekommen, vielleicht sind es aber auch einheimische Schädlinge, für welche die neuen Saaten nur besonders empfänglich sind. In den nächsten Wochen soll ein Pflanzenpathologe aus Deutschland im Schutzgebiete eintreffen, um speziell die Frage der Bekämpfung dieser Schädlinge zu studieren. Robinson sieht keine allzu große Gefahr in diesen Schädlingen, deren Auftreten, wie er meint, meist nur ein periodisches ist; die Baumwolle „gewöhne sich" an sie. In Amerika soll ihre Beseitigung zum Teil dadurch gelingen, daß man zwischen die Baumwolle Pflanzen aussät, die der Schädling erfahrungsgemäß lieber aufsucht als die Baumwolle (z. B. Mais), und daß man diese Zwischensaat dann, wenn sie von den Schädlingen befallen ist, ausreißt und verbrennt. Daß sich die Baumwolle an die Schädlinge gewöhnt, glaube ich freilich nicht. Die Tatsache, daß diese in neu bebauten Gebieten anfangs auftretenden Schädlinge oft von selbst wieder verschwinden, hängt wohl anders zusammen. Das mäßige Auftreten eines solchen Schädlings — greifen wir eine Blattmilbe als Beispiel heraus — gibt einem Gegenschädling, etwa einem insektenfressenden Käfer, besonders günstige Lebensbedingungen, so daß er sich besonders stark vermehrt und schließlich die Oberhand über den Schädling bekommt. Diesen Vorgang habe ich oft genug an den Gemüsebeeten unseres Krankenhausgartens beobachtet.

Nuotschä, 15. August

Nach des Tages Last und Hitze sitze ich auf dem Stationshofe von Nuotschä und rauche meine Friedenspfeife. Eben wird es finster, und August setzt mir die Laterne auf den Feldtisch. Um die Krone eines der riesigen Bäume der Nachbarschaft fliegen ungezählte große Fledermäuse, fliegende Hunde. Ihr Flügelschlag bringt ein eigenartig schwirrendes Geräusch hervor, halb wie das Rascheln trockenen Laubes, halb wie das Rauschen frischer Blätter im Winde. Auf mehreren anderen Baumriesen haben sich Aasgeier zur Nachtruhe niedergelassen. Im feuchten Grase ringsum leuchten Tausende von Glühwürmchen auf und nieder. Nur ab und zu stört der laute Klageton einer Eule die sonst tiefe afrikanische Ruhe.

Mit dem Ergebnis des heutigen Tages kann ich zufrieden sein. Schon vom frühen Morgen ab kamen die Impflinge zur Station, und im Laufe des Tages habe ich mit Augusts Hilfe über 500 Schwarze geimpft. Jeder Geimpfte bekommt auch einen einfachen Impfschein, auf dem nur aufgedruckt ist: Geimpft, Regierungsarzt, 1904. Ich halte eine Austeilung von Impfscheinen aus verschiedenen Gründen für zweckmäßig. Erstens legt der Neger einen großen Wert auf jeden schriftlichen oder gedruckten Ausweis des Europäers. Er verlangt deshalb bei jeder Gelegenheit einen „Oma", womit er Brief, Rezept, Quittung, Attest, Zustellung, Strafbefehl, Impfschein, Zeitung, kurz alles versteht, was er geschrieben oder gedruckt vom Weißen in die Hände bekommt. Einen „Oma" hebt er auf wie ein Heiligtum, wobei er oft gar nicht weiß, was er enthält. So wollte kürzlich ein Schwarzer bei mir als „boy" in Dienst treten und zeigte mir stolz einen Oma seines früheren Herrn vor, auf dem zu lesen war, daß er sich durch besondere Faulheit ausgezeichnet habe und vor ihm nur gewarnt werden könne. Ferner bieten aber diese Impfscheine auch die Möglichkeit einer Kontrolle bei späteren Nachimpfungen, und endlich kann ich durch ihre Verteilung bequem und sicher feststellen, wieviel Impfungen ich vorgenommen habe.

Einige hochgradig Aussätzige, bei denen die Krankheit bereits den Verlust mehrerer Zehen und Finger herbeigeführt hatte, kamen im Laufe des Tages zu mir; auch viele andere Patienten suchten mich auf.

Gegen 4 Uhr hatte ich genug, nahm meine Flinte, um in Begleitung von August die Felder der Nachbarschaft der Station nach einem Huhn zu durchstreifen. Wir waren kaum zehn Minuten durch ein Maisfeld gegangen, als August mir triumphierend allerhand Spuren zeigte. Leider bin ich selbst in deren Beurteilung noch sehr unsicher. Aber August behaupte mit großer Bestimmtheit, es seien die von Hyänen, Katzen und Antilopen. Als ich ihm eben auseinandersetzte, daß er über Nacht Fallen, von denen ich zwei mit mir führe, aufstellen solle, setzte kaum 30 Schritt entfernt quer durch das Maisfeld eine Schirrantilope. Ich schoß, obwohl ich nur Hühnerschrot im Lauf hatte. August versicherte, sie sei gut getroffen und demonstrierte mir durch Taumeln und Einknicken seiner langen Beine die Wirkung des Schusses auf die Antilope. Jedenfalls war sie zunächst für uns im benachbarten, dichten und mannshohen Grase verschwunden. Obwohl ich wenig Hoffnung auf Erfolg hatte, ließ ich mich durch die wiederholte Erklärung meiner schwarzen Autorität: „Esê (Antilope) wird bald sterben, ich werde sie bald finden", zum Suchen bestimmen. Nachdem ich ihm eine gute halbe Stunde vergeblich durch dick und dünn gefolgt war, wobei er immer behauptete, ihr auf der Spur zu sein, wollte ich mißmutig den Rückzug antreten. Aber August widerriet sehr energisch: „égbòna víde", es kommt gleich. Zwei Minuten später stieß er ein Freudengeheul aus: Oh hohoho; er hatte das verendete Tier gefunden. Stolz lud er es auf den Rücken. Augenblicklich zieht er ihm im Verein mit Adubi das Fell ab.

Morgen will ich die um Nuotschä herumliegenden Dörfer zu Impfungen und nach Leprösen absuchen und übermorgen nach Atakpame weiterreisen.

Atakpame, 18. August

Gestern früh brach ich von Nuotschä auf und pilgerte bis Gley. Überall auf dieser 40 km langen Strecke waren die Spuren rastloser und planmäßiger Arbeit zu sehen. Seit Dezember vorigen Jahres waren allein zwischen diesen beiden Orten 22 kleinere und größere Brücken über die den Weg kreuzenden Wasserläufe geschlagen worden. Die Größe dieser Arbeitsleistung kann man nur würdigen, wenn man bedenkt, unter welchen erschwerten Verhältnissen sie geleistet werden müssen: ungeschulte Neger müssen die Bäume fällen, behauen, zersägen, die Brückendämme aufschütten, Ziegelsteine brennen, das Mauerwerk aufführen usw.

Auf halbem Wege begegnete ich vormittags einem Deutschamerikaner Buvinghausen*), dem „Baumwollinspektor" der Kolonie, der sämtliche Versuchspflanzungen und sonstige mit der Einbürgerung der Baumwolle in Verbindung stehenden Unternehmungen des Kolonialwirtschaftlichen Komitees im Schutzgebiet zu beaufsichtigen hat. Einige Stunden später traf ich den in Nuotschä stationierten Beamten Sch., der die Arbeiten der Schwarzen am Wegebau leitet. Wir hielten gemeinsame Mittagsrast.

Als ich im Rasthause von Gley eintraf, fand ich zu meiner großen Freude Hauptmann v. D., den jetzigen Stationsleiter von Atakpame und Leutnant R. dort vor, der ersteren während eines Heimaturlaubes, den er in einigen Wochen antreten will, vertreten wird. Sie waren auf dem Marsche nach Nuotschä, woher ich gerade komme; dort

---

*) *Er starb an Schwarzwasserfieber im Mai 1905 auf dem Marsche zur Küste, wo er einen Urlaub antreten wollte, kurz vor Lome. Auch sein Nachfolger ist dem Klima bald erlegen.*

wollen sie morgen mit Graf Z., dem stellvertretenden Gouverneur, der sie zu einer Besprechung über verschiedene Angelegenheiten des Bezirkes dorthin beordert hat, zusammentreffen.

Auf dem sauberen, geräumigen Hofe des Rasthauses richteten wir unser gemeinsames Abendbrot und saßen noch bis tief in die Nacht hinein, um alle die großen und kleineren Ereignisse des Togoländchens ausführlich zu besprechen. Für sie brachte ich ja eine Menge neuer Nachrichten aus Deutschland mit.

Heute morgen zogen sie südwärts, ich nach Norden den blauen Bergen Atakpames entgegen. Um die Mittagszeit traf ich auf der Station ein.

Durchimpfung des Atakpamebezirks
Atakpame, 19. August

Am Vormittage bekam ich den Besuch des Häuptlings von Atakpame und der Frauenkönigin Maria. Letztere ist nicht etwa die Frau des Häuptlings, sondern eine selbständige Herrscherin, die ich schon im vorigen Jahre vorübergehend hier gesehen habe. Sie soll einen großen Einfluß unter ihren Getreuen besitzen. Im feierlichen Festgewande, umgeben von ihren schwarzen Hofdamen, erschien sie auf der Station, um mich zu begrüßen. Ihr königliches Haupt, das sie kokett zur Seite geneigt trägt, läßt sie bei solchen feierlichen Gelegenheiten dauernd von einem riesigen Sonnenschirme beschatten, den einer ihrer schwarzen Pagen tragen muß.

Am Nachmittage unternahm ich eine kleine Kletterpartie in die benachbarten Berge, auf denen versteckt einzelne Negerdörfer liegen. In einem von ihnen, Tschapalu, sollten nach Erzählung der Eingeborenen gerade jetzt die Pocken herrschen. Mit Bergtouren ist es in Afrika eine eigene Sache. Die schönen Wege hören natürlich bald auf, mühsam muß man einen schmalen Pfad aufwärtssteigen, zu beiden Seiten überhängendes Gebüsch oder hohes Gras, das einem keine drei Schritt weit Ausblick gewährt. Meint es dann die Tropensonne noch besonders gut mit dem Bergsteiger, so schwindet bald das Verständnis für alle Reize des Bergsportes. Glücklicherweise hatte ich das Dorf Tschapalu bald erreicht. Es fanden sich auch wirklich vier frische Pockenfälle vor.

Die Eingeborenen, denen ihre Ansteckungsgefahr wohl bekannt ist, hatten sie aus eigenem Antriebe bereits isoliert. Ungefähr zwei Kilometer vom Orte entfernt war in einer engen Schlucht aus einigen Baumstämmen mit übergedecktem Schilfdach eine Isolierbaracke errichtet, in der die vier Unglücklichen, drei Erwachsene und ein Kind, lagen. Ein alter Neger, der selbst schon die Pocken überstanden hatte, hockte vor dem Eingange, um den kranken Insassen Essen, Trinken und sonstige Bedürfnisse zu besorgen. Zwei glimmende Feuer, die den vor Fieberfrost Frierenden Wärme spenden sollten, erfüllten den niedrigen Raum mit dickem Rauch, der mir beim Versuche hineinzukriechen die Kehle zuschnürte. Den Patienten schienen die Wärme und der Qualm ganz behaglich zu sein.

Ich ließ zwei von ihnen, die sich im Beginn der Erkrankung befanden und deren ganzer Körper dicht mit frischen Pockenblasen bedeckt war, herauskriechen. Ihre Haut war überall mit einer gelblichen Palmölschmiere, die irgendeine Eingeborenenmedizin enthalten mochte, bestrichen, wohl um die entzündliche Spannung zu lindern. Ich stach die größten der Bläschen vorsichtig an und saugte ihren Inhalt in Glaskapillaren auf, um morgen mit diesem Material ein Kalb zu impfen. Gelingt diese Aufimpfung aufs Kalb, so habe ich damit eine starke Stammlymphe gewonnen. Von dieser ausgehend will ich als weiteres Material zur Aufimpfung der Kälber immer den Inhalt menschlicher Impfbläschen verwenden, da sich bei den Versuchen an der Küste gezeigt hat, daß diese humanisierte Lymphe bei der Übertragung aufs Kalb die besten Resultate gibt. Bis ich sie gezüchtet habe, will ich den Rest der von Dr. Kr. in Lome erhaltenen Lymphe weiter verimpfen. Einige andere Ortschaften, die ich noch absuchte, waren pockenfrei. Damit aber diese bisher verschont gebliebenen Dörfer gegen die nahe, ihnen drohende Gefahr gesichert werden, will ich sie als erste morgen durchimpfen.

Atakpame, 27. August

Hauptmann v. D. und Leutnant R. sind inzwischen zur Station zurückgekehrt. Mit Hilfe v. D.s habe ich für die weitere Durchimpfung des Bezirkes ein bestimmtes Programm festgelegt, in dessen Ausführung ich bereits stehe, und nach dem ich bis Anfang

Oktober im Atakpamelande arbeiten will. Ich werde die Lymphe hier auf der Station herstellen, da bequeme Stallungen für Kälber vorhanden sind. Die nötigen Tiere überlassen mir gegen eine geringe Entschädigung die Häuptlinge der Umgegend, die alle über kleinere oder größere Rinderherden verfügen. Stets mit frischer Lymphe ausgerüstet, ziehe ich dann von Atakpame aus nach den verschiedenen Himmelsrichtungen ins Land, um Impftage abzuhalten. Einige Tage vor meinem Erscheinen lasse ich immer am größten Orte der betreffenden Gegend mein Kommen ankündigen und auch die Bewohner der Nachbardörfer auffordern, sich dort zur Impfung einzustellen. Von Zeit zu Zeit kehre ich zur Station zurück, um neue Kälber aufzuimpfen oder bereits geimpfte abzuernten.

Das Reisen in dem vortrefflich verwalteten Atakpamebezirke bietet keine Schwierigkeiten. Die gute Beschaffenheit der Wege gestattet mir überall die Benutzung des Rades. In jedem größeren Orte findet sich ein Rasthaus für Weiße. Die Schwarzen zeigen allerorten großes Entgegenkommen. Als ständige Trabanten auf meinen Zügen begleiten mich zwei schwarze Polizeisoldaten: Zedu und Njau, die beide bereits früher als Lazarettgehilfen an der Küste ausgebildet wurden und mir jetzt beim Impfgeschäfte helfen werden. Später nach meiner Abreise werden sie hoffentlich imstande sein, die Durchimpfung des Bezirkes weiter fortzusetzen.

Die ersten Impftouren liegen bereits hinter mir, und ich kann mit der Anzahl der Impflinge zufrieden sein. Nachdem die nächste Nachbarschaft des Pockenherdes abgeimpft war, zog ich einige Stunden südwärts, wo gerade ein Trupp Akposso beim Wegebau beschäftigt war, mit Frauen und Kindern zusammen 340 Köpfe. Alle zwei Wochen wird die eine Quote dieser Steuerarbeiter von einer neuen in der Arbeit abgelöst. Ehe sie nach Ableistung dieser Arbeitszeit in ihre Dörfer zurückkehrten, wollte ich ihnen noch den Impfschutz mit in die Heimat geben und ihnen auftragen, daß sie ihre Landsleute auf mein baldiges Erscheinen in ihrer Landschaft vorbereiten sollten. Dieser Stamm der Akposso ist ein kräftiger Menschenschlag, ein Bergvolk, meist schön gewachsene, hohe und kraftvolle Gestalten, von denen leider viele durch einen Kropf entstellt sind. Dieses Leiden scheint stark unter ihnen verbreitet zu sein; wohl der vierte Teil war mit einem Kropf, oft von enormer Größe, behaftet. Wenn ich einem von ihnen beim Impfen sagte, er könne später nach Kleinpopo kommen, wo ich ihm den Kropf wegoerieren wollte, antwortete mir immer ein ungläubiges Lachen der Umstehenden; eine solche Operation ist für sie etwas Undenkbares.

Einen anderen Zug unternahm ich westwärts über Kutukpa nach Amelame, wo mich über tausend Impflinge erwarteten. Als ich mich dem Dorfe nahte, kam mir die ganze Gesellschaft in wildem Aufzuge entgegen: Trommeln wurden geschlagen, Hörner geblasen, es wurde gepfiffen, gebrüllt, gesungen, über dem Kopfe des Häuptlings wurden Pferdeschweife geschwungen, dem ganzen Zuge voran wehte eine alte deutsche Flagge. Während der letzten 500 Meter Entfernung rannten sie mir im vollen Laufschritt entgegen. Wäre ich nicht sicher gewesen, daß es eine Begrüßung sein sollte, so hätte es ebenso für einen Kriegstanz gelten können, und unwillkürlich kam mir der Gedanke, ob nicht ein Europäer, der vielleicht vor zehn Jahren als erster hier durchreiste, hinter dem gleichen Empfange Kriegsgeschrei gewittert haben würde. Erst als sie mich in ihrer Mitte bis zum Marktplatz geleitet hatten, beruhigte sich der Tumult.

Seit gestern weile ich zur Erneuerung meiner Lymphvorräte in Atakpame. Soviel mir freie Zeit dabei bleibt, leiste ich in den Vormittagsstunden auf der Station ärztliche Hilfe. Eingeborene, Soldaten, deren Weiber und Kinder, Gefangene und alle, die sich von morgens 9 Uhr an hilfesuchend einfinden — oft eine ganz stattliche Zahl — versorge ich, so gut es bei der primitiven Hausapotheke der Station und meinen eigenen Vorräten möglich ist, mit Arzenei oder lasse sie von August verbinden.

Der schwerste und interessanteste Patient der letzten Tage ist ein Soldat, der bei der Jagd auf einen Leoparden verunglückte. Er schoß das Tier mit einem guten Treffer in den Hals, aber es hatte bei der geringen Entfernung doch noch die Kraft, mit einem Sprunge seine Pranke dem Schützen auf die Schulter zu schlagen und ihm schwere Fleisch- und Knochenverletzungen beizubringen. Erst nachdem es ihm noch mit einem zweiten Schlage gerade über dem Ellenbogengelenk eine zweite schwere Verletzung, einen komplizierten Gelenksplitterbruch, beigebracht hatte, sank es verendet zu Boden.

Die Wunde ist dank der sachgemäßen Pflege, die ihr bis zu meinem Kommen der Pater M. angedeihen ließ, in guter Heilung, aber ein steifes Ellenbogengelenk wird er dauernd behalten. Die freien Nachmittagsstunden der Stationstage benutze ich dazu, um die nächste Umgebung abzujagen auf Buschhühner, Perlhühner, Antilopen und — Hasen. Der brave Lampe ist also auch in Afrika vertreten; an Wuchs zwar kleiner als sein europäischer Bruder, aber an Geschmack ihm sehr ähnlich.

Die Mahlzeiten und Abende verlebe ich gemeinsam mit v. D. und R. Ersterem bin ich für viele Ratschläge, die er mir aus seiner mehr als zehnjährigen afrikanischen Erfahrung heraus geben kann, zu großem Dank verpflichtet. Trotz umfangreicher Tagesarbeit ist er immer lebhaft, immer voller Humor, ein unübertrefflicher Erzähler, ausgestattet mit der beneidenswerten Gabe, auch den unangenehmsten Dingen die helle Seite abzugewinnen, eine Gabe, die in den Tropen doppelt hohen Wert besitzt.

Atakpame, 5. September

Gestern morgen brach v. D. zur Küste auf. R. und ich gaben ihm bis Gley das Geleit. Ich hatte die Gelegenheit wahrgenommen, für Amutsu, einem größeren Dorfe am gleichnamigen Flusse, und die umliegenden Ortschaften Impftage anzusetzen.

Gegen 7 Uhr früh zogen wir den Berg der Station hinab, durchs Dorf Atakpame, v. D. und R. zu Pferde, ich mit dem Rade. Vorweg ein Trupp schwarzer Soldaten mit einem Hornisten an der Spitze, hinter uns von sechs Schwarzen geschoben und gezogen ein großer zweirädriger Lastkarren mit unserem Gepäck. Hunderte von Eingeborenen strömten aus allen Gassen herbei und wünschten dem scheidenden Hauptmann glückliche Reise und baldige Rückkehr. Wohl über eine halbe Stunde weit folgten sie unter dauernden Zurufen. In Amutsu, 20 km von Atakpame entfernt, war Rast angesetzt.

Der Ort lag für uns jenseits des Flusses. Bei unserem Kommen hatte sich die Schar der Impflinge bereits zu beiden Seiten der Straße aufgestellt und trommelte und schrie ihr Willkommen. Es waren über tausend Mann. Leider ging der Übergang über den Fluß nicht ohne ein kleines Malheur für uns ab. Da eine massive Brücke über ihn erst im Bau ist, muß man ihn an einer Furt überschreiten. Seine Ufer fallen steil ab. Die Schwarzen, die den Wagen zogen, hatten vergessen, rechtzeitig zu bremsen, so daß er ihnen durchging, die Böschung herabsauste, sich überschlug, die Deichsel zerbrach und Kisten und Koffer im bunten Durcheinander ins Wasser rollten. Das stolze Gefährt selbst lag schließlich bis auf den Deichselbruch unversehrt, die Räder zum Himmel streckend, im Fluß. Auf seiner Unterseite hatte eine fürsorgliche Hand versteckt ein gewisses Geschirr befestigt, das einst ein alter Afrikaner einem nach den notwendigsten Reiserequisiten fragenden Neuling als das unentbehrlichste Afrikas bezeichnete. Dieses hatte alle Evolutionen des Wagens glücklich überstanden und gab jetzt dem umgestülpten Karren seine Krönung.

Die Eingeborenen sprangen hilfbereit hinzu und schleppten unsere Gepäckstücke und den Wagen aus dem Fluß zum nahen Marktplatze des Dorfes. Während v. D. und R. eine neue Deichsel anfertigen ließen und fürs Mittagessen sorgten, machte ich mich mit August, Zedu und Njau ans Impfen. Ein Hasenbraten mit Yams tröstete uns über das erlittene Mißgeschick. Bis gegen 5 Uhr hielten uns die Impfungen noch auf, dann vollendeten wir den kurzen Rest des Tagemarsches bis zum Rasthause von Gley.

Heute früh verabschiedete ich mich von v. D. und radelte zur Station zurück. R. reist noch bis zur Grenze des Bezirkes mit ihm.

Atakpame, 6. September

Wie an der Küste, so sind auch im Atakpamelande die Spuren einer bis in die neueste Zeit hineinreichenden Völkerverschiebung bemerkbar. Der große Ort Atakpame selbst beherbergt Angehörige verschiedener Stämme mit verschiedener Sprache und verschiedenen Sitten. Vier Stadtteile sind in ihm zu unterscheiden. Zwei von ihnen: Njanja und Gjaman werden von einer Bevölkerung bewohnt, die ursprünglich weiter ostwärts, auf dem linken Monoufer wohnte und unter dem Druck der Dahomeleute hierher auswanderte. In einem dritten, kleineren Stadtteil Wudu haust ein der Sprache nach den

Ewenegern verwandter Stamm, und als vierter Komplex liegt etwas abseits von den übrigen Wohnungen die Hausaniederlassung mit dem „Songo", der Herberge, in deren Hütten alle die auf ihren Handelsreisen von und nach der Küste hier durchziehenden Schwarzen Gelegenheit zum Rasten und Übernachten finden. Für das Nachtquartier sind an den „Serkinsongo", den Herbergsvater, 5 Pfennig pro Kopf zu entrichten. Auf den seit dem Eingreifen der Deutschen gesicherten Straßen kommen täglich Hunderte in Atakpame an, sei es, um dann von hier weiter zur Küste zu ziehen, sei es, um schon hier an die Händler der Firmen, die bis hierher ihre Zweigniederlassungen vorgeschoben haben, ihre Produkte zu verkaufen und dafür Salz, Pulver, Gewehre oder Stoffe mit in ihre Heimat zurücknehmen. Die Größe dieses Handelsverkehrs läßt sich annähernd daraus ermessen, daß der Serkinsongo von seinen Einnahmen jährlich 800 Mark an den Häuptling von Atakpame abzuliefern hat.

Die Grenzen der einzelnen Stadtteile sind unter der deutschen Verwaltung verwischt. Viele der alten, baufälligen, verlassenen Hütten sind weggeräumt worden, und sauber gehaltene, gerade Straßen durchqueren den Ort nach allen Richtungen. An Sauberkeit steht Atakpame weit über Kleinpopo. Auch die Arbeiten im Bezirke sind denen an der Küste weit voraus. Überall sieht man einen planmäßigen und energischen Fortschritt. Der Respekt vor dem Weißen ist noch unverfälscht, und während im Küstengebiet nur ein kleiner Bruchteil der Bevölkerung ihren jeweiligen kurzlebigen Bezirksamtmann überhaupt zu Gesicht bekommt, ist v. D. jedem einzelnen Schwarzen im ganzen Atakpamelande wohl bekannt. Ich glaube, daß die geschickte Art und Weise, die Leute richtig zu behandeln, die genaue Kenntnis seines Landes und der dadurch bedingte große Einfluß seiner Persönlichkeit das Hauptgeheimnis der raschen Entwicklung dieses jungen Bezirkes sind. Erst spätere Jahre, die eine Fortsetzung der nach Kpalime begonnenen Inlandbahn bringen werden, und zwar selbstverständlich über das Atakpameland nach dem Norden des Schutzgebietes, werden erkennen lassen, was jetzt hier geleistet wird. Zwar hört der dichte Ölpalmengürtel der Küstenregion hier auf, dafür setzt aber das Gebiet des Kautschuks, der Viehzucht und das für den Baumwollbau geeignete Land sowie —

das beste Kapital einer Kolonie — eine in der Arbeit geschulte und in der Hand des Europäers disziplinierte Bevölkerung ein.

Atakpame, 14. September

So ziehe ich als fahrender „Medizinmann" im Lande umher. In der verflossenen Woche habe ich den Nordwesten des Bezirkes bereist. Durch die eingeschobenen Ruhetage auf der Station werden auch die unvermeidlichen körperlichen Anstrengungen und Entbehrungen, die das Reisen im afrikanischen Busch mit sich bringt, erträglich. Je näher ich den Bezirk kennenlerne, um so mehr bin ich erstaunt, mit welchen Erfolgen hier im Vergleiche zur Küstengegend in kurzer Zeit gearbeitet worden ist. Für die gute Beschaffenheit der Wege spricht besser als alle Worte des Lobes die Tatsache, daß ich selbst auf den Nebenstraßen überall das Rad benutzen kann. Sie sind von den Eingeborenen der anliegenden Dörfer ausnahmslos vorzüglich instand gehalten; für die Tropen eine Aufgabe, die ebenso schwierig wie die Anlage des Weges selbst ist, da in jeder Regenzeit das Wasser viele Lücken reißt, und üppig überwucherndes Gras und Gebüsch immer wieder beseitigt werden müssen. Die Brücken über Flüsse und Bäche fehlen zwar auf den meisten Nebenstraßen noch, wodurch das Fortkommen mit dem Rade vielfach erschwert wird. Sind die zu passierenden Wasserläufe klein, so ziehe ich Schuh und Strümpfe aus, nehme mein Rad auf den Rücken und trage es durch. Auf größeren findet sich meist ein Kanu mit einem Fährmann in der Nähe, der mich übersetzt. Meine Träger mit dem notwendigsten Reisegepäck lasse ich bei solchen Radtouren unter Führung von August, Zedu und Njau einige Stunden vorausmarschieren und habe dann selbst nichts bei mir als eine Feldflasche voll kalten Tees. In vielen der Dörfer, durch die ich jetzt komme, ist den Schwarzen das Fahrrad noch ein unbekanntes Ding, das sie zum ersten Male zu sehen bekommen. Häufig bleiben sie staunend bei dem ungewohnten Anblick stehen; Frauen und Kinder flüchten oft vor der ihnen unerklärlichen Erscheinung ins Gebüsch. Die häufigste Frage, die von den herzhafteren der Neger über das Rad gestellt wird, ist die, was ich diesem „eisernen Pferd", wie sie es nennen, zu fressen und zu saufen gebe. Der Erklärung des richtigen

Sachverhaltes folgt zunächst immer ein ungläubiges Schütteln des Kopfes, erst die Demonstration der Luftpumpe und der Ölkanne vermögen sie einigermaßen zu überzeugen.

Im ganzen ist der Empfang in den einzelnen Ortschaften immer derselbe: eine Strecke weit kommen mir die Häuptlinge und ihr Gefolge mit „klingendem Spiel" entgegen und holen mich ein. Im Dorfe allgemeine Begrüßung, darauf wieder Musik des Stadtmusikorchesters (mit starker Betonung der Trommeln), wechselnd mit dem Gesang aus hunderten kräftiger Negerkehlen und dem Tanz der festlich geschmückten Dorfschönen. Nach eingetretener Beruhigung folgt meinerseits eine kurze Ansprache ans Volk, in der ich den Zweck meines Kommens noch einmal klarmache und kurz die wichtigsten Verhaltungsmaßregeln für die Nachbehandlung ihrer geimpften Arme gebe. Darauf treten die Erschienenen in langer Reihe an, und ich durchmustere sie zunächst auf Lepra und alle die zahlreichen Erkrankungen, die man mit einiger Sicherheit auf den ersten Blick erkennen kann, und über deren Ausbreitung mir ein Bild zu verschaffen ich hier die schönste Gelegenheit habe: Ringwurm, Krätze, sonstige Hautkrankheiten, Geschwüre, Blindheit, Lähmungen usw. Ich wollte, es stünde mir gerade für diese Ermittlungen noch mehr Zeit zur Verfügung. Nachdem ich mir die wichtigsten Notizen gemacht habe und Leute mit ansteckenden Krankheiten ausgeschieden sind, folgt die Massenimpfung. Beim Abschied wieder Geleit mit Musik und Tanz zum Dorfe hinaus. Setze ich mich dann auf das Rad, um weiteren rauschenden Ovationen zu entfliehen, so versucht noch die große Schar der Dorfjugend einen Wettlauf mit dem Rade, den sie mit großer Ausdauer und viel Geschrei so lange fortsetzt, bis das eiserne Pferd endlich den Sieg über ihre Lungen davonträgt. Ein 14jähriger Bengel blieb mir unlängst mindestens eine halbe Stunde lang auf den Fersen.

Nach alter Sitte bringt der Häuptling eines jeden Dorfes, in dem gerastet wird, seine Geschenke an, die hierzulande meist in Naturalien: Hühnern und Yams bestehen. Wenn ich alle Geschenkshühner behalten wollte, so würde allmählich ein ansehnlicher Hühnerhof dabei herauskommen, und von dem mir zugedachten Yams hätte ich wohl schon ein ganzes Bataillon eine Woche lang verpflegen können. Da auf der einen Seite der Neger die Zurückweisung seiner Gaben als schwere Kränkung empfinden würde, andererseits den Kolonialbeamten von Berlin aus die Annahme von Geschenken verboten ist, so befinde ich mich oft in einer schwierigen Lage. Einen Teil des Yams benutze ich zur Verpflegung meiner Trabanten, den Rest lasse ich liegen. Die Hühner nehme ich zwar dankend an, entledige mich ihrer aber wieder durch eine kleine List. Nachdem sie etwa eine halbe Stunde weit von meinen Trägern mitgeschleppt worden sind, befreit sie August auf meine Anweisung von ihren Fesseln, so daß sie friedlich wieder in ihr Heimatdorf zurückkehren können, wo der Häuptling annehmen wird, daß sie uns ausgerissen sind. Daß sie tatsächlich den Heimweg finden, konnte ich kürzlich daraus ersehen, daß ein Neger den von mir losgelassenen und von ihm wieder eingefangenen Gockel in atemlosem Laufe mir bis zum nächsten Dorfe nachbrachte! Außer dem Federvieh und den Feldfrüchten schleppen sie auch sonst noch allerhand an: Antilopenhörner, Felle, Tierschädel, Armringe usw. Was mir davon des Mitnehmens wert erscheint, erstehe ich für einen geringen Preis.

Eine kleine originelle Szene erlebte ich gestern nachmittag. Wieder gab mir eine Schar Geimpfter das Abschiedsgeleit. Hinter mir marschierte der Häuptling, gefolgt von dem Haufen seiner singenden und tanzenden Untertanen. Dicht beim Dorfe war ein Bach zu überschreiten, kaum 5 Meter breit; ich konnte ihn bequem durchwaten und stand schon am jenseitigen Ufer. Da plötzlich ein fürchterliches Geschrei der ganzen Gesellschaft. Wie ich mich umsehe, liegt der Häuptling, der eben noch stolz hinter mir herschritt, im Wasser, und von dannen schwimmt in rasender Geschwindigkeit den Bach hinab ein Krokodil. Es war nur mäßig groß, hatte aber doch den braven Dorfschulzen umgeworfen, zum Glück ohne ihm das geringste zuleide zu tun. Es war vermutlich aus einem größeren Gewässer in diesen Nebenfluß auf Beute gezogen, hatte hier geschlafen, war durch den Lärm aufgeschreckt worden und schleunigst geflüchtet. Die Schwarzen zogen sich zurück, nur der unfreiwillig gebadete Häuptling kam zu mir herüber und erhob von hier aus seine Stimme zu einer Ansprache an die geflüchteten Getreuen. Die

Situation, in der sie ihn eben gesehen hatten, war ihm offenbar peinlich; mit großer Ruhe und sicher ohne böse Nebenabsicht erklärte er, das Krokodil habe nicht ihn gemeint, sondern den weißen Mann, den es wahrscheinlich nicht leiden könne. Trotz dieser Beruhigung zogen es seine Leute vor, auf dem anderen Ufer zu bleiben, ihr Bedenken vor dem Wasser war doch zu groß, die Illusion war dahin. Ich reichte dem tapfern Häuptling die Hand und radelte von dannen.

Atakpame, 17. September

Für die nächsten Tage habe ich den Südosten bis zur französischen Grenze aufs Programm gesetzt und in den Orten Chra, Sagada, Tetetu Impftage angesagt. Heute morgen hatte ich meine Träger vorausgeschickt mit der Weisung, bis nach Amuno zu gehen und mich dort zu erwarten. Nachmittags gegen 3 Uhr wollte ich ihnen nachradeln. Nach einer halben Stunde überraschte mich ein Gewitterregen, der mich, ehe das nächste Dorf zu erreichen war, bis auf die Haut durchnäßte. Ich fuhr weiter bis zur nächsten Niederlassung und kroch in die erste beste Hütte. Dabei erwischte ich einen Ziegenstall, dessen Bewohner vor dem ungewohnten Gaste meckernd das Weite suchten. Aufmerksam gemacht durch die flüchtenden Ziegen kam der Besitzer der Nachbarhütte herbei, begrüßte mich und versicherte mir, diese Hütte sei nicht gut, ich solle lieber in sein Haus kommen. Da ich annahm, daß er nur den Ziegenstall nicht für eine standesgemäße Unterkunft für einen Europäer hielt, dieser aber bequem Platz für mich und mein Rad bot, blieb ich und bat den Schwarzen, mein Rad zu trocknen. Zögernd machte er sich daran, mit der Innenseite seiner gestrickten Zipfelmütze das Werk der Säuberung zu vollziehen, betonte aber dabei noch mehrmals: „dieses Haus ist nicht gut". Plötzlich ließ ein heftiger Windstoß das alte, morsche Dach in allen Fugen krachen, der Neger kam mit einem großen Satze heraus, der Weiße hinterher, und unmittelbar danach begrub der herunterbrechende Schutt unter sich das Rad. Nun mußte ich doch zur Hütte des Schwarzen gehen, der mir stolz, mit triumphierendem Lächeln, weil er recht behalten hatte, voranschritt. Seine Hütte war voller Qualm, so daß ich, um atmen zu können, die schwelenden Holzstücke heraustragen lassen mußte und nur die Glut zurückließ. Dann breitete er mir ein großes Antilopenfell zurecht, auf dem ich mich am Feuer ausstreckte, brachte eine Kalabasse voll Maisbier mit zahlreichen selbstmörderischen Fliegen darin und hockte selbst auf einen niedrigen Schemel. Die in der Ecke stehende Steinschloßflinte und sonstige Jagdutensilien verrieten mir, daß er ein „adelá", ein Jäger, sei. Ich ließ mir von ihm erzählen und kam mir ungefähr vor wie Tacitus bei einem alten Germanen.

Leider verstand ich nur die Hälfte seiner ausführlichen Reden. Er war in früheren Jahren Soldat bei Dr. G. gewesen und hatte dessen Expeditionen nach dem Sudan mitgemacht. Später war er in seine Heimat zurückgekehrt und betrieb hier das edle Waidwerk. Jedes größere Dorf dieser wildreichen Gegend scheint seinen Berufsjäger zu haben. Teils schießen sie mit Pfeil und Bogen, teils mit ihren kaum 30 Meter weit treffenden Donnerbüchsen, die sie mit gehacktem Eisen, mitunter auch Steinen, zu laden pflegen. An der Wasserstelle oder im Lager lauern sie dem Wilde auf, sei es Antilope, Büffel oder Leopard. Solange, bis sie ein Tier erlegt haben, bleiben sie dem Dorfe fern. Haben sie eine Beute gemacht, so wird sie im Busch zerwirkt, und die einzelnen Stücke werden zum Verkauf ins Dorf gebracht. Fetischpriester und Häuptling bekommen ihre Gratisabgabe davon; also auch hier ein Zehnter an die Geistlichkeit und den Fürsten. Gelegenheitsjäger sind indessen die Eingeborenen alle. Besonders wenn die großen Grasbrände in der höchsten Trockenzeit im Dezember und Januar vorüber sind und das neu hervorsprießende Gras die Tiere zum Äsen lockt, ziehen sie zur Jagd und schießen erbarmungslos nieder, was ihnen vor den Lauf kommt.

Als der Regen vorüber war, machte ich mich auf, nach dem Rade zu sehen. Mit Hilfe einiger Nachbarn gelang auch das Werk seiner Ausgrabung. Glücklicherweise hatte es außer einigen kleinen Verbeulungen keinen Schaden genommen. Ich hielt es für das beste, nach Atakpame zurückzukehren, mich dort wieder menschlich zu machen und morgen in aller Frühe das heute Versäumte nachzuholen.

Atakpame, 25. September

Meine für das Atakpameland bestimmte Zeit geht zu Ende. Nachdem ich in der verflossenen Woche den Südosten des Gebietes bis zum Mono hin bereist habe, breche ich morgen auf, um den Norden und Nordosten noch aufzusuchen und mich dann weiter nach dem Sokodebezirke zu wenden. In den großen Ortschaften Agnä, Njamassilä, Pessi, Sikita und Kamina habe ich mich für die kommenden Tage noch angesagt. Von da aus will ich bei Akbandi die nach Sokode führende Hauptstraße erreichen.

Heute traf Dr. Sch. von Lome kommend mit dem Rade in Atakpame ein, um zunächst einige Tage hier zu bleiben. In Akbandi, dem Grenzorte des Atakpame- und Sokodebezirkes werden wir uns am 1. Oktober treffen, um von da aus gemeinsam weiterzureisen.

Blita, 2. Oktober

In den letzten Tagen ging es heiß her. Die Strecken, die ich programmäßig bis zu dem an der Ostgrenze gelegenen Kamina abzuradeln hatte, waren lang und die unterwegs durchzuimpfenden Dörfer groß. Ich nahm den Weg von Atakpame zunächst nordwärts über Agnä und Njamassilä und zweigte dann nordöstlich nach Pessi, das am Mono liegt, ab. Schon dicht hinter Atakpame beginnt die Landschaft ihren Charakter wieder zu ändern, an Stelle der waldreichen Gebirgslandschaft breitet sich eine nur von leichten Terrainwellen durchzogene Ebene mit Steppencharakter nordwärts aus. Jedes der genannten Dörfer hat mehrere hundert Hütten; große, wohlgepflege Farmen sind in ihrem Umkreise angelegt, die nur in der Nähe der Wasserläufe von dichteren Waldbeständen unterbrochen werden. Von Kamina ging ich nordwestlich zurück nach Sikita und erreichte von dort nach einer recht anstrengenden Radtour gestern nachmittag Akbandi an der Hauptstraße von Atakpame nach Sokode.

Die Wege von Dorf zu Dorf waren überall auf die Kunde vom Kommen eines Europäers hin frisch gereinigt, die Dorfplätze und die Rasthäuser sorgfältig gesäubert (im Küstenbezirke denkt die Bevölkerung gar nicht daran, einem durchreisenden Europäer zuliebe diese Arbeit unaufgefordert zu leisten), und in allen Ortschaften wurde ich von hunderten impflustiger Eingeborenen erwartet, lärmend empfangen und ebenso lärmend verabschiedet. Gerade die Landschaft Pessi soll nach den Erzählungen der Leute vor nicht zu langer Zeit große Verluste durch Pocken gehabt haben und früher noch viel dichter bevölkert gewesen sein als jetzt. Die Dankbarkeit der Schwarzen scheint an Unmittelbarkeit und Urwüchsigkeit mit zunehmender Entfernung von der Küste zu wachsen. Im Weißen sehen sie noch ein ihnen überlegenes höheres Wesen, während im Küstengebiete der Europäer durch eigene Schuld viel von diesem Nimbus eingebüßt hat.

Im Rasthause von Akbandi traf ich außer 200 auf mich wartenden Impflingen zu meiner großen Freude Dr. Sch. an, der unserer Verabredung gemäß seit dem Vormittage mich dort erwartete. Am Abend fühlte ich mich zum ersten Male seit Beginn der Reise körperlich unbehaglich, und als ich meine Temperatur nachprüfte, ergab sich zu meiner großen Überraschung eine sehr hohe Fiebersteigerung. Eine Blutprobe, die ich gemeinsam mit Sch. unter dem Mikroskope durchmusterte, bestätigte unsern Verdacht auf eine beginnende Malaria glücklicherweise nicht, so daß wohl nur eine körperliche Überanstrengung der letzten Zeit und die etwas forcierte gestrige Radtour in der glühenden Mittagshitze die Ursache waren. Heute morgen fühlte ich mich wieder vollkommen wohl, so daß ich mit Sch. zusammen die Reise wenigstens die kleine Strecke bis Blita fortsetzen konnte. Hier rasten wir und wollen morgen in aller Frühe gegen 4 Uhr beim Mondschein weiterradeln, um während der kühlen Stunden unsere Tagesleistung zu erledigen.

Mit Blita, dem ersten zum Sokodebezirke gehörigen Orte, haben wir gleichzeitig das Gebiet des deutschen Sudans erreicht. Abgesehen von Körperbau, Sprache, Kleidung und Lebensgewohnheiten der Bewohner zeigt sich dem Auge der Unterschied schon in der äußeren Bauart der Hütten. An Stelle der bisherigen Wohnungen mit länglich viereckigem Grundriß treten von hier an die Rundhütten des Sudans mit dem hohen kegelförmigen Schilfdache, dessen Spitze meist von einem umgestülpten Tontopfe gekrönt ist. Auch das Rasthaus von Blita ist im gleichen Stile gebaut. Mehrere solcher Hütten sind immer durch eine Lehmmauer zu einem Gehöft zusammengeschlossen, und diese wieder vereinigen sich dicht aneinandergedrängt zu einem labyrinthisch kommunizierenden Dorfe.

Kreuz und quer durch den Sokodébezirk
Sokodé, 5. Oktober

Die reizlose Gegend, die wir von Blita an bis Sokodé zu durchqueren hatten, ist ganz im Gegensatz zu dem überaus volkreichen nördlichen Teile des Sokodégebietes nur dünn bevölkert, sei es, daß frühere Sklavenjagden, sei es, daß verheerende Seuchen die Schuld daran tragen. Auf dem ganzen Wege von etwa 75 km finden sich nur zwei größere Ansiedelungen: Djabotaure und Koraugabua, und von ihnen ist noch dazu die erstere ein Kunstprodukt des Stationsleiters von Sokodé, Dr. K. Er hat vor einigen Jahren hier mehrere hundert Kabres — ein großer Stamm im Norden seines Bezirkes, dessen Gebiet an der Grenze der Überbevölkerung angelangt ist — angesiedelt.

Den Namen Djabotaure (Stadt des Djabo) hat er dieser Kabrekolonie gegeben in dankbarer Erinnerung an den Fürsten Djabo, demjenigen Herrscher im Sokodélande, der beim Erscheinen der Deutschen eine wirkliche, zu respektierende Macht aufbieten konnte. Es wäre ihm ein leichtes gewesen, einige tausend Krieger, darunter stattliche Reiterscharen, ins Feld zu stellen. Er hat sich bis zu seinem Tode (1898) den Deutschen gegenüber friedlich gezeigt und ihnen sogar mehrmals tatkräftige Hilfe bei der politischen Erschließung des Landes geleistet. Obwohl ein Tyrann und früher weit gefürchteter Sklavenjäger, der bis ins heutige Atakpamegebiet seine kühnen Raubzüge unternahm, werden ihm doch von denen, die ihn kannten, wirklich königliche Charakterzüge und königliche Prachtentfaltung nachgerühmt.

Trotz der wenig abwechslungsreichen Landschaft verlief unsere gemeinsame Radtour doch kurzweilig genug; denn alle die kleinen Miseren einer afrikanischen Reise tragen sich leichter, wenn man einen Leidensgefährten hat. Sch. als der ältere und körperlich gewichtigere durfte das Tempo angeben. Während der Vormittagsstunden wurde geradelt, die Nachmittage widmeten wir dem dolce farniente, das Sch. mit unverwüstlichem Humor zu beleben wußte, sobald das äußerlich erfrischende Bad, ein innerlich erfrischender Trunk, der behagliche Lehnstuhl, ein Schatten spendender Baum und die brennende Shagpfeife sein seelisches und körperliches Gleichgewicht wiederhergestellt hatten. Ich beneide ihn um zweierlei: erstens, daß er in zwei Monaten auf Heimaturlaub gehen darf, und zweitens, daß er an einer so präzisen Aufgabe von weittragender Bedeutung arbeiten kann. Letzterer Vorzug hindert nicht, daß er mit scharfem Auge auch alles andere beobachtet und verfolgt, was außerhalb derselben liegt, und daß er dem Schwarzen gegenüber sich für alles interessiert, was in Beziehung zum Europäer steht.

Als wir gestern um die Mittagszeit in strömendem Regen uns der Station Sokodé näherten, kam uns Dr. K., der „Herrscher von Sokodé", der durch einen Boten Kunde von unserm Kommen erhalten hatte, entgegengeritten. Gerade dicht vor der Station steigt das bis dahin ebene Gelände wieder an, und auf der ersten, die ganze Umgegend beherrschenden Anhöhe liegt der Stationskomplex, das Meisterwerk K.s. Der Mittelpunkt der ganzen Anlage wird vom Stationshauptgebäude eingenommen, einem massiven, etwa 25 m langen und 10 m breiten, ganz aus Eingeborenenmaterial errichteten Bauwerk. Auf dicken Lehmwänden, deren Innenseite glatt poliert ist, ruht, von starken Holzpfeilern gestützt, das hohe Grasdach, das an den Seiten überragend noch eine breite, ringsum laufende Veranda beschattet. Der ganze Innenraum, zu dem eine breite Freitreppe hinaufführt, wird durch mehrere Querwände in einzelne hallenartige Gemächer geteilt. Da diese Querwände nur bis zum Fuße des Daches reichen, und da ferner alle Räume ohne Decke gelassen sind, so daß sie bis unter den First des hohen Daches offen sind, wird eine ausgiebige Ventilation des gesamten Innern ermöglicht. Der Fußboden ist ebenfalls nach Eingeborenenart hergerichtet. Diese Asphaltierung der hiesigen Schwarzen besteht darin, daß sie eisenhaltige Lehmerde mit der Abkochung gerbstoffhaltiger Baumrinden zu einem Brei mischen, diesen in dicker Schicht ausbreiten und ihn mit Schlegeln klopfen und glätten. Nach dem Trocknen gibt diese Mischung einen festen, für Wasser zwar durchlässigen, aber staubfreien Bodenbelag. Die innere Einrichtung der verschiedenen Gelasse, die zum großen Teil im Lande selbst hergestellt wurde, ist ebenso wohnlich wie originell. Die ganze Anlage zeigt, wie selbst beim Verzicht auf europäisches Baumaterial von geschickter Hand ein hygienisch einwandfreies und behagliches Wohnhaus in den Tropen gebaut werden kann.

In einiger Entfernung vom Wohnhause sind eine große Anzahl einzeln stehender, kleiner, runder Hütten aufgeführt, deren jede einem bestimmten Zwecke dient: Baderaum, Küche, Vorratsraum, Stallungen, Wohnungen für die schwarzen Angestellten und für die 70—80 Polizeisoldaten der Station usw. An größeren Gebäuden weist die Anhöhe noch das Gefängnis mit der sich anschließenden Wache auf, sowie das Assistentenhaus für die beiden weißen Hilfskräfte, die im Dienste der Station stehen. Wohlgepflegte, breite Wege führen nach allen Seiten hinab ins Tal zu den benachbarten Ortschaften. Unmittelbar am Fuße des Stationsberges breiten sich entlang den Ufern eines kleinen Flüßchens die ausgedehnten Felder für die in großem Maßstabe angelegten Versuchspflanzungen und die Gemüse- und Obstgartenanlagen K.s aus. Nach Norden schweift der Blick über die Tausende der spitzen Hüttendächer der nächstliegenden großen Dörfer hinweg zu den imposanten Höhen eines Gebirgsstockes, des Dako-Sudugebirges, während im Westen eine von Menschen unbewohnte, dafür aber von afrikanischem Wilde um so reicher bevölkerte Waldlandschaft den Horizont begrenzt.

Sokodé, 8. Oktober

Entsprechend den andersgearteten Verhältnissen des Bezirkes habe ich hier auch meinen Arbeitsplan etwas anders als im Atakpamelande entwerfen müssen. Die Einwohnerzahl der hiesigen Riesendörfer zählt nach Tausenden, so daß ich bei der knappen Zeit von sechs Wochen, die mir bis zum Antritt des Rückmarsches nun noch verbleiben, mich auf das Gebiet diesseits des Karáflusses beschränken muß. Welche Verheerungen die Pocken gerade im volksdichten Norden Togos anrichten, dafür liefert ein Ort des Bezirkes, Tschamba, ein trauriges Beispiel: von 2000 seiner Einwohner wurden durch eine unlängst über ihn hereingebrochene Seuche mehr als 600 dahingerafft. Während der kommenden vierzehn Tage will ich zunächst an dem Orte Sokodé selbst, sowie von hier aus in den nur wenige Kilometer entfernten Dörfern Katambara, Paratau, Tschalo, Tschawade, und einigen anderen impfen. Sodann werde ich eine ostwestliche Rundtour über Tschamba nach Kirikiri, Baffilo, Dako, Bássari zurück nach Sokodé unternehmen. Jedes der genannten Dörfer zählt mehrere tausend Einwohner, und an jedem will ich mich ungefähr eine Woche lang festsetzen, um erstens der Bevölkerung der Orte selbst Gelegenheit zu geben, sich impfen zu lassen, um ferner dort immer wieder frische Lymphvorräte herzustellen, und um auch noch Abstecher nach kleineren, in der Nähe gelegenen Ortschaften zu machen. K. hat mir zur Hilfe während meines Aufenthaltes in seinem Bezirke seinen eigenen schwarzen Lazarettgehilfen zur Verfügung gestellt und außerdem noch acht junge Häuptlingssöhne zum Anlernen in der Impftechnik.

Bereits für heute hat er die Häuptlinge der nächstliegenden großen Plätze zu sich beschieden, um ihnen den Zweck meines bevorstehenden Besuches klarzumachen. Mit besonders großem Gefolge und Gepränge trat der König von Paratau, der Nachfolger des großen Djabo, auf. Er und seine 30 bis 40 Begleiter erschienen sämtlich beritten mit gellender Musik und in großem Ornate, die Pferde mit klingenden Schellen, Decken und sonstigem bunten Schmuck behangen; der König selbst mit langem Purpurmantel angetan, auf dem Kopfe eine Art Tiara, ringsum mit Lederstreifen besetzt, unter denen Sprüche des Koran als Amulett eingenäht getragen werden.

Schwierigkeiten werde ich hier bei meiner Aufgabe ebensowenig haben wie in Atakpame. An den nötigen Kälbern wird es nirgends fehlen. Solange ich mich in Sokodé selbst aufhalte, steht mir eine große, der Station gehörende Rinderherde zur Verfügung, deren Bestand gleichzeitig das Material für Sch.s Immunisierungsversuche gegen Nagana liefert. Aber auch sonst werden überall im Lande große Herden gehalten. Zum Teil liegt die Rindviehzucht in den Händen der erfahrenen Fulbe, denen K. auch die Abwartung der Stationsherde anvertraut hat.

Diese Fulbe oder Fullani, die ich hier zum ersten Male zu Gesicht bekommen habe, gehören weder zu den Küsten- noch zu den Sudannegern, Herkunft und Rassentypus sind noch ungeklärt. Sie haben sich zwar nicht mehr völlig rein bei ihrer Berührung mit den Negerstämmen gehalten, aber doch sind sie auch hier noch deutlich auf den ersten Blick zu erkennen. Ihre Hautfarbe ist hellgelb bis rötlichbraun, ihr Körperbau schlank, mager aber sehnig, und trotz ihrer zierlichen Glieder wird ihnen eine große Widerstandsfähigkeit nachgerühmt. Ihr Gesicht ist lang und schmal, die Stirn hoch, die Nase gerade und die Lippen ungewulstet, das Haupthaar schwarz aber mehr wellig als kraus wie beim Neger, so daß es die Frauen zu Zöpfen flechten können. Die Männer tragen den Schädel häufig kahl rasiert oder lassen nur auf der Höhe des Scheitels eine Raupe stehen. Ihre Kleidung besteht in einem weißen Hemde, als Kopfbedeckung tragen sie einen Strohhut mit breiter Krempe. Im Sokodégebiete leben sie als Halbnomaden, die abseits der Negerniederlassungen ihre Wohnsitze aufschlagen und wechseln, je nachdem sie einen günstigen Weideplatz für ihre Herden gefunden zu haben glauben. Sie verstehen ihre Tiere zu pflegen, die Kühe zu melken und eine Art Butter und Käse zu bereiten. Über Tierkrankheiten sind sie leidlich unterrichtet und besitzen wohl auch teilweise wirklich heilkräftige Mittel gegen diese; aber der Wert einer rationellen Zucht oder Kreuzung scheint ihnen noch nicht klar geworden zu sein.

Sokodé, 10. Oktober

Gestern abend entdeckten wir auf einem der Felder in nächster Nähe der Station außer den gewöhnlichen zahlreichen Spuren von Hyänen auch die eines Leoparden und beschlossen, eine Falle zu stellen. Da wo die Spur vom Felde in den Busch führte, wurde in einem nach drei Seiten geschlossenen kleinen Stalle eine Ziege angebunden, da der Leopard angeblich nur nach lebender Beute auszieht. An der offenen Seite des Stalles wurde die Falle gelegt.

Heute am frühen Morgen schon brachte ein Schwarzer die Meldung, daß sich ein Tier gefangen habe, aber mit der Falle verschwunden sei. Wir wußten zunächst nicht, ob es ein Leopard oder eine Hyäne war. Dr. K., Sch., der Stationsassistent Bl. und ich machten uns, von einer Schar Schwarzer begleitet, auf die Suche. August kletterte auf einen Baum und hielt Umschau, konnte aber nichts erspähen, sondern nur an dem niedergetretenen Grase die Richtung erkennen, in der das in der Falle sitzende Tier abgegangen war. Mit schußbereiter Waffe folgten wir der Spur; voran Sch., der noch keinen Leoparden erlegt hatte und deshalb den ersten Schuß haben sollte. Wir waren kaum zwei Minuten lang vorgedrungen, als wir, ohne zunächst etwas zu sehen, die halb fauchende, halb bellende Stimme des Leoparden in nächster Nähe hörten. Wenige Sekunden später trat er etwa 20 m vor uns heraus und rückte trotz der an seiner linken Pranke sitzenden Falle in bedenklich schnellem Tempo vor. Die hinter uns gehenden Schwarzen rannten nach allen Richtungen von dannen. Sch. legte an, drückte ab und — hatte einen Versager. In großer Geistesgegenwart erkannten K. und Bl. sofort die Situation und gaben fast gleichzeitig, der eine links, der andere rechts an Sch. vorbei einen Schuß auf das wütende Tier ab, das keine zehn Schritte mehr entfernt war. Regungslos blieb es liegen; denn beide Treffer waren, wie sich zeigte, tödlich gewesen, der eine ein Kopf-, der andere ein Blattschuß.

Wem gehörte nun die Beute? Die schwierige Streitfrage konnte schließlich nur dahin geschlichtet werden, daß der Leopard mir als dem einzigen Unbeteiligten zugesprochen wurde. Es ist ein stattliches Exemplar; der siebente Leopard, der im Laufe der letzten Monate in unmittelbarer Nähe der Station erlegt worden ist.

Tschamba, 26. Oktober

Mit guten Ratschlägen und genauen Orientierungen von K. wohl ausgestattet, bin ich am 21. von Sokodé ostwärts nach Tschamba gezogen. Der Ort, einer der größten ganz Togos, zählt an 10 000 Hütten. Leider kann ich aus Zeitmangel selbst nur einen Bruchteil der Schwarzen dieses volkreichen Landes impfen, aber das begonnene Werk wird fortgesetzt werden. Meine acht Impfprinzen, die schon im Laufe der verflossenen Wochen eifrig bei ihrem Werke waren, begleiten mich auch weiterhin auf der ganzen Reise und werden später in ihrer Heimat unter K.s Leitung die Impfungen fortführen. Außer ihnen und meinen beiden von der Küste mitgenommenen Trabanten begleiten mich noch vier Polizeisoldaten und eine berittene Ordonnanz, das heißt ein Negerjunge, dem K. einen Klepper überlassen hat, mit dem er mir Kurierdienste leistet. Bisher sind die Leute gern und in großen Scharen zur Impfung erschienen, obwohl gerade jetzt während der Farmzeit viele auf ihren Feldern abwesend sind.

Wie an der Küste und im Atakpamelande sind auch hier im Sokodébezirke die Zeichen einer bis in die neueste Zeit reichenden Völkerverschiebung erkennbar. Zur Mischung der verschiedenen Sprachen und Dialekte gesellt sich hier noch die Vermischung der Religionen. Das Christentum ist zwar im Sokodégebiete noch nicht vertreten, denn bis jetzt sind die Missionen nicht hierher vorgedrungen (auch Niederlassungen von Faktoreien fehlen merkwürdigerweise bisher im Sokodélande), aber vom Norden her hat sich der Islam ausgebreitet und sich unter den Fetischismus gemischt. Namentlich die Aristokraten des Landes sind wenigstens äußere Anhänger des Islam. Oft haben auch gerade die mohammedanischen Großen des Landes einen stärkeren politischen Einfluß als die einheimischen Häuptlinge, und K. hat mir für jeden Ort seines Landes, den ich auf der Reise voraussichtlich berühre, genau die Namen der jeweilig einflußreichsten Persönlichkeiten mitgeteilt, damit ich mich mit meinen Wünschen immer an die richtige Adresse wenden kann. Durchaus nicht immer spielt der „Uro", der Häuptling des Ortes, die führende Rolle, ebensooft ist es der „Limam", der mohammedanische Oberpriester, oder der „Galadima", der erste Minister. Als eine von K. eingeführte Instanz kommen noch die Dorfpolizisten hinzu, die je nach der Größe des Ortes zu zweien, dreien oder vieren dem Häuptling zur Seite stehen, um seine und des Europäers Wünsche zu vermitteln und sonstige polizeiliche Funktionen zu versehen.

Hier in Tschamba scheint die geistliche Größe, der Limam, gleichgeachtet neben dem Häuptling zu stehen. Ersterer unterhält eine gutbesuchte mohammedanische Schule, die in einem großen, in der Umgebung des priesterlichen Wohnhauses errichteten Rundhüttenkomplexe untergebracht ist. In diesen Hütten lagern Gruppen von sechs bis acht Jungen verschiedenen Alters, die im Lesen und Schreiben unterrichtet werden. Als Grundlage allen Unterrichtes dient der Korǎn, der in je einem Exemplare in jeder Schulhütte vorhanden ist. Die Schreibübungen werden auf Pergament oder auf Holztafeln mit Tinte, die hier hergestellt wird, vorgenommen; das Lesen scheint meist in choro geübt zu werden. Der gesamte Unterricht erstreckt sich über fünf bis sechs Jahre. Als Dank für die Impfung seiner Schüler beschrieb mir der Limam bei einem Besuche seiner Schule eigenhändig eine Tafel mit der ersten Sure des Korän und verehrte sie mir zum Andenken.

Am Eingange des Riesendorfes hat K. das Rasthaus für Europäer oder richtiger die Station errichtet. In allen größeren Plätzen des Sokodébezirkes hat er, um jederzeit dort, wo er sein Erscheinen für geboten hält, Unterkunft zu haben, eine solche kleine Residenz gebaut. Die hiesige wird von einer etwa 40 m im Geviert umfassenden Lehmmauer umgrenzt. In der Mitte des Platzes steht ein stolzer Baumriese, in dessen kühlem Schatten, an eine Seite des Mauervierecks angelehnt, sich die geräumigen und sauberen Rundhütten, die Wohnung für den Europäer und seine Begleitung, ausbreiten. Bei meinem Erscheinen fand ich in einem dicht bei der Station gelegenen Stalle bereits die für die Lymphgewinnung im voraus von mir erbetenen sechs Kälber vor. Der Häuptling mit seinem Gefolge kommt jeden Morgen zur Begrüßung bei mir an und erkundigt sich nach meinen Wünschen. Wenn ich ihm dann sage, daß er seine Untertanen zum Impfen antreten lassen soll, so ertönen alsbald die Trommelsignale durchs Dorf, das Volk strömt zur Station zusammen und lagert sich außerhalb der Mauer.

Unter dem großen Schattenbaume steht mein Impftisch, und in Gruppen von je zwanzig Köpfen ungefähr lasse ich sie nach und nach durch ein Tor der Mauer herantreten. Durch einen auf der anderen Seite gelegenen Ausgang verlassen sie geimpft und mit ihrem Impfschein ausgestattet den Platz. Auch hier mustere ich die Impflinge zunächst auf ansteckende Krankheiten und besonders auf Lepra durch, die leider auch in diesem Teile Togos stark verbreitet zu sein scheint. Außer mir und August impfen immer drei bis vier der Impfschüler abwechselnd mit. An den ersten beiden Tagen war der Andrang der Leute im Hinblick auf die Größe des Ortes nicht allzu stark, da sehr viele von ihnen auf den oft weit entfernten Feldern abwesend waren, wo sie vielfach auch die Nächte verbringen, um sich den jedesmaligen Gang zur Arbeit zu sparen. Aber am dritten Tage nach meiner Ankunft, als der Uro seine Polizisten auf die Farmen geschickt hatte, um die Leute zu benachrichtigen, umlagerten fast 3000 Impflustige die Station, so daß ich vom frühen Morgen unter Einsetzen aller Hilfskräfte bis zum Einbruch der Dunkelheit mit nur kurzen Erholungspausen in Tätigkeit sein mußte, und am Abend doch einen stattlichen Rest auf den kommenden Morgen zu vertrösten hatte.

Gestern früh radelte ich nach vorheriger Ankündigung eines Impftages nach dem nur wenige Kilometer westlich gelegenen Pasua, wo nicht nur die Leute dieses Ortes, sondern auch einiger kleinerer Nebendörfer ebenfalls unter Führung ihres Uros zum Impfen angetreten waren. Das anfängliche Hauptinteresse der Leute konzentriert sich immer auf das ihnen bisher unbekannte Fahrrad, und hier vor Pasua waren nicht nur beide Seiten des Weges mit den neugierigen schwarzen Massen dicht umdrängt, auch auf den Bäumen und den Hütten hatten sie sich postiert.

Ehe ich zum Impfgeschäft schritt, wandte sich einer der Häuptlinge an mich und bat mich um Auskunft über ein ihm seltsam erscheinendes Vorkommnis. Ich will es berichten, weil es typisch ist für viele ähnliche immer wieder unter den Eingeborenen zu beobachtenden Fälle. Kurz vor meinem Kommen sei ein Bote bei ihm erschienen und habe ihm einen Brief von Dr. K. übergeben, in dem er aufgefordert wurde, eine Ziege, Feldfrüchte und ein von ihm näher bezeichnetes Weib in Begleitung dieses Boten zur Station Sokodé zu schicken. Auf Grund des vorgezeigten Briefes hatte der brave Uro zwar das Gewünschte wirklich abgehen lassen, aber es waren ihm doch Bedenken in der ganzen Angelegenheit aufgestiegen. Der angebliche Brief, den er bei sich hatte, bestand aus weiter nichts, als aus einem Stück schmutzigen, mit Bleistift bekritzelten Papieres, das in ein altes Kuvert gesteckt war. Bei näherem Fragen ergab sich ferner, daß der Überbringer nicht aus der Sokodélandschaft stammte. Dies gab die Möglichkeit, seiner Spur nachzuforschen. Ich wies den betrogenen Häuptling an, sofort nach allen Seiten hin durch die Trommelsprache den Nachbarorten die Verfolgung und Festnahme dieses Fremdlings, der bisher keinen großen Marsch hinter sich haben konnte, anzubefehlen.

Am Spätnachmittage kehrte ich hierher nach Tschamba zurück. Nachts 2 Uhr wurde ich geweckt; man brachte bereits den Delinquenten an. Am Gesicht und an der Sprache erkannte ich sofort den Ewemann. Bei seinem Verhör stellte sich heraus, daß es ein früherer Polizeisoldat aus Anecho war. Unter Bedeckung zweier meiner Polizisten setzte ich ihn mit einem Begleitschreiben zur weiteren Untersuchung und Bestrafung nach Sokodé zu Dr. K. in Marsch. Es ist dies eine der üblichen Schwindeleien, aus denen hervorgeht, wie der Neger die ihm durch die Berührung mit dem Europäer vermittelte höhere Kultur nicht zum Gebrauch für den Weißen, sondern zum Mißbrauch gegenüber seinen weniger kulturbegabten Mitbrüdern verwertet.

Viele solcher Ausbeutungen werden von ehemaligen Soldaten, Clarks, Dolmetschern, Schreibern usw. im Lande verübt, ohne daß der Europäer jemals davon Kunde erhält, viele kommen nur durch einen Zufall ans Tageslicht. So erlebte ich einst in Kleinpopo unter anderen harmloseren einen besonders drastischen Fall: ich unterhielt mich mit dem Häuptlinge eines Lagunendorfes über die Zustände seines Ortes, seine Felder, seine Ernte u. a. Zufällig tat er dabei einer „Marktsteuer" Erwähnung. Da mir von einer solchen absolut nichts bekannt war, forschte ich weiter nach, und das Endergebnis war, daß ein schlauer Schwarzer sich in den Besitz einer Polizistenmütze gesetzt hatte und, lediglich durch diese legitimiert, monatelang auf diesem dicht an der Küste gelegenen, belebten Marktorte erschienen war und im angeblichen Auftrage des Bezirksamtes Sebe eine Marktgebühr von 5 Pfg. pro Kopf erhoben hatte.

Zu anderen als meinen beruflichen Aufgaben verbleibt mir hier leider nur wenig Zeit. Nur einen Gang durch den Ort nach dem von vielen Tausenden belebten bunten Markte kann ich mir hin und wieder erlauben und habe dort reiche Gelegenheit, alle die großen Unterschiede im Leben und Treiben dieser Neger Nordtogos gegenüber denen der Küste zu verfolgen. Meist bin ich auch des Abends so müde und abgespannt, daß ich mich in meinen Langstuhl strecke und unter dem schönen Baume der Station die Zeit der sinkenden Sonne verträume.

Übermorgen will ich weiterziehen.

Kirikiri, 28. Oktober

Seit heute habe ich meine Operationsbasis etwa 20 km nordwärts nach Kirikiri, einem 3000 Hütten zählenden Orte, verlegt, an dem ebenfalls eine schmucke Station von K. angelegt ist. Auf dem weiten, freien Hofe tanzen eben jetzt hunderte lärmender Neger ihren Begrüßungstanz. Eine kleinere Gruppe der Festversammlung hat sich zu einem „Stabreigen" zusammengetan, den ich hier zum ersten Male sehe, und der im Gegensatz zu den sonst wilden Gliederverrenkungen, durch welche die Negertänze ausgezeichnet sind, einen ruhigen, fast vornehmen Eindruck macht. Die Tanzenden, hier auf dem Hofe etwa hundert an der Zahl, bilden dabei einen großen Kreis. In diesem bewegen sie sich derart, daß jeder einzelne Tänzer mit einem hölzernen Stabe bewaffnet nach einigen Schritten einen Halbkreis um seinen Vordermann und darauf um seinen Hintermann beschreibt. Sobald sich die beiden Partner mit dem Gesicht gegenüberstehen, schlagen sie ihre Stöcke gegeneinander, ungefähr so, wie die Schläger bei der Mensur gekreuzt werden. Dieses Zusammenschlagen der Stöcke geschieht von allen Beteiligten genau in demselben Momente, so daß man nur einen einzigen lauten Schlag zu hören bekommt. In der Mitte des Kreises spielen Trommler und Pfeifer ihre Instrumente dazu.

In der Mitte des Stationshofes von Kirikiri liegt das Kenotaphion v. Massows (seine Gebeine wurden später nach Deutschland gebracht), der hier im Juli 1899 als erster Leiter der deutschen Abteilung der deutsch-französischen Grenzexpedition an Schwarzwasserfieber zugrunde ging. Eine halbe Stunde westlich fließt mit schön bewaldeten Ufern der Nyala vorüber, derselbe Fluß, der später in seinem Unterlaufe den Namen Mono trägt und der Lagune von Anecho zuströmt.

Kirikiri, 31. Oktober

Heute morgen erhielt ich seltsamen, hohen Besuch. Ich hatte eben meine Impfkälber besichtigt und erwartete das Antreten der Leute von Kirikiri. Da kam vom Fluß her eine stolze Kavalkade von etwa 30 schwarzen Reitern über den Stationshof auf mein Haus zugesprengt. In vollem Galopp mit buntgeschmückten Pferden und Schellengeläute; die Reiter mit langen, bunten Gewändern, den Turban auf dem Kopfe, den Speer in der Hand. Nur der an der Spitze Galoppierende schwang einen mächtigen krummen Säbel, einen alten Kosakensäbel, wie ich später erfuhr, ein Geschenk K.s. Dicht vor mir parierte er seinen Gaul mit blutendem Maule. Es war der Reiterführer Adam mit seinem Gefolge, einst ein mächtiger und weit gefürchteter Sklavenjäger, der aus dem Nachbardorfe Pasa, das eine Stunde von hier entfernt liegt, gekommen war, um den weißen Doktor, von dessen Kommen er gehört hatte, in Kirikiri zu begrüßen. Gleichzeitig forderte er mich auf, mit ihm in sein Dorf zurückzureiten und dort seine Leute zu impfen, die schon alle angetreten seien. Er habe mir ein gesatteltes Pferd mitgebracht, das ich benutzen könne. Dabei ließ er mir einen hübschen Rappen vorführen.

Ich besah mir im Hinblick auf meine geringen Reitkünste mit einigem Mißtrauen das unruhige Tier. Da aber die Sättel der Eingeborenen hierzulande auf der Vorder- und Rückseite eine stattliche hohe Lehne haben, so daß man in ihnen wie in einer Jahrmarktsschaukel sitzt und beim besten Willen kaum herausfallen kann, so sagte ich ihm zu, nach Erledigung meiner Vormittagsaufgabe mit ihm nach Pasa zu reiten. Vorher mußte ich ihm aber noch einen andern Wunsch erfüllen. Er habe gehört, sagte er, daß ich ein eisernes Pferd bei mir führe, und da er noch nie ein solches gesehen, möchte ich es ihm vorführen. Ich ließ das Fahrrad bringen, das er mit seinen neugierigen Augen, aber scheinbar auch mit Geringschätzung musterte. Er bestand darauf, daß ich ihm einige Runden vorfuhr und erkundigte sich mit großer Ausführlichkeit über alle Einzelheiten dieses Vehikels.

Es ging leidlich mit dem Ritt am Nachmittage. Nur beim Durchqueren des Flusses wollte mein Rappe durchaus die Gelegenheit zu einem erfrischenden Bade benutzen und hätte sich wahrscheinlich behaglich mit mir im Wasser gewälzt, wenn nicht Adam Geistesgegenwart genug gehabt hätte, mir rechtzeitig beizuspringen. Der Einzug in Pasa war so festlich, glänzend und lärmend wie noch in keinem Orte zuvor. Es hat zwar kaum mehr als tausend Einwohner, aber sie alle kamen mir in festlichem Kriegsschmuck den halben

Weg entgegengelaufen. Stöcke, Speere, Pferdeschweife schwingend, tanzend, trommelnd, auf Hörnern blasend, pfeifend, glockenschlagend geleiteten sie mich auf ihren Marktplatz. Dort nahm ich sie, von meinen schwarzen Hilfskräften unterstützt, einen nach dem andern unter das Impfmesser.

Den Rückweg konnte ich erst nach 6 Uhr im Dunkeln antreten. Er war weniger geräuschvoll, aber Adam ließ sich's nicht nehmen, mich abermals mit seinem Hofstaat zu begleiten. Zu beiden Seiten des Weges liefen neben uns her etwa ein Dutzend Schwarze mit brennenden Fackeln aus trockenen Grasbündeln. Sobald eine von ihnen heruntergebrannt war, wurde dem Fackelträger eine neue gereicht. Ihren eigentlichen Zweck zu leuchten erfüllten sie wegen des dichten Qualmes, den sie verbreiteten, weniger als den, die Moskitos fernzuhalten.

Am Kará, 2. November

Mein Aufenthalt in Kirikiri wurde durch einen wenig erfreulichen Anlaß abgekürzt. Gestern mittag kam ein reitender Bote und brachte die Nachricht, daß der Stationsassistent B., der damit beschäftigt ist, eine von K. über den Kará geschlagene Hängebrücke auszubessern, an Schwarzwasserfieber schwer erkrankt sei und meiner Hilfe dringend bedürfe. Die Entfernung von Kirikiri beträgt 50 Kilometer, der Weg führt über Gebirge. Natürlich zögerte ich nicht, so schnell als möglich zu ihm zu eilen. Ich impfte noch rasch diejenigen Kälber ab, die gerade das Reifestadium der Lymphe erreicht hatten, ließ August und meine schwarzen Impfprinzen noch einige hundert Neger, die schon versammelt waren und gern vor meiner Abreise noch geimpft sein wollten, abfertigen und brach gegen 4 Uhr auf. Bei einbrechender Dunkelheit erreichte ich zu Pferde Sudu. Von dort fing die Kletterei zu Fuße an, im Stockfinstern, bei steinigen Wegen. 9 Uhr war ich über den Kamm hinweg und erreichte Baffilo. Dort beschloß ich bis zum Aufgang des Mondes zu rasten und dann in der Hängematte weiterzureisen. Inzwischen wurden neue Träger gerufen, abgekocht und im Langstuhle geträumt. Um Mitternacht erschien der Mond, und ich vertraute mich in der Hängematte den Trägern an.

Heute bei Tagesanbruch war ich am Kará. Zum Glück fand ich B. zwar schwer krank, aber außer Lebensgefahr vor, was bei Schwarzwasserfieber immer schon ein großer Trost ist. Er ist bereits sechsmal während seiner Dienstzeit von dieser heimtückischen Krankheit ergriffen worden. Ich weiß nicht, ob ich selbst nach dem ersten Anfalle nicht genug von Afrika hätte. Einige Tage will ich hierbleiben, bis der Patient so weit ist, daß ihm ein Transport zugemutet werden kann. Dann gehe ich mit ihm bis Baffilo zurück, wo ich mein unterbrochenes Programm wieder aufnehmen will; er selbst soll nach Sokodé zurückkehren, um dort seine volle Genesung abzuwarten. Trotz der Unterbrechung, die dieser Abstecher mir verursacht, freue ich mich doch, daß ich gerade in der Nähe des Kranken war. Auf diese Weise bin ich gleichzeitig, ohne es vorher zu wollen, in den nördlichsten Teil des Sokodébezirkes nach „Transkarasien" in das Land der Kabres gekommen.

Am Kará, 4. November

Je länger ich im Sokodébezirke weile, um so mehr staune ich darüber, was Dr. K. hier geleistet hat. Die kolonisatorische Arbeit in dem Bezirke, der bisher nur dem Namen nach deutscher Besitz war, ist vor kaum sieben Jahren von ihm in Angriff genommen worden. In dieser kurzen Zeit hat er im großen wie bis ins kleinste Erstaunliches geschaffen. Nach allgemeinem, wohl auch zutreffendem Urteile haben wir in Togo drei kolonisatorische Talente: Dr. G., v. D. und Dr. K. Jetzt kenne ich sie alle drei. Drei ganz verschiedene Menschen, der eine Philologe, der andere Offizier und der dritte Mediziner; Sachse, Preuße, Balte. Ich schätze sie alle drei hoch ein, aber der Mediziner steht doch obenan. Nicht wegen seiner ärztlichen Leistungen. Diese müssen erklärlicherweise zurücktreten, wennschon er in Krankheitsfällen seinen Schwarzen Hilfe nicht versagt und ihm das Wohlergehen jedes einzelnen unter ihnen am Herzen liegt. K. ist einer der wenigen Menschen, für die ich eine uneingeschränkte Bewunderung habe. Wenn ich zu bestimmen hätte, so müßte jeder Neuling, der im Togolande eine ausschlaggebende Rolle zu übernehmen hat, vorher einige Monate bei ihm in die Lehre gehen.

Sokodé ist der größte Bezirk des Landes mit einer halben Million Einwohner, soviel wie das ganze übrige Togo zusammengenommen; eine Bevölkerung, die in den ersten Jahren keineswegs ohne Widerstand sich die deutsche Herrschaft gefallen lassen wollte. Bedeutete sie doch für viele der alten Häuptlinge, die hier im Norden mit ihren Reiterscharen eine wirkliche Macht darstellten und auf einer ungleich höheren Stufe stehen als die Dorfschulzen der Küstenorte, den Untergang ihrer alten Glanzzeit, das Aufhören ihrer Sklaven- und Beutezüge, das Versiegen ihrer Einnahmequellen aus den Tributen der unterworfenen Völker. Wohl ist K. bei seinem ersten Erscheinen nicht überall mit Jubel, sondern mit Pfeilen, Speeren und Flintenschüssen empfangen worden, aber er hat es vermieden, daraus eine Kapitalsache zu machen und ins Alarmhorn zu blasen, und hat sie doch gezwungen. Mit einer Handvoll Polizeisoldaten, von zwei bis drei weißen Hilfskräften unterstützt, hält er sie in musterhafter Ordnung und hat schon eine derartig intensive Organisation seines Landes ermöglicht, daß kein anderer Bezirk des Landes mit ihm darin wetteifern kann. Ehe er Herr im Lande wurde, hat er sich oft an den alten Satz des „Divide et impera" gehalten. Wenn ein Ort oder eine ganze Landschaft ihm nicht gehorchen wollten, so nahm er seine schwarzen Soldaten und außerdem eine überlegene Schar von „Hilfsvölkern", die Einwohner eines ihm treu ergebenen Ortes. Sein bloßes Erscheinen an der Spitze eines solchen Aufgebotes hat oft genügt, die Widerspenstigen von der Aussichtslosigkeit ihres Widerstandes zu überzeugen. Genügte es nicht, so fielen auch wohl ein paar scharfe Schüsse oder die Äcker wurden anstatt von denen, die sie bestellt hatten, von den Hilfsvölkern abgeerntet, das heißt, der Neger an einer seiner empfindlichsten Stellen, am Magen, gestraft, und die Sache war erledigt.

Fast muß es betrüben, daß dieses Gebiet der Küste so fern liegt, und daß es noch Jahre dauern wird, ehe es durch eine Bahn oder für Lastautomobil fahrbare Straßen Anschluß dorthin erhalten wird. Erst dann werden die vollen Früchte alles dessen geerntet werden, was K. jetzt hier aussät. Um so bewundernswerter ist es, wie er ganz unbekümmert darum, daß er selbst vielleicht gar nicht mehr die vollen Erfolge seiner Arbeit in Afrika erleben wird oder auch nur gewürdigt sieht, doch mit unermüdlichem Eifer weiterarbeitet. Dabei ist seine Tätigkeit frei von jeder persönlichen Liebhaberei. Er reitet kein Steckenpferd, sondern läßt nur den Gesichtspunkt der allgemeinen Erschließung und Förderung seines Landes ausschlaggebend sein. Alles, was dieses Endziel fördern kann, an das tritt er mit gleichem Nachdruck heran. Anlage und Ausbau von Straßen, Überbrücken von Flüssen, kartographische Aufnahmen und Vermessungen, Zählung der Einwohner seines Landes, Viehzucht, Bekämpfung von Seuchen, Handelsstatistik, Schlichten von Streitigkeiten unter den Eingeborenen, Anpflanzung von Baumwollfeldern, Teakholzaufforstungen, die zoologische, botanische und ethnographische Erforschung seines Bezirkes, alles behält er mit gleicher Sorgfalt, Ruhe und Konsequenz im Auge.

Nicht das letzte Verdienst scheint mir zu sein, daß er die riesigen Arbeitskräfte, die Sokodé in seiner dichten Einwohnerzahl repräsentiert, gleichmäßig flüssig gemacht hat und diese Quelle in dauerndem Fluß erhält. Wenn er morgen tausend Mann oder mehr braucht, sei es zum Bau einer Straße, sei es zu einem Transporte oder zu irgendeinem anderen Zwecke, so treten sie unweigerlich an. Dabei zieht er nicht willkürlich bald diesen, bald jenen Ort zur Arbeitsleistung heran, sondern hat Hütten- und Einwohnerzahl seiner Dörfer festgelegt und kontrolliert durch genaue Aufzeichnungen die jährlich von jedem Dorfe verrichtete Arbeitsleistung. Würde in einem Jahre eine bessere Verbindung nach der Küste für irgendein Landesprodukt, z. B. die Erdnüsse oder Baumwolle, einen rentablen Export gewährleisten, er würde sofort imstande sein, seine Schwarzen zu einer gewaltigen Massenproduktion zu bringen.

Einen großen Vorteil hat freilich die Entfernung von der Küste auch für ihn und seinen Bezirk. Sie gibt ihm eine weitgehende Selbständigkeit, die bei jeder tüchtigen Kraft nur ein Vorteil sein kann. Die Bürosorgen der Küstenbeamten bleiben ihm zum größten Teil erspart, so daß er seine Zeit ausgiebig dem Bezirke widmen kann. Den weit größten Teil des Jahres bringt er mit Reisen durch das Land zu und residiert bald hier, bald dort, um den einzelnen Stämmen nachdrücklich ihre Zugehörigkeit zum Weißen in Erinnerung zu bringen. In jedem größeren Orte hat er von den Eingeborenen eine regelrechte kleine Station aufbauen lassen, die ihm bei seinem gelegentlichen Aufenthalte dort als Residenz, anderen durchreisenden Europäern als Unterkunft dient. Als Teilnehmer an der Expedition des Grafen v. Götzen hat er Afrika vom Osten nach dem Westen durchquert, ehe er in die Dienste Togos trat. Seitdem hat er ununterbrochen im Sokodégebiete gewirkt, und ich glaube, er ist so fest mit diesem Werke verwachsen, daß ihm kein größerer Schmerz widerfahren könnte, als wenn man ihm jetzt zumutete, seine Tätigkeit mit einer anderen zu vertauschen. Außer Afrika kennt er die Südseegebiete und Amerika, und jeden Heimaturlaub benutzt er, um Erfahrungen zu sammeln, die er später seinem Bezirke zugute kommen lassen kann.

Abschluß meiner Impfreise
Sokodé, 23. November

Durch meinen unvorhergesehenen Abstecher nach dem Kará und den dadurch unvermeidlichen Zeitverlust war ich gezwungen, mein weiteres Programm im Presto zu erledigen; denn denjenigen Ortschaften, an denen ich mich einmal angekündigt hatte, mochte ich nicht gern meinen versprochenen Impfbesuch schuldig bleiben. Daß es nicht ganz ohne Anstrengungen dabei abging, dafür sorgten schon Tropenhitze, Bergsteigen, häufiger Quartierwechsel u. a. m. Aber es ließ sich tragen, und K. erleichterte mir, wo und wie er nur konnte, meine Reise. Sogar um meine Verpflegung war er besorgt und schickte mir jeden zweiten oder dritten Tag von Sokodé aus einen großen Korb mit Früchten und frischem europäischen Gemüse nach. Leider bin ich nicht dazu gekommen, von all den abwechslungsvollen Eindrücken und Bildern der Landschaft und der Bevölkerung während dieser letzten Wochen etwas niederzuschreiben. Einiges will ich kurz nachholen.

Mein Patient B. erholte sich rasch, so daß ich am 5. November wagen konnte, ihn einen Tag lang allein zu lassen und eine Tour ins Kabreland hinein zu machen. Der Grund dazu war, daß auf die Kunde von meinem Erscheinen Boten zu mir kamen mit der eigentümlichen Bitte, ich möchte ihre Heimat besuchen und ihnen ein oder mehrere Flußpferde, von denen sich eine Anzahl auf ihren Feldern umhertriebe und große Verwüstungen anrichtete, abschießen. Sie selbst könnten mit ihren Pfeilen nicht viel gegen sie ausrichten. Sie erboten sich, mich den sechs- bis siebenstündigen Weg dahin in der Hängematte zu tragen und mich auch wieder zurückzubefördern. So zog ich ab und erreichte über den Ort Tschatscho am Spätnachmittage die Stelle des Flusses, an dem die ungebetenen Gäste ihr Unwesen treiben sollten. Gewöhnlich sollen sie nur nachts zum Äsen das Wasser verlassen. Quer durch die Guineakornfelder hatten sie breite Gassen gestampft und die hohen Halme erbarmungslos niedergetreten. Überall waren die plumpen, oft tief in den weichen Boden eingedrückten Fährten sichtbar. Mehrere am abschüssigen Ufergelände zum Fluß hinabreichende muldenförmige Aushöhlungen des Erdreichs bezeichnen die Stellen, an denen sie sich, offenbar auf dem Bauch rutschend, wieder ins Wasser gleiten lassen.

Der Fluß selbst war zunächst still, nur Scharen lärmender Kronenkraniche flogen darüber hinweg. Die Schwarzen behaupteten, die Flußpferde schliefen, und fingen an, Steine ins Wasser zu werfen, um sie zu wecken. Mit schußbereitem Gewehr stand ich hinter einem Baume. Noch nicht fünf Minuten, da tauchte aus dem Wasser, kaum 50 m von meinem Standorte entfernt, der massige, häßliche Riesenschädel eines dieser Ungetüme empor. Ich war so überrascht von dem erstmaligen, ungewohnten Anblick, daß ich zunächst gar nicht ans Schießen dachte und die wenigen Sekunden, in denen er sichtbar blieb, unbenutzt verstreichen ließ. August rief mir ärgerlich zu: „Doktor mußt schießen!" Nach abermals fünf Minuten erschien fast an der gleichen Stelle wieder der breite, unförmige Kopf an der Oberfläche. Ich hielt zwischen Auge und Ohr; und mit einem wütenden Schnaufen reckte das getroffene Ungeheuer einen Moment lang seinen ganzen ungeschlachten Vorderkörper übers Wasser empor, um verendend zurückzusinken.

Ein Freudengebrüll der Kabres folgte dem Schusse, denn für sie ist Flußpferdfleisch ein begehrter Leckerbissen. Ich hatte nicht Zeit, mich länger als bis zum Einbruch der Dunkelheit aufzuhalten und konnte nur noch den Eifer bewundern, mit dem die von allen Seiten herbeieilenden Schwarzen sich daran machten, den plumpen Leib des Tieres ans Land zu ziehen und die Gier, in der sie mit ihren Messern darüber herfielen. Es hielt schwer, die nötigen Hängemattenträger aus diesem schlachtenden und schreienden Haufen herauszubekommen und dazu zu bewegen, mich zurückzutragen. Endlich gelang es durch die energische Intervention eines besonders langen, herkulisch gebauten, aber einarmigen Kabre, die genügende Zahl von Leuten zum Antreten zu bewegen. Als ich den Einarmigen fragte, wobei er seinen Arm verloren habe, antwortete er: „den einen Arm hat mir der Weiße zerschossen, als wir mit ihm kämpften, mit dem andern will ich für ihn arbeiten." Ich gab die Anweisung, bei Gelegenheit den Schädel des Tieres in Sokodé abzuliefern.

Ein originelles Volk, diese Kabres. Weder durch ein unwegsames Gebirge, noch durch eine Einöde, sondern lediglich durch einen Fluß, den Kará, von den weiter südlich wohnenden Stämmen getrennt, haben sie sich wahrscheinlich jahrhundertelang streng gegen alle äußeren Einflüsse abgeschlossen und sich so ihre Eigenarten zäh gewahrt. Diese Abgeschlossenheit war wohl bedingt durch die Abwehr früherer Sklavenjagden, die von benachbarten Häuptlingen in ihrem dicht bevölkerten Gebiete versucht wurden. Auch gegenüber den Deutschen verhielten sie sich anfänglich schroff ablehnend, und erst vor wenigen Jahren hat K. unter ernstem Blutvergießen ihr Land für den Eintritt der Europäer und den Handel der schwarzen Nachbarstämme geöffnet, nachdem ihm der Versuch, auf friedlichem Wege dieses Ziel zu erreichen, mißglückt war. Seitdem haben sie aber schnell die Vorteile der von der deutschen Regierung ihnen gewährleisteten Sicherheit erkannt; Händler von Sokodé kommen jetzt unbehelligt auf die Märkte des Kabrelandes, und umgekehrt kommen die Kabres mehr und mehr zum Marktverkehr in die Sokodélandschaften. Auch die Hängebrücke über den Kará, bei deren Reparaturbau mein Patient B. eben beschäftigt war, dient vor allem dazu, den Verkehr von und nach dem Kabrelande zu erleichtern und zu fördern.

Von äußerer Kultur sind sie freilich noch wenig beleckt. „Kleider sind dort wenig Sitte." Die Männer laufen völlig unbekleidet umher; „man ist schwarz und damit gut". Nur die ältere Weiblichkeit trägt ein kleines Schürzchen oder sonstige primitive Bedeckung, und die Häuptlinge der größeren Ortschaften sind unter der großen Schar ihrer nackten Untertanen weithin kenntlich durch ein langes, rotes Flanellhemd und eine rote, hohe Mütze, mit denen K. sie ausstaffiert hat. Obwohl sie ohne Kleidung sind, fehlt ihnen nicht der Schmuck, und so lösen sie die Frage, was der Mensch wohl eher gehabt haben mag: ein Bedürfnis sich zu kleiden oder sich zu schmücken. Die breiten Nasenflügel und die Nasenscheidewand, oft auch die Ohrläppchen, sind durchlöchert und werden mit allen möglichen Gegenständen besteckt: Grashalmen, Eisenstäbchen, kleinen Ringen, Hölzern u. a.; selbst eine Stachelschweinborste quer durch die Nase gezogen und ein kleines Antilopenhorn durch das geweitete Ohrloch gezwängt, konnte ich sehen. Arm- und Fußringe aus Eisen oder aus Leder vom Flußpferd und Büffel tragen sie mit Vorliebe, oft 20—30 übereinander. Im übrigen sieht man sie, je nachdem sie zur Feldarbeit oder zur Jagd wandern, mit einer Hacke ausgerüstet, über den Schädel oft eine Kürbisschale, ihr Trinkgefäß, gestülpt, auf dem Rücken eine Ledertasche oder einen in toto abgezogenen Ziegenbalg, dessen Fußöffnungen zugebunden sind, und in dem sie Erdnüsse oder anderen Nahrungsbedarf mit sich führen, oder auch mit einem größeren, gebogenen Messer, mit Köcher und Bogen bewaffnet.

Wirklich geschlossene Dörfer sah ich in dem durchquerten Gebiete weniger als viele Einzelgehöfte, die aus 10—20 eng aneinander gedrängten Hütten bestehen und in nur geringen Entfernungen voneinander über das ganze Gelände zerstreut liegen. Jedem, der zum ersten Male ihr Land betritt, wird auffällig sein müssen, welchen intensiven Ackerbau dieses in seinem Äußern so anspruchslose, scheinbar „unkultivierte" Volk aufzuweisen hat. In keiner der Togolandschaften, die ich bisher berührte, wird dieser auch nur annähernd so rationell betrieben wie bei den Kabres. Eigentlich das ganze Land ist unter Kultur, und selbst auf den Abhängen der Anhöhen haben sie terrassenförmig ihre Äcker angelegt und nutzen alles anbaufähige Land gewissenhaft aus, was wohl nicht zum wenigsten eine Folge ihrer ungemein dichten Bevölkerung ist. Wie in ganz Nordtogo, so ist auch bei ihnen das Guineakorn die Hauptfeldfrucht, eine Pflanze, die in ihrem äußeren Wuchse dem Mais nicht unähnlich, doch mit schmaleren Blättern eine Höhe des Halmes von über 4 m erreicht, obwohl sie mit dürftigem, selbst steinigem Boden fürlieb nimmt. Das Ende des Halmes trägt die große büschelförmige Rispe mit den dicht aneinandersitzenden Körnern, deren ein einziger Fruchtstand über 2000 zählen kann! Außer den weiten Kornfeldern, durch die man stundenlang ohne Unterbrechung marschiert, habe ich zum ersten Male hier beim Neger wohlgepflegte, um die Häuser herum angelegte, mit einer Mauer umzogene Gärten gesehen. Ich sah außerdem hier zum ersten Male eine ausgiebige Verwendung des Düngers, selbst Dunggruben in der Nähe der Hütten. In den vom Unkraut peinlich sauber gehaltenen Kornfeldern bauen sie zwischen den in Reihen gestellten Kornpflanzen Tabak als Zwischenkultur oder sie haben Yamsanlagen, in denen zwischen den einzelnen Erdhaufen, auf denen die Stauden gepflanzt sind, Reis gesät wird. Zu feuchtes Gelände wird durch Gräben entwässert. Die Abgrenzung der einzelnen Felder erfolgt durch kleine Wälle aufeinandergeschichteter Steine, von denen sie den Boden befreien, genau so, wie noch heute der skandinavische Bauer seine Äcker abgrenzt.

In der Nacht kam ich zu B. zurück, und schon am Morgen des 6. riskierten wir den langsamen Rückmarsch nach Baffilo. B. setzte am 7. seine Weiterreise nach Sokodé fort, wo er zwei Tage später wohlbehalten eingetroffen ist. Ich selbst setzte mich bis zum 10. dort fest, um mein Impfgeschäft für den Ort und seine Umgegend wieder aufzunehmen. Baffilo ist mit seinen 13—14 000 Hütten das größte Negerdorf, das ich bisher berührt habe. Das für seine Bewohner charakteristische Gewerbe ist Weberei, die von hunderten fleißiger Hände überall, wo ein freier Platz im Dorfe das Aufstellen der Webstühle gestattet, betrieben wird. Die erforderliche Baumwolle wird im Lande selbst angebaut. Die am waldigen Abhange des hier steil zur Karáebene abfallenden Suduplateaus gelegene Station ist von den Franzosen erbaut, denn noch bis vor sieben Jahren war die politische Lage hier in diesem Länderstriche so verwickelt, daß an verschiedenen Orten Posten beider Mächte gleichzeitig sich festgesetzt hatten, und daß die französische Flagge neben der deutschen wehte, weil keiner dem andern weichen wollte. Jetzt ist Baffilo unbestrittener deutscher Besitz. Aber nur der zähen Ausdauer unserer damals hier weilenden Deutschafrikaner, die sich teilweise sogar im Widerspruch zur Zentralbehörde an der Küste eigenmächtig so lange an den strittigen Plätzen hielten, bis ihr wirklicher Besitz wenigstens zum Teil durch diplomatische Verhandlungen uns zufiel, haben wir dieses wertvolle Gebiet Nordtogos zu verdanken.

Am 11. zog ich weiter westwärts nach Dako und schlug dort ebenfalls für vier Tage Quartier auf. Überall war der Andrang der Impflustigen gleich groß, und ich bedauerte nur, daß mir der Mangel an Zeit kein längeres Verweilen gestattete. Am 16. rückte ich nach Bássari ab, der mit einem Europäer besetzten Nebenstation Sokodés, wo ich mit Dr. K. und Oberleutnant S. zusammentraf. Dort in Bássari wieder ein völlig anderes Bild des Landes, der Bewohner und der Negerkultur. An Stelle der in zusammenhängenden Zügen das östliche Land durchsetzenden Höhen ist Bássari durch viele einzelne, sich aus der Ebene erhebende, bewaldete Kuppen charakterisiert. Der Ort Bássari selbst besteht aus mehreren, nahe beieinander gelegenen großen Komplexen, deren gesamte Hüttenzahl an 15 000 betragen mag. Zwischen den einzelnen Stadtteilen liegt an den Fuß des Bássariberges angelehnt die Stationsanlage mit ihrem besonders schönen Hauptgebäude, einem massiven, von einem Turm flankierten Steinbaue, wieder einem Meisterwerke K.s.

Die Bássari werden von allen, die in nähere Berührung mit ihnen gekommen sind, als ein Volk von starrem Unabhängigkeitssinne und mit wenig sympathischen Charakterzügen geschildert, die nur schwer von ihrer Raublust und den Gewalttätigkeiten, mit denen sie früher durchziehende Karawanen und Nachbarstämme heimsuchten, abzubringen sind. Daher hat man es auch für ratsam gehalten, sie durch eine von einem Europäer bewohnte Station unter dauernde Bewachung zu stellen. Zwar drastisch, aber ganz zutreffend, hat sie einmal der Häuptling eines benachbarten Volkes Dr. Gr. gegenüber mit einem Haufen trockenen Kuhmistes verglichen, der äußerlich ganz harmlos erscheine, bis man beim Zugreifen erst mit dem weniger verlockenden Inneren in Berührung komme. In Sprache, Kleidung, Hüttenbau, Marktverkehr, in allem weichen sie wieder mehr oder weniger von den übrigen Stämmen des Sokodébezirkes ab.

Wie aber bei den Kabres der Ackerbau, bei den Baffilo die Weberei, so ist das wichtigste Charakteristikum des ganzen Bássarilandes, das ich herausgreifen möchte, die Eisengewinnung. Während das Schmiedehandwerk von der Küste an über ganz Togo verbreitet ist, haben wir neben ihm hier eine ausgiebige Gewinnung des Rohmaterials. Vor sechs Jahren hat Bergassessor H. dieses Gebiet durchforscht und dabei natürlich auch seiner Eisenindustrie und seinen Eisenerzlagern eingehende Studien gewidmet. Der bedeutendste, fast ganz aus Roteisenstein bestehende Eisenerzberg ist der von Banyeli, einem einige Stunden nordwestlich von Bássari gelegenen Orte. Die in Deutschland ausgeführte Analyse einer Erzprobe hat den enorm hohen Gehalt von annähernd 69% metallischen Eisens (98% Fe_2O_3) ergeben*). Vielleicht wird auch dieser Bodenschatz, wenn erst eine Bahn Togo bis zum Norden durchquert, noch eine große Bedeutung für die Kolonie gewinnen. Überall sieht man die aus Lehm gebauten, ca. 3 m hohen, runden Hochöfen, die abwechselnd mit Schichten von Holzkohle und Eisenstein beschickt und teils von oben, teils von unten her in Brand gesetzt werden. Je nach der Größe des Ofens ist der Prozeß in zwei bis drei Tagen einmal vollendet, und ein solcher Hochofen liefert dabei eine Eisenluppe von durchschnittlich 30 kg, die natürlich noch mit Schlacke und Kohlenteilen durchsetzt ist. Dieses Material wird teils auf benachbarte Märkte in den Handel gebracht, teils in den Schmieden Bássaris weiter gereinigt und verarbeitet. Der Reinigungsprozeß der Luppe besteht darin, daß sie zerklopft und aussortiert wird. Ungefähr 1 kg dieser ausgesuchten Eisenstücke werden je in eine Umhüllung von Gras und Lehmerde eingebettet, und diese kindskopfgroßen Kugeln setzt man mehrere Stunden lang dem Schmiede-

---

*) Nach neueren Ermittelungen des Geologen Dr. K. beträgt die im Tagbau zu gewinnende Menge Eisenerz des Landes 20 Millionen Tonnen.

feuer aus. Im glühenden Zustande wird der Inhalt dieser Kugeln ausgeschmiedet und teils zu Ackergeräten, Ringen, anderen Schmuckgegenständen und Waffen geformt, teils auch nur in etwa tellergroße glatte Scheiben gehämmert, die als Handelsartikel von annähernd 1 M. pro Stück in Umlauf gebracht werden, um von den Käufern erst eine weitere Bearbeitung zu erfahren.

Zu meiner freudigen Überraschung fand ich von mehreren tausend Bássari, die eines Nachmittags auf den Ruf K.s vor der Station antraten, einen sehr großen Teil bereits mit Impfnarben ausgestattet. Wie sich herausstellte, hatte im Laufe des vorigen Jahres der Stationsassistent B. neben seinen sonstigen Arbeiten im Bezirk auch eifrig das Impfgeschäft betrieben und so nach und nach nicht weniger als 13 000 Leute aus Bássari und seiner Umgebung teils mit Lymphe, die ich als Versuchsproben von Anecho nach dem Hinterlande geschickt hatte, teils von Arm zu Arm geimpft.

Von Bássari aus mußte ich ernstlich an die Rückkehr zur Küste denken, von der ich hier reichlich 400 km entfernt war, da ich Befehl hatte, Anfang Dezember zur Übernahme der ärztlichen Geschäfte wieder in Anecho zu sein. Am 21. morgens zogen wir ab gen Sokodé; Dr. K. und S. hatten bis dahin dasselbe Ziel. Auf halbem Wege der 50 km langen, in ihrem Anfange durch romantische Gebirgslandschaft führenden Strecke liegen am Abhange einer Anhöhe die Hütten einer von K. gegründeten Herberge. Dort war das Endziel unseres ersten Reisetages, wohin uns Dr. Sch. von Sokodé aus entgegengekommen war, so daß wir den Abend zu vieren verplaudern konnten. Erst zu sehr vorgerückter Stunde endete diese Schlußtagung des Ärztekongresses von Sokodé. Am Horizonte leuchteten in der Ebene und auf den Bergen allerorten die Feuer der gerade in dieser Zeit hier beginnenden Grasbrände auf, bald punktförmig wie die Lichter einer fernen Stadt, bald als breite Feuerfläche, bald schlangenförmig von der Höhe zum Tal sich windend, eine herrliche Abschiedsillumination des deutschen Sudans. Gestern trafen wir auf der Station Sokodé ein, und morgen werden wir den Weitermarsch nach Anecho, für Dr. Sch. gleichzeitig den Beginn der Heimkehr nach Deutschland, antreten.

Außer einer recht ansehnlichen Menge von allerhand Kuriositäten, Ethnologika, Gehörnen, Fellen, Vogelbälgen, Erzeugnissen der Landesindustrie, gelegentlichen Jagdtrophäen usw. und einem Dutzend junger Versuchsaffen, die ich im Laufe der Zeit hier eingesammelt habe und mit zur Küste nehmen will, befinden sich unter meinen Transportgegenständen auch zwei menschliche Lebewesen, ein vierjähriges Mulattenmädchen Anna und ein etwa siebenjähriger Kabrejunge. Die kleine Mulattin trieb sich verlassen im Lande umher, bis K. sich ihrer angenommen hat. Der Vater, ein früherer Beamter, war gestorben, die Mutter hatte sich nach dessen Tode bald wieder einem Schwarzen zugesellt und das kleine Wurm hilflos im Stich gelassen. Ich will es mit Einwilligung ihres bisherigen Adoptivvaters K. mit nach dem Krankenhause nehmen und dort erziehen und anlernen lassen. Der kleine Kabre ist ein Waisenkind, wohl das Kind eines im Gefecht gefallenen Kabres, das ebenfalls bisher das Gnadenbrot und den Schutz K.s genossen hat. Er soll auch mit mir ziehen, um später eine Hilfskraft des Hospitales abzugeben; gleichzeitig wird er für Anna ein sehr willkommener Gefährte sein, da sie ja an der Küste in der ersten Zeit niemand haben würde, mit dem sie sich verständigen kann. Vorläufig ist er noch sehr schüchtern, und Anna führt, obwohl sie die jüngere ist, die Herrschaft über ihn. Bei den gemeinsamen Mahlzeiten, ihrer Hauptsorge und Hauptfreude zugleich, tritt ihr Übergewicht besonders hervor, denn Anna legt stets Beschlag auf das ganze Gericht, und erst, wenn sie vollkommen gesättigt ist, läßt sie den mit tränendem Auge wartenden Kabre sich dem Teller nahen, während sie sich selbst befriedigt zur Siesta streckt. Da die kleinen Kerle die lange Reise natürlich nicht zu Fuß machen können, muß ich sie von einem Neger wie andere Lasten auf dem Kopfe zur Küste befördern lassen.

Wieder an der Küste

Kleinpopo, 7. Dezember

Am gestrigen Nachmittage kam ich glücklich wieder an der Küste an. Leider war Dr. K. gesundheitlich durch eine schon seit Monaten bestehende Dysenterie stark mitgenommen. Hoffentlich wird er in der Heimat volle Genesung finden. Er und Dr. Sch. werden in einigen Tagen nach Deutschland abreisen, um leider wahrscheinlich nicht wieder in die Kolonie zurückzukehren, und ich habe dann mein Krankenhaus wieder. Viel hat sich während meiner Abwesenheit hier nicht geändert, einige alte Gesichter sind verschwunden, einige neue dafür aufgetaucht; im Bezirksamt Sebe war ein kleiner Kronprinz zur Welt gekommen. Der Bau der beiden Bahnen von Lome nach Kleinpopo und von Lome nach Kpalime wird mit Hochdruck gefördert. In einigen Monaten wird erstere schon dem Verkehr übergeben werden können.

1905

Anecho, 2. Januar

Kleinpopo wird mit dem neuen Jahre verschwinden, nachdem es 20 Jahre sein Dasein gefristet hat. Von jetzt ab ist es offiziell Anecho getauft worden. Wer die Anregung dieser Namensänderung gegeben hat, entzieht sich unserer Kenntnis. Hoffentlich wird der Betreffende dafür Ehrenmitglied eines Sprachreinigungsvereins und bekommt eine Gedenktafel am Bezirksamt von Anecho. Poststempel, Steuermarken und sonstige amtliche Aufdrucke mit dem bisherigen ominösen Namen sind von der Bildfläche verschwunden, und wir haben nun das salonfähige Wort Anecho, die Eingeborenenbezeichnung für den Ort, neben dem wenige Stunden benachbarten Grandpopo, das in alter Schönheit von den Franzosen beibehalten wird.

Entschluß, Togo zu verlassen

Anecho, 10. Januar

Meine liebe Frau!

Fast einen Monat lang bin ich nun wieder an der Küste, habe mein altes, mir liebgewordenes Krankenhaus wieder, und meine berufliche Tätigkeit könnte ebenso befriedigend sein wie ehemals, ich könnte angefangenes vollenden, neues hinzufügen; aber ich bin zu einem andern Entschlusse gekommen. Urteile selbst, was Du an meiner Stelle tun würdest. Du hast eine Überzeugung gewonnen, eine feste, vielleicht sogar richtige Überzeugung. Du bist gezwungen, diese zu äußern, mündlich und schriftlich und ziehst Dir dadurch die Abneigung derer zu, die eine gegenteilige Ansicht haben, und nicht nur Abneigung, sondern teilweise sogar bittere Feindschaft, denn die Menschen verzeihen viel eher, daß man sie belügt, als daß man die Wahrheit sagt. Du wirst deshalb angegriffen, schwer angegriffen, darfst aber die Angriffe nicht abwehren, sondern bekommst wie ein Schulknabe, der brav und artig sein soll, Deine

Ansichten dekretiert und im übrigen sehr deutlich zu verstehen: entweder Maul halten oder ...

Was sollte ich wählen? Nun, ich habe den letzteren Weg gewählt und den festen Entschluß gefaßt, nicht länger hier zu bleiben. Die einliegenden Abschriften, die nur für Dich bestimmt sind, können Dir den näheren Zusammenhang beleuchten. Ich hoffte, während meiner Abwesenheit im Hinterlande würde das alte, mißtönige Lied vielleicht verstummt sein, aber es wird hier an der Küste noch genau so gesungen wie vor einem Jahre, und ein Ende des Tanzes ist gar nicht abzusehen. Ruhen die Geigen glücklich einmal, so erhebt gar bald wieder einmal irgendeine ungeschickte Hand den Taktstock zu neuem Beginnen. An sich brauchte mich der ganze Rummel ja gar nicht zu kümmern, aber ich habe nun einmal versäumt, genügend zurückzuhalten, zu schauspielern, sagen wir kurz: zu lügen. Ich hatte ferner gehofft, es würde wenigstens die Sache von der Person getrennt bleiben, und mit der Zeit ein nachbarlicher modus vivendi des roten Kreuzes mit dem schwarzen in Kleinpopo sich herstellen lassen. Aber auch diese Hoffnung scheint sich nicht zu erfüllen. Die Achtung des gegnerischen Standpunktes — und die versage ich einem ehrlichen Gegner nie, erwarte sie allerdings ebenso von ihm — ist ja schon die erste Brücke zu einer Verständigung. Und wenn es schon ein Kampf sein soll, dann mit offenem Visier, mit guten und gleichen und blanken Waffen. Aber so? Mit gebundenen Händen?

Interessant wird Dir sein zu sehen, welche Größe bei der ganzen Tragikomödie in Berlin im Souffleurkasten steckt! Kurz, ich bin unmöglich hier; und da ich sicher weiß, daß ich wie alle, die vor mir wider den Stachel zu lecken wagten, über kurz oder lang auch weichen muß, will ich wenigstens noch den kleinen Stolz haben, selbst zu sagen: laßt mich ziehen. Ich werde um meine Versetzung in ein anderes Schutzgebiet bitten. Daß mir dieser Schritt nicht leicht wird, wirst Du verstehen, wenn Du bedenkst, wie gern ich hier arbeitete. Dabei geht gerade jetzt Togo sicher einer rascheren Entwicklung entgegen als bisher. Z. fährt mit stärkerem Dampfe gerade aufs Ziel, es weht ein frischerer Zug unter ihm über dem ganzen Betriebe der Kolonie, und von seinem Urlaube, den er demnächst antreten will, wird er, wie wir alle erwarten, als Gouverneur zurückkehren. Er ist zwar kein Mann der starken Faust, aber der sicheren und geschickten Hand in planmäßiger Arbeit.

Ferner lebte ich ja in dem Wunsche, auch Dich noch hierherzuführen. Auch damit wird es nun nichts. Aber es gibt eine Grenze, die nicht zu überschreiten man seiner Selbstachtung schuldig ist. Der Klügere gibt nach, heißt es zwar; aber wenn die Klugheit mit diesem Preise bezahlt werden soll, will ich lieber der Dumme sein. Ich weiß, daß ich sehr viel aufgebe, aber was ich für mich behalte, ist mir mehr wert. Ich würde zudem ja doch nur ohne rechte Freude hier weiterleben, und verärgert sein ist gleichbedeutend mit Unlust zur Arbeit. Für den Arzt ist es eine schlechte Beigabe; auch die Kranken, die noch mehr als daheim hier in den Tropen auf ihn angewiesen sind, würden darunter zu leiden haben.

Die Antwort aus Deutschland auf mein Gesuch wird natürlich erst in einigen Monaten eintreffen; bis dahin mußt Du Dich gedulden. Auch die ganze Stimmung der Europäer hier ist nicht mehr die unbefangene, freimütige wie ehedem. Jeder hütet sich ängstlich aus Furcht vor Mißdeutungen vor dem andern, das gegenseitige Vertrauen hat schwer gelitten, und je weniger die Leute wagen, sich offen auszusprechen, um so üppiger wuchern die Blüten des Küstenklatsches.

Große Neuigkeiten sind sonst nicht zu berichten. Pr. ist noch als Patient im Hospitale; seine hartnäckigen Neuralgien scheinen endlich zu weichen, so daß er hoffentlich bald wieder seine Arbeiten aufnehmen kann. In den nächsten Wochen werden umfangreiche Renovationen am Krankenhause begonnen werden. Es sind ungefähr 5000 M. für diesen Zweck bewilligt worden, und ich freue mich trotz der damit verbundenen Mehrarbeit und Störungen, ihm vor meinem Weggange noch zu einem neuen, schmucken Gewande verhelfen zu können. . . .

Einschleppung des Gelbfiebers

Anecho, 8. Februar

Das neue Jahr hat mit einer schweren Gefahr für uns begonnen. Seit 2½ Jahren hatten wir uns eines ausnahmsweise günstigen Gesundheitszustandes der Europäer zu erfreuen, denn kein einziger der an unserem Orte selbst Ansässigen ist während dieser Zeit gestorben. Nun haben sich in der kurzen Zeit vom 27. Januar bis zum 2. Februar drei Gräber auf einmal aufgetan. Das schlimmste dabei ist, daß uns ein heimtückischer Feind überfallen zu haben scheint, auf dessen Angriff niemand gefaßt sein konnte, denn er hat sich früher in Togo noch nie gezeigt, das Gelbfieber.

Dieser Tage trugen sie den ersten Toten hinüber nach Adjido, einen Bruder der katholischen Mission, der schon vier Jahre lang im Lande weilte und jetzt nach kaum eintägigem Kranksein verschied. Ich habe ihn ärztlich nicht zu sehen bekommen. Am 2. Februar starb eine Schwester der katholischen Mission, ebenfalls ohne ärztlich behandelt zu sein. Auf die wahre Natur der Krankheit, der sie erlagen, fiel außer durch nachträgliche Erkundigungen ein Licht durch die ebenfalls tödliche Erkrankung eines jungen Kaufmanns, der am 31. Januar im Krankenhause starb.

Während der beiden ersten Krankheitstage kam mir noch nicht die leiseste Ahnung, um was es sich handele. Wohl konnte ich Malaria mit großer Sicherheit ausschließen, aber alle vorhandenen Symptome sprachen anfänglich am ehesten für einen Anfall von Nierenkolik, der schon am zweiten Tage in Besserung überzugehen schien. Doch der dritte Tag änderte das ganze Bild. Eine auffällige Pulsverlangsamung bei hoher Temperatur, Blutbrechen und andere charakteristische Erscheinungen mehr mußten den schweren Verdacht auf Gelbfieber wachrufen. Ich nahm den Patienten ins Krankenhaus, wo er nach zwei Tagen verschied. Vier Jahre lang weilte er ohne Unterbrechung in Togo und wollte in einigen Wochen einen wohlverdienten Urlaub antreten. Er ahnte selbst nicht, wie schwer krank er war, nur wenige Stunden vor dem Tode kam ihm vorübergehend der flüchtige Gedanke von der Gefährlichkeit seines Zustandes. Auch für den Fernerstehenden machte er eher den Eindruck eines Genesenden, und die pflegende Schwester war erstaunt, als ich am Morgen seines Todestages den gewohnten Gang nach der Eingeborenen-Poliklinik unterließ, weil mir die sinkende Herzkraft und andere Zeichen das drohende Ende verrieten. Mit einem Lächeln in den Zügen trat er seinen ewigen Heimaturlaub an.

Hier in der einsamen Ferne, im kleinen Kreise, tritt auch dem Arzt der Tod eines Menschen härter an die Seele als daheim. Schwester F., die ihm in aufopfernder Pflege Tag und Nacht sein kurzes aber schweres Krankenlager erleichtert hatte, konnte sich, als er so plötzlich die Augen schloß, der Tränen nicht erwehren. Ich drückte ihr schweigend die Hand als Dank, den ihr der Verstorbene selbst nicht mehr abstatten konnte. Am 1. Februar begruben wir ihn. Für den gerade abwesenden Missionar R. kam Missionar O.*) aus Lome herbei und sprach ihm die Grabesworte.

Da auch die beiden anderen Todesfälle nach den eingezogenen Erkundigungen unter Erscheinungen eintraten, die auf gleiche Ursache schließen lassen, so stehen wir vor einer schweren Gefahr. Ist doch das Gelbfieber in seiner Gefährlichkeit nur noch mit der Pest oder Cholera in Vergleich zu stellen. Wo können wir den unheimlichen Gast herbekommen haben? Noch weiß ich es nicht mit Bestimmtheit. Der Verdacht lenkt sich auf einen französischen Dampfer Tibet, der unlängst die Togo- und Dahomeküste anlief und von den nordafrikanischen, französischen Besitzungen kam, in denen das Gelbfieber heimisch ist. Bereits vor zwei Jahren hatte ich deshalb dem Gouvernement eine genaue Überwachung des Schiffsverkehrs mit diesen Gelbfieberherden anempfohlen. Auf dem Dampfer Tibet starben auf der Reise zwei Personen, darunter der Schiffsarzt, unter gelbfieberverdächtigen Erscheinungen, was die französische Behörde veranlaßte, die ganze Besatzung des Schiffes in Dahome an Land einer fünftägigen Quarantäne zu unterziehen. Auch sonst sollen nach den Berichten dortiger Kaufleute während der letzten Zeit verdächtige Erkrankungen vorgekommen sein. Dies ist die nächste Spur, der ich nachzugehen habe. Die andere Möglichkeit wäre die Einschleppung der Seuche über Land auf einer der Karawanenstraßen des Hinterlandes, die aber nicht viel Wahrscheinlichkeit für sich hat, weil wir wissen, daß das Gelbfieber die Schwarzen nur ausnahmsweise befällt.

Es besteht für uns die Pflicht, so rasch wie möglich umfassende und energische Maßregeln gegen die Weiterverbreitung des Gelb-

---

*) *Er starb selbst einige Monate später an Dysenterie in Lome.*

fiebers zu treffen. Andererseits glaube ich die Gemüter der Europäer nicht vorzeitig beunruhigen zu dürfen. Vielleicht könnte es doch nur ein sporadisches Erscheinen der Krankheit sein, das mit dieser kleinen Explosion erledigt ist. Beiden Pflichten hoffte ich dadurch am besten nachzukommen, daß ich möglichst unbemerkt über Nacht mit der Hängematte nach Lome reiste, um dort mit dem stellvertretenden Gouverneur H. und dem Kollegen Dr. Kr. gemeinsam zu beraten und festzusetzen, was für Maßregeln zu ergreifen seien, sobald durch einen neuen Fall die Gefahr sich vergrößerte. Wir einigten uns bis in die kleinsten Einzelheiten für diese hoffentlich ausbleibende Eventualität.

Anecho, 16. Februar

Unsere Hoffnung hat sich leider nicht erfüllt. Wenige Tage nach meiner Rückkehr von Lome erkrankte Pater L., ein junger, in der Vollkraft der Jahre stehender Priester, der seit mehr als drei Jahren im Lande weilte. Auch er stand unmittelbar vor einem Heimaturlaube. Er ahnte wohl selbst das Wesen seiner schweren Erkrankung und wollte durch beschleunigten Antritt der Seereise, zu der ihm ein gerade fälliger Dampfer Gelegenheit bot, Genesung suchen. Er hat sie nicht gefunden; schon in Lome verließ er das Schiff wieder und ist dort vorgestern gestorben.

Bereits gestern sind alle in Lome verabredeten Maßregeln in Kraft getreten. An erster Stelle steht eine strenge Landquarantäne für Anecho, den Herd der Seuche in Togo, durch die jeder Verkehr mit dem übrigen Land unmöglich gemacht wird. Natürlich ist es von großer Bedeutung, Lome frei zu halten, damit wenigstens einer unserer beiden Küstenplätze dem Handel geöffnet bleibt, denn es steht mit Sicherheit zu erwarten, daß die fremden Mächte, sobald sie von dem Ausbruch des Gelbfiebers in Togo erfahren, jedes Schiff, das einen verseuchten Platz angelaufen hat, unter strenge Quarantäne nehmen werden.

In der Nacht des 14. gingen von Lome aus Dr. Kr., Stationsleiter M. mit einem Aufgebote von 20 schwarzen Polizeisoldaten und der Bautechniker H. nach Porteseguro, das etwa 14 km von Anecho entfernt liegt, ab. Ich selbst brach gestern früh 5 Uhr ebenfalls dorthin auf und traf gegen 8 Uhr im Hause des Häuptlings Mensah mit den Vorhergenannten zusammen. Der schmale Streifen Landes von der See bis zur Lagune wurde durch Posten für jeden Verkehr gesperrt, desgleichen die Lagune selbst, die sich hier zum Togosee erweitert. Ebenso wurde ein Überschreiten des in die Lagune einmündenden Haho von Anecho aus verboten. Alle die, welche aus zwingenden Gründen trotzdem diese Quarantänegrenze überschreiten müssen, haben vorher eine fünftägige Landquarantäne zu absolvieren. Für Europäer wurde deshalb der Bau eines durch Drahtgazeschutz mückensicheren Quarantänehäuschens sofort in Angriff genommen. In ihm haben sie die angeordneten fünf Quarantänetage zuzubringen. Die Überwachung der Absperrung liegt in den Händen eines Europäers.

Gestern nachmittag kehrte ich nach Anecho zurück. Heute hatte der Bezirksamtmann, Oberleutnant Sch., alle Europäer im Zollgebäude versammelt, wo ich ihnen die vorhandene Gefahr und gleichzeitig die Abwehrmaßregeln, die uns gegen sie zu Gebote stehen, darlegte. Da wir wissen, daß die Übertragung des Gelbfiebers durch eine bestimmte Moskitoart, die Stegomyia fasciata erfolgt, so ist die wichtigste aller persönlichen Vorsichtsmaßregeln der Schutz gegen Moskitostiche. Außerdem müssen wir trotz der denkbar ungünstigen Verhältnisse, die Anecho als Lagunenort dafür bietet, wenigstens den Versuch machen, den Moskitoreichtum des Ortes zu verringern, und zwar durch Aufsuchen und Vernichten ihrer Brutstätten. Dabei kommt uns der Umstand zu Hilfe, daß gerade die Stegomya als Ablegeplatz ihrer Eier stehendes Wasser in den Häusern und Höfen der Eingeborenen, in Töpfen, Scherben, Blechbüchsen, Kalabassen, alten Flaschen usw. zu bevorzugen pflegt. Erst wenn sie diese nicht findet, geht sie auch zum offenen Wasser außerhalb der Wohnungen.

Ich habe nun folgenden Plan: ich will den ganzen Ort Anecho samt seiner nächsten Umgebung in vier Bezirke einteilen. Für jeden dieser Bezirke werde ich einen Eingeborenen anstellen, dessen ausschließliches Tagewerk darin besteht, alle Höfe und Eingeborenenhütten seines Distriktes nach Brutstätten und larvenhaltigem Wasser abzusuchen und diese zu vernichten. Den ersten Rundgang durch den ganzen Ort werde ich selbst mit diesen Moskitojägern vornehmen und später von Zeit zu Zeit ihre Tätigkeit revidieren. Natürlich müssen auch die Grundstücke der Europäer einer Kontrolle unterliegen. Nach der ersten Visite werden Europäer und Eingeborene unter Strafandrohung dazu verpflichtet, alle Brutstätten von selbst zu beseitigen. Wenn trotzdem solche bei ihnen vorgefunden werden, so tritt eine Geldstrafe ein, die sich im Wiederholungsfalle steigert.

Sollten neue Gelbfiebererkrankungen eintreten, so müssen natürlich spezielle Maßregeln zur Isolierung des Patienten während des ansteckenden Stadiums getroffen werden. Hoffentlich gelingt es, das Gelbfieber nicht nur auf Kleinpopo zu beschränken, sondern es auch hier möglichst rasch zu beseitigen, denn hat es einmal festen Fuß gefaßt, so ist, wie die Erfahrung anderer Länder, in denen es seinen Einzug hielt, zeigt, die Neigung der Seuche, endemisch zu werden, ungeheuer groß.

Für Togo würde das Gelbfieber als dauernder Gast eine schwere Bedrohung seiner bisher so glücklichen Entwicklung bedeuten, so daß wir verpflichtet sind, eher zuviel als zuwenig Vorsicht walten zu lassen. Der verständnisvollen und eifrigen Mithilfe des Bezirksamtes in diesen Fragen bin ich gewiß. Meiner Überzeugung nach ist es auch geboten, die französische Grenze für den Verkehr zu sperren, damit nicht eine neue Einschleppung von dort her droht, wenn wir selbst des Gelbfiebers Herr geworden sind. Da indessen der Gouverneur von Dahome auf eine telegraphische Anfrage von hier aus, ob verdächtige Todesfälle dort vorgekommen seien, verneinend geantwortet hat, und in Widerspruch zu meinen, von den dortigen deutschen Kaufleuten stammenden Nachrichten, den Gesundheitszustand für vorzüglich erklärt („L'état sanitaire excellent ici"), so hat die deutsche Regierung vorläufig von dieser Maßnahme abgesehen.

Lagunenassanierung

21. Februar

Die Lagune bleibt nach wie vor unser hygienisches Schmerzenskind in Anecho. Nicht das freie Wasser der offenen Lagune birgt

Gefahren, sondern die Ufer mit ihren sumpfigen Ausläufern, ihren Schilf- und ihren Tümpelbildungen. Der häufige und rasch eintretende Wechsel des Wasserstandes läßt überall am Ufergelände Sumpfgebiete und Plätze mit stagnierendem Wasser entstehen, und diese sind die schönsten Brutstätten für die Malariaüberträger, die Moskitos. Für die das Gelbfieber vermittelnde Art der Stechmücken spielt sie zwar zunächst eine sekundäre Rolle; wenn wir aber die von ihnen bevorzugten Brutplätze in den Negerwohnungen glücklich beseitigt haben, wird die Stegomyia in Ermangelung anderen geeigneten Wassers auch das Lagunengebiet aufsuchen.

Aus diesem doppelten Grunde muß sich auch jetzt wieder die Frage nach Beseitigung der von der Lagune drohenden Gefahr aufdrängen. Wenn es gelänge, ihren Wasserspiegel dauernd auf gleicher Höhe zu erhalten, oder wenigstens einen raschen Wechsel ihres Wasserstandes zu verhindern, so wäre damit eine Sumpf- und Tümpelbildung am Ufergelände verhindert. Es liegen zwei Möglichkeiten vor, dieses Ziel zu erreichen. Erstens können wir an der schmalsten Stelle der Landzunge eine dauernde regulierbare Kommunikation zwischen See und Lagune herstellen, durch die man je nach Bedarf Wasser von der See einströmen oder aus der Lagune abfließen lassen kann. Die Sachverständigen halten diesen Gedanken für durchführbar, aber die Scheu vor der Höhe der Kosten, vor der leider oft auch wichtige gesundheitliche Fragen in unsern Schutzgebieten zu verstummen haben, schließt es aus, daß diesem Projekt überhaupt nähergetreten wird. Eine zweite Möglichkeit wäre die, den Abfluß der Lagune nach Grandpopo zu regulieren. Möglich ist auch die Durchführung dieses Planes, indem an irgendeiner geeigneten schmalen Stelle des nach Grandpopo führenden Armes quer durch die Lagune ein Damm aufgeführt würde mit einem Durchlaß, der je nach Bedarf geöffnet oder geschlossen werden kann. Aber auch ihm stehen die Kosten hindernd im Wege.

So bleibt zunächst nur der Ausweg, sich mit halben Maßnahmen zufriedenzugeben und auf bessere Zeiten zu hoffen. Wir müssen uns begnügen, vorläufig nur den Teil des Lagunenufers in Angriff zu nehmen, der den Ort Anecho direkt begrenzt. Auf diesem flachen und mit mannigfachen kleinen Ausbuchtungen verlaufenden Ufer dringt das Wasser beim Hochstand der Lagune selbst bis in die Grundstücke der Eingeborenen hinein, um beim Sinken ein weites Sumpfgebiet zurückzulassen. Wird dieses Uferland durch Aufführung eines gradlinigen, das Wasser begrenzenden Dammes so weit erhöht, daß selbst beim höchsten beobachteten Stande der Lagune ein Übertreten des Wassers unmöglich ist, so ist schon viel gewonnen. Dieses Werk ist vom Bezirksamtmann bereits in Angriff genommen worden. Das Terrain vom Damm bis zu den Eingeborenenhütten wird gleichzeitig aufgefüllt werden. Es ist eine große Arbeit, die Oberleutnant Sch. damit begonnen hat, aber mehrere hundert Steuerarbeiter, an denen der Bezirk keinen Mangel hat, können sie in einigen Monaten bewältigen. Ist das Werk erst fertig, so zweifle ich nicht, daß sehr bald auch die Eisenbahn, die nach dem bisherigen, hartnäckig festgehaltenen Plan auf der Seeseite des Ortes dicht an den Negerhütten vorbeigeführt werden soll, den weit bequemeren Weg auf der Lagunenseite nehmen wird.

Auch einen anderen alten, naheliegenden Plan zur Assanierung Anechos will ich jetzt wieder hervorholen. Vielleicht wird ihm augenblicklich mehr Beachtung geschenkt werden. Groß ist meine Hoffnung darauf freilich nicht, denn auch er läßt sich ohne einige Unkosten nicht verwirklichen. Aber da in den letzten drei Jahren zusammengenommen für Anecho noch nicht zehntausend Mark für sanitäre Arbeiten, deren es doch so sehr bedürfte, aufgewendet worden sind, so will ich es wagen. Ich meine den Plan, die schmale Landzunge, auf welcher der Ort gelegen ist, von den Negergrundstücken zu säubern und dadurch als Wohnort für die Europäer freizumachen. Wir haben etwa 600 enggedrängte Hütten auf der schmalen Nehrung stehen. Wenn dem Besitzer jeder Hütte ein gleich großes oder selbst doppelt so großes Stück Land an einem entfernteren Platze von der Regierung geschenkt würde, und dazu eine bare Entschädigung von durchschnittlich 50 Mark für jede Hütte, so würde mit 30 000 Mark scheinbaren Unkosten das wünschenswerte Ziel erreicht sein. Ich sage scheinbaren Unkosten; denn von dem freiwerdenden Terrain würden die Missionen und Faktoreien einen großen Teil zur Erweiterung ihrer jetzt unfreiwillig eingeengten Grundstücke zu hohem Preise von der Regierung kaufen. Scheut man sich, diesen radikalen Weg zu betreten, so würde es schon eine große Besserung des jetzigen Zustandes bedeuten, wenn mehrere breite Querstraßen durch die Hüttenkomplexe der Eingeborenen gebrochen würden, durch welche die kräftige Seebrise hindurchstreichen kann. Würde man dazu noch in Zukunft keine Bauerlaubnis mehr für Neger auf der Landzunge Anechos geben und das Wiederaufbauen jeder baufälligen Negerhütte an der alten Stelle verbieten, außer wenn sich der Eigentümer verpflichtet, nach europäischer Vorschrift zu bauen, so würde wenigstens im Laufe der Jahre etwas Ordentliches erreicht.

Anecho, 3. März

In Anecho wird fleißig gearbeitet, die Aufschüttung des Dammes schreitet rüstig vorwärts. Glücklicherweise sind wir auch bisher von neuen Gelbfieberfällen verschont geblieben, so daß wir daran denken können, das schwere Hindernis der Quarantäne in nächster Zeit wieder aufzuheben, was namentlich im Interesse des ungestörten Baues der Küstenbahn sehr erwünscht ist. In den nächsten Tagen schon wird sie bis zur Quarantänegrenze vorgedrungen sein. Nur die privaten Berichte aus Dahome lauten trotz des offiziellen Dementis noch immer beängstigend für mich. Ich will sehen, vom französischen Arzte in Grandpopo wirklich zuverlässige Nachrichten zu erhalten.

Eine schwierige Operation

12. März

In letzter Zeit habe ich einige Nachbardörfer nach gelbfieberverdächtigen Erkrankungen unter den Schwarzen abgesucht; aber erfolglos. Leider ist der sonstige Gesundheitszustand unter den Schwarzen schon seit einigen Wochen kein guter. Sie selbst bringen die häufigen Erkrankungen mit der außergewöhnlichen Trockenheit in Zusammenhang, die wir seit Ende vorigen Jahres haben. Da die sonst im September und Oktober herrschende kleine Regenzeit an der Küste völlig ausgeblieben ist, so hat die Lagune einen äußerst niedrigen Wasserstand erreicht und bildet durch ihr Zurücktreten weite Moraststellen mit häßlichen Ausdünstungen.

Die Poliklinik wird, wie immer, viel von den Schwarzen aufgesucht.

Einen gerade jetzt in Behandlung stehenden Krankheitsfall will ich wegen seiner Eigenart näher schildern. Man brachte mir eine ungefähr 30jährige Negerfrau mit folgendem Befunde. Seit sieben Jahren hatte sich in ihrem Munde eine Geschwulst gebildet, die immer größer und größer geworden war, bis sie jetzt nicht nur die ganze Mundhöhle ausfüllte, sondern noch faustgroß aus ihr herausgewachsen war. Nur ein enger Spalt des weit nach dem Ohr hin verzerrten Mundwinkels war freigeblieben. Durch ihn führte sich die Patientin mühsam flüssige Nahrung zu, die aber so ungenügend war, daß sie in einem trostlosen Schwächezustande hier ankam. Dabei nährte sie ein dreijähriges Kind! Die Untersuchung über den Ausgang der Geschwulst, über die Stelle, auf der sie aufsaß usw., war sehr erschwert, da der tastende Finger nirgends neben ihr Zugang finden konnte. Nach mehrmaligem, vorsichtigem Sondieren und Palpieren von außen konnte ich endlich mit einiger Sicherheit annehmen, daß es sich um eine vom rechten Unterkiefer oder seiner Knochenhaut ausgehende Neubildung handelte. Beide rechtseitige Kieferhälften waren durch den jahrelangen Druck der andrängenden Geschwulst in starkem Bogen nach innen gedrängt worden, der Oberkiefer dabei nach oben, der Unterkiefer nach unten gelagert. Die entsetzliche Entstellung und der drohende Hungertod führten sie endlich zum Arzte.

Die mikroskopische Untersuchung eines durch Probeexzision entnommenen Stückes ergab die Diagnose eines Fibrosarkomes. Was tun? Die Frau ging unrettbar ihrem Ende entgegen. Der Kräftezustand war so schlecht, daß sie eine Narkose kaum überstanden hätte, zumal diese durch einen Luftröhrenschnitt hätte stattfinden müssen, und der Eingriff nicht ohne starken Blutverlust vor sich gehen konnte. Der Ehemann bat mich trotz meiner Bedenken, sie auf jeden Fall zu operieren. Ich war gleichwohl nahe daran, sie als inoperabel anzusehen. Aber die Überlegung, daß sie ohne Operation sicher dem Tode verfallen war, während mit einer solchen wenigstens die Möglichkeit einer Rettung für sie bestand, brachte mich endlich doch dazu, zum Messer zu greifen. Ich wandte die lokale

Anästhesie durch Einspritzung Schleichscher Lösung an und spaltete zunächst vom rechten Mundwinkel aus die ganze Wange über die größte Konvexität der andrängenden Geschwulst, um sie mir überhaupt erst zugänglich zu machen. Als ich gerade damit fertig war, trat ein so schwerer Kokainkollaps ein, offenbar begünstigt durch die Schwäche der Frau und den unvermeidlichen Blutverlust, daß ich gezwungen war, den Eingriff abzubrechen.

Die Patientin erholte sich rasch und verlangte selbst am folgenden Tage die Fortsetzung der Operation. Beim Ausschälen der Geschwulst trat indessen auch diesmal, und zwar noch frühzeitiger, ein neuer Kollaps ein. Ich mußte wieder pausieren. Darauf schlug ich ihr vor, ohne Anwendung des für sie bedenklichen Kokains die Operation zu beenden, womit sie auch einverstanden war. Sie hielt, ohne einen Schmerzenslaut zu äußern, tapfer stand, so daß endlich am dritten Tage die Entfernung der Geschwulst gelang. Jetzt geht sie hoffentlich einer glatten Genesung entgegen. Die äußeren Nähte sind gut verheilt, und die ganze innere Wundfläche — die Geschwulst ging von der Knochenhaut des Unterkiefers aus — befindet sich ebenfalls in voller Heilung.

Anecho, 24. März

Gestern am Spätnachmittage wurde ein junger Kaufmann G. bewußtlos in der Hängematte in unser Krankenhaus gebracht, ein neuer Gelbfieberkranker! Er kam aus Grandpopo. Schon um Mitternacht starb er, ohne das Bewußtsein wiedererlangt zu haben. Er weilte erst seit vier Monaten in den Tropen. Heute haben wir ihn begraben. Pater Sch. hielt ihm die Grabrede, die beste, die ich je gehört habe.

„Ich komm' und weiß nit woher,
Ich geh' und weiß nit wohin,
Ich leb' und weiß nit wolang,
Mich wundert's, daß ich so fröhlich bin!"

Durch diesen Fall sind meine Befürchtungen, daß uns von Dahome eine neue Gelbfiebereinschleppung droht, zur Gewißheit geworden. Zwar brauchen wir durch ihn noch nicht in neue Beängstigung versetzt zu werden, denn der Verstorbene stand bei seiner Ankunft im fünften Tage seiner Krankheit, und nur während der ersten drei Tage ist sie ansteckungsfähig. Trotzdem werden wir der Ostgrenze erhöhte Aufmerksamkeit schenken müssen.

Landungsbrücke und Küsteneisenbahn

Anecho, im März

An der Fertigstellung der Küstenbahn wird eifrig gearbeitet, täglich werden bis zu 700 m Schienen gelegt, und in einigen Wochen wird hoffentlich schon der erste Zug in Anecho einlaufen. Soweit die Strecke fertig ist, wird sie bereits jetzt dem interimistischen Personenverkehr auch für Eingeborene freigegeben. Man hat bei den Vorberatungen in der Kolonie und namentlich zu Hause vielfach, ja ganz allgemein die Ansicht geäußert, daß die Bahn eine Luxusbahn werden würde, und daß sie neben der Güterbeförderung zur Landungsbrücke, die kostenlos für die Firmen Anechos erfolgt, nur der Bequemlichkeit des Reiseverkehrs der Europäer zwischen den beiden Küstenplätzen dienen werde. Vielleicht erleben wir hierin einmal eine kleine Enttäuschung im guten Sinne. Ich bin überzeugt, daß die Bahn vom Neger sehr fleißig benutzt werden wird, falls man den Tarif für ihn nicht zu hoch bemißt. Der Verdienst, den er auch im Kleinhandel mit seinen Marktprodukten, die er nach Lome schafft, erzielt, muß ausreichen, um die Kosten der Eisenbahnfahrt abzuwerfen. Die Bequemlichkeit und Anpassungsfähigkeit des Negers an alles, was ihm handgreifliche Vorteile bringt, wird bald genug dahin führen, daß er eine mühelose Bahnfahrt von 1½ Stunden Dauer einem zehnstündigen Marsche durch den Küstensand mit einer Last auf dem Kopfe vorziehen wird.

Ferner ist zu bedenken, daß die Strecke von 50 km selbst für heimische Begriffe recht dicht bevölkert ist. Außer den beiden Endpunkten Lome und Anecho, die wir unter Einschluß der unmittelbaren Umgebung mit je 5000 Einwohnern ansetzen dürfen, liegen das ansehnliche Porteseguro und Bagida, die als Haltestellen geplant sind, direkt an ihr. Berücksichtigen wir ferner noch die bis zu einer Entfernung von 10 km landeinwärts dieser Haltepunkte ansässige Bevölkerung, so kommen wir auf mindestens 25 000 Schwarze, die an dem regelmäßigen Personenverkehr der Küstenbahn teilnehmen werden. Angenommen, es verkehrte täglich ein Zug hin und zurück, der Fahrpreis würde auf höchstens 1 M. festgesetzt, was ungefähr unserer vierten Wagenklasse in Deutschland entspräche, so würde bei einer täglichen Gesamtfrequenz von 150 schwarzen Passagieren eine monatliche Einnahme von 4500 M. oder ein Jahresertrag von 54 000 M. allein aus dem Personenverkehr der Schwarzen erzielt werden, dem die Bausumme der Bahn von rund 1 Million als zu verzinsendes bzw. amortisierendes Kapital gegenübersteht. Das ist natürlich nur eine ungefähre Schätzung, und die Zukunft wird zeigen müssen, wie weit sie zutrifft. Aber ich glaube, man hat allgemein die Beteiligung des Küstennegers am Eisenbahnverkehr unterschätzt, wie früher auch seine Beteiligung am Post- und Telephonverkehr unterschätzt worden ist.

Leider wird nach der Eröffnung des Bahnbetriebes die Sperrung der Reede von Anecho nicht lange auf sich warten lassen. Die juristische Berechtigung des Gouvernements zu diesem Schritte entzieht sich meiner Beurteilung. Sicher aber ist, daß nach vollendeter Küstenbahn keine Dampfer mehr unsern Ort anlaufen werden, sondern alle Güter der hiesigen Firmen mit der Bahn nach Lome zu gehen haben. Dort werden sie für die gleiche Gebühr wie die Güter der Firmen Lomes über die Landungsbrücke verladen. Ebenso werden alle für Anecho bestimmten Importwaren über die Landungsbrücke in Lome gelandet und von dort mit kostenloser Bahnfahrt hierhergebracht. Die Faktoreien haben dabei den Vorteil, das Risiko der Brandung bei der Verschiffung zu umgehen, auf der andern Seite aber den Nachteil, für ihre Waren einen Umweg über Land nehmen zu müssen. Der Grund zu dieser ganzen Maßnahme ist natürlich der, die Landungsbrücke rentabel zu machen, da nun die Gebühren für die Verschiffung und Löschung der Güter Anechos auf dem Einnahmekonto der Landungsbrücke von Lome erscheinen. Für unsern Ort wird sie leider nicht ohne nachteilige Folgen bleiben können. Er wird dadurch von der Höhe eines regen Exportplatzes — Anecho exportiert bedeutend mehr als Lome! — zu einem Einkaufsplatze und einer Durchgangsstation für Lome herabgedrückt.

Natürlich hört auch jeder Personenverkehr von und zu den Dampfern sowie die direkte Postverbindung auf.

Im ganzen berührt es mich seltsam, daß die Firmen gezwungen werden sollen, diesen Weg für ihre Waren zu wählen. Denn bietet dieser ihnen wirklich Vorteile, so wird, sollte man annehmen, jeder Kaufmann ihn sehr bald von selbst wählen. Es scheint mir fast so, als wenn sich die Regierung doch nicht ganz sicher darüber wäre, daß die ausschließliche Vermittlung allen Verkehres in Togo über die Brücke in Lome von allen Firmen als Vorteil empfunden werden wird. Eine schwache Hoffnung, daß diese Degradierung Anechos später wieder ausgeglichen wird und auch seine Reede für den Dampferverkehr wieder eröffnet werden muß, besteht doch noch. Sie würde sich dann erfüllen, wenn im Laufe der Jahre die Exportmengen Togos so anwachsen, daß Eisenbahn bzw. die Landungsbrücke in ihrer jetzigen Verfassung sich nicht als genügend erweisen, den Betrieb zu bewältigen.

Anstatt des Projektes: Landungsbrücke in Lome mit anschließender Küstenbahn nach Anecho, wie es jetzt zur Ausführung gekommen ist, wäre die Verwirklichung eines anderen mit etwa gleichem Kostenaufwande möglich gewesen. Ich weiß nicht, ob es überhaupt jemals ernstlich zur Diskussion gestanden hat; jedenfalls hätte seine Verwirklichung für den Gesamthandelsverkehr mindestens die gleichen Vorteile, wahrscheinlich aber noch größere geboten, und vielleicht wird die weitere Entwicklung Togos dahin führen, daß man ihm in der Zukunft wenigstens teilweise nähertritt.

Dies Projekt wäre folgendes gewesen: die Landungsbrücke in Lome zu bauen, die Küstenbahn aber fallen zu lassen. Für ihre Bausumme (1 Million) aber erstens eine für Fuhrwerke aller Art, also auch Automobile befahrbare Straße zwischen Lome und Anecho herzustellen, die bei den günstigen Arbeiter- und Terrainverhältnissen (Fehlen jeglicher Brücken) höchstens 200 000 M. gekostet haben würde, und ferner für den Rest von 800 000 M. eine zweite Landungsbrücke in Anecho. Wir hätten dann an jedem der beiden Haupthandelsplätze eine Landungsbrücke, und eine unbeschränkte Konkurrenz beider hätte einsetzen können. Sie würde auf das Gesamtergebnis des Handels nur belebend und hebend haben wirken können. Wenn schon die Kolonie dann die Unterhaltungskosten zweier Brücken zu tragen gehabt hätte, würden dafür auf der andern Seite die Betriebskosten für die Küstenbahn in Wegfall gekommen sein. Vielleicht bringt die Zukunft noch diese zweite Landungsbrücke für Anecho.

Ein weiteres, für die Entwicklung unseres Ortes ebenfalls sehr wichtiges und nicht gerade fernliegendes Projekt, dessen Verwirklichung hoffentlich nicht allzu lange auf sich warten läßt, ist das einer kurzen Bahn nach dem Mono. Ihre Vorteile sind zu augenfällig, als daß nicht früher oder später zu ihrem Bau geschritten werden müßte. Ich glaube sogar, daß ohne Risiko für sie leicht das erforderliche Kapital von privaten Interessenten aufgebracht werden könnte. Nehmen wir an, es ginge eine Bahn von Anecho nach Agomeseva oder Agomeklossu (40—45 km).

Was würde sie für Vorteile bieten? Bei der dichten Bevölkerung dieses Gebietes würde auch hier der Personenverkehr zweifellos sehr lebhaft sein. Weiter aber würden alle Produkte dieser an Ölpalmen besonders reichen Gegend, die bisher den langen, mehrtägigen Weg auf dem Mono und auf der Lagune nach Anecho nehmen müssen, in 1½ Stunden in die Faktoreien unseres Ortes gelangen können. Gleichzeitig ist dann die Möglichkeit geboten, einen großen Teil aller Produkte, die jetzt, an der Mündung des Monoflusses angekommen, den Franzosen in Grandpopo in die Hände fallen, dem deutschen Gebiete zu erhalten. Ferner würde die Rentabilitätsgrenze für die Ölpalmenprodukte, die bei den jetzigen umständlichen Verkehrsverhältnissen in etwa 60—70 km Entfernung von der Küste liegt, um ein beträchtliches Stück nach Norden, den Mono aufwärts, hinausgerückt werden. Es würde aber nicht nur für Palmkerne und Palmöl, sondern auch für Mais, für dessen Anbau ebenfalls gerade diese wasserreiche Gegend die günstigsten Bedingungen bietet, ein neues Gebiet erschlossen werden. Wird die Bahn in absehbarer Zeit nicht gebaut, so wäre schon viel gewonnen, wenn der Bezirk sich dazu entschlösse, eine für Lastwagenverkehr geeignete Straße dorthin anzulegen.

Bekämpfung des Gelbfiebers

Ostern

Am 10. April erkrankte die in der hiesigen Schwesternniederlassung zu Besuch weilende Oberin der französischen Missionsstation Agoué, eines zwischen Kleinpopo und Grandpopo gelegenen Ortes, ebenfalls an Gelbfieber und erlag ihm nach wenigen Tagen. Zu ihrer Pflege eilte eine jüngere Schwester herbei; auch sie wurde von der gleichen Krankheit befallen. Nach schweren Leiden, die sie sieben Tage lang mit bewunderungswürdiger Ergebenheit trug, starb sie am 19. April.

So mußte unser Ort Anecho von neuem für verseucht gelten. Ich reiste am Gründonnerstag in einem von mir erbetenen und sofort zur Verfügung gestellten Extrazug nach Lome. Es war meine erste Eisenbahnfahrt in Afrika, zu der ich mir freilich einen freudigeren Anlaß gewünscht hätte. In Lome fand eine Beratung mit Dr. Kr., mit dem stellvertretenden Gouverneur und dem Bezirksamtmann von Lome statt. Wir mußten uns entschließen, die unlängst aufgehobenen Quarantänemaßregeln wieder in Kraft treten zu lassen und jetzt vor allem gegen Dahome Land- und Seequarantäne zu verhängen.

Am Karfreitag stand ein Eisenbahnzug für ⁿs und ein Aufgebot schwarzer Polizeisoldaten für die Absperrun; . Lome bereit, der letzte, der vorläufig zwischen den beiden Küs .nplätzen verkehren wird. Eine ganze Anzahl von Eingeborenen, die diese letzte Gelegenheit, nach Anecho zu kommen, noch benutzen wollten, füllten die offenen Arbeitswagen des Zuges; Personenwagen sind noch nicht im Betriebe. In Porteseguro wurde das bei der früheren Quarantäne errichtete Haus wieder instandgesetzt und die Absperrung des Verkehrs von neuem vorgenommen. Es war eine eigenartige Karfreitagsfahrt. Den Schwarzen war natürlich ihr ernster Grund nicht ersichtlich, und lustig schmetterte der Hornist des Absperrungskommandos seine Stückchen in den sonnigen Morgen. Für die Schwarzen war es das erstemal in ihrem Leben, daß sie auf einer Eisenbahn fuhren. „anyígbahū" ist sie von ihnen ganz bezeichnend getauft worden. „anyígba = Land, Erde, „ehū" = Kanu, also „Landkanu". Wie übermütige Kinder freuten sich Männlein und

Weiblein über ihre erste Bahnfahrt. Als wir am Dorfe Bagida vorbeifuhren, hielt es ein Neger, der dort beheimatet war, für richtig, die Weiterfahrt durch Abspringen von dem in voller Fahrt befindlichen Zuge zu unterbrechen. Er fiel platt auf den Leib; zum Glück war es eine sandige Stelle, an der er den kühnen Sprung wagte, und wir sahen noch vom Zuge aus, daß er sich mühsam wieder aufrappeln konnte.

Nach Anecho zurückgekehrt, galt es im Verein mit Oberleutnant Sch. die Grenzsperre nach Dahome durchzuführen. Eine halbe Stunde von Sebe entfernt haben wir beim Dorfe Hilokofi einen geeigneten Platz ausgesucht, wo ein Quarantänehaus mit einem moskitosichern Raume für Europäer errichtet wird. Schwarze Polizeisoldaten überwachen auch hier die Absperrung.

Anecho, 15. Mai

Meine liebe Frau!

Mit dieser Post über den Stand der Gelbfieberseuche einige Zeilen, die Dich hoffentlich für den Fall, daß Du auf übertriebene Nachrichten in den Zeitungen stoßen solltest, beruhigen werden. Unter den Bewohnern Anechos selbst ist seit zwei Monaten keine neue Erkrankung wieder vorgekommen! Ich hoffe deshalb bestimmt, daß die Gefahr für unsern Ort beseitigt ist. Leider haust der unheimliche Gast noch im benachbarten Dahome in den beiden Orten Agoué und Grandpopo*). Ich stehe mit den dortigen Deutschen und auch dem französischen Arzte in dauernder Korrespondenz und werde mit letzterem in nächster Zeit zu einer mündlichen Besprechung zusammentreffen. Am härtesten ist die französische Schwesternniederlassung in Agoué betroffen worden. Alle vier Schwestern erkrankten, und nur eine von ihnen ist genesen. Zwei von ihnen starben in meiner Behandlung in Anecho. Zuerst erlag die Oberin, die schon über 20 Jahre dem afrikanischen Klima getrotzt hatte. Eine zu ihrer Pflege herbeigekommene zweite Schwester wurde ebenfalls

---

*) *In Grandpopo entschloß man sich schließlich dazu, alle Europäer aus dem Orte zu entfernen und auf einige Wochen in einem benachbarten Dorfe unter ärztlicher Aufsicht zu isolieren. Nach der Rückkehr kamen auch wirklich keine neuen Gelbfieberfälle mehr in Grandpopo vor.*

von der Seuche ergriffen. Sie mußte ausnahmsweise lange und schwer leiden und wurde erst am achten Krankheitstage von ihren Qualen erlöst, die sie mit unvergleichlichem Heroismus ertrug.

Um zu verhindern, daß neue weitere Fälle über die französische Grenze zu uns gebracht wurden, konnten wir natürlich nicht anders, als eine strenge Grenzsperre gegen Dahome zu verhängen. Da durch die hier verstorbenen Kranken unser Ort von neuem für infiziert zu gelten hat, mußten wir uns für einige Wochen auch gegen Lome wieder abschließen. In eigenartiger Beleuchtung erscheint jetzt das Telegramm des französischen Gouverneurs, von dem ich Dir kürzlich wohl schrieb.

Meine Tage hier sind nun gezählt, und mein notgedrungen geäußerter Wunsch, von hier fortzukommen, geht in Erfüllung. Mir ist mit letzter Post meine Versetzung nach Kamerun für Anfang Juli angekündigt worden. Ende Juni wird voraussichtlich mein Nachfolger aus Deutschland eintreffen, so daß ich meine Koffer packen kann. Sollte, was ich aber nicht befürchte, die Seuche in Togo nochmals aufflackern, so würde ich freilich bestimmt weiter hierbleiben, denn im Augenblick der Gefahr verschwinde ich nicht vom Schauplatze.

Seit gestern habe ich in der Quarantänestation von Hilakófe, die eine Stunde Wasserfahrt von hier entfernt liegt, einen Kaufmann M. aus Grandpopo liegen, der an Gelbfieber erkrankte, jetzt in der Genesung ist und nun gern von Lome aus einen Heimatsdampfer erreichen möchte. Der arme Kerl ist zwar über das lebensgefährliche Stadium hinaus, aber noch so matt und schwach, daß er keine zehn Schritt ohne Unterstützung laufen kann; auch eine starke Gelbfärbung des ganzen Körpers hält noch hartnäckig an. Ich werde ihn täglich besuchen, bis er seine vorschriftsmäßige fünftägige Quarantäne absolviert hat, dann soll er sich noch einige Zeit hier im Krankenhause erholen, ehe er sich die Anstrengungen der langen Seereise zumutet.

Natürlich hat das Gelbfieber und seine Bekämpfung dauernd eine erhöhte Arbeitslast für uns zur Folge. Auch sonst war in der letzten Zeit der Gesundheitszustand der Weißen im Vergleich zu früher schlecht. Ich selbst war in den verflossenen beiden Wochen gesundheitlich auch nicht auf der Höhe; ganz ungestraft wandelt eben keiner unter Palmen. Ich hatte mir als Folge einer Infektion bei einem mit dem gleichen Übel behafteten Europäer eine lästige Furunkulosis zugezogen, zu der ja ohnehin viele Weiße in den Tropen disponiert sind. Die einzelnen Furunkel, die bald hier bald da, besonders aber im Gesicht auftreten, waren sämtlich harmlos, bis auf einen, der sich in der Unterlippe etablierte und sich dort zu einem schmerzhaften Abszesse entwickelte, natürlich mit der begleitenden Halsdrüsenschwellung. Nach einigen nahrungslosen Tagen und schlaflosen, fiebernden Nächten ließ ich mir von einer unserer Schwestern einen Schnitt durch den Abszeß machen, nach dem er rasch zur Ausheilung gekommen ist. Mehr als alle örtlichen Beschwerden war mir eine dabei bestehende nervöse Reizbarkeit lästig, deren Hochgradigkeit in auffälligem Gegensatz zu der Geringfügigkeit der Ursache stand und mir von neuem die Ansicht aufdrängte, daß in den Tropen nicht nur die Widerstandskraft des Körpers, sondern auch die des Nervensystems bei längerem Aufenthalte beeinträchtigt wird. Seit den letzten Tagen bin ich wieder im vollen gesundheitlichen Gleichgewicht.

Die tropische Nervosität

Im Mai

Die Forschung der Tropenhygiene weist noch eine große Lücke auf. Die Ärzte befassen sich bei ihren Untersuchungen und Beobachtungen mit den Funktionen oder Erkrankungen aller möglichen Organe; aber ein sehr wichtiges Organ ist bisher sehr wenig von ihnen beachtet worden, das Zentralnervensystem. Die Psychologie und Psychiatrie des Europäers in den Tropen hat wohl noch nicht einmal ihre Kinderschuhe angezogen. Und doch glaube ich, daß gerade das Nervensystem vom Tropenklima ebenso gefährdet wird wie der übrige Körper, und daß die Schädigungen beider häufig im engsten Zusammenhange stehen. Wo die Begriffe fehlen, da stellt zur rechten Zeit ein Wort sich ein, man sagt schlechthin: das Tropenklima macht nervös. Für den Forscher gilt es festzustellen, welche ursächlichen Momente diese tropische Nervosität — wir wollen es faute de mieux so nennen — auslösen.

Es würde mich jetzt zu weit führen, wenn ich ihren Spuren im einzelnen nachgehen wollte; aber sie deuten sowohl auf Veränderungen im Chemismus des Stoffwechsels als auch auf Veränderungen äußerer Einflüsse hin; kurz: die Reize, welche das Nervensystem in den Tropen treffen, sind andere als unter heimatlichen Bedingungen. Aber auch die Reaktion unseres Nervensystems auf die Reize ist hier eine andere; in manchen Punkten eine trägere, meist eine erheblich empfindlichere. Diese Tatsache tritt fast bei jedem Europäer, der längere Zeit in den Tropen weilt, in die Erscheinung, und ich glaube, daß kaum einer das europäische Gleichgewicht seines Nervensystems sich auf die Dauer hier wahren kann. Diese Erscheinung ist in mancher Hinsicht von großer Bedeutung für die richtige Abschätzung eines Menschen und seines Handelns in den Tropen, vielleicht selbst für die juristische Beurteilung mancher sonst rätselhaften Delikte. Ich habe Gelegenheit gehabt, am eigenen Leibe eine solche Störung des nervösen Gleichgewichtes zu verspüren, die ich zur Illustration kurz erzählen will.

Ich wohnte im November 1904 einige Tage in Baffilo, einem großen, völlig friedlichen Negerdorfe Nordtogos. Eines Nachts wachte ich mit einem heftigen Schmerz im rechten Unterarm auf, der aber sehr bald nachließ. Am Morgen befand sich an der betreffenden Stelle eine kleine Hautblutung, in deren Umgebung eine lebhafte entzündliche Rötung und Schwellung eingetreten war. Ich habe die Ursache nicht ermitteln können, vielleicht war es der Stich eines Skorpiones. Bei sonst vollem Wohlbefinden stellte sich am Abend eine leichte Temperatursteigerung ein. Ich saß auf dem Langstuhl vor dem Rasthause und träumte, den Arm mit einem feuchten Verbande umwickelt, in die Sternennacht hinein. Plötzlich fuhr mit schwirrendem Geräusch irgend etwas an meinem Ohr vorüber. Ich achtete zunächst kaum darauf. Nach wenigen Minuten wiederholte sich das gleiche Geräusch, und in demselben Moment stand bei mir fest, daß es beide Male nichts anderes gewesen sein könne als das Schwirren eines nach mir abgeschossenen Pfeiles. Dieser Gedanke lag bei der völlig friedlichen Bevölkerung an sich so fern wie nur möglich; aber der nächstliegende, der die Erscheinung ohne weiteres erklärte, nämlich, daß es eine der zahlreichen Fledermäuse war, die in dem Hause ein und aus schwirrten, und deren gleiches Geräusch ich ungezählte Male früher gehört hatte, kam mir nicht; der erstere haftete fest. Ich alarmierte die mich begleitenden drei Schwarzen und meine Lazarettgehilfen, nahm selbst ein geladenes Gewehr zur Hand, ließ aus trockenen Grasbündeln Fackeln herstellen und anzünden und gab den Befehl, die ganze Umgegend des Hauses nach dem vermeintlichen Schwarzen abzusuchen, der auf mich geschossen hätte. Wir suchten mindestens eine halbe Stunde lang, bis ich von dem ungestümen, aufgeregten Umherlaufen anfing, mich schwach zu fühlen und mich niedersetzen mußte. Erst da kam mir der Gedanke, wie töricht meine Annahme sei und wie das ominöse Geräusch natürlich vom Flügelschlage einer Fledermaus herrühre. Aber ich bin sicher, wenn ein unglücklicher Zufall mich bei dieser Gespensterjagd auf einen im Grase hockenden Schwarzen hätte stoßen lassen, ich würde ihn niedergeschossen haben. Und wer hätte mir nachher den Zusammenhang und die Erklärung des Vorganges wohl geglaubt?

Die Grade, in denen diese Umstimmung unseres Nervensystems sich äußern, sind nun individuell ganz verschieden und abhängig von der Anlage, die der Europäer bereits mit herausbringt, vom Maße der Selbstbeherrschung, über das er verfügt, von der Beeinflussung seiner Umgebung und manchen anderen äußern Verhältnissen. Es ist einleuchtend, wie wenig ein schon daheim zur Nervosität neigender Mensch für den Tropendienst geeignet ist. Wenige sind unter uns, die in den Tropen ruhiger werden, die meisten werden „nervös". Eine geringfügige Veranlassung, etwa das Versehen eines schwarzen Dieners, bringt sie in eine Aufregung, die im groben Mißverhältnisse zum auslösenden Reize steht, und die den Erregten möglicherweise zu Handlungen hinreißen kann, deren er sich daheim selbst nicht für fähig halten würde.

Merkwürdig ist mir, daß fast alle ärztlichen Tropenforscher die Erscheinung des sogenannten Tropenkollers von der Hand weisen*).

---

*) *Die Annahme einer spezifischen geistigen Störung, die man „Tropenkoller" nennen wollte, wird heute mit Recht von allen Tropenärzten abgelehnt. Es gibt keine spezifische Beeinflussung unseres Nervensystems, die auf das Tropenklima zurückzuführen wäre. Was man früher „Tropenkoller" nannte,*

Wenn man unter dieser Bezeichnung eine erhöhte nervöse Erregbarkeit mit ihren Folgeerscheinungen versteht, so bin ich von seinem Vorhandensein auf klimatischer Basis fest überzeugt. Ich halte sicher eine spezifische Beeinflussung unseres Nervensystems durch das Tropenklima für möglich. Es wäre sogar wunderbar, wenn eine solche Beeinflussung nicht stattfände. Ebenso wie der ganze übrige Organismus bei dem neu in die Tropen Kommenden eine Umstimmung erfährt, ebenso wie sein leibliches Befinden gefährdet ist, genau so ist es sein Nervensystem, sind es seine psychischen Funktionen. Es wechselt für ihn die äußere Temperatur, es wechselt der Feuchtigkeitsgehalt der Luft, es wechselt die Ernährung, es wechseln zahlreiche klimatische Reize, es wechseln alle äußeren Lebensgewohnheiten. Daheim sind die Einflüsse aufs Nervensystem, die schon der weit weniger einschneidende Wechsel bei einer verhältnismäßig kleinen Ortsveränderung mit geringfügigen klimatischen Unterschieden im Gefolge haben kann, wohl bekannt. Weshalb sollte der weit intensivere Wechsel zwischen gemäßigtem und heißem Klima spurlos an ihm vorübergehen?

Freilich kommt häufig eine zweite Kategorie äußerer Einflüsse hinzu, die zunächst nichts mit dem Klima zu tun haben. Aber auch ihnen gegenüber ist hier die Reaktion eine weit lebhaftere als daheim, weil das Klima die größere Disposition dazu geschaffen hat. Als Beispiel sei an die allgemein bekannte Tatsache erinnert, daß der Alkohol die Nerven in den Tropen viel intensiver beeinträchtigt, daß ein tropischer Katzenjammer die heimische Spezies an Zähigkeit und Lebensdauer weit übertrifft. Es gibt ferner eine Reihe von Einflüssen, die zwar ebenfalls mit dem tropischen Klima nichts zu tun haben, die aber unvermeidlich mit dem Leben in ihm verbunden sind und ihren psychischen Einfluß oft sehr schwer geltend machen: das Fehlen von Abwechslung, geistiger Anregung, von Verkehr und Aussprache auf entlegenen Posten u. a. m. Summieren

waren Entgleisungen an sich unbeherrschter, hemmungsloser Menschen. Sie kamen meist unter dem Einfluß chronischen Alkoholgenusses zustande. Seit das soziale Leben in den Tropen sich weitgehend dem Europas angeglichen hat, seit man bei der Aussendung eine sorgfältigere Auswahl treffen kann als dies in älteren Kolonialzeiten der Fall war, ist der „Tropenkoller" zu einer legendären Angelegenheit geworden.

sich alle diese Schädlichkeiten, kommen wohl gar schwächende Fieber oder körperliche Überanstrengung hinzu, so kann ein schweres nervöses Krankheitsbild daraus entstehen, das wir nicht selten in den Tropen erleben und das alle möglichen Erscheinungsformen annehmen kann, das zwischen Neurasthenie, Melancholie, Delirien, Depressions- und manikalischen Zuständen wechselt. Die Zahl derer, bei denen die nervösen Störungen derartig hohe Grade annehmen, daß sie ihre Tätigkeit in den Tropen aufgeben müssen, ist z. B. für Togo nicht klein. Weit größer noch ist die Zahl derer, bei denen sie in milder Form und nur gelegentlich hervortreten.

Da solche Erscheinungen ebenfalls als Tropenkrankheit aufzufassen sind wie jede Malaria, so muß ihnen auch eine sachgemäße Behandlung zuteil werden. Bei allen schweren Fällen kann natürlich nur die Rückkehr ins heimische Klima Genesung bringen. Um harmlosere Grade zu heilen, kommen eine ganze Anzahl Hilfsmittel in Betracht; ein kurzer Urlaub oder eine kurze Reise in eine andere Gegend des Landes mit anderer Umgebung, anderen Verhältnissen und neuen Eindrücken, kann schon große Wirkung haben, eine kurze Dampferfahrt genügt für viele zur Genesung. Sieht man, daß eine schädigende Ursache mitspricht, Alkohol, Morphium, sexuelle Exzesse, Anstrengungen, so sind diese natürlich auszuschalten. Besonderer Wert müßte darauf gelegt werden, solchen Störungen rechtzeitig vorzubeugen. Als geeignetstes Mittel dafür will mir die Ausübung eines leichten Sportes erscheinen, die aber mit bestimmter Regelmäßigkeit getrieben werden muß. Dabei kann dem persönlichen Geschmack der breiteste Spielraum gelassen werden: Reiten, Tennisspiel, Kegeln, Jagd; jeder vernünftig getriebene Sport ist geeignet, nicht nur das körperliche Wohlbefinden zu fördern, sondern auch eine günstige Rückwirkung aufs Nervensystem auszuüben. Leider scheint es mir, als wenn in Togo jetzt weniger Verständnis für solche Dinge vorhanden sei als in früheren Jahren.

Oft wird es nicht leicht sein, von den eben kurz geschilderten krankhaften Veränderungen anders geartete Erscheinungen des Tropenlebens zu scheiden, Erscheinungen, von denen man mit Recht behaupten kann, daß sie derselbe Mensch auch am Nordpol entwickeln würde oder überall da, wo die Schranken der Zucht fallen,

Erscheinungen, die an die beißenden Worte Nietzsches in seiner Genealogie der Moral gemahnen: „Dieselben Menschen, welche so streng durch Sitte, Verehrung, Dankbarkeit, Brauch, durch Eifersucht inter pares in Schranken gehalten sind, die andrerseits im Verhalten zueinander so erfinderisch in Rücksicht, Selbstbeherrschung, Zartsinn, Treue, Stolz und Freundschaft sich beweisen — sie sind nach außen hin, dort wo das Fremde, die Fremde beginnt, nicht viel besser als losgelassene Raubtiere. Sie genießen da die Freiheit von allem sozialen Zwang, sie halten sich in der Wildnis schadlos für die Spannung, welche eine lange Einschließung und Einfriedigung in den Frieden der Gemeinschaft gibt, sie treten in die Unschuld des Raubtiergewissens zurück, als frohlockende Ungeheuer, welche vielleicht von einer scheußlichen Abfolge von Mord, Niederbrennung, Schändung, Folterung mit einem Übermute und seelischem Gleichgewicht davongehen, als ob nur ein Studentenstreich vollbracht sei. . . ."

Der deutsche Kolonialbeamte

Im Mai

Was weiß das deutsche Volk von seinen Kolonialbeamten? Nichts.

Früher, in den kolonialen Anfangsjahren, war man wohl gezwungen, auch nicht ganz einwandfreie Existenzen in die überseeischen Besitzungen hinauszuschicken, aus dem einfachen Grunde, weil man nicht genügend andere hatte. Manche, die daheim etwas gutzumachen hatten, drängten sich damals dazu, sie hatten den Wagemut, in ein unzivilisiertes Land voller Gefahren und Entbehrungen hineinzugehen. Viele von diesen ersten, alten Afrikanern haben ihr Leben gelassen, viele von ihnen aber auch Vorzügliches geleistet. Das aber erkennt niemand an, sondern nur die vereinzelten, die auch unter der Tropensonne nicht geläutert wurden, werden hervorgesucht. Jetzt verfährt man schon längst bei der Auswahl der Kolonialbeamten mit größter Vorsicht, ohne daß irgendwelche Sicherheit dagegen gegeben ist, daß ein Mensch, der sich in der Heimat in seinem Fach bewährt, in den Kolonien völlig versagt.

Leute, deren Kolonialidiotismus einen besonders hohen Grad erreicht hat, versteigen sich sogar zu der Behauptung, daß der koloniale Beruf den Menschen verrohe, entsittliche, zur Bestie mache. Allerdings, der oberflächliche, wertlose Lack europäischer Halbbildung pflegt unter der Tropensonne leicht zu schmelzen, aber um so deutlicher tritt der Kern, der darunter verborgen liegt, zutage. Es ist wohl möglich, daß ein Kulturgigerl, dem daheim eine glatte Laufbahn beschieden war, in der kolonialen Arbeit kläglich Fiasko macht, während Leute, die zu Hause nur schwer der konventionellen Form genügten, gerade hier mit bestem Erfolge tätig sind. Ein ganzer Mensch wird in den Kolonien nichts von seinem Wesen verlieren, sondern im Gegenteil reiche Gelegenheit zu tausendfachen Erfahrungen haben, die er in der Heimat nirgends schöpfen kann. Das beste ist gerade gut genug für die harte Arbeit auf afrikanischem Boden; aber das „Beste" nicht gemessen mit dem Maße der Herdentiermoral, sondern nach dem Wollen und Können.

Wir brauchen hier ganze Männer. Schicken wir diese hinaus, so werden nicht nur die Kolonien ihren Vorteil davon haben, sondern eine starke Rückwirkung auf unser ganzes Volk wird nicht ausbleiben. Kehren sie nach Jahren in die Heimat zurück, so werden sie nicht nur ein Verständnis dafür haben, an der Ausgestaltung der deutschen Scholle mitzuarbeiten, sondern auch imstande sein, den Blick weiter Kreise dafür zu schärfen, was unserm Vaterlande im Wettbewerbe aller Völker in der weiten Welt nottut. Man wird diesen Nutzen unserer Schutzgebiete zwar nicht nach Maß, Gewicht oder klingender Münze berechnen können, aber er ist darum nicht weniger hoch anzuschlagen als alle die Tonnen Baumwolle oder Palmöl, die wir aus ihnen gewinnen. Es muß doch ein gutes Stück Afrikafreudigkeit in den Kolonialbeamten stecken, wenn so viele von ihnen trotz aller Enttäuschungen, die keinem erspart bleiben, von neuem hinausgehen, ohne daß etwas anderes sie dazu treibt, als die Lust und Liebe am kolonialen Berufe. Ich kenne eine ganze Anzahl von Militär- und Zivilbeamten, die nicht einmal, sondern soundso oft von den schwersten, lebensgefährlichen Tropenkrankheiten befallen wurden und trotzdem immer wieder von neuem auf ihr altes Kampffeld zurückkehren.

Jeder, der zum ersten Male hinauszieht, steht zunächst vor völlig Neuem, jeder muß lernen und in vielen Dingen von vorn anfangen.

In Deutschland besteht noch keine Kolonialschule für Beamte. Für Pflanzer, Farmer und Landwirte haben wir in Witzenhausen bei Kassel eine deutsche Kolonialschule, die ihre Zöglinge theoretisch und praktisch für ihren zukünftigen Beruf vorbildet.

Wenn ich auch den Wert allgemeiner Vorkenntnisse bei Eintritt in die koloniale Laufbahn nicht bestreite, so bleibt meiner Überzeugung nach die beste Kolonialhochschule für den Beamten immer die Kolonie selbst. Sie wird es auch auf lange Jahre hinaus noch bleiben müssen, denn der Versuch, etwa in Deutschland eine Kolonialakademie zu gründen, würde höchstwahrscheinlich jetzt noch elend scheitern an der Teilnahmslosigkeit der Heimat. Die zur Vorbereitung für höhere Kolonialbeamte empfohlene Arbeit in einem großen Exporthause ist in der Theorie vielleicht gut gemeint, ist auch in einzelnen Fällen versucht worden, aber praktisch stößt die Durchführung dieses Planes auf die größten Schwierigkeiten. Vor allem fällt es den Firmen gar nicht ein, einem Beamten einen tieferen Einblick in den Geist ihres sorgfältig geheimgehaltenen Geschäftsbetriebes zu gestatten; und ihn nur mit der Buchführung, Korrespondenz oder anderen Äußerlichkeiten vertraut zu machen, scheint mir wenig Nutzen zu versprechen. Eher würde noch die Beschäftigung in einer größeren Handelskammer zu einem Ziele führen können.

Viel wertvoller aber würde es für begabte und wirklich strebsame Beamte sein, wenn sie ein Jahr lang oder länger in eine oder mehrere fremdländische Kolonien gehen könnten, die Verhältnisse aufweisen, die denen der deutschen Kolonien, in der sie Verwendung finden sollen, ähnlich sind, um dort die öffentlichen Arbeiten, die Behandlung der Eingeborenen und alle die Verhältnisse, die einem offenen Auge ohne weiteres zugänglich sind, sich gründlich anzusehen. Auch in unsern eigenen Kolonien haben wir einzelne Beamte, die durch eine langjährige erfolgreiche Tätigkeit ihre Befähigung erwiesen haben. Ihnen könnten Anfänger zum Anlernen und Einarbeiten überwiesen werden. In jedem andern Berufe gibt es Probejahre, so daß man auch den Kolonialbeamten ein solches zumuten kann. Freilich sollte der Beamte auch die Gewißheit haben, daß er nach erfolgreich abgeleisteter Probezeit eine wirklich dauernde Beschäftigung und Anstellung im Kolonialdienste zu erwarten hat.

27. Mai

Heute morgen fuhr ich zusammen mit Oberleutnant Sch. nach der Quarantänestation zu einer mit Dr. Moiton, dem französischen Arzte Grandpopos verabredeten Zusammenkunft. Der vornehmste Grund unserer Begegnung war natürlich der, unsere Ansichten und Beobachtungen über das Gelbfieber, unsere Erfahrungen, die wir am Krankenbett über seinen Verlauf gesammelt hatten, über die Mittel zu seiner Bekämpfung usw. auszutauschen. Aber nach Erledigung dieser Hauptaufgabe blieb uns noch genügend Zeit, auch über die sonstigen ärztlichen und innerpolitischen Verhältnisse der französischen Nachbarkolonie eingehende Erkundigungen einzuziehen.

Was ich darüber hörte, brachte mich zu der Überzeugung, daß wir deutschen Beamten in Togo es im Vergleich zu unsern Nachbarn zum mindesten nicht schlechter haben. Die Gehälter der französischen Beamten sind durchweg niedriger, die Dienstzeit länger und die beruflichen Schwierigkeiten wenigstens ebenso groß wie bei uns; der bürokratische Instanzenweg sogar noch länger als der unsere. Ist z. B. irgendein wichtiger hygienischer Antrag zu stellen, so geht er vom Arzte zunächst an den Chef de Santé der Kolonie, von diesem ans Gouvernement, von dort an den Generalgouverneur, der seinen Sitz in Saint Louis (im Senegal) hat und von diesem ans Kolonialministerium in Frankreich. Die Ausrüstung des Hospitales in Grandpopo — Dahome hat allerdings mehrere Krankenhäuser für Europäer — kann sich in keiner Weise mit der unseres Nachtigal-Krankenhauses messen.

Für ihre Mangelhaftigkeit hatte ich außer durch gelegentliche Erzählungen der dortigen Weißen, die es nur ungern aufsuchen und in Erkrankungsfällen lieber nach Kleinpopo kommen, kürzlich einen drastischen Beweis. Als sich ein französischer Zollbeamter eine schwere Schußverletzung zuzog, mußte Dr. M. telegraphisch von mir das für einen Verband erforderliche Material erbitten, weil in den dortigen Beständen nichts vorhanden war.

Abschied von Anecho

Anecho, 27. Juni

Meine liebe Frau!

Dies wird mein letzter Brief sein, den ich aus Togo an Dich schreibe, denn mein Nachfolger Dr. M. wird mit dem heute in Lome fälligen Dampfer erwartet. Gleichzeitig mit ihm wird auch Schwester F. L. wieder eintreffen, die also trotz der schweren Krankheiten, die sie den Tropen zu verdanken hatte, den Mut gefunden hat, aufs neue hierher zurückzukehren.

Mit dem nächsten Schiffe, Anfang Juli, darf, will oder muß ich nach Kamerun übersiedeln. Ich kann mich noch gar nicht recht an den Gedanken des Abschieds von hier gewöhnen. Gerade jetzt, wo ich mich eigentlich erst richtig eingelebt habe, das Vertrauen der Weißen und Schwarzen gewonnen zu haben annehmen darf, wo ich die Sprache der Küstenneger und ihre Anschauungen wirklich näher kenne, wo ich eine meiner Hauptaufgaben: die Durchimpfung der Togobevölkerung gegen die Pocken anzubahnen, der Erfüllung nahe sehe, wo wir endlich wieder Ruhe vor dem Gelbfieber haben, muß ich weichen. Zudem ist Ende Mai Graf Z. zur großen Freude der ganzen Kolonie zum Gouverneur ernannt worden und wird in einigen Wochen von seinem Heimaturlaube ins Schutzgebiet zurückkehren, das nach anderthalbjährigem Verwaistsein endlich wieder ein Oberhaupt bekommen hat. Gar viele Hoffnungen werden auf ihn gesetzt, und ich fürchte fast, die Europäer hier haben gar zu viele und verschiedenartige Wünsche, als daß er sie alle erfüllen kann.

Leicht wird mir's nicht, zu gehen. Auf der andern Seite tröste ich mich damit, daß mir durch meine Versetzung Gelegenheit geboten ist, noch ein anderes unserer deutschen Schutzgebiete näher kennenzulernen. Das Klima ist von dem Togos wohl nur wenig unterschieden, aber sonst sind, soviel ich aus Erzählungen und Schilderungen urteilen kann, Land und Leute völlig anders geartet als hier. Wohin ich dort freilich verschlagen werde, kann ich Dir heute noch nicht verraten. Ich habe zwar Anfang vorigen Monats das dortige Gouvernement um Auskunft gebeten, an welchem Platze der Kamerunküste ich landen soll, aber ich bin bis jetzt ohne Antwort geblieben. So will ich auf gut Glück nach Duala, dem Hauptplatze Kameruns, steuern und dort Nachrichten über meine Verwendung erwarten. Mein kleiner Pflegling aus dem Sudan, Kabretschuko, wird mich dorthin begleiten; ich habe mir für die Dauer meines Kameruner Aufenthaltes die Auswanderungserlaubnis für ihn erbeten und erhalten.

Die letzte Zeit ist arbeitsreich für mich geblieben. Unsere gelbe Gefahr kann zwar als beseitigt gelten, dafür muß ich aber liegengebliebene schriftliche Arbeiten nachholen. Sehr viel Sorge und Mühe hatte ich während der letzten beiden Wochen um den kleinen Kronprinzen von Sebe. Er ist jetzt sieben Monate alt und war dank einer sehr sorgfältigen Abwartung und Überwachung bisher immer gesund geblieben. Am 14. packte ihn plötzlich eine äußerst heftige Malaria. Der arme Wicht war fünf Tage lang bei sehr hoher Fiebertemperatur, die einmal sogar 41 Grad erreichte, fast unausgesetzt bewußtlos. Dazu bestanden ernste Lungen- (Katarrhalpneumonie) und Gehirnerscheinungen, die stündlich und noch öfter sich wiederholende Konvulsionen herbeiführten, so daß ich im stillen fast die Hoffnung aufgab. Chinin, das ihm schlecht beizubringen war, wirkte mangelhaft, so daß wir den Hochstand der Körpertemperatur nur mit kalten Bädern niederdrücken konnten. Zwei Nächte hindurch blieb ich ohne Unterbrechung in Sebe, um den kleinen Patienten nicht aus dem Auge zu lassen und mich mit den schwer bekümmerten Eltern in die Wachen zu teilen; auch an den übrigen Krankheitstagen war natürlich eine mehrmalige Fahrt zu ihm nötig.

Geradezu rührend benahm sich während der ganzen Krankheit ein neunjähriger Negerjunge Ess i, der schon seit mehreren Jahren bei Sch.s in Diensten ist und in Ermangelung eines Kindermädchens zur Beaufsichtigung des Kleinen Verwendung fand. Unausgesetzt war er um seinen Pflegebefohlenen bemüht, jede Fliege wehrte er sorgsam von ihm ab, und wenn er von der Veranda des Hauses aus das Kommen meines Bootes erspäht hatte, dann eilte er zum Lagunenstrande und erwartete mich, und aus seinem mehr oder weniger betrübten Gesichte konnte ich schon von ferne lesen, wie es dem Kranken während meiner Abwesenheit ergangen war. Auf dem kurzen Wege vom Ufer bis zum Hause erzählte er dann rasch alle beobachteten Einzelheiten: wie lange der Kleine geschlafen habe, wieviel Krampfanfälle er gehabt, wie oft und wieviel Nahrung er zu sich genommen hatte, kurz: alles hatte er genau im Gedächtnis. Am 22., zufällig dem Geburtstage seiner Mutter, hatte er den ersten fieberfreien Tag, und gleichzeitig war sein erstes Zähnchen zum Durchbruch gekommen. Vorläufig ist er zwar noch immer sehr matt, aber ich halte ihn außer Lebensgefahr. In vierzehn Tagen wird er hoffentlich so weit sein, daß er mit seiner Mutter nach Deutschland reisen kann.

Im Krankenhause war auch erhöhte Arbeit zu bewältigen, weil seit Anfang Juni Schwester G. nach vollendeter Dienstzeit in die Heimat abgereist war und nur Schwester Fr. als einzige Hilfe verblieb. Sie hat während des ganzen hinter uns liegenden schweren Halbjahres in wirklich aufopfernder Weise, dabei immer gleichmäßig zuverlässig und mit ruhiger Selbstverständlichkeit, ihre für die Tropen doppelt anstrengenden Pflichten erfüllt.

Bis gestern war ein Legationsrat G. des Auswärtigen Amtes zu kurzem Besuche hier. Er war längere Zeit in Ostafrika und Südwest vertretungsweise tätig gewesen und wollte sich nun auf der Heimreise auch noch über Togo und Kamerun orientieren. Für uns ist es natürlich immer sehr erwünscht, wenn ein Vertreter der Kolonialabteilung Gelegenheit nimmt, sich persönlich einmal über die Verhältnisse unserer Kolonien zu unterrichten, denn alle amtlichen Berichte und Schilderungen werden niemals das ersetzen, was nur eigene Anschauung vermitteln kann. — — —

An Bord, 6. Juli

Das Krankenhaus lag im friedlichen Mittagsschlafe, als heute vom Kapitän des auf der Reede liegenden Adolph Woermann die Nachricht kam, daß er mit der Übernahme seiner Ladung bereits einen Tag eher als angenommen fertiggeworden sei und daß er in einer Stunde abzudampfen beabsichtige. So konnte ich nicht einmal den Europäern, mit denen ich bisher Freude und Leid geteilt hatte, Lebewohl sagen. Es war mir sonderbar ums Herz, als ich wohl für immer aus dem Tor des Krankenhauses schritt und die Stätte verließ, der ich einige Jahre harter, aber freudiger und ans Herz gewachsener Arbeit gewidmet hatte. Nur Schwester Fr. und der kleine

Kabre, der mir nach Kamerun folgen soll, begleiteten mich zum Strande. Eine Viertelstunde später hatte ich meine letzte Fahrt durch die Togobrandung hinter mir und stieg das Fallreep des Dampfers hinan, als einziger Passagier dieses Frachtschiffes. Da lag es nun, das Nachtigal-Krankenhaus, von der See so ganz anders anzusehen als vom Lande, versteckt hinter den beiden Reihen Kokospalmen, die nur einen schmalen Streifen des weißen Daches vorlugen lassen. Wie mag es dort wohl nach 20 Jahren aussehen, was mag zur Zeit unserer Enkel aus unseren Kolonien geworden sein?

Wenn ich auch das Bewußtsein haben darf, das Beste des Ländchens wenigstens gewollt zu haben, so drückt mich doch der Gedanke, so manche meiner Aufgaben unerfüllt liegen lassen zu müssen.

Der heutige Tag ist zufällig ein Gedenktag unserer Kolonie. Am 6. Juli vor 21 Jahren erschien Dr. Nachtigal an Bord der Möwe vor Kleinpopo, um diesen Teil der Togoküste unter deutschen Schutz zu stellen. Er war der erste Deutsche, der auf deutschem Boden in Togo landete. Heute bin ich der letzte Deutsche, der voraussichtlich von Anecho aus einen Dampfer besteigt, denn die Reede wird in den nächsten Tagen gesperrt werden, um in Zukunft allen Verkehr über die Landungsbrücke Lomes zu zwingen.

Noch eine kurze Zeit des Wartens, dann lichtete der Dampfer den Anker, noch ein letztes Winken nach dem Lande, und ferner, immer ferner entschwand die Togoküste dem Blick. So reise ich einer ungewissen Kameruner Zukunft entgegen. Was soll ich in Kamerun? Ich weiß nicht einmal, an welchem Küstenplatz ich dort landen soll, geschweige denn, welche Tätigkeit mich dort erwartet. Weder von Berlin noch von Kamerun aus, wo ich vor einigen Monaten anfragte, hat man mir etwas darüber verraten.

Über Fernandopo nach Kamerun

Vor Santa Isabel auf Fernandopo, 14. Juli

Nachdem wir eine Woche lang unter Quarantäneschwierigkeiten an der französischen Dahomeküste Güter gelöscht und Ladung genommen hatten, liegen wir seit gestern vor Fernandopo, jener dem deutschen Kamerungebiete vorgelagerten, fruchtbaren spanischen

Insel, die wir noch vor einigen Jahren für einen geringen Kaufpreis von den Spaniern hätten haben können, während jetzt die wachsende Eifersucht Englands diese Besitzerwerbung unmöglich macht. Es wäre ein interessantes Unternehmen, einmal aus den geheimnisvollen Akten des Auswärtigen Amtes festzustellen, welche Länderkomplexe auf der Welt ohne Risiko für Deutschland zu haben waren und welche Länder bereits durch feste Verträge deutscher Kommissare unserm Besitz gesichert schienen, bis die Diplomatie sie sich wieder durch die Finger gehen ließ. —

Unter der liebenswürdigen Führung eines Deutschen, des Herrn v. Klitzing, machte ich einen Rundgang durch den freundlichen Ort, der von 150 Europäern, meist Spaniern, bewohnt wird. Das Hauptausfuhrprodukt der Insel bildet der auf den Plantagen gebaute Kakao. Am meisten interessierte mich das Hospital, das in seiner Anlage als Muster gelten kann, in seiner mangelhaften Instandhaltung aber leider eine schlechte Wirtschaft verrät. Ein abseits von ihm gelegener Raum enthielt eine Anzahl schwarzer Patienten, die von Schlafkrankheit befallen waren. Sie soll stark unter den Eingeborenen der Insel grassieren.

20. Juli

Beim Morgengrauen näherten wir uns der Reede von Viktoria. Mit dem anbrechenden Tage fuhren wir durch die beiden vorgelagerten Inseln Mundole und Ambaßeiland in die weite, halbkreisförmige Bucht ein. Der Eindruck dieses Morgens wird mir unvergeßlich bleiben. Das Meer, ein gigantisches Hochgebirge und düsterer Tropenurwald von der aufgehenden Sonne beleuchtet, auf einem Bilde vereint, ein gewaltiges Panorama. Auf einem schmalen Streifen zwischen der Küste und der ersten bewaldeten Bergkulisse liegt der Ort Viktoria mit seinen terrassenförmig übereinandergebauten Europäerhäusern. Alle die hintereinander aufgetürmten Kuppen werden überragt von dem Riesenhaupte des großen Kamerunberges, des höchsten Gebirgsstockes der ganzen westafrikanischen Küste. Mongo ma loba, den Götterberg, oder Fako nennen ihn die Schwarzen. Dichter Urwald bedeckt ihn von halber Höhe herab bis zur Salzflut, deren schäumende, weiße Brecher seine Wurzeln umbranden. Sein

4075 m über das Meer ragender Gipfel wird nur selten hinter einem Wolkenschleier sichtbar. Da, wo keine tropische Vegetation ihn überkleidet, sind die einzelnen Züge, welche die Lava des jetzt erloschenen Vulkans einst hinab zur See genommen hat, dem Auge noch kenntlich. Unter den vielen kleineren Bergen, die sich um ihren Herrscher gruppieren, zeichnet sich der kleine Kamerunberg durch seine schlanke, scharf umrissene Gestalt aus. Er erreicht die Höhe von 1700 m.

Leider hatte sich unser Dampfer nur der Post zu entledigen, so daß ich nicht länger als eine Stunde an Land verweilen konnte. Ich benutzte diese Zeit zu einem Besuche des Kollegen Dr. Z. Über meine voraussichtliche Verwendung in Kamerun habe ich auch hier noch nichts erfahren können.

Rio del Rey, 22. Juli

Von Viktoria aus dampften wir nordwärts nach Rio del Rey. So königlich der Name klingt, so erbärmlich und winzig ist die Niederlassung und so trostlos und ungesund ihre Lage. Während ich sonst der Ansicht bin, jeden tropischen Platz möglichst dauernd mit ein und demselben Europäer zu besetzen, gehört Rio del Rey zu den Orten, die nie länger als ein Jahr ohne Wechsel des Beamten bleiben dürften, um ihn vor Schaden an Leib und Seele zu bewahren. Von der offenen See aus fährt der Dampfer in die allmählich sich immer mehr und mehr verengende Flußmündung ein, links und rechts nichts als ödes Mangrovengebüsch. Unter den vielen einzelnen Wasserarmen, die netzartig das ganze Mündungsgebiet durchziehen, sucht er sich stromaufwärts fahrend mühsam den richtigen Kurs, bis er endlich vor dem Orte angelangt ist.

Die ganze „königliche" Niederlassung besteht aus drei Europäeransiedelungen, einem Gebäude für den Regierungsbeamten und zwei Faktoreien, einer deutschen und einer englischen. Die Station, äußerlich übrigens in musterhaftem Zustande, liegt nebst der deutschen Firma auf einer kleinen, wohl kaum 1 Hektar umfassenden Halbinsel; die englische Faktorei hat sich ihren Platz auf dem gegenüberliegenden Ufer auf einem mühsam vom Gebüsch gesäuberten Fleckchen Landes gewählt. Die Ufer der Stationshalbinsel sind mit

Holzpfosten gegen das Wasser hin abgedämmt, damit der kärgliche Besitz nicht weggeweicht wird. Trotzdem bricht von Zeit zu Zeit ein Stück des Bodens ab und muß dann von den Bewohnern durch Erdstücke aus der Nachbarschaft wieder ergänzt werden. Die ganze Umgegend ist ausschließlich von schmutzigen Wasserarmen gebildet, deren Ufer mit abwechslunglosem, eintönigem, dem Auge undurchdringlichen Mangrovendickicht bestanden sind; kein Wechsel der Landschaft, kein Wechsel in der Vegetation, nirgends ein Ausblick weiter als auf 2—300 m über das Wasser bis zur nächsten Mangrovenwand, dazu immer eine feuchte, drückende Treibhausluft, Moskitos und Sandfliegen in Hülle und Fülle.

Das einzige, was die Leute außer den Schwarzen, die mit Produkten auf Kanus ab und zu gehen, von der Welt sehen, sind die Dampfer, die sich von Zeit zu Zeit hierher verirren. Augenblicklich ist die Station von einem Zollbeamten und seiner jungen Frau bewohnt, die trotz des trostlosen Milieus, in dem sie leben, lustig und guter Dinge waren. Ich gönnte dem Paare von Herzen ein besseres afrikanisches Heim.

Wir lagen zwei Tage dort, teils um zu löschen, teils um neue Ladung zu nehmen. Als unser „Adolph" heute wieder nach der See ausdampfen wollte, um seine Reise nach Duala fortzusetzen, hatte er noch das Malheur, aus dem richtigen Fahrwasser zu geraten und im Schlamme festzufahren. Trotz aller Anstrengungen kam er nicht wieder los, bis die steigende Flut ihn von seinem unfreiwilligen Aufenthalte wieder erlöste.

Duala, 28. Juli

Am 23. landete ich in Duala und habe auf meine telegraphische Anfrage beim Gouvernement in Buea nach einigen Tagen den Bescheid erhalten, mit nächster Dampfergelegenheit, das ist am 5. August, nach Kribi in Südkamerun zu reisen, wo eine Hospitalanlage für Weiße und Schwarze geplant ist, deren Entwurf ich „nähertreten" soll. Bis zu meiner Abreise dorthin genieße ich die liebenswürdige Gastfreundschaft des Regierungsarztes von Duala, des Marinestabsarztes Dr. W.

Ich verglich früher Lome mit Nizza und Kleinpopo mit Venedig. Dúala könnte man das Hamburg der Westküste nennen, mit dem es zufällig auch denselben Längengrad teilt. Aber es liegt noch ein besserer Vergleichspunkt vor. Man erreicht Duala von der See aus durch die Einfahrt in eine große wasserreiche Bucht, die sogar in ihrer äußeren Konfiguration entfernt an die Elbmündung erinnert: das Mündungsbecken von drei in ihr zusammentreffenden Strömen, des Mungo, des Wuri, des eigentlichen Kamerunflusses, und des Dibambu. Leider sind diese Flüsse trotz ihrer Größe nur noch eine Tagereise stromaufwärts schiffbar, weil dort bereits unpassierbare Stromschnellen die Weiterfahrt hindern.

Die Kamerunbucht*) ist ein sogenanntes Ästuar. Unter Ästuarien versteht man die Mündungsbecken großer Flüsse, in deren Gebiet Flut und Ebbe des Meeres hineinreichen. Da, wo die Einströmung des Meeres und die Ausströmung des Flusses einen gewissen Ausgleich der Wasserbewegung herbeiführen, bildet sich durch Niederschlag der vom Wasser mitgeschwemmten Erdmassen eine „Barre", deren Bildung wir vielfach an der afrikanischen Westküste begegnen. Werden, wie an der Togoküste, die Ablagerungen von Seesand durch die Meeresströmung so gewaltig, daß sich ein Dünenstreifen vor die Flußmündungen lagert, den die dahinter mündenden Flüsse auf lange Strecken nicht mehr zu durchbrechen vermögen, so kommt es zur Lagunenbildung.

Das Kamerunästuar ist zur Zeit der Flut für Dampfer bis zu einem Tiefgange von 16—18 Fuß in seiner ganzen Ausdehnung herauf nach Duala befahrbar, so daß man direkt vom Schiffe aus über eine Landungsbrücke zum Ufer gelangt. Für Schiffe von noch größerem Tiefgange bildet die kurz vor Duala quer unter dem Wasser hinziehende Barre ein vorläufiges Hindernis. Es würde aber sicher möglich sein, durch Ausbaggerung in ihr eine genügend tiefe Fahrrinne zu schaffen und dadurch den Wert des Hafens von Duala für den Schiffsverkehr bedeutend zu steigern.

*) *Der Name „Kamerun" wird vom portugiesischen rio dos camaroes: Fluß der Krebse hergeleitet, nach den zeitweise massenhaft in ihr auftretenden eßbaren Krabben. Früher hieß der nach dem dort ansässigen Stamm jetzt Duala genannte Ort „Kamerun". Wie in Togo wurde nach diesem ersten Platze deutscher Besitzergreifung der Name des ganzen Schutzgebietes gewählt.*

Aus der eigentlichen freien Bucht fährt der Dampfer über die Barre in das Flußgebiet des Wuri ein, der hier immer noch eine Breite von zwei Seemeilen hat; linker Hand von der Einfahrt aus überall flaches, von Mangroven bestandenes Gelände, von vielen Creeks durchschnitten; im fernen Hintergrunde der von Wolken umhüllte Kamerunstock. Rechter Hand aber tritt ein etwa 10 m hohes, langgestrecktes Plateau, die Joßplatte, zum Wasser vor. An ihrem Ufer und auf ihrem Rücken breiten sich die Niederlassungen Dualas, des Haupthandelsplatzes der ganzen Kolonie, aus. Früher war es auch Sitz der Regierung, bis diese nach dem am Abhange des Kamerunberges ca. 1000 m hoch gelegenen malariafreien Buea verlegt wurde.

Reges Leben herrscht auf und an dem Wasser vor Duala. Bei unserer Ankunft lagen der „Habicht" dort vor Anker, ferner die dauernd auf dem Flusse als Lazarettschiff der Marine festgemachte Hulk „Cyklop", zwei kleine für den Küstenverkehr bestimmte Regierungsdampfer: „Nachtigal" und „Herzogin Elisabeth" neben den Leichtern und Booten der Firmen und den Kanus der Schwarzen. Unweit der Landungsbrücke tönte uns das fleißige Hämmern der großen Maschinenreparaturwerkstätte entgegen, und dicht dabei lag auf dem Wasser das erst neuerdings hierhergebrachte Schwimmdock der Woermannlinie.

Das imposanteste aller Europäerhäuser ist das auf einem markanten Platze der Joßplatte errichtete Bezirksamtsgebäude, zu dessen peinlich sauber gehaltenen Garten eine Steintreppe hinaufführt. Fünf Denkmäler für die Europäer, die im Dienste der Kolonie ihr Leben ließen, liegen in den Gartenanlagen zerstreut, ihr schönstes das für Gravenreuth, der beim Sturm gegen die Bakwiris 1891 den Heldentod starb: auf einem hohen Marmorpostamente, welches das Medaillonbild des Gefallenen trägt, ruht ein Bronzelöwe, das Haupt über das Wasser hin nach dem fernen Kamerunberge gerichtet, mit der Vorderpranke die deutsche Kriegsflagge umklammernd.

Durch eine Mangoallee vom Bezirksamtsgarten getrennt schließt sich der Gebäudekomplex des Regierungskrankenhauses an. Entsprechend der weit größeren Zahl der in Kamerun ansässigen Europäer ist der ganze Hospitalbetrieb ein bedeutend umfangreicherer als der des Nachtigalhospitales in Togo. Fast will es mir scheinen, als sei die Arbeitslast zu groß, als daß nur ein Arzt ohne Assistenz sie auf die Dauer bewältigen kann. Dr. W., der augenblicklich in Vertretung des auf Urlaub weilenden Dr. Z. die ärztlichen Geschäfte führt, entwickelt allerdings eine staunenswerte Arbeitskraft, die ich mir selbst nie zutrauen könnte. Ich habe in den letzten Tagen mehrmals beobachtet, daß er nach Erledigung seiner Obliegenheiten im Europäerhospitale vom Vormittage an ohne jede Mittagspause bis in die späten Nachmittagsstunden hinein gemeinsam mit dem ihm befreundeten Arzte des „Habicht", Dr. H., ununterbrochen chirurgisch tätig war. Bruchoperationen stellen auch hier anscheinend die überwiegende Zahl aller ernsteren chirurgischen Eingriffe.

Hinter den im Vordergrunde der Joßplatte gelegenen Wohnungen der Weißen breiten sich die Hütten der Schwarzen aus, die in drei Stadtteile: Bell-, Akwa- und Deidodorf zerfallen. Ihre gesamte Einwohnerzahl wird auf 20 000 angegeben. Auf dem gegenüberliegenden Flußufer liegt ein viertes Dorf Hikory, von dem aus die nach den Manengubabergen geplante Hinterlandsbahn ihren Anfang nehmen soll.

Über alle Negerwohnungen ragt weit empor der pagodenartig gebaute Palast des bekannten Dualaoberhäuptlings Manga Bell. Bei meinem Besuche, den ich ihm abstattete, gefiel mir nicht zum wenigsten an dem auch sonst äußerlich und in seinem Wesen sympathischen Manne, daß er mir in seiner Eingeborenentracht entgegenkam. Die überladene innere Einrichtung seiner negerfürstlichen Residenz, seiner Prunk-, Wohn- und Schlafräume, die er übrigens kaum jemals benutzt, ist zwar europäischer Herkunft, zeigt aber in allem die charakteristische Vorliebe des Schwarzen für spiegelndes Glas und blitzendes Metall.

Der ganze Ort Duala mit ungefähr 170 weißen Bewohnern zeigt in seiner sauberen Anlage, die sich vor allem auch auf die Wohnstätten der Eingeborenen erstreckt, in seinen gut gepflegten, breiten Straßen, sowie in allen sonstigen öffentlichen Arbeiten eine musterhafte Leistung, die allein der Umsicht und Ausdauer des seit vielen Jahren hier tätigen Bezirksamtmanns v. Brauchitsch zu danken ist.

Daß gleichzeitig auch die Lösung hygienischer Fragen überall energisch in Angriff genommen wurde, darf wohl als Verdienst des früheren Regierungsarztes Dr. Plehn und des jetzigen, Dr. Ziemann, hingestellt werden. Die für die Schwarzen erlassenen und durchgeführten Bauvorschriften, die dadurch in den großen Negerdörfern erzielte Ordnung und Reinlichkeit, die selbstverständlich auch von segensreichstem Einfluß auf die gesundheitlichen Verhältnisse des ganzen Ortes ist, könnten für andere deutsche Küstenplätze, namentlich auch für Kleinpopo, als nachahmenswertes Vorbild dienen.

Duala, 29. Juli

Liebe Schwester Franziska!

Schon mehrere Wochen sind nun ins Land gegangen, seitdem ich von meinem alten Heim, dem Nachtigal-Krankenhause, Abschied nehmen mußte, aber ein leises Heimweh habe ich noch nicht überwunden.

Nach vierzehntägiger Fahrt entlang der Togo-, Dahomey- und Kamerunküste, welch letztere ich auf diese Weise kennenlernte, bin ich vor kurzem in Duala angekommen. Voraussichtlich werde ich nicht lange hier bleiben, sondern sehr bald auf einige oder mehrere Monate nach Kribi im Südkameruner Bezirke gehen, wo die Anlage eines neuen Hospitales für Europäer und Farbige in Aussicht genommen ist. Von da aus muß ich wahrscheinlich nach Jaunde marschieren, einer etwa zwölf Tage von der Küste entfernten Hinterlandsstation, einem ärztlichen Neulande.

Mit dem gleichen Dampfer, der Ihnen diese Zeilen bringt, schicke ich den kleinen Kabre zurück und empfehle ihn Ihrer Obhut. Ich wage es nicht, das kleine Kerlchen die bevorstehende weite Reise mitmachen zu lassen und ihm die vielfach wechselnden Lebens- und Ernährungsgewohnheiten unter fremden Negerstämmen zuzumuten. Äußerlich würde er sich zwar sicher sehr bald eingewöhnen, doch ich fürchte für seine körperliche Gesundheit in dem regenreichen Kameruner Klima. Ich trenne mich gar nicht gern von ihm. Auf der Reise hat er mir viel Spaß gemacht; seine Anhänglichkeit, sein Verständnis und seine Kenntnisse im Deutschen nahmen dadurch, daß er dauernd mit allen Anliegen auf mich angewiesen war, sichtlich zu.

Anfangs war er jämmerlich seekrank und verkroch sich dauernd unter dem Kabinensofa, wo er übrigens später auch immer noch die Nächte zubrachte. Er überstand dieses Übel aber schnell und schlüpfte sehr bald wieder vergnügt auf dem Schiff herum. Ich hatte Mühe zu verhindern, daß er von allen, in deren Nähe er kam, verwöhnt und verfüttert wurde. Für sein leibliches Wohl hatte ich von Fernandopo ein großes Bündel Bananen mitgenommen und auf dem Achterdeck befestigt, davon durfte er nach Belieben die reifen nehmen und vertilgen. Seine sonstigen Mahlzeiten holte sich der Wicht selbst aus der Küche, suchte aber als Eßlokal stets meine Kabine auf, in der er sich seinen Blechkoffer zurechtrückte und kniend — so parierte er am besten die Schwankungen des Dampfers — seine ansehnlichen Portionen bewältigte. Ich packe ihm alle seine Habseligkeiten in sein Köfferchen und bitte den Kapitän, ihn in Togo an Land zu setzen. Lassen Sie ihn doch beim Einlaufen des Dampfers in Empfang nehmen. Im übrigen kann er ja im Haushalte zur Arbeit angehalten werden; schicken Sie ihn auf meine Kosten zur Schule und achten Sie darauf, daß er Fortschritte im Erlernen des Deutschen macht.

Duala hat auf mich einen sehr guten Eindruck gemacht. Man sieht überall die Spuren planmäßiger, angestrengter Arbeit, besonders auch auf hygienischem Gebiete. Das Hospital, das mich natürlich besonders interessiert und in dem ich mich täglich mehrmals einfinde, ähnelt in seiner Anlage unserem Nachtigal-Krankenhause, bietet aber einer größeren Anzahl von Patienten Platz, da der Arzt hier ein eigenes, im Hospitalgarten gelegenes Wohnhaus zur Verfügung hat. Im ganzen aber gefällt mir in seiner Einrichtung, Instandhaltung, dem Betriebe usw. das unsere doch besser. Es macht einen gepflegteren, freundlicheren, anheimelnderen Eindruck. Das Hospital in Duala kommt mir innen und außen kälter vor. Dadurch, daß der Barackenbetrieb und die gesamte Behandlung der Schwarzen sich in unmittelbarer Nähe des Europäerhospitals abspielen und aus manchen anderen Gründen mehr, tritt sein Lazarettcharakter viel stärker in den Vordergrund, und daß dies vermieden werden konnte, empfand ich gerade als einen besonders schönen Vorteil unseres Nachtigal-Krankenhauses. Je mehr man einem Krankenhause das Lazarettmäßige nehmen kann, um so wohler werden sich die Patienten in ihm fühlen. Man soll ihnen wenigstens äußerlich soviel als möglich die dauernde Erinnerung daran ersparen oder erleichtern, daß sie Kranke sind. Jeder körperlich Leidende ist schon in der Heimat auch aus seinem seelischen Gleichgewicht gebracht — was oft von seiner Umgebung nicht genügend berücksichtigt wird —, wieviel mehr in der afrikanischen Ferne! Gerade Sie werden das in Ihrem Berufe häufig genug selbst erfahren haben.

Die schwarzen Angestellten des Hospitals sind zu einem großen Teile Togoleute, und als ich zum ersten Male mich dort einfand, kamen sie alle an und begrüßten mich mit freudestrahlenden Gesichtern; jeder wollte sein „ahometowole*)" anbringen. Der eine erzählte mir, daß ich seinen Vater, ein anderer seine Schwester, seinen Bruder, seinen Onkel oder sonst jemand behandelt hätte. Die Togoleute sind doch ein ganz anderer Schlag als die Kameruner Eingeborenen. Ich kenne sie zwar vorläufig nicht näher, aber die hiesigen Europäer bevorzugen ganz allgemein in ihren Diensten als Koch, Waschmann, Diener usw. die importierten Togoneger. Mir sind sie sogar schon äußerlich sehr viel sympathischer; selbst Moritz mit seinen dicken Lippen und großen Füßen ist für mich eine Schönheit gegenüber der Physiognomie eines Dualas. Aber vielleicht liegt es nur an der Gewöhnung.

Ihre Mitschwestern besuchte ich auch gelegentlich. Sie fühlen sich alle drei anscheinend sehr wohl und trugen mir Grüße für Sie auf.

Wie geht es Ihnen gesundheitlich? Sind viel Schwerkranke im Hospitale? Blühen die Blumen an der Laube, wird der Gemüsegarten gut in Ordnung gehalten, ist die Regenzeit schon zu Ende? Hier regnet es in einem Monat mehr als in Togo im ganzen Jahre! Entsprechend ist auch die Vegetation Kameruns ungleich üppiger, das Land fruchtbarer, dafür aber die Bevölkerung weniger heiter und harmlos.

Sie würden mir eine große Freude bereiten, wenn Sie mir ab und zu eine kurze Nachricht über das Nachtigal-Krankenhaus und ganz Togo nach Kamerun schickten. Es knüpfen sich an Togo ja un-

---

*) *Der Gruß des Ewenegers.*

gezählte, meist schöne Erinnerungen mehrerer Jahre. Jeden Baum, jeden Weg, jeden Winkel könnte ich aus dem Gedächtnis aufzeichnen und alles, was Sie mir darüber schreiben, interessiert mich. Ich denke oft — und werde es bei meinen Wanderungen durch den Urwald und meinem Aufenthalte im Hinterlande gewiß noch öfter tun — an das alte Arbeitsfeld zurück, auf dem ich noch gern weiter tätig gewesen wäre. Ich hätte gern noch manches, was gesät wurde, in der Ernte gesehen. Auch Ihrer Hilfe gedenke ich oft mit Dankbarkeit.

Hoffentlich kehren nie wieder so ernste Zeiten, wie im verflossenen Halbjahr, für den Ort und ganz Togo zurück. Ich glaube, daß die Allgemeinheit der Europäer und die hohen Behörden daheim nicht ahnen, welche Gefahr diese Einschleppung des Gelbfiebers für unsere Küste bedeutete. Für erstere freut es mich, daß ihnen nun nach ihrer Beseitigung eine übergroße Beängstigung der Gemüter erspart blieb. Hoffentlich wird nunmehr an der Assanierung des Ortes noch lebhafter gearbeitet als bisher. Geschieht nichts oder begnügt man sich mit halben Maßnahmen, so halte ich's für leicht möglich, daß Togo ein neues Aufflackern des Gelbfiebers erlebt. Für die vom Hamburger Tropeninstitute versuchte Polemik habe ich nur ein selbstbewußtes, souveränes Lächeln. Wenn es nicht gelang, von Anfang an die Seuche zu erkennen und nachdrücklich zu bekämpfen, wenn sie sich, wie an den meisten anderen Einbruchsstellen, festnistete und endemisch wurde, dann war auf lange Zeit die Entwicklung Togos beeinträchtigt, der Schiffsverkehr gehemmt, die Europäer ungleich mehr als sonst in ihrem Leben gefährdet. Hoffentlich hat auch das benachbarte Dahome nun dauernde Ruhe.

Sie haben mir ja in diesen ernsten Monaten der Gefahr am treuesten geholfen und obendrein durch die schwere Pflege und den anstrengenden übrigen Hospitaldienst sich eine ungewöhnliche Arbeitslast zugemutet. Möge Sie das schöne Bewußtsein der erfolgreich geleisteten Arbeit für Ihre Mühen entschädigen, auch wenn Ihnen außer mir niemand dankbar sein sollte. Die Arbeit unterm roten Kreuze trägt ihren besten Dank in sich selbst. Hoffentlich ist es mir möglich, zu Anfang des nächsten Jahres, bei Antritt eines Heimaturlaubes dem alten Heime einen kurzen Besuch abzustatten.

Ich würde mich freuen, dann auch Sie in voller Gesundheit wiederzusehen und ein Stündchen mit Ihnen auf der Veranda zu verplaudern und gemeinsam alte Erinnerungen wachzurufen.

Grüßen Sie das übrige Krankenhaus, auch die Schwarzen darin und alle, die sich meiner erinnern. Auf Wiedersehn in einem halben Jahre!

Ihr   Dr. K.

Kribi und Umgegend

Kribi, 12. August

Am 6. August brachte uns die „Nachtigal" von Duala nach Kribi. Mit mir zugleich machte Dr. G. von der Schutztruppe die Reise, der von Kribi aus zu der seit Juni im sogenannten Aufstandsgebiet von Südkamerun fechtenden Expedition stoßen sollte. Bisher war diese ohne jeden Arzt. Die See war schlecht, und unser kleiner Dampfer hatte schwer gegen sie anzukämpfen, so daß ihm die Fahrt, die er sonst in neun Stunden zurücklegt, diesmal erst nach vierzehn Stunden glückte. Auf der Weiterreise nach Campo hat er auch noch das Unglück gehabt, sich an einem Felsenriffe den Leib aufzureißen, so daß er nur mühsam nach Duala ins Dock kommen konnte. Der arme G. war ununterbrochen seekrank. Vorgestern früh zog er mit seinen Lasten ab; er hat gut vier Wochen Marsch vor sich, größtenteils durch unwegsames und dazu unruhiges Gebiet hinauf zum Oberlaufe des Njong, zum Operationsgebiete der Kompanie, zu der er zu stoßen hat.

Die ganze Küste Südkameruns ist bis unmittelbar ans Meer heran von einem dichten Urwaldgürtel umsäumt, der sich in einer Breite von 200 km ins Innere hinein erstreckt und dann in die Park- und Steppenlandschaft des Sudans übergeht. Kribi selbst liegt an der Mündungsbucht des Kribiflusses, der hier aus dem Waldesdunkel heraus über ein buntes Gewirr von Felsblöcken herabschäumend dem Meere zuströmt. Nicht mehr als ein Quadratkilometer des welligen Terrains, vom Flusse in zwei Teile zerschnitten, ist notdürftig vom Walde gesäubert. Auf diesem freien Platze liegt der Ort. Dicht hinter ihm führt eine Straße oder richtiger die Straße, denn es ist die einzige größere des ganzen Südbezirkes, in den Wald hinein.

Was sich in seinem Innern zu beiden Seiten des Weges birgt, wissen wir noch nicht; wir wissen noch nicht einmal, ob und wieviel Niederlassungen von Eingeborenen im Walde verborgen liegen. Kurz: die wirkliche Erschließung des Kribibezirkes, selbst die politische, harrt noch ihres Meisters.

Der Hauptteil des Ortes liegt auf dem rechten Flußufer. Nahe am Meere haben mehrere Firmen ihre Faktoreien angelegt. Vom Strande führt eine Mangoallee dicht am Flusse aufwärts an einigen weiteren Faktoreien vorbei zu dem auf leichter Anhöhe frei gelegenen Bezirksamt, dem einzigen, wirklich wohnlichen, geräumigen und billigen Ansprüchen genügenden Gebäude, über das die Regierung in Kribi verfügt. Alle anderen Beamtenwohnungen zeichnen sich durch einen weniger guten baulichen Zustand aus und stehen darin weit hinter den meisten der Faktoreien zurück. Diese mangelhaften Wohnungsverhältnisse Kribis sind um so bedauerlicher, als seine Lage ohnehin schon hygienisch ungefähr alle Nachteile bietet, die eine tropische Niederlassung nur aufweisen kann. Das dichte Gestrüpp der Flußufer, unentwässerte sumpfige Niederungen, die mit hohem Schilfgrase oder niedrigem Busch bewachsen den Ort durchziehen, und der nahe Wald bieten den Moskitos willkommene Brutstätten und Unterschlupf in reichster Fülle.

Landschaftlich schön und hygienisch günstig, soweit letzteres in Kribi überhaupt möglich ist, liegt eigentlich nur die Missionsanlage der Pallotiner, die nebst ihrem schmucken Kirchlein auf einer die Flußmündung beherrschenden Erhebung des linken Ufers ihren Platz hat. Eine schöne, auf massiven Mauerpfeilern ruhende Brücke verbindet die beiden Flußufer. Außer den Missionsgebäuden finden sich auf der linken Seite des Flusses noch zwei Faktoreien und auf einer ins Meer vorspringenden Sandbank der Leuchtturm des Ortes, der den nachts ankommenden Schiffen die Nähe der flachen Bucht ankündigen soll.

Eine einigermaßen günstige Lage hat nur noch das einstöckige, kleine Häuschen mit seinen zwei Zimmern, das ich selbst während meines interimistischen Aufenthaltes hier angewiesen bekommen habe: am Nordende Kribis, dicht an der See, auf einer steinigen Anhöhe, von der Seebrise ausgiebig getroffen. Ein riesiger Flaggenmast vor seinem Eingange erinnert an seine ehemalige Bestimmung als Zollgebäude. Von der schmalen Veranda aus bietet sich dem Auge ein schöner Blick über die See, aus der bei klarem Wetter in der Ferne die blauen Umrisse der Berge von Fernandopo emportauchen; nordwärts davon wird selbst der Kamerunberg bisweilen am Horizonte sichtbar. Ein häßlicher Mangel seiner Lage ist aber der, daß sich auf seiner Rückseite, nur wenige Schritte entfernt, ein größerer, unsauberer Hüttenkomplex der Eingeborenen anschließt. Die für die Tropen zulässige Dienstaltersgrenze hat auch dieses Holzhäuschen längst überschritten. Zu dem unsauberen, äußeren Anstrich, den faulenden, von Termiten zerfressenen Holzteilen, denen allerhand Gewürm entkriecht, zu dem bedenklich nachgiebigen Fußbodenbelag der Veranda und der Zimmer und den hartnäckig verquollenen Fenstern, die trotz allen Kraftaufwandes nicht zu öffnen sind, gesellen sich als fühlbarster Defekt die Schäden des Daches, durch die es lustig hereinregnet. In der ersten Nacht, die ich in meinem Schloß am Meere verbrachte, mußte ich mehrmals den Standort meines Bettes wechseln, bis ich endlich einen Platz ausfindig gemacht hatte, der von dem durch die Decke tropfenden Wasser verschont blieb. Tagsüber erinnern mich die regelmäßig herabfallenden Tropfen lebhaft an das langentbehrte, trauliche Geräusch einer tickenden Wanduhr. Das Mobiliar zeichnet sich durch große Schlichtheit und Ergänzungsbedürftigkeit aus; besonders schmerzhaft vermißte ich anfangs jede Sitzgelegenheit. Die fehlende Bettwäsche, die erst nach einigen Wochen aus Duala geliefert werden kann, ersetze ich einstweilen durch Benutzung meines Khakimantels.

In den ersten Tagen teilte ich meine komfortable Wohnung mit dem Bezirksamtssekretär. Neuerdings bin ich Alleinherrscher in ihr und habe mir den einen der beiden Räume als Apotheke, Untersuchungs- und Verbandraum, nebenbei als Gepäck- und Rumpelkammer hergerichtet; der andere dient gleichzeitig als Salon, Wohn-, Schlaf-, Eß- und Studierzimmer. Der Versammlungsort der schwarzen Patienten, für die ich morgens Sprechstunde halte, ist die Veranda. Ein Lazarett oder irgendein Unterbringungsraum für kranke Europäer oder Schwarze fehlt dem Orte. Ebenso fehlt mir vorläufig ein Instrumentarium bis auf den Inhalt eines kleinen Taschenbestandes. Medikamente und Verbandmittel konnte ich mir in ausreichender Menge aus den Beständen des Regierungshospitales in Duala mitnehmen. Ebenfalls von dort habe ich durch das Entgegenkommen Dr. H.s eine bereits gut angelernte schwarze Hilfskraft bekommen. Einen zweiten Schwarzen, einen Jaundejüngling Peter, will ich so gut es geht mir noch dazu abrichten.

Die Gesamtzahl der hier ansässigen Europäer beträgt augenblicklich 31, wovon sieben auf Beamte (Bezirksamtmann, Sekretär, Materialienverwalter, Polizeimeister, Zollbeamter, Postmeister und Arzt), sieben auf die Mission, der Rest auf die Kaufleute entfällt. Zur näheren Nachbarschaft gehören indessen die auch kommerziell mit Kribi verbundenen wichtigen Handelsniederlassungen Plantation und Lonji im Norden und Großbatanga im Süden Kribis mit zusammen 20 Weißen.

Das schöne Kribi ist derjenige Ort des ganzen Kameruner Schutzgebietes, der in der Entwicklung seines Handels die größte Aufwärtsbewegung während der letzten Zeit zu verzeichnen hat. Noch vor wenigen Jahren kam er neben Duala und Viktoria kaum in Betracht. Heute bildet er die Hauptausfuhrpforte der Kolonie für Elfenbein und besonders Gummi. Von diesem wertvollen Produkte führt Kribi mit seinen genannten Nachbarorten mehr aus als alle andern Küstenplätze zusammengenommen, und noch ist der Höhepunkt anscheinend nicht erreicht. Gleichzeitig ist Kribi bis jetzt ein Haupteingangstor für das Kameruner Hinterland. Zunächst ist es befremdlich, daß das südlich gelegene Kribi und nicht ein Ort des Küstenzentrums diese Rolle spielt. Aber alle die, welche nach dem Süden und Osten, und selbst viele von denen, die ins nördliche Inland hinauf bis zu den Tschadseeländern ziehen müssen, treten, wenn sie nicht vom englischen Gebiete aus den Wasserweg benutzen, ihren Marsch von hier aus an, weil sich ihnen hier die geringsten Schwierigkeiten sowohl des Geländes als auch durch unsichere Negerstämme entgegenstellen. An wirklichen Straßen hat freilich auch der Südbezirk nur diese eine, und auch sie bedarf noch sehr des Ausbaues. Sie führt über Lolodorf nach Jaunde und von da über

Joko ins nördliche Hinterland und stellt den vielbenutzten Hauptverkehrsweg des Schutzgebietes dar.

Die ursprüngliche Eingeborenenbevölkerung in und bei Kribi wird von dem Stamme der Mabea gestellt, einem kleinen, häßlichen und im Verkehr mit dem Europäer noch wenig zugänglichen Menschenschlage, der weder in seinen körperlichen noch geistigen Eigenschaften einen Vergleich mit dem Togoküstenneger aushält. Der Unterschied zwischen beiden ist mindestens ebenso groß wie der zwischen einem Pariser und einem russischen Muschick. Die trübe, regnerische Kamerunküste hat auch weniger heitere Leute als der sonnige Togostrand. Nach ihren sprachlichen Merkmalen gehören die Mabeas wie die Dualas und alle anderen Küstenstämme Kameruns zu jener großen Sprachfamilie der Bantuneger, die den afrikanischen Kontinent bis hinab zur südlich gemäßigten Zone bewohnen.

Aber wie Togo, so steht auch Kamerun in der Erscheinung der Völkerschiebungen und Völkervermischungen. In der Nähe des Meeres sind die Mabeas von den überlegenen Batangas, die wohl vom Norden her entlang der Küste vordrangen und den Dualas näher verwandt sind, verdrängt worden. Außer ihnen treffen wir aber als Händler und Karawanenträger Vertreter vieler anderer Stämme in Kribi an, so daß alle möglichen Negertypen hier beobachtet werden können; so die nördlich von Kribi ansässigen Ngumba, die Buli, Jaunde, von der Liberiaküste her importierte Kruneger, selbst die aus dem Sudan neuerdings bis hierher vordringenden Hausa und aus Togo zugewanderte Ewe.

Von ihnen haben die kriegerischen Buli sich vor sieben Jahren dem Orte unangenehm bemerkbar gemacht, indem sie plötzlich bewaffnet in Kribi erschienen und die Europäer hart bedrängten, bis durch herangezogene Verstärkungen dieser „Buliaufstand" niedergeschlagen wurde. Seither wird bis zum heutigen Tage ihr Name von den hiesigen Europäern mit einer gewissen Scheu genannt. Selbst in den ersten Monaten dieses Jahres noch hatte sich plötzlich in Kribi das grundlose Gerücht verbreitet: die Buli kommen. Bis jetzt haben sie es in Erinnerung an ihren letzten Denkzettel nicht wieder gewagt, den Ort zu belästigen. Leider gilt aber ihr Gebiet trotz der geringen Entfernung von der Küste der Regierung wohl immer noch als ein noli me tangere. Zu Arbeitsleistungen als Träger, zum Wegebau usw. werden sie, doch wohl in der stillen Befürchtung, ihren Unwillen damit zu erregen, nicht herangezogen, obwohl gerade sie an Stärke ihrer Einwohnerzahl und an körperlicher Leistungsfähigkeit den Mabeas weit überlegen sind.

Diese sonderbare Scheu vor den Buli geht sogar so weit, daß man allen Ernstes den Plan hat, Kribi zu befestigen, ein kleines, stark armiertes Kastell nach Art der südwestafrikanischen zu errichten, um im Notfalle dort vor den Buli Schutz zu finden und sie abweisen zu können. Erschlossen wird freilich damit das Buliland nicht, und ob es unsere Autorität ihnen und den andern Schwarzen gegenüber stärkt, wenn wir uns vor ihnen verschanzen, ist mindestens zweifelhaft.

Die Bauart der hiesigen Eingeborenen weicht von der Togos erheblich ab. An Stelle der Lehmwände haben wir hier die aus gespaltenen Palmrippen oder Baumrindenstücken konstruierten viereckigen Hütten, die nicht mit einer dicken Lage von Schilf, sondern mit Matten gedeckt werden. Diese mehrere Meter langen und ½ m breiten Matten werden so mühsam hergestellt, daß die einzelnen Teile von Palmblättern Stück für Stück über einer Schnur nebeneinander befestigt werden. Mit diesen einzelnen Matten werden die Giebeldächer derartig belegt, daß immer die obere Matte wie ein Ziegel über die untere übergreift und so einen regendichten Schutz abgibt. Eine solche luftige Hütte macht, solange sie neu ist, entschieden einen freundlicheren Eindruck als die Lehmbauten der Togoleute; aber nur gar zu bald nistet sich in ihnen der dicke Negerschmutz ein, den der Schwarze hier ungleich mehr zu lieben scheint; Wind und Wetter machen sie schneller als jene baufällig, und die Schäden werden nur mangelhaft ausgebessert. An die Hütten schließen sich die „Farmen" ihrer Bewohner an, die weit nachlässiger angelegt und bebaut sind als die großen Felder der Togoneger.

Freilich hat der Schwarze hier auch mit weit größeren Schwierigkeiten zu kämpfen, um dem Waldgebiete ein Stück Ackerland abzuringen. Das erste Instrument, das in der hiesigen Landwirtschaft in Tätigkeit zu treten hat, ist die Axt oder das Haumesser, mit der die großen Bäume gefällt werden; meist nicht an der Wurzel, sondern in Mannshöhe, weil dort der Stamm bedeutend dünner zu sein pflegt als am verbreiterten Wurzelende. Der gefallene Stamm bleibt da, wo er gestürzt ist, liegen, bis er entweder verwittert oder durch angelegtes Feuer langsam verkohlt ist. Das zwischen den Bäumen wuchernde Gestrüpp wird notdürftig beseitigt, und auf diesem Terrain wird mitten unter den Baumstümpfen und gefällten, verwesenden oder glühenden Stämmen der Boden mit der Hacke bearbeitet und bepflanzt. Trotz seiner mangelhaften Behandlung spendet er reichlich den Nahrungsbedarf der Leute. Hier an der Küste steht eine Art Bananen im Vordergrunde der Kultur, erst an zweiter Stelle kommen Mais, Yams und andere Feldfrüchte.

Eine hochwillkommene Gelegenheit hat sich den hiesigen Küstennegern, die offenbar auch instinktiv alles, was ihnen Arbeit erspart, sehen und ausnutzen, in der Nähe Kribis geboten. Vor kurzem ist eine Telegraphenleitung entlang der Küste über Plantation nach Lonji und weiter bis Viktoria gebaut worden. Zum Legen dieser Leitung war es nötig, eine etwa 30 m breite Bresche zu beiden Seiten des schmalen Fußweges, der diese Orte verbindet, in den Wald zu schlagen, damit nicht durch den Wind herabgebrochenes Geäst die Drähte beschädigt*).

Diese Waldlichtung ist überall von den Schwarzen sofort als Farmland bebaut worden. Gewerbe- und Handelssinn ist bei den Eingeborenen der Südkameruner Küste noch wenig entwickelt; man müßte denn ihre Eigenschaft, vom Europäer ganz horrende Preise für Lebensmittel zu verlangen, dahin rechnen. Das Halten von Kleinvieh und Geflügel, das beim Togoneger überall in großer Menge vorhanden ist, hat sich, abgesehen von Hühnern und Hunden, unter ihnen noch wenig eingebürgert, so daß es den Weißen Kribis die größten Schwierigkeiten macht, frisches Ziegen- oder Hammelfleisch

---

*) *In anderen Gebieten Kameruns, z. B. auf der Strecke Duala—Jabassi, sollen allen Ernstes die Elefanten sich nicht selten damit vergnügen, die Telegraphendrähte herabzureißen oder die Stangen umzustoßen.*

zu bekommen, ganz abgesehen natürlich von dem völlig fehlenden Rindfleische. Marktverkehr kennt er ebenfalls noch nicht. Aber ich glaube, es müßte sich durch Nachhilfe der Regierung ein solcher einbürgern lassen. Wenn die Häuptlinge der Nachbarschaft angehalten würden, wöchentlich ein- bis zweimal die in ihrem Dorfe erzielten Produkte sowie Nahrungsmittel wie Geflügel, Eier, Früchte usw. für einen festgesetzten Preis nach Kribi bringen zu lassen, und wenn die Leute sehen, daß ihnen ihre Artikel abgekauft werden, so würde sich bei einiger Geduld wohl ein Marktverkehr herausbilden.

Im allgemeinen ist der hiesige Neger noch sehr bedürfnislos. Leider spielt aber auch bei ihm die Schnapsflasche die größte Rolle unter den Kulturgeschenken des Europäers, und auch der Kamerunküstenneger ist unter ihrem Einfluß schon längst dahin gekommen, vom gelegentlichen Festtrunke, dem er früher huldigte, zum gewohnheitsmäßigen Saufen überzugehen.

Hinsichtlich des volksgesundheitlichen Zustandes scheint der Südkameruner Schwarze mit weit mehr endemischen Krankheiten behaftet zu sein als der Togoneger; jedoch bin ich bisher noch zu keinem völlig klaren Überblick darüber gekommen. Die nächsten Wochen werden mir diese Möglichkeit noch bieten, denn die morgendlichen Sprechstunden werden in täglich zunehmender Frequenz besucht.

20. August

Seit einigen Tagen ist mir Gelegenheit gegeben, auch in die Geheimnisse des Verwaltungsbetriebes von Kamerun wenigstens einen oberflächlichen Einblick zu gewinnen. Bezirksamtmann St. ist auf ungefähr zwei Wochen in seinen Bezirk gezogen, und ich vertrete ihn inzwischen hier in Kribi. Am 15. ritten wir zusammen auf dem dicht an der See sich hinziehenden Waldpfade nach Großbatanga, das zwei Stunden südlich von unserem Orte gelegen ist. Unterwegs passiert man den landschaftlichen Glanzpunkt der ganzen Umgegend, den „Wasserfall". Der Lobefluß bricht hier in stattlicher Breite kurz vor seiner Einmündung ins Meer aus dem Waldesinnern tosend hervor und stürzt, nur wenige hundert Meter noch vom offenen Meere entfernt, seine Wassermengen über eine seinen Lauf sperrende Felspartie zu Tal. Der große Reiz dieses Wasserfalles liegt darin, daß sein Anblick durch den dichten Waldbestand dem Auge so lange verhüllt bleibt, bis man überrascht unmittelbar vor dem ganzen Bilde steht: linker Hand der imposante Wasserfall, rechts die See, im Vorder- und Hintergrunde nichts als dem Blicke undurchdringliche Urwaldmassen. Ein dauernd hier stationiertes Kanu brachte uns über den Fluß; die abgesattelten Pferde mußten, von einem Schwarzen am Zügel geführt, neben dem Fahrzeug herschwimmen.

Auf dem weiteren kurzen Wege nach Batanga bekamen wir in einer kleinen Negerniederlassung zufällig zwei Angehörige jener sonderbaren Zwergrasse der Kuelle zu Gesicht, die in spärlichen Resten im ganzen Kameruner Waldgebiet leben sollen und wohl oft von den Reisenden flüchtig geschildert, aber meines Wissens noch nie gründlich erforscht werden konnten. Leider flüchteten Männlein und Weiblein auf unser Anrufen in den Wald, so daß ich nichts als einen Eindruck ihrer äußeren Gestalt zu gewinnen vermochte. Gerade wegen ihrer großen Scheu vor dem Weißen ist es schwer, mit ihnen in Verbindung zu treten. Mühevolle Versuche der amerikanischen Mission, gerade diesen Leuten näherzukommen, sind ergebnislos geblieben. Die einzigen mir bekannten photographischen Aufnahmen von Kuelle sind einem in Lonji tätigen Kaufmann P. geglückt, der auch die bisher gegebenen Schilderungen durch eine Reihe eigener Beobachtungen ergänzen konnte. Was bisher von gelegentlichen Beobachtern über sie bekannt geworden ist, rechtfertigt aber den Wunsch, daß ihre anthropologischen Merkmale genau fixiert werden, ehe dieser letzte Rest einer wahrscheinlich uralten Waldbevölkerung, der uns vielleicht manchen wertvollen Aufschluß nicht nur über die Rassenentwicklung der afrikanischen Negerstämme, sondern des Menschengeschlechtes überhaupt geben kann, ganz von der Bildfläche verschwindet oder von den Nachbarstämmen aufgesogen wird.

Es sind kleine, schmächtige, gelbbraune Gestalten mit ausnehmend glatter und fleischiger Nase, niedriger Stirn, aber wenig gewulsteten Lippen und starker Oberkörperbehaarung. Feste Wohnsitze kennen sie nicht. Sie ziehen in kleinen Gruppen durch den

Wald, nur notdürftig schützende Blätterhütten bauend und immer teils mit dem Speer, teils mit dem Steinschloßgewehr bewaffnet dem Wild nachstellend, soweit sie nicht von den Mabea als Sklaven gehalten werden. Ein großer Teil des Kameruner Elfenbeins soll ihre Jagdbeute sein. Das Fleisch des erlegten Wildes dient ihnen als Nahrung und als Tauschartikel, für das sie sich von den Mabea Munition oder vegetabilische Nahrungsmittel eintauschen. Ihre Sprache wird von keinem der benachbarten Stämme verstanden.

Großbatanga ist der Sitz zweier Faktoreien und zweier Missionsniederlassungen, einer katholischen und einer amerikanischen Presbyterianermission. Letztere steht eben jetzt, obwohl sie die ältere im Lande ist, im Begriffe, das Feld zu räumen und sich auf ihre weiter landeinwärts gelegenen Stationen zu beschränken, so daß hier die Konkurrenz zweier christlicher Konfessionen an ein und demselben Platze vermieden wird. Nur ein alter betagter Herr, ein Dr. J., der seit vielen Jahren eng mit der hiesigen Bevölkerung verwachsen ist, kann sich nicht von seiner zweiten Heimat trennen und wird in ihr verbleiben. Im Dienste der Presbyterianer entfalten im Südbezirke außer den Missionaren vier medizinisch vorgebildete Kräfte eine rege ärztliche Tätigkeit unter den Eingeborenen. Auch die Europäer Kribis, das bisher noch nicht dauernd mit einem deutschen Arzte besetzt war, nahmen oft die Hilfe eines Missionsarztes aus Batanga in Anspruch.

Die katholische Mission der Pallotiner, deren Konvent wir einen Besuch abstatteten, hat den Bau einer stattlichen Kirche begonnen, deren fertige Balkenkonstruktion bereits Form und Größe des zu vollendenden Werkes erkennen läßt. Von einer die ganze Gegend überragenden Anhöhe aus wird sie selbst für die vorüberfahrenden Dampfer zu einem weit auf die See hinaus sichtbaren Wahrzeichen der Küste werden. Wie überall in der Welt, so hat auch in Togo und Kamerun die katholische Geistlichkeit mit großem Geschick für ihre Niederlassungen — im Gegensatz zu den oft mangelhaft gewählten Plätzen der Regierung und der Kaufmannschaft — diejenigen Punkte herauszufinden gewußt, die landschaftlich, hygienisch und für die Zwecke ihrer Arbeit gleichermaßen als die besten der ganzen jeweiligen Umgebung gelten müssen. St. übernachtete in der gastlichen

Mission, um am nächsten Morgen von hier aus nordwärts seinen Streifzug durch den Busch anzutreten. Ich ritt im Mondschein zurück.

Seitdem bin ich Reichsverweser von Kribi. Ein abschließendes Urteil über den Gang der Regierungsmaschine will ich nach so kurzer Beobachtungszeit nicht fällen, aber die mit ihr verbundene bürokratische Papiermühle scheint in lebhaftester Tätigkeit zu stehen. Außer dem europäischen Sekretäre sind ein ganzer Stab schwarzer Kanzlisten, Schreiber, Dolmetscher und Zustellungsjungen damit beschäftigt, alle die Konten, Bücher, Journale, Abrechnungen, Eingänge usw. zu bewältigen, die das Wohl des Bezirkes erheischt. Die Zahl der jährlichen Journalnummern beträgt mehrere Tausend.

Eine für Kamerun charakteristische Institution lernte ich hier mit großem Interesse näher kennen, die der sogenannten Runderlasse. Alle wichtigeren Verfügungen des Gouvernements von allgemeiner Bedeutung werden säuberlich fortlaufend numeriert jedem Beamten als Runderlasse zugesandt.

Reichstagsabgeordnete in Kribi

3. September

Unser koloniales Alltagsleben ist an bedeutungsvollen Ereignissen arm. Gleichförmig und eintönig fließt es oft lange Zeit dahin; selbst diejenigen Vorgänge, die bei ihrer Entwicklung die Welt zu Hause in Spannung erhalten, stehen erst nach Wochen als fait accompli vor uns; aber heute war ein „großer Tag", ein dies festus für uns in Kribi. Neun Abgeordnete der Budgetkommission hatten sich aufgemacht, um ihre Sommerferien mit einer Studienreise nach der Togo- und Kamerunküste auszufüllen und kamen heute hier am südlichen Endpunkte ihrer Fahrt an. Einer der Ausgezogenen war leider auf der Ausreise gestorben und liegt auf dem Friedhofe Lomes begraben. Ein zweiter hatte mit Rücksicht auf seinen Gesundheitszustand von dort aus die Rückreise antreten müssen.

Nun, ein Vergnügen ist diese Reise für die Abgeordneten sicher nicht gewesen. Das Programm, das sie sich für knapp zwei Wochen — mehr Zeit stand ihnen für den Besuch zweier ganzer Kolonien nicht zur Verfügung — zur Erledigung zusammengestellt hatten, war ein äußerst strapaziöses; ich war erstaunt, daß die Herren, die teilweise doch schon den älteren Altersklassen angehörten, sich diese Anstrengungen zumuteten. Mußten sie doch die Nächte mehrmals zu ihren See- und Flußfahrten benutzen, um tagsüber alles das zu sehen, was sie sich vorgenommen hatten. Ich glaube, soweit die äußeren Bedingungen, unter denen die Reise stattfand, es überhaupt zuließen, haben sie alles, was sie von ihrem Unternehmen erhoffen konnten, in Erfüllung gehen sehen.

Die Kürze der Zeit steckte ihnen freilich enge Grenzen. Der Besuch konnte sich natürlich nur auf die Küstenregion beschränken, und auch dafür reicht bei allem guten Willen diese Zeit nicht aus, um ein vollständiges Bild vom Leben und Treiben in ihr zu bekommen. Ein Einblick in die ebenso wichtigen wie schwierigen Unternehmungen des weiten Hinterlandes mußte ihnen völlig verschlossen bleiben. Es gibt fernerhin viele, gerade fürs koloniale Leben wichtige Dinge, die weder durch kurze eigene Anschauung noch durch eine selbst eingehende Aussprache mit Ortskundigen bei einer solchen Reise gründlich und objektiv erfaßt werden können. Das sind z. B. das Verhältnis der Eingeborenen zu den Europäern, die Lebensgewohnheiten der Weißen und Schwarzen, die Arbeitsverhältnisse in unsern Schutzgebieten u. a. m. Alles dies läßt sich nur bei längerem Verweilen, nur durch innigere Fühlung, durch langes, fortgesetztes Studium, durch zahlreiche sich ergänzende Beobachtungen ergründen. Trotzdem begrüßen wir den Schritt der Abgeordneten mit großer Freude. Das Interesse, das sie für alle Verhältnisse an den Tag legten, war entschieden ein weitgehenderes, als wir erwarteten.

Die Notizbücher waren in fleißiger Benutzung. Am lebhaftesten schienen die beiden süddeutschen Abgeordneten bemüht zu sein, sich eine richtige Anschauung von unserm Leben und Wirken zu verschaffen.

Noch in der Dunkelheit des Morgens ging die „Herzogin Elisabeth", mit der sie über Nacht von Viktoria her gekommen waren, vor Anker; 7 Uhr bereits wurde gelandet. Ich hatte absichtlich keine Festlichkeiten für die Ankommenden arrangiert, und auch Regierungsrat St., der gestern nachmittag erst von einer Buschreise zurückkehrte, war damit einverstanden und setzte nur gemeinsames

Mittagessen im Bezirksamt an. Potemkinsche Dörfer bekamen sie hier nicht zu sehen. Das Bild von Kribi sollte ein ungeschminktes sein und war es auch, sogar mit reichlicher Wasserbeigabe vom Himmel herab, denn leider ließ die gerade jetzt herrschende Regenzeit das Äußere des landschaftlich sonst freundlichen Ortes in etwas gar zu trübem Lichte erscheinen. Die Leute suchten offenbar nach besten Kräften einen richtigen Gesamteindruck der Verhältnisse zu bekommen. Faktoreien, Missionsanlage, Beamtenwohnungen, Gefängnis, Brücken, Wege, Bezirksamt, Büro, alles wurde mit gleich eingehendem Interesse besichtigt und erörtert. Mit gutem Humor ertrugen sie die ungewohnte, mit Regen gepaarte Tropenschwüle. Zwei von ihnen bestiegen sogar einen Gaul und ,,versuchten" den Weg nach Plantation zu reiten. Ich glaube, sie hatten bald genug davon, denn an der ersten ,,Brücke" kehrten sie um, nachdem der eine kühne Reiter, Dr. S., vom Pferde abgeworfen worden war; bei der Kleinheit des Tieres und bei der respektablen Schwere des Reiters immerhin ein Kunststück. Eine andere Gruppe pilgerte die Jaundestraße in den Urwald hinein bis zur nächsten Mabeaniederlassung.

Am Nachmittage brachten die Boote sie wieder zum Dampfer. Für Dr. A., der ein Freund von ethnologischen Kuriositäten zu sein schien und nebenbei an Land Bogen, Pfeile, Speere u. a. gesammelt hatte, ließ ich in aller Stille als Andenken an Kribi ein ganzes, altes, ausrangiertes Kanu an Bord befördern. Ob er es freilich mit nach Deutschland nehmen wird, weiß ich nicht.

Als ärztlicher Mentor war ihnen Oberstabsarzt Dr. Ziemann beigegeben worden, der, zufällig von einem Heimaturlaub kommend, auch die ganze Ausreise bereits in ihrer Gemeinschaft zurückgelegt hatte. Mir war es eine große Freude, ihn bei dieser Gelegenheit kennenzulernen, nachdem ich schon seit Jahren viele seiner tropenhygienischen Forschungsergebnisse verfolgt und in Duala manche seiner praktischen Erfolge beobachtet hatte.

Von den einzelnen Reichstagsparteien waren Zentrum und Sozialdemokratie nicht vertreten. Die Gründe ihres Fernbleibens kennen wir nicht. Ich bin fest überzeugt, daß selbst dem vorurteilsvollsten Kolonialgegner das Verständnis für unsere Schutzgebiete am ehesten und sichersten dadurch kommen wird, daß er sie kennenlernt.

Als alter Togopatriot freute ich mich besonders, daß ihnen Togo einen äußerst günstigen Eindruck gemacht zu haben schien, trotzdem ja erklärlicherweise ein schwerer Schatten durch den erwähnten Trauerfall auf ihren dortigen kurzen Aufenthalt gefallen war. In Kleinpopo hatten ihnen vor allem die in den Faktoreihöfen gerade aufgestapelten Maisvorräte imponiert. Sehr traurig war ich darüber, daß man unterlassen hatte, ihnen das Nachtigalhospital auch nur äußerlich zu zeigen, obwohl es von der Haltestelle der Bahn nur zwei ganze Minuten entfernt liegt, und obwohl man ja bei einer tropischen Studienreise auch für ein Tropenkrankenhaus bei ihnen Interesse voraussetzen durfte. Daß gegenüber Togo gerade im Kameruner Südbezirk noch viele dringende Aufgaben ihrer Lösung harren, konnte natürlich nicht verborgen bleiben.

v. R., der Senior der Abgeordneten, drückte in seiner Erwiderung auf die Begrüßungsansprache bei Tisch diese negative Seite schonend so aus, daß er sagte: die Kultur scheine in unsern Schutzgebieten langsam von Norden nach Süden vorzuschreiten. Zahlreiche Wünsche werden ihnen sicher von allen Seiten vorgetragen worden sein; allerhand Wege, die zum Ziele führen sollen, wird man ihnen mehr oder weniger eindringlich als gangbar geschildert haben. Die Hauptfrage, auf die sie nach beendeter Reise sich und der Heimat die Antwort werden geben müssen, lautet: was tut unseren Kolonien not?

Die Antwort darauf ist nicht leicht in gleicher Kürze gegeben, denn vielerlei Bedingungen müssen erfüllt werden, viel Arbeit ist zu leisten, um die Entwicklung unserer Schutzgebiete zu sichern, aber etwas, was ihnen allen not tut, mögen sie in Süd-, Ost-, Westafrika oder der Südsee gelegen sein, das ist ein lebendiges, nachhaltiges Interesse der Heimat. Erhoffen wir von dem Unternehmen der Abgeordneten eine Erweckung derselben. Geht nur diese eine Hoffnung in Erfüllung, so ist schon viel gewonnen. Ich glaube auch, daß eine Rückwirkung auf breitere Schichten daheim nicht ausbleiben wird. Es wird Sauerteig in die bisher kolonialträgen Massen unseres Volkes gebracht werden. Die Gelegenheit dazu ist gerade jetzt günstig, denn der Aufstand in Südwestafrika hat manchen Schläfer aufgerüttelt und ihm ins Gedächtnis zurückgerufen, daß auch außerhalb der Karte Europas noch deutsches Land zu suchen ist. Wird es den Heimkehrenden gelingen, überdies auch einzelnen der vielen berechtigten Wünsche, die ihnen gegenüber geäußert worden sind, Gehör zu verschaffen, so wird der Schritt, den sie gewagt haben, den doppelten Nutzen für unsere Kolonien und für das Vaterland haben. Möchte ihr Beispiel Nachahmung finden.

Europäer- und Eingeborenenhygiene

Kribi, 20. September

Meine eigentliche Aufgabe, für Kribi Pläne und Kostenanschläge zu einer Hospitalanlage für Weiße und Schwarze aufzustellen, ist mit Hilfe eines Architekten gelöst; das Nachtigal-Krankenhaus und das Regierungshospital in Duala konnten mir dabei als bewährte Muster dienen. Wie lange freilich, wieviel Jahre wird es dauern, bis der erste Spatenstich getan wird? Ich erwarte in den nächsten Tagen das Eintreffen meines Nachfolgers und den Befehl zum Abmarsch nach Jaunde. Über Arbeitsmangel habe ich mich trotzdem nicht zu beklagen. Der Gesundheitszustand der Europäer ist kein befriedigender. Außer vielen Malariaerkrankungen habe ich in den kurzen Wochen meines Hierseins unter der geringen Bewohnerzahl drei schwere Schwarzwasserfieberfälle erlebt, von denen einer tödlich endete, der zweite die vorzeitige Heimkehr des Genesenen erforderlich machte. Das Fehlen eines Hospitales oder auch nur einer Krankenbaracke zwingt dazu, die Patienten in ihrer oft mangelhaften Wohnung in ungenügender Pflege und Abwartung zu belassen, wenn nicht zufällig ein nach Duala fahrender Dampfer sie in das dortige Krankenhaus transportieren kann. Eine regelmäßige Malariaprophylaxis durch Chinin hat hier noch wenig Anhänger gefunden, wohl lediglich deshalb, weil Kribi bisher noch nicht dauernd mit einem Arzte verbunden war, der nachdrücklich auf die Notwendigkeit dieses Schutzes und seine Methode hätte hinweisen können. Aber gerade an unserem Orte muß seine allgemeine Einbürgerung angestrebt werden; denn ehe hier durch Assanierungsarbeiten ein merklicher Erfolg erzielt werden kann, ist jahrelange, harte Mühe erforderlich.

Weit mehr noch als die Weißen nehmen die Schwarzen meine Zeit in Anspruch. Jeden Morgen umlagern 30—40 Kranke die zu meiner Veranda hinaufführenden Stufen, um einer nach dem andern ihre Klagen vorzubringen. Bis zum Mittag hin habe ich gemeinsam mit meinen beiden schwarzen Hilfskräften reichlich zu tun, um sie alle anzuhören, zu untersuchen, zu verbinden oder mit Arznei zu versehen. Leider bin ich in der chirurgischen Praxis aus Mangel an Instrumenten sehr beschränkt. Meine Vermutung, daß die hiesigen Eingeborenen weit mehr als z. B. die Togoküstenneger von allerhand Krankheiten heimgesucht werden, hat sich mir von Tag zu Tag bestätigt. Besonders stark ist unter ihnen die Framboesie*) neben parasitären Hauterkrankungen und geschwürigen Prozessen verbreitet. Auch Lepra ist leider unter ihnen zu finden.

Der Gesamteindruck, den ich von ihrem allgemeinen Gesundheitszustand gewonnen habe, ist recht trostlos, und eine weitgehende ärztliche Hilfe tut ihnen bitter not, so daß auch die Schaffung einer einfachen Eingeborenenpoliklinik ein unabweisbares Bedürfnis für Kribi ist, denn die Art und Weise, wie ich augenblicklich mich behelfen muß, kann natürlich nur als Provisorium gelten. Ich glaube, daß außer dem direkten sanitären Nutzen eine von der Regierung gewährleistete ausgiebige ärztliche Hilfe gerade unter dieser sonst noch sehr wenig zugänglichen Bevölkerung wesentlich dazu beitragen kann, sie dem Europäer näherzubringen. Freilich kommt es mir oft wie ein nutzloses Beginnen vor, wenn ich mich täglich an einer verhältnismäßig kleinen Anzahl Schwarzer abmühe, sie gesundheitlich wieder in Ordnung zu bringen, während ich auf der andern Seite sehe, wie gering einfach die sonstige Rücksicht der Europäer auf den Gesundheitszustand der Eingeborenen ist.

Ganz abgesehen von der durch den Alkohol drohenden Degeneration zeigt sich dies besonders häufig gegenüber allen den Schwar-

---

*) *Framboesie ist eine tropische, ansteckende Krankheit, in deren chronischem Verlaufe als besonders charakteristisches Symptom himbeerähnliche Papeln auf der Haut erscheinen. Diese (mit Vorliebe im Gesicht sitzenden) Wucherungen von verschiedener Zahl und Größe können geschwürig zerfallen, Drüsenvereiterungen und andere Komplikationen verursachen, so daß die Krankheit im Kindesalter als eine ernste anzusehen ist.*

zen, die zu Arbeitsleistungen, sei es im Wegebau, sei es als Plantagenarbeiter oder als Expeditionsträger herangezogen werden. Daß dies geschieht, ist selbstverständlich nur zu billigen. Eine schwer ins Gewicht fallende Tatsache ist die, daß viele Leute nicht in ihrer Heimat, sondern in einem entlegenen Teile des Landes zur Arbeit herangezogen werden müssen. Es wird sich nicht umgehen lassen, in dünn bevölkerten Gebieten Kameruns Arbeitskräfte aus anderen Gegenden heranzuziehen.

Aber die schweren Gefahren eines solchen Schrittes müssen durch besondere Vorkehrungen gemildert werden. Darin wird meiner Überzeugung nach etwas gefehlt. Was geschieht bisher in dieser Angelegenheit? Wer kümmert sich darum, welche Ernährungsweise der betreffende Volksstamm nötig hat? Wer kontrolliert, ob der Neger die ihm zugemutete Arbeit wird leisten können? Wer entscheidet im Falle einer Erkrankung, ob er weiterarbeitet oder nicht? Wer gibt ihm Arznei, wer verfügt über seine Entlassung, wer isoliert ansteckende Kranke? Wer bestimmt, ob die Menge der verabfolgten Nahrung ausreichend ist, ob ihre Unterkunft wenigstens den notdürftigsten Erfordernissen entspricht? Dabei ist die Lösung dieser Fragen zwar schwierig, aber nicht unmöglich. Die Esserschen Pflanzungen mit ihren nach Tausenden zählenden Arbeitern sind z. B. schon längst dahin gekommen, ihren Leuten weitgehende Hilfe in Erkrankungsfällen zu ermöglichen. Außer dem bisher in ihrem Dienste stehenden europäischen Lazarettpersonale werden sie in nächster Zeit auch einen tropenerfahrenen, eigenen Arzt anstellen, und für Unterkunftsräume der Patienten ist gut gesorgt. Auch einzelne Regierungsbeamte achten sorgfältig auf das körperliche Wohlbefinden der unter ihrer Aufsicht arbeitenden Schwarzen.

Patientenbesuch mit Schwierigkeiten

Kribi, 24. September

Gestern hatte ich einen Tag anstrengender afrikanischer Landpraxis. Ich wurde zu einem schwerkranken Schwarzwasserpatienten nach Lonji, das 18 km von hier entfernt liegt, gebeten. Morgens 6 Uhr machte ich mich zu Pferde auf. Der dorthin führende Waldweg ist miserabel, und Brücken über all die Flüsse und Flüßchen, die ihn kreuzen, gibt es nicht. Da, wo solche überhaupt gewesen waren, hatte sie das Hochwasser der Regenzeit weggeschwemmt. Im ganzen hatte ich bereits sechs solcher brückenlosen Gewässer durchquert. Mein Junge Malobe, der mich begleitete, mußte jedesmal vorauswaten und eine Stelle ausfindig machen, an der er, ohne den Grund unter seinen Füßen zu verlieren, durchkommen konnte. An dieser folgte ich ihm dann mit dem Gaul, oft bis zum Sattel im Wasser. So gelang es mir glücklich durch alle hindurchzukommen, bis wir kurz vor dem Ziele den Bolongwefluß erreichten.

Früher lag dort ein Kanu, in dem Passanten übergesetzt werden konnten, gestern fehlte es. Die Leute des benachbarten Dorfes behaupteten, es sei zerbrochen. Trotz langen Suchens gelang es meinem Jungen nicht, eine Furt zu finden. Da ich den Patienten auf keinen Fall vergeblich warten lassen wollte, blieb mir schließlich nichts anderes übrig, als mich auszuziehen und durchzuschwimmen. Mein Junge folgte, mit der einen Hand das Pferd am Zügel nach sich ziehend. Dann mußte er noch ein zweites Mal zurück, um sich meine Kleidungsstücke auf den Kopf zu binden und sie mir trocken hindurchzubringen. Beim Ankleiden bemerkte ich, daß meine Uhr verlorengegangen war: entweder war sie mir auf dem jenseitigen Ufer aus der Tasche gefallen, oder Malobe hatte sie im Wasser verloren. Da mir ersteres wahrscheinlicher schien, versuchte ich den Jungen zu bewegen, noch einmal zurückzuschwimmen, aber er wollte um keinen Preis wieder hinüber. Da ihn weder Versprechungen noch Drohungen dazu vermochten, so mußte ich mich selbst auf die Suche nach der Uhr machen, schwamm hinüber, fand sie glücklich im Sande, barg sie in meinem Munde und durchschwamm zum dritten Male den Fluß. Das Wasser war reißend genug, aber zum Glück an der von mir gewählten Stelle nicht breit, so daß ich zwar ein ordentliches Stück von der Strömung abgetrieben wurde, aber doch endlich heil am andern Ufer anlangte.

Zehn Uhr war ich in Lonji, hatte also vier Stunden für den verhältnismäßig kleinen Weg gebraucht. Leider fand ich den Kranken in recht trostlosem Zustande vor. Da am Nachmittage ein Dampfer vor Lonji erwartet wurde, schlug ich ihm vor, auf diesem nach Duala zu fahren und das dortige Hospital aufzusuchen. Er bedarf einer sehr sorgfältigen Pflege, Behandlung und Beobachtung, die er hier leider nicht haben kann. Bis zur Ankunft des erwarteten Schiffes war ich Gast des Herrn St., des liebenswürdigen Hauptagenten der Firma C. W., bei dem ich mich von den Anstrengungen des Rittes erholen konnte und frische Kräfte für den Heimweg sammelte. Erst nach Sonnenuntergang kam ich, vom Regen bis auf die Haut durchnäßt, in Kribi wieder an. Mir und meinem Pferde geht's heute gut; nur mein Junge kam früh mit Fieber an: „Master, the fever catch me."

Ablösung in Kribi

Kribi, 2. Oktober

Der bisher in Viktoria praktizierende Dr. Z. kam zu meiner Ablösung vor einigen Tagen in Kribi an, so daß ich nächstens meine Reise nach Jaunde werde antreten können. Der gleiche Dampfer brachte eine schöne ärztliche Ausrüstung mit. Zum Arzthause ist nunmehr ein anderes Regierungsgebäude, das ehemalige „alte Bezirksamt", umgewandelt worden, das zwar weniger günstig liegt als mein luftiges, altes Zollhäuschen, das aber dafür drei Räume zur Unterbringung der Apotheke, des Operationsraumes und der Arztwohnung bietet.

Vorgestern und heute haben wir das Instrumentarium mit einigen bisher aufgeschobenen Operationen eingeweiht, die ich vor meiner Abreise gern noch erledigt sehen wollte. Nach beendetem Eingriff und Verband blieb uns nichts anderes übrig, als die Patienten einstweilen auf die Veranda des Hauses zu legen. Dort schliefen sie dann so lange, bis sie sich aus ihrer Narkose so weit erholt hatten, daß sie, von ihren schwarzen Stammesgenossen geführt oder getragen, in ihre Hütten gebracht werden konnten.

Abmarsch in den Busch

Bolongwe, 13. Oktober

Heute habe ich endlich meinen Spaziergang nach Jaunde angetreten. Was ich freilich dort soll, weiß ich vorläufig noch nicht. Das betrüblichste ist mir, daß ich fast ohne chirurgische Instrumente abreisen muß. Arzneien und Verbandmittel konnte ich in genügender Menge vor einigen Tagen vorausschicken. 6 Uhr früh sammelte ich meine Träger. Unter Beschränkung auf das allernötigste Gepäck sind doch 16 Mann erforderlich geworden, von denen allein fünf auf den Transport des in der Regenzeit hier unentbehrlichen Zeltes entfallen. Rasthäuser gibt es in Kamerun noch nicht. Außer den Trägern begleitet mich ein Koch, mein Junge Malobe und der aus Jaunde stammende Peter, der als Schüler der katholischen Mission deutsch spricht, und den ich mir in den vorausgegangenen Wochen notdürftig zum Lazarettgehilfen für seine Landsleute angelernt habe. Meine Träger werde ich stets eine Stunde vorausgehen lassen, damit sie bereits am Ziel sind, wenn ich selbst ankomme. Nur Peter und Malobe folgen mir unmittelbar, ersterer ausgerüstet mit der Feldflasche, meinem Regenmantel und einem Schmetterlingsnetz, letzterer mit einer wasserdichten Segeltuchtasche für Notizbuch, kurze Pfeife und Tabak.

Dr. Z. gab mir noch 6 km in den Urwald hinein das Geleit; dann zog ich allein weiter. Soweit es bei dem andauernden Regen und den dadurch aufgeweichten Wegen möglich ist, habe ich mir vorgenommen, immer den ganzen Tagesmarsch am Vormittage zurückzulegen, um den Nachmittag mir und meinen Leuten zur Ruhe zu gönnen. Dabei kann man die tägliche Marschleistung mit Rücksicht auf die Leute nicht gut über 20—25 km bemessen.

Mein heutiges Endziel ist Bolongwe, eine kleine Niederlassung, im ganzen sechs armselige Hütten, die in einer Lichtung des dicht herantretenden Waldes erbaut sind. In unmittelbarer Nähe der Wohnungen wächst zwischen gefällten Baumstämmen auf halb gerodetem Lande, was die Insassen für ihren Lebensunterhalt brauchen: Planten, Kassada, Süßkartoffeln. Einige Hühner, Ziegen und Hunde sind ihre einzigen Haustiere. Der „Häuptling", der nebenbei leprös ist, begrüßte mich bei meiner Ankunft und wies meinen Leuten eine baufällige Hütte zur Unterkunft an. Für mich selbst ließ ich das Zelt aufbauen.

Die Misere einer afrikanischen Buschreise habe ich schon am ersten Tage zu spüren bekommen. Durch Verwechslung sind zwei Medikamentenkisten anstatt zweier Proviantkisten vorausgegangen. Dadurch habe ich Arzeneien bei mir, anstatt der fürsorglich eingepackten Vorräte an Butter, kondensierter Milch und Kartoffeln, auf deren Genuß ich also in den nächsten Wochen verzichten muß.

Loni, 14. Oktober

Die Straße wurde heute schon bedeutend schlechter. Dabei ist sie die einzige Verbindung von der Küste nach dem Hinterlande. Aller Karawanenverkehr spielt sich auf ihr ab, und alle Europäer, die nach irgendeinem Orte des Südbezirkes reisen wollen, müssen sie wählen. Seit einigen Monaten wird mit Nachdruck der schwierige Bau dieser Straße durch die Urwaldzone betrieben. An drei verschiedenen Stellen arbeiten drei Kolonnen gleichzeitig; alle drei von früheren Pionieren geleitet. Zwei von ihnen sind mit dem Fällen von Bäumen und den Erdarbeiten beschäftigt, eine mit dem Überbrücken der Flußläufe. Auf die beiden Wegebauer mit ihren Arbeitern traf ich auf meinem heutigen Marsche.

Der eine, W., steht im Dienste der Postverwaltung, die Kribi und Jaunde mit einer Telegraphenleitung verbindet. Mit hundert Mann legt er eine 30 Meter breite Bresche in den Wald, ohne sich freilich auf den eigentlichen Bau des Weges dabei einzulassen. Diese Aufgabe liegt der anderen im Dienste der Regierung unter dem Wegebauer P. tätigen Kolonne ob, die mit ungefähr 200 Mann die Straße in einer Breite von acht Metern kunstgerecht ausbaut. Soweit das Werk bereits fertig ist, verdient es uneingeschränktes Lob. Die hier zu überwindenden Schwierigkeiten sind ganz enorme, denn die Arbeit mit den ungeschulten schwarzen Kräften besteht nicht nur darin, die dicht stehenden Baumriesen zu fällen und zur Seite zu räumen, sondern auch im Ausgraben der Wurzeln, damit nicht hervorstehende Stümpfe den später auf dieser Straße geplanten Fuhrverkehr erschweren, in der Abtragung von Bodenerhöhungen und Ausgleichung von Senkungen, im Ziehen von Wassergräben zu beiden Seiten der Straße usw.

Leider ist die Beaufsichtigung einer solchen Arbeit mit vielen gesundheitlichen Gefahren für den Europäer verbunden, denn er muß dauernd im Zelte leben und ist ständig der Gefahr der Ansteckung mit Malaria oder Dysenterie ausgesetzt, und die häufigen Durchnässungen gefährden obendrein seine Gesundheit; selbst seine Verpflegung stößt auf große Schwierigkeiten. Da die ganze Gegend nur dünn bevölkert ist, würde es mit Rücksicht auf die spätere Instandhaltung der Straßen durch den Urwald empfehlenswert sein, schon jetzt in Abständen von einigen Kilometern kleine Lichtungen neben der Straße schlagen zu lassen, um dort Eingeborene anzusiedeln, die zur Reinhaltung des Weges herangezogen werden können. Vorläufig sitzen die Mabeas abseits im Walde, und kein Mensch weiß, wieviel dort von ihnen hausen.

Gegen 10 Uhr morgens erreichte ich den Arbeitsplatz des Telegraphenbauers W., wo ich rastete. Ein heftiger Regenguß zwang mich, bis zur Mittagszeit in seinem Zelte zu verweilen. In unserer Nähe hallten die Axthiebe der arbeitenden Schwarzen durch die Waldesstille, ab und zu kündete ein lautes Krachen und das begleitende Geschrei der Neger, daß wieder einer von den Riesen zu Boden gestreckt war. W. hatte früher bereits die Telegraphenleitung von Duala nach Jabassi gelegt, ebenfalls durch unwegsames Waldgebiet. Ein eigenartiges Erlebnis, das er dabei hatte, hat ihm zu einer gewissen Berühmtheit in Kamerun verholfen.

Er war von einem Schwarzen begleitet eines Tages einem an seiner Arbeitsstelle aufgetauchten Elefanten nachgegangen; dabei hatte er sich im Urwald verirrt und konnte sich nicht wieder zu seinem Zeltplatze zurückfinden. So ist er fünf Tage umhergewandert, ohne auf eine menschliche Niederlassung zu stoßen und ohne etwas anderes zu genießen, als was der Schwarze zufällig auf den Irrgängen Eßbares im Walde fand. Auch eine Kolonne von 2000 Schwarzen, die auf die Nachricht von seinem Verschwinden aufgeboten war, ihn zu suchen, konnte keine Spur von ihm finden, und er galt bereits für verschollen. Doch seinem gesunden Verstande hatte er schließlich seine Rettung zu verdanken. Schon völlig erschöpft kam er endlich an ein großes Binnenwasser und überlegte sich, daß dieses aller Wahrscheinlichkeit nach einen Abfluß oder Zufluß haben müsse. Er machte sich mit seinem schwarzen Begleiter daran, die Ufer des Teiches abzusuchen und fand auch wirklich einen Ausfluß. Ihm ging er nach und gewahrte bald in der Ferne aufsteigenden Rauch, das Wahrzeichen menschlicher Wohnungen. Von dort aus konnte er sich wieder orientieren. Ein mehrtägiges Fieber, von dem er aber bald genas, war die einzige nachteilige Folge der unfreiwilligen Urwaldswanderung. Gleichfalls eine Verirrung im Walde, wenn auch harmloserer Art, hatte der andere Wegebauer P. erlebt. Bei ihm war ein Affe, den er während der Stunden der Mittagspause verfolgte, die Ursache des Mißgeschickes. Als er am Morgen des zweiten Tages noch nicht zurückgekehrt war, machte sich der in seiner Nähe arbeitende Brückenbauer B. mit seinen Leuten auf, ihn zu suchen und fand ihn nach einigen Stunden.

Als der Regen nachgelassen hatte, marschierte ich weiter bis Loni, wo ich heute raste. Von Straße oder Weg konnte man freilich nicht mehr sprechen. Was ich passierte, mag zur Trockenzeit vielleicht ein schmaler Negerpfad sein, jetzt ist es eine Reihe ununterbrochen aufeinanderfolgender Pfützen und Sümpfe.

15. Oktober

Heute nachmittag sitze ich in Ndua. In den ersten Morgenstunden verhinderte wieder strömender Regen den Marsch, und von 8 bis 12 Uhr habe ich mühsam meine heutige Leistung vollbracht, die wohl nicht viel mehr als 10 km betragen mag. Es war ein ausschließlicher Wassermarsch. Der schmale, von den Eingeborenen im Laufe der Jahre ausgetretene rinnenförmige Waldpfad bildete heute eine fortlaufende Wasserrinne. Auf ihrem Boden zogen die bloßgelegten Wurzeln der Bäume entlang und machten diesen Wassersport besonders abwechslungsreich. Mehr als 2—3 km waren in der Stunde nicht zu bewältigen. Der Weg ist sicher vor hundert Jahren der gleiche gewesen wie jetzt, wenigstens nicht schlechter. Heute, wo ich mich mühsam unter den überhängenden, vom Regen triefenden Zweigen und Büschen durchzwängen mußte, ist mir auch klar geworden, warum der Kamerunneger seine Lasten auf dem Rücken trägt und nicht wie der Togoneger auf dem Kopfe.

Ndua ist das erste wirkliche Dorf, das ich seit Kribi antreffe. Es wird ungefähr 50 Hütten haben mit 100 Eingeborenen, die wohl zum Stamme der Ngumba gehören, einem den an der Küste wohnenden Mabeanegern nahe verwandten Schlage. Der Häuptling, der mir stolz mit einem schwarz-weiß-rot umränderten Schutzbriefe des

Gouvernements entgegenkam, hat mir gnädig eine seiner Hütten eingeräumt, so daß ich das umständliche Aufbauen des Zeltes erspare.

Mein Quartier ist vier Schritt breit, aber dreimal so lang, so daß neben den nötigsten Koffern mein Feldbett, der Tisch und mein Langstuhl, dieses köstlichste aller afrikanischen Reisemöbel, bequem darin Platz finden. An den Wänden der Hütte hängen einige schmutzige Negerhausgeräte, darunter mehrere Körbe. In einem von ihnen brütet eine Henne und mustert neugierig den fremden Eindringling, ohne sich aber sonst durch meine Anwesenheit in ihrer nützlichen Beschäftigung stören zu lassen. Eine Glucke mit fünf piependen Küchlein hat sich unter meinem Bette niedergelassen; ab und zu stattet mir eine ebenfalls neugierige Ziege ihren Antrittsbesuch ab, um sich bald meckernd wieder zu empfehlen.

Unliebsamere Gäste meines Heimes sind die zahlreichen Moskitos und Sandfliegen. Erstere will ich gern in Kauf nehmen, aber letztere sind entsetzliche Plagegeister. Warum sie übrigens ihren Namen tragen, ist mir nicht ersichtlich, denn in sandigen Gegenden fehlen sie, während sie in sumpfigen mit Vorliebe vorhanden sind. Vielleicht tragen sie ihn wegen ihrer winzigen, an ein Sandkörnchen erinnernden Größe. Nicht einmal nachts kann man sie sich durch ein Moskitonetz vom Leibe halten, da sie selbst durch die engen Maschen des Mulls dringen. Überall zwickt es und juckt es, auch der Qualm der kurzen Pfeife nützt nichts. Ich will mich damit trösten, daß ich morgen eine Europäerniederlassung, Bipindi, zu erreichen hoffe.

Bipindi, 16. Oktober

In der vorigen Nacht hörte ich zum ersten Male in der Nähe den Trompetenruf eines Elefanten; bald darauf erhob sich ein fürchterliches Geschrei unter den Bewohnern Nduas, begleitet von Gewehrschüssen, durch die sie das Einbrechen der unwillkommenen Gäste in ihre Farmen verhindern wollten. Nach Annahme der Schwarzen war es eine Horde von acht Stück, die in nächster Nähe ihr Unwesen trieben. Trotz hellen Mondscheines konnte ich nichts von ihnen entdecken, nur die frischen Fährten, die mir nach Sonnenaufgang gezeigt wurden, und die breiten Gassen, die sie im Buschwerk niedergetreten hatten, zeugten von dem Besuch, der dem Orte bevorgestanden hatte.

Zur Mittagszeit erreichte ich Bipindihof, so hat Z., ihr Besitzer, seine Farm getauft. Seit über 20 Jahren weilt er in Afrika, davon die überwiegende Zeit in Kamerun. In der ersten Hälfte seiner Kameruner Tätigkeit war er der erste Leiter von Jaunde, der ersten ins Innere Kameruns vorgeschobenen Station. Später mußte er auf Berichte hin, die von einer im stillen arbeitenden, unbestellten Aufsichtsstelle in Berlin eingegangen waren, aus dem Regierungsdienste scheiden. Er ging trotzdem als Privatmann wieder hinaus in die ihm liebgewordene Kolonie, erwarb einen Komplex Landes am Bipindifluß, baute sich ein Haus und legte in harter Arbeit seine Plantagen für Kakao und Kaffee an. Um die Zeit bis zur Ertragsfähigkeit seiner Anpflanzungen, die eben jetzt anhebt, nutzbringend auszufüllen, hat er eine umfangreiche und wohl auch einträgliche zoologische und botanische Forscher- und Sammeltätigkeit entwickelt.

So setzt sich das Bild seines Hofes zusammen aus den Spuren der Arbeit des Pflanzers und des Naturforschers. Während Pferde, Esel, Schweine und Geflügel seinen Hof und seine Stallungen bevölkern, sind auf der Veranda seines Häuschens präparierte Vogelbälge und Tierhäute zum Trocknen aufgehängt. In einem besonderen Raume stapelt er außer den für den Export bestimmten Kakaovorräten seine wertvollen Schmetterlingssammlungen und seine umfangreichen Herbarien auf. Selbst eine kleine Staffelei mit einem begonnenen Ölgemälde, eine tropische Landschaft darstellend, sah ich auf der Veranda neben bücherbeladenen Tischen stehen. Ein afrikanisches Idyll. Drei schwarze Jungen gehen ihm bei seinen Arbeiten hilfreich zur Hand. Wegen der von der Umgebung hier drohenden Pockengefahr impfte ich sie und die gesamte schwarze Arbeiterschaft. Nach einer eingehenden Besichtigung seiner Anlagen, und nachdem wir uns an Wildschwein- und Antilopenbraten gestärkt hatten, verloren wir uns bald im Austausch von Erinnerungen an unsere gemeinsame sächsische Heimat.

17. Oktober

Der schlechteste Scherz, den man sich mit einem Menschen machen kann, ist sicher der, ihn während der Kameruner Regenzeit von Kribi nach Jaunde reisen zu lassen.

In der Nacht waren fast ohne Unterbrechung Regengüsse niedergegangen. Der dicht hinter Z.s Hof vorbeifließende Bipindifluß war gewaltig angeschwollen. Die Brücke, die über ihn führen soll, ist bis jetzt erst in ihrem Mauerwerke fertiggestellt, der Belag fehlt noch, so daß wir den Übergang oberhalb in einem großen Kanu bewerkstelligen mußten. Das Unternehmen war nicht ganz ungefährlich. Sechs Schwarze brachten mit ihren langen, schmalen Paddeln das Fahrzeug zunächst einige hundert Meter am Ufer entlang von der Brückenanlage weg stromaufwärts. Dann dirigierten sie es in die Mitte des Flusses, wo es von der andrängenden Strömung gefaßt und in rasender Geschwindigkeit stromabwärts dem gegenüberliegenden Ufer zugetrieben wurde. Sie hatten es absichtlich dahin gebracht, wo der Strom die Richtung nach dem jenseitigen Ufer hatte. Trotzdem war mir nicht behaglich zumute, als es mit rasender Geschwindigkeit den aus dem Wasser ragenden Brückenpfeilern entgegentrieb und erst kurz vor ihnen unsanft ans andere Ufer geworfen wurde.

Leider bin ich auch heute nur wieder ein kleines Stück vorwärtsgekommen. Schon zwei Stunden hinter Bipindi war eine Talsenkung, die wir durchqueren mußten, durch die Regenströme der Nacht völlig mit Wasser angefüllt. Ich selbst hätte sie wohl durchschwimmen können, aber meine Lasten durchzubringen ist heute unmöglich, da die Leute nirgends Grund unter den Füßen finden. So bin ich gezwungen, hier vor dem Wasser mein Zelt aufzuschlagen und abzuwarten, bis es sich so weit verlaufen hat, daß ich mit meinen Trägern hindurchkommen kann.

Militärstation Lolodorf

Lolodorf, 19. Oktober

Nach Überwindung entsetzlicher Wege bin ich heute glücklich auf der Militärstation Lolodorf angekommen und werde mir hier einige Tage unfreiwilliger, aber nicht unwillkommener Rast gönnen müssen. Die Straße wird zwar, je weiter man sich von der Küste entfernt, um so besser, auch der Urwald scheint etwas lichter zu werden, die Ansiedelungen zu beiden Seiten des Weges mehren sich und werden freundlicher in ihrem Äußeren, dafür strömt aber der Regen immer reichlicher. Das Gelände wird hinter Bipindi hügelig, und die Station Lolodorf liegt 500 Meter über dem Meeresspiegel auf einer stattlichen, die Umgebung beherrschenden Anhöhe, die völlig vom Wald gesäubert ist und einen weiten Rundblick über die Umgebung gestattet. Unmittelbar an ihrem Fuße zieht ein Fluß, der Lokundje, vorüber. Freilich dringt das Auge vorläufig nur bis in die allernächste Umgebung, denn schon die Nachbarhöhen liegen in dunklen Wolken, und aus den Tälern steigt es wie schwerer, weißer Dampf empor.

Zwei Tage werde ich hier mindestens zu warten haben, da meine bisherigen Träger zur Küste zurückkehren und für den weiteren Marsch neue angeworben werden müssen. Die Station ist augenblicklich von einem weißen Unteroffizier mit seinen schwarzen Soldaten besetzt. Wie er mir erzählt, sind Träger jetzt schwer zu bekommen, da erst kürzlich Hunderte von Proviant- und Munitionslasten für die in südöstlicher Richtung von hier im Aufstandsgebiete kämpfenden Schutztruppenexpedition befördert werden mußten. Für morgen wird die Ankunft von Leutnant K., des eigentlichen Stationsleiters von Lolodorf, erwartet, der aus dem aufständischen Gebiete zurückkehrt. Er hatte die Aufgabe, dem dort stationierten Hauptmann Freiherrn v. St. Munition zuzuführen. Ein Vierteljahr hatte er zum Hin- und Rückmarsch gebraucht. Von hier aus wird er zur Küste marschieren, um einen Heimaturlaub anzutreten.

Die Station ist primitiv, aber behaglich und sauber eingerichtet, jedenfalls bin ich wieder einmal im Trocknen. Während ich sitze und schreibe, spielt in der benachbarten Wohnung des Unteroffiziers ein Grammophon, der einzige Ersatz für heimische Musik, den man sich hier in der afrikanischen Ferne verschaffen kann.

Lolodorf, 20. Oktober

Seit meinem Abmarsche von Kribi zerriß heute zum ersten Male die Sonne wieder ihren dicken Wolkenschleier. Doch wie ganz anders ist das Bild, das man hier im Urwaldgebiete von einem Berge herab im Vergleich zur Umschau über ein Stück der heimatlichen Erde hat. Eine weite, große Fläche, mit nichts als weiten Waldbeständen, Wald in den Tälern, Wald auf den Höhen, die in mannigfacher, bizarrer Gestalt den Horizont begrenzen. Nur auf wenige hundert Meter im Umkreis sind noch die im Tal liegenden Negerhütten sichtbar, dann wird alles wieder vom Wald umklammert. Er schließt sich und bildet eine dem Blick undurchdringbare, durch nichts unterbrochene, zusammenhängende, gewaltige Masse, düster, starr, zur Schwermut stimmend, aus der Ferne tot für das Auge, trotz des millionenfachen Lebens, das in seinen Tiefen eine Stätte hat. Kein Kirchturm grüßt von weitem, kein Städtchen, kein Dorf, kein Bach durchblinkt das düstere, dichte Grün, keine Wiesen, keine Äcker künden sich dem Auge, keine Abwechslung der Farbe und der Stimmung; nur Wald, ein Stück aus dem dunklen Erdteil.

Gegen 9 Uhr schon fingen die Eingeborenen im Tale an, ihre Trommeln zu schlagen, ihre Festgesänge anzustimmen und ihre Gewehre abzuschießen, zum Zeichen, daß der erwartete Stationsleiter nahte. Als Willkommengruß für ihn prangte das Hauptgebäude der Station im Flaggenschmuck. Bald darauf ritt er an der Spitze einer kleinen Schar schwarzer Soldaten aus dem Wald heraus, begrüßt von den lärmenden, singenden, trommelnden und schießenden Eingeborenen, die ihm bis zum Fuße des Stationshügels folgten. Eine Viertelstunde später sprengte er auf den Stationshof.

Urwaldzauber

23. Oktober

Nach zweitägiger Rast seit gestern Weitermarsch. Immer noch zieht sich die Straße durch dichtes Waldgebiet; nur wenige Schritte weit vermag das Auge seitwärts des Weges in ihn einzudringen; dabei steigt er ununterbrochen im hügeligen Gelände auf und nieder. Bis Lolodorf steigt man von der Küste an im ganzen auf 500 m. Jaunde liegt noch 200 m höher über dem Meere. Die Ansiedelungen auf den gerodeten Lichtungen am Wege werden dichter, aber wirkliche, zusammenhängende, große Dörfer, wie man sie in Togo überall trifft, habe ich auf dem ganzen Wege noch nicht gefunden. Seit heute marschieren wir zwar noch im Lolodorfbezirke, aber der Bevölkerung nach schon im Gebiete der Jaunde.

Meine heutige Rast halte ich auf einer kleinen Höhe zwischen einem halben Dutzend Hütten. Unterwegs waren viele Ansiedelungen völlig verlassen, und als Grund erfuhr ich, daß sich vor mir her das Gerücht verbreitet habe, ein weißer Mann käme und ließe von einem Soldaten alle Leute einfangen und mit nach Jaunde nehmen. Freilich lag zu diesem Gerücht scheinbar ein Grund vor. Ich habe tatsächlich von Lolodorf zur Begleitung einen Soldaten mitgenommen, aber lediglich um meine Träger zu beaufsichtigen und zu verhindern, daß die Leute ihre Lasten im Stich lassen und davonlaufen. Hier in Südkamerun soll es die Regel sein, daß von den angeworbenen Leuten in den ersten Tagen einige durchbrennen; hat man sie erst mehrere Tage im Marsch, dann wagen sie es nicht mehr. Trotz des mitgenommenen Soldaten waren mir nun über Nacht drei Leute ausgerückt. Um sie wieder einzufangen, hatte ich noch vor Sonnenaufgang den Soldaten ausgeschickt; aber er suchte vergeblich die nächsten Niederlassungen nach ihnen ab. Diese ergebnislose Razzia nach meinen Durchbrennern hatte das Gerücht veranlaßt. Noch am Orte der Rast bekam ich Ersatz für sie.

Auf dem heutigen Marsche kamen mir beim Passieren eines Dorfes auf einmal zwei Jungen laut rufend nachgelaufen. Ihre saubere Kleidung ließ vermuten, daß sie einmal in europäischer Zucht gestanden hatten, und als sie herankamen und mich begrüßten, erkannte ich in ihnen die beiden Jungen von Oberleutnant H. wieder, von denen der ältere den jüngeren in Kribi durch einen Pistolenschuß schwer verwundet hatte. Ich konnte nicht umhin, den ehemaligen Patienten gleich auf der Landstraße einer gründlichen Perkussion und Auskultation zu unterwerfen und freute mich, als sich ergab, daß sein Bluterguß, mit dem er eigenmächtig vor sieben bis acht Wochen das Weite gesucht hatte, völlig resorbiert war, und daß die Verletzung auch sonst keine dauernden Folgen für ihn gehabt hatte.

Seit meinem Aufbruch von Lolodorf herrscht wenigstens den größten Teil des Tages wieder Sonnenschein, ich habe hoffentlich den schlimmsten Regendistrikt hinter mir. Erst in trocknen Kleidern geht einem das Verständnis für die Reize des Urwaldes auf, deren er wahrhaftig nicht bar ist. Tausenderlei Leben herrscht in ihm, tausenderlei Formen und Farben der Tier- und Pflanzenwelt trifft man an, überall ist er verschieden, und wenn man als Wanderer vor seiner Karawane ihn durchpilgert, so wechseln bei aller Gleichartigkeit des Grundtones doch dauernd die einzelnen Szenerien auf beiden Seiten des Weges. Ehrwürdige Baumriesen mit vielhundertjährigem Alter überragen hie und da das Gesamtbild, ihre grünen Kronen bald mit wenigen starren Zacken zu den Wolken emporstreckend, bald mit verschlungenem Geäst ein schattiges, dichtgeflochtenes Kunstwerk bildend. Was würden sie erzählen können, wenn ihre Sprache verständlich wäre. Schlanke Lianen schlingen liebelechzend ihre Arme um den alten Recken, der sich geduldig die Liebkosung gefallen läßt. Doch wehe, wenn er nicht rechtzeitig ihre Netze zersprengt, erbarmungslos wird er von ihnen erdrückt. Manch sterbender Riese mit kahlem Haupte gibt Zeugnis davon, manch einer liegt bereits am Boden. Ein weiches Leichentuch aus samtnem, grünem Moose deckt den verwesenden Leib, Farnkräuter mit langen Wedeln halten die Totenwacht, bunte Falter umflattern ihn. Freilich ist es kein ewiger Tod für ihn. Die Berührung mit der mütterlichen Erde läßt gar bald neues Leben aus ihm erstehen. Aus seinen verwitternden Resten schießen üppig neue Gebilde empor. Wenn sie auch nicht die imposante Höhe des Gefallenen erreichen, so füllen sie doch seine Lücke reichlich aus.

Am dichtesten und undurchdringlich selbst fürs Auge schließen sich die Reihen in der niederen Region. Hier hausen die Scharen der Jungen und der Zwergvölker des Urwaldes, die niedrigen Gebüsche, die Gräser, die Sträucher. Was ihnen an Kraft und Wuchs fehlt, ersetzen sie durch Zahl und Fülle, durch Anmut und Farbenschönheit ihrer Blüte. Brennende Farben herrschen in der Tropenflora vor. Grellrote Dolden oder Tulpenblüten, die keck aus dem dunkeln Grün hervorbrechen, wechseln mit den mannigfach gefärbten bunten Kelchen der zahlreichen Ranken und Schlinggewächse, die im Gebüsch und über dem Boden entlangkriechen und ihre Ausläufer selbst auf den von Menschenhand mühsam gebahnten Weg aussenden, die aber auch hinauf ins dichte Laubwerk klettern und aus ihm heraus ihre Blütenköpfe der Sonne entgegenrecken. Und wenn ein Fluß den Urwaldboden durchquert oder sonst eine Wasserstelle sich findet, dann sprießt das Leben doppelt reich empor, hier gibt es dauernd frischen Trank in der Tropenhitze.

Hier sind die bevorzugten Stände. Aber auch die andern entbehren der Labung nicht. Häufig genug spendet ihnen der Himmel Erfrischung. Er kündigt sie an durch einen Vorläufer, den Wind, der zu mancher Jahreszeit eine gar unwirsche Sprache reden kann. Und wenn dann der Tornado mit Blitz und Donner durch den Urwald fährt, dann schwillt das Geflüster in ihm zu gewaltigen Tönen an. Ächzend murren die alten Herren, daß er so unsanft ihnen die ehrwürdigen Häupter zerzaust, die kleineren Nachbarn stecken die Köpfe zusammen und erzählen sich rauschend ihre Geschichten. Wohl bringt er einem morschen Alten den letzten Todesstoß, so daß er mit lautem Stöhnen zu Grabe sinkt; wohl raubt er gar manchem eine Zacke seiner Krone, aber er sorgt auch dafür, daß tausendfältiger Samen über den Waldboden verstreut wird, dem der nachfolgende Regen zu keimendem Leben verhilft.

Tausendfältig ist das Pflanzenleben des Urwaldes und tausendfältig auch das Leben der Tierwelt in ihm. Wennschon es sich den neugierigen Blicken der Menschen mehr entzieht und lieber versteckt im Waldesdunkel sich entfaltet, so trifft der Wanderer doch überall noch genug von ihm an. Wie viele Vögel scheucht er auf, oft mit schillerndem, buntem Gefieder, wie oft hört er einen Lockruf oder einen Warnungsschrei, wie oft schreckt er die laut kreischenden Papageien und den mit schwerem Flügelschlage davonrauschenden Nashornvogel auf. Zahlreiche Schmetterlinge, Käfer und sonstige Insekten fliegen vor ihm her, ungezählte Tausende geschäftiger Ameisen kreuzen in emsiger Arbeit seinen Weg, Eidechsen rascheln im Laub. Scheuer sind die Vierfüßler, Dreistigkeit und Neugier unter ihnen zeigt nur der Affe. Hat der Wanderer Glück, so sieht er auch wohl eine Antilope im Dickicht verschwinden, oder er hört nachts den Elefanten am nahen Wasser, den Eingeborenen höchst unwillkommene Gäste, die ihre Anpflanzungen, die sie auf mühsam gerodeter Stelle angelegt haben, erbarmungslos verwüsten. Welch ungeheurer Gegensatz zwischen unsern heimatlichen Forsten und dem afrikanischen Urwald! Dort nur wenige Arten in Reihen gehaltener, gepflegter Stämme, hier hundertfach wechselnde Vegetation. Dort das Bild wohlgepflegter, gleichmäßiger Ordnung, von Menschenhand gemeisterter Natur, hier das wilde Chaos, das kühn noch dem menschlichen Eingreifen trotzt.

Und doch, gehen wir zweitausend Jahre zurück, eine für die Äonen der Weltentwicklung kurze Spanne Zeit, so hatten auch unsere deutschen Gaue den Urzustand des Waldes, den Urzustand der Rasse, und auch in ihnen versuchte eine fremde Kultur das Werk der Kolonisation.

Am Njong, 25. Oktober

Wie in Togo so scheint auch hier bezüglich der Beschaffenheit der Wege ein paradoxes Gesetz zu gelten: ihre Güte nimmt zu proportional der Entfernung von der Küste. Das gibt zu denken! Anders könnte man dieses Gesetz auch so formulieren: je kleiner und ferner Büro und Büroarbeit, um so größer die Arbeit in der Erschließung des Landes, je weniger Tinte, um so mehr Wegebau! So ist die Straße des Lolodorfgebietes weit besser instandgehalten als an der Küste.

Ich raste am Njong, einem schon hier mächtigen Strom, der nördlich von Kribi bei Klein Batanga ins Meer mündet. Jenseits beginnt der Jaundebezirk.

Land und Leute in Jaunde

27. Oktober

Immer besser wurde die Straße, und augenblicklich — ich bin noch 60 km von der Station Jaunde entfernt — ist sie geradezu musterhaft. Ihre Instandhaltung ist die beste von sämtlichen Wegen, die ich in Togo und Kamerun bisher gesehen habe. Ferner ist die Trasse mit Sorgfalt und Geschick gewählt, denn sie vermeidet durchweg trotz des hügeligen Geländes jede übermäßige Steigung, so daß selbst mit Zugtieren bespannte Lastwagen ohne weiteres bequem auf ihr fahren könnten. Die Rodungen am Wege werden häufiger und die Niederlassungen sauberer, die Leute selbst freundlicher und sympathischer. Die Anlage der Ortschaften ist die von ,,Reihendörfern". Ohne Parallel- oder Seitenstraßen sind die großen Hütten nur an der Längsseite eines zwischen ihnen freien Dorfplatzes errichtet. Bedenkt man, daß hier eine Negerhütte oft 10 m lang und von der nächstfolgenden durch einen bisweilen ebenso großen Zwischenraum getrennt ist, so kann man ermessen, welche enorme Längsausdehnung ein solches Reihendorf hat, selbst wenn es nicht mehr als 50—60 Hütten zählt.

Die Jaunde sind meist große, ebenmäßig gebaute und kräftige Gestalten. In ihrer äußeren Tracht halten sie noch ziemlich fest an ihren altgewohnten Sitten, obwohl auch unter ihnen die häufige Berührung mit den Küstenplätzen, in die sie als fleißige Karawanenträger kommen, ihren modernisierenden Einfluß hie und da geltend zu machen beginnt. Besonders charakteristisch ist ihre Nationalhaartracht. Sie tragen das Haar nicht kurz, sondern wickeln und flechten es zu einem Onkos, der in mannigfachen Formen bei den einzelnen wechselt. Bevorzugt ist eine Frisur, die man am ehesten mit einer Raupe vergleichen könnte, wie sie früher den Kavalleriehelm zierte. Auf seiner Höhe wird oft ein bügelförmig gebogener Stab befestigt, und seine Konturen werden mit weißen oder rot bemalten Kauris, Knöpfen usw. ausstaffiert. Nur selten begnügen sie sich mit einer einzigen solchen Raupe, meist ist die Frisur eine dreiteilige, so daß die mittlere Haarwulst noch von zwei seitlichen flankiert wird. Ehe ein solches von Öl triefendes Kunstwerk in allen seinen Einzelheiten vollendet ist, können Jahre vergehen. Die Weiblichkeit variiert diesen Kopfputz noch weiter und ordnet das Haar häufig in einem halbmondförmigen, nach hinten offenen Schmuck. Auf diesem Diadem wird etagenförmig oft noch ein zweites, selbst drittes aufgesetzt.

Als weiteres, eigenartiges Schmuckstück trägt die gesamte Frauenwelt Jaundes einen um die Lenden gegürteten Roßhaarschweif. Freilich ist er nicht aus Roßhaar angefertigt, sondern aus einer bestimmten Grasart, deren getrocknete Stengel mehrfach in der Längsrichtung gespalten und rot oder schwarz gefärbt werden. In Form und Größe ähnelt er indessen täuschend den Helmbüschen unserer Soldaten. Dieser Pseudoroßhaarschweif erfüllt übrigens alle Bedingungen, die man an eine vernünftige Mode nur stellen darf: er ist kleidsam, praktisch und hygienisch. Setzt sich die Jaundedame nieder, so dient er von selbst als weiches Kissen und hält gleichzeitig Schmutz und Ungeziefer des Erdbodens von ihr fern. Besonders drollig sieht es aus, wenn kleine zwei- bis dreijährige Purzel mit ihrem auf und nieder wippenden Miniaturschweife angewackelt kommen. Zur Vervollständigung der Toilette einer Jaundefrau gehören nur noch Metallringe, die, aus blankgeputztem Messing oder Kupfer angefertigt, oft in 20 und mehr Windungen am Arm oder Unterschenkel getragen werden und im Verein mit dem phantastischen Haarputz und dem eben geschilderten Cul ihnen ein sehr martialisches Aussehen verleihen. Ihre reichen Tätowierungen sind meist in dunkelblauer Farbe gehalten.

Bei besonderen Festlichkeiten, bisweilen wohl auch aus arzneilichen Gründen zieht der Jaunde rote Strümpfe an, die oft hinauf bis zu den Hüften reichen: er beschmiert seine unteren Gliedmaßen mit einem hochroten, aus einem Rotholz gewonnenen Farbstoff. Die Trauerfarbe der Witwen ist weiß, und der ganze Körper, das Gesicht eingeschlossen, wird von ihnen mit einem weißen Farbstoff bemalt; außerdem dokumentiert sich ihre Trauer dadurch, daß sie ihren Roßhaarschweif ablegen und durch ein Büschel grüner, gespaltener Bananenblätter ersetzen.

Mein Zelt schlage ich schon seit einigen Tagen nicht mehr auf, weil sich fast immer eine wenig gebrauchte, neue Hütte findet, in der ich übernachten kann. Dazu sind die geräumigen, luftigen, aus den Rippen der Raphiapalme gebauten und mit Matten gedeckten Wohnungen kühler als das dumpfige Zelt. Nur das Ein- und Austreten macht bei der sonderbaren Konstruktion der Tür erhebliche Schwierigkeiten. Sie besteht aus einer erst gut ½ m über dem Boden beginnenden Öffnung von nicht mehr als 75 cm Höhendurchmesser, so daß man eine ganze Reihe gymnastischer Evolutionen ausführen muß, ehe man seine Glieder durch sie hindurchgezwängt hat.

Volkskrankheiten scheinen hier weniger verbreitet zu sein als unter der Küstenbevölkerung, wenigstens sehe ich nicht mehr die Framboesie in so entsetzlicher Häufigkeit. Interessant war mir das Antreffen einiger Albinos, die überhaupt unter den Kameruner Bantus öfter vorzukommen scheinen als in Togo. In Duala bekam ich auch mehrere zu Gesicht. In Togo habe ich während meines 2½jährigen Aufenthaltes nur zwei gesehen, von denen merkwürdigerweise einer trotz seines sonstigen Pigmentmangels an einem bösartigen melanotischen Sarkom litt.

Jaunde, 31. Oktober

Seit drei Tagen sitze ich glücklich in Jaunde und bin damit beschäftigt, mich wieder einmal von neuem in neue Verhältnisse hineinzudenken und nach Möglichkeit hineinzuleben. Äußerlich angesehen wird sich's gut hier hausen lassen. Ein buntes und reges Leben beherrscht die Station, die seit einem Jahre zum Range eines Bezirksamtes erhoben worden ist. Das Treiben auf dem ummauerten großen Stationshofe spiegelt die Vielseitigkeit der Arbeit wider, die hier geleistet wird. Schwarze Arbeiter und Träger kommen und gehen vom Morgen bis zum Abend, Soldaten treten zum Exerzieren an, Scharen prozeßlustiger Schwarzer lagern vor den Stufen des Stationshauptgebäudes, um den Richterspruch des Bezirksamtes einzuholen. Dazwischen bevölkern als Zeugen des landwirtschaftlichen Betriebes Enten, Gänse, Hühner, Perlhühner und Tauben, an deren Futternäpfe sich auch einige graue, rotschwänzige Papageien drängen, den Hof. Als seltener Gast schleicht ein junger, zahmer Leopard bedächtig umher, der mit kühnem Sprunge durch ein offenes Fenster auch den Zimmern der Europäer bisweilen einen Besuch abstattet. Eine Herde gutgepflegter Rinder und ein halbes Dutzend Pferde gehören ebenfalls zum lebenden Inventar.

In der Mitte des Hofes steht das Hauptgebäude der ganzen Anlage, ein massiver, aber luftiger, mit gebrannten Tonziegeln gedeckter Bau. Außer dem vielbeschäftigten Bezirksamtmann v. Krosigk hause ich selbst in ihm. Die übrigen Stationsbeamten: ein Sekretär, eine landwirtschaftliche Hilfskraft und ein Polizeimeister bewohnen ein zweites großes Gebäude. Unterkunftsräume für die schwarzen Soldaten und die sonst im Dienste des Bezirksamtes stehenden Eingeborenen, Vorrats- und Geräteschuppen, die militärische Wache u. a. verteilen sich über die Peripherie des Platzes.

Für meinen ärztlichen Betrieb stehen mir vorläufig zwei Räume eines Seitengebäudes zur Verfügung. In einem von ihnen ist bereits im Laufe der vergangenen Jahre eine recht stattliche Sammlung fertiger Arzeneien, Tabletten, Lösungen, Pillen, Verbandmittel usw. aufgestapelt worden, die nach und nach von den Europäern teils für eigenen Bedarf, teils zur Abgabe an Schwarze bestellt wurden. Meine erste Aufgabe wird die sein, aus der Menge dieser Vorräte — ich zähle allein über 300 Flaschen und Fläschchen — die verdorbenen herauszusuchen, das Brauchbare übersichtlich zu ordnen und durch meine von der Küste mitgebrachten Vorräte zu ergänzen. Der zweite Raum soll als provisorisches Untersuchungs- und Operationszimmer dienen, bis die erbetenen und hoffentlich nach nicht allzu langer Zeit bewilligten Mittel uns erlauben, einen geregelten ärztlichen Betrieb aufzunehmen.

Außer den Regierungsbeamten wohnen in Jaunde ungefähr zehn europäische Kaufleute in den Zweigfaktoreien, die von den an der Küste ansässigen Firmen hierher vorgeschoben worden sind. Auf einer dreiviertel Stunde entfernten Anhöhe liegt die Missionsniederlassung der Pallotiner mit acht Weißen: Priestern, Laienbrüdern und Schwestern. Nicht weit von der Station breitet sich eine große Hausaniederlassung aus, etwas entfernter die Langhütten der eingeborenen Jaunde. Die nächste Umgebung außerhalb der Stationsmauern ist völlig freigeschlagen und zu einem großen Teile in Ackerland umgewandelt, auf dem Mais, Baumwolle, Planten u. a. angepflanzt sind; aber auch alles europäische Gemüse, selbst Kartoffeln gedeihen sehr gut. Der erste Gesamteindruck, den ich gewonnen habe, ist der einer weitverzweigten, angestrengten, aber wohlgeregelten Arbeit.

Eine freudige Überraschung war mir's, als heute mittag Freiherr v. S., ein alter Togobekannter, zu kurzer Rast auf der Station einrückte. Er hatte in Togo die Grenzvermessungsarbeiten geleitet und erledigt und war vor kurzem von einem Heimaturlaube gekommen, um nunmehr in Kamerun als Leiter der deutschen Abteilung der deutsch-französischen Grenzregulierungskommission an die Vermessung der Ostgrenze zu gehen. Seine schwere Aufgabe wird ihn und seine Mitarbeiter zwei bis drei Jahre in Anspruch nehmen und ihn durchweg in unwegsames, ungesundes und wenig erschlossenes Gebiet führen. Von Jaunde aus wird er ostwärts nach Bertua ziehen, um dort mit den übrigen deutschen und französischen Teilnehmern der Kommission, die auf einer andern Route ihrem Ziele zustreben, zusammenzutreffen. In seiner Begleitung befinden sich als Lastenträger über 100 Togoleute. Da er mit ihnen durch Gebiete ziehen muß, in denen gerade jetzt Pocken herrschen sollen, so will ich alle Ungeimpften unter ihnen schleunigst hier impfen.

Von Jaunde nach Akonelinga

Jaunde, 4. November

Meine Freude an Jaunde hat nicht lange gedauert. Wieder kann ich einpacken und zum Bambuswanderstabe greifen, um sieben Tagemärsche ostwärts nach Akonelinga zu ziehen. Zu Hause würde man die ganze Entfernung zwischen beiden Orten in zwei Stunden durchfahren können. Eben wurde mir eine Weisung des Gouvernements überbracht, die nach Edea telegraphiert und von dort durch Eilboten weiterbefördert worden war, daß ich auf Ansuchen der Südexpedition, die in der Nähe dieses Ortes ihr Operationsgebiet hat, die Behandlung der im Gefechte Verwundeten zu übernehmen habe. Ich weiß nicht, ob Dr. G., der vor einigen Monaten von Kribi aus zur Expedition gestoßen war, erkrankte, ob die Zahl der Verwundeten für einen Arzt zu groß geworden ist oder welcher Grund sonst zu diesem Auftrage vorliegt. Ich hoffe, bis morgen abend mit den Vorarbeiten fertig zu werden, um übermorgen schon abmarschieren zu können. Akonelinga ist zur Zeit mit einem weißen Feldwebel besetzt, alles Nähere werde ich dort hoffentlich erfahren. Ich freue mich auf das bevorstehende kriegschirurgische Handwerk und will den Marsch möglichst beschleunigen. Die Wege sind gut, und es ist teilweise Parklandschaft, die ich durchziehen muß; auch die Regenzeit hat hier bereits aufgehört.

Sensoge, 6. November

Heute früh bin ich mit 20 Trägern aufgebrochen, die außer meinem Zelt und dem notwendigsten persönlichen Gepäck einige Lasten Medikamente und Verbandzeug mit sich führen, um auf alle Fälle für den Anfang meiner voraussichtlichen Tätigkeit etwas zur

Hand zu haben. Leider bin ich fast ohne Instrumente, aber ich hoffe, aus der Ausrüstung der Schutztruppenexpedition Ergänzung bekommen zu können. Außer den Lastträgern marschiert ein Aufgebot von 16 schwarzen Soldaten mit mir unter dem Befehle des Unteroffiziers Finboy, die Patronentaschen wohl gefüllt mit Munition, von der hoffentlich nichts in Gebrauch genommen werden muß. Doch Herr v. Kr. hat mir Vorsicht für den Marsch angeraten, da noch im Juni auf diesem selben Wege der Polizeimeister M. von der Station Jaunde ein recht ernstes Gefecht zu bestehen hatte, bei dem es 30 Gefallene gab. Für meine eigene Sicherheit habe ich einen Karabiner mitgenommen, den Malobe neben dem Schmetterlingsnetz mit sich schleppen muß. Die Landschaft ist leicht wellig, mit hohem Gras bewachsen, in dem überall Waldpartien eingestreut liegen. Der Charakter der Eingeborenen und die Bauart ihrer Hütten unterscheiden sich bisher in nichts von den Jaunde.

Bidemenga, 8. November

Mein heutiges Rastziel ist Bidemenga, ein für hiesige Verhältnisse sehr ansehnliches Dorf; ich zählte 53 Hütten; eine weitere Anzahl von ihnen steht im Bau, aber nicht als Zeichen der Ausdehnung des Ortes, sondern weil sie vor etwa zwei bis drei Jahren bei der ersten innigeren Bekanntschaft mit dem Europäer in Flammen aufgegangen waren. Da die Dörfer der hiesigen Eingeborenenstämme nicht wie in Togo dicht zusammengedrängt mit engen Gassen gebaut werden, sondern die ganze Anlage stets in zwei parallel laufenden, weit auseinanderstehenden Hüttenreihen erfolgt, so hat dieses Bidemenga eine Ausdehnung von gut einem Kilometer. Der Kameruner Waldneger braucht keine Runddörfer mit engen Wegen; er hat auch keine Gräben, Wälle oder sonstige Verteidigungsvorrichtungen; seine natürliche Festung, in die er sich im Notfalle jederzeit zurückziehen kann, ist der Busch, den er mit wenigen Schritten erreicht, und der ihn sicher jedem Feinde verbirgt. In ganz Südkamerun herrschen diese Reihendörfer vor.

Die Bevölkerung betrachtet den Europäer immer noch mit großer Scheu. Dabei ist es zunächst nicht Feindseligkeit, die sie dem Weißen entgegenbringt, ich bin vielmehr sicher, daß alle Stämme bei der ersten Begegnung mit ihm, die zeitlich übrigens noch gar nicht so sehr weit zurückliegt, nichts anderes getan haben, als schleunigst auszureißen. So halte ich es durchaus für kein Kunststück, gerade auf diese Eigenschaft des Urwaldnegers bauend, mit geringer Bedeckung ruhig das Gebiet zu durchqueren, vorausgesetzt, daß man nichts von ihm will, weder Arbeitsleistung noch Verpflegung der Träger noch sonst etwas. Doch ich möchte nicht mißverstanden sein. Mit einem solchen Durchzuge ist dem Interesse der Kolonisation natürlich in nichts gedient. Ebensowenig kann uns daran liegen, daß der Neger dauernd vor uns in den Busch flüchtet. Wir brauchen ihn, er soll uns gehorchen, wir wollen ihn beherrschen und zur Arbeit für uns heranziehen. Dabei werden wir ihn unvermeidlich aus seinem bisherigen, ungestörten Gleichgewicht herausbringen müssen, wenn anders wir überhaupt kolonisieren, das heißt, ein bis dahin unzugängliches Land erschließen wollen.

Der Häuptling von Bidemenga, der außer über seinen Stammsitz noch über viele in der Nachbarschaft zerstreut liegende Dörfer zu gebieten hat, hatte noch vor wenigen Jahren, ich glaube noch 1903, das Ansinnen der deutschen Schutzherrschaft rundweg abgeschlagen. Ich schickte am Nachmittage in seine Hütte und bestellte ihn zu mir, um gerade darüber mir von ihm erzählen zu lassen. In einer Art Hängematte, einem großen Fischnetz, das an einer schwarz geräucherten Stange befestigt war, ließ er sich herantragen. Sehr bedächtig stieg er aus dem Gestell; auf einem Auge infolge einer ehemals beim Holzfällen erlittenen Verletzung erblindet, sonst aber trotz des hohen Alters rüstig und hoch gewachsen. Dann steckte er die unvermeidliche kurze Pfeife in den zahnlosen Mund und ließ sich einen Schemel bringen. Seine erste Frage war die, ob ich einen Schnaps für ihn hätte. Diese Bitte war mir auffällig, weil die eigentlichen Jaundeleute sonst noch nicht dem Branntwein verfallen sind. Er hat bei ihnen noch wenig Anklang gefunden, sei es, daß sie fühlen, wie er sie bei ihrer Leistungsfähigkeit im Tragen von Lasten beeinträchtigt — denn der Jaunde ist wohl der beste, willigste und kräftigste Lastenträger Kameruns —, sei es auch, daß nur die Verlockung zum Trunk noch nicht lange und stark genug an sie herangetreten ist.

Anstatt durch den Alkohol setzte ich mich durch einige Blätter Tabak in seine Gunst. Ohne daß ich es merkte, hatten sich bald an 150 Leute des Dorfes zu uns gesellt, um unserer Unterhaltung zu lauschen. Ich fragte ihn einleitend zunächst nach allen möglichen gleichgültigen Dingen und kam erst allmählich auf die Zeit seiner näheren Bekanntschaft mit den Deutschen. Er gab ruhig zu, daß er beim Anblick des ersten weißen Mannes mit seinem ganzen Dorfe geflüchtet sei. Wenn später wieder Europäer durchgezogen seien, habe man sich nicht mehr vor ihnen gefürchtet, dann aber hätte eines Tages ein weißer „Governer", der in Kamerun für jeden Beamten übliche Ausdruck, zu ihm geschickt und ihm sagen lassen, daß er von jetzt an auch für ihn arbeiten müsse, Wege bauen, Essen bringen, wenn er durchreise, und daß sie zu ihm mit ihren Streitigkeiten kommen sollten. Dies habe er abgelehnt. Dann sei der weiße Governer gekommen und habe mit ihm gefochten. Sie hätten dabei gesehen, daß der Weiße der Stärkere sei, und er habe einen seiner Söhne zu ihm geschickt, um Frieden zu erbitten, und Arbeiter zur Station entsandt, und getan, was von ihm verlangt wurde.

Zum Schlusse unserer Unterhaltung fragte er mich, wer ich sei, und weshalb ich gekommen wäre, und als ich ihm verriet, daß ich Medikamente bei mir hätte und mich bereit erklärte, allen Kranken des Dorfes davon zu geben, schickte er einen der Umstehenden in den Hütten herum und ließ eine ganze Schar Kranker holen, so daß ich Mühe hatte, sie bis zum Einbruch der Dunkelheit alle mit Arzenei zu versehen oder zu verbinden.

Besala, 10. November

Während der gestrigen Nacht brach in die Bananenbestände, die sich dicht an die Negerhütten unseres Rastortes anschlossen, eine Elefantenherde ein und benahm sich sehr ungeniert und lärmend bei ihrem nächtlichen Besuche. Peter kam gegen 5 Uhr morgens in mein Zelt und beklagte sich bitter: „Doktor, ich kann nicht schlafen, Elefanten fressen Bäume." Eine Stunde später, beim Sonnenaufgang, ließ ich den Unteroffizier Finboy seine drei besten Schützen aussuchen und ging mit den vier Schwarzen den frischen Fährten nach, oder eigentlich mehr nach der von ihnen im dichten Gebüsch gebrochenen Gasse. Gegen 10 Uhr kamen wir an ein Gewässer, hier mußten sie sein. Finboy stutzte, zeigte mit dem Finger: kaum 50 Schritt von uns entfernt, durch Gras und Gestrüpp fast ganz verdeckt, stand der Koloß vor uns, fast unbeweglich, nur der lange Rüssel schlug hin und her.

Ich muß gestehen, daß das Gefühl, welches mich im Momente des Anblickes beschlich, weder das des Staunens, noch der Jagdlust, sondern das eines großen Unbehagens war. Die Phrasen poetischer Schilderungen anderer Jäger gehen wohl sämtlich darüber hinweg, aber ich glaube, es wird gar manchem von ihnen beim ersten Begegnen nicht erspart geblieben sein, dieses Gefühl der Ohnmacht und des Zweifelns, ob es nicht geratener sei, das Gewehr in Ruh zu lassen. Einen Moment dachte ich daran umzukehren. Aber das Ziel war zu nahe und zu verlockend, nach einigen Augenblicken des Zögerns schoß ich, dicht oberhalb des Rüsselansatzes; dieser Schuß wird als sicherster, wenn man ihm von vorn gegenübersteht, empfohlen. Er brach zusammen, und das zu gleicher Zeit rechts und links vor uns brechende Geäst verriet, daß noch mehr Elefanten in nächster Nähe gewesen waren. Ich freute mich schon meines Treffers; aber bereits nach wenigen Sekunden erhob sich der Riese wieder und trottete von dannen, gefolgt von einem wahren Schnellfeuer meiner Schwarzen, das ihm leider wenig Eindruck zu machen schien. Mit großer Bestimmtheit behauptete Finboy zwar, er werde noch an demselben Tage verenden. Aber, gleichviel ob er recht hatte oder nicht, ich wollte meine Reise nicht länger unterbrechen und gab einem der Soldaten die Weisung, am Flusse entlang die nächste Negerniederlassung zu suchen, um die Eingeborenen für die weitere Verfolgung zu interessieren und ihnen für den Fall, daß sie ihn fänden, den Auftrag zu geben, die Stoßzähne und den Schwanz in Jaunde abzuliefern.

Ich selbst kehrte mit den anderen drei Schwarzen auf meine Reiseroute zurück, die ich erst am Spätnachmittage todmüde wieder erreichte. Auch der heutige Marsch ist nicht sehr ausgiebig ausgefallen. Morgen will ich versuchen, den verlorenen Tag wieder einzuholen.

Bei Ndumbu, 11. November

Das Äußere der kleinen Ortschaften am Wege nimmt insofern ein verändertes Aussehen an, als sie sämtlich von den Bewohnern verlassen sind. Keine Seele ist mehr zu finden, auch nicht in oder bei den Hütten, in deren Nähe ich raste. Wir sind allerdings in der Gegend, wo vor vier Monaten das schon erwähnte Gefecht stattfand, und passierten vor einigen Stunden das Gefechtsfeld von Ndumbu, an dem aber nichts Auffälliges mehr zu bemerken war als leere, halbverfallene Hütten. Da kein Mensch zu sehen ist, von dem ich Nahrungsmittel kaufen oder eintauschen könnte, kann ich meine Leute nicht anders verpflegen, als daß ich ihren Bedarf aus den Plantagenbeständen des Dorfes abschlagen lasse. Die Soldaten selbst scheinen die Gegend für nicht ganz sicher zu halten, denn sie baten, zum Wasserholen nach einem nahen Flüßchen mit Gewehr und Patronentasche gehen zu dürfen. Deshalb will ich auch heute nacht zum ersten Male einen Posten vor meinem Zelte aufziehen lassen und meinen Karabiner neben dem Feldbett bereitstellen.

Akonelinga, 15. November

Vorgestern wohlbehalten hier in Akonelinga eingerückt. Die Station ist ohne Europäer. Feldwebel L., der sonst hier an der Spitze von 30—40 Mann herrscht, war kurz zuvor nach Jaunde aufgebrochen, um dort über verschiedene Angelegenheiten Bericht zu erstatten. Wir waren also offenbar auf verschiedenen Routen, ohne uns zu treffen, aneinander vorbeimarschiert.

Das Stationshaus sowie die anderen Gebäude dieses erst seit ungefähr Jahresfrist von Jaunde aus vorgeschobenen Postens sind vorläufig nur aus dem Baumaterial der Eingeborenen: Palmrippen und Matten, aber in riesigen räumlichen Dimensionen, erbaut. So enthält das Hauptgebäude neben einer Mittelhalle vier geräumige Zimmer, von denen L. zwei zu bewohnen scheint; in einem der beiden leerstehenden habe ich mich selbst eingenistet. Außer einem Dolmetscher und den schwarzen Soldaten vervollständigen die auf dem weiten Hofe arbeitenden Gefangenen das Stationspersonal. Hinter dem Hofe fällt das Gebäude leicht ab bis zu dem dicht vorüberfließenden Njong. Auf seinen beiden Ufern zieht sich nur ein schmaler Streifen sumpfigen Graslandes entlang, an den sich wieder weite, unabsehbare Waldflächen anschließen.

Das Gefechtsgebiet der Südexpedition liegt auf dem südlichen Ufer des Flusses, etwa noch zwei Tagereisen von hier entfernt. Irgendeine Nachricht für mich fand ich hier nicht vor. Um Fühlung mit der Truppe zu gewinnen, habe ich eine Patrouille ausgeschickt, die meine Ankunft melden und mir gleichzeitig weiteren Bescheid bringen soll.

Die Eingeborenenbevölkerung der hiesigen Gegend scheint sprachlich noch den Jaundes verwandt zu sein, ist sonst aber weit hinter ihnen zurückgeblieben und steht noch in den ersten Jahren ihrer Bekanntschaft mit dem Europäer. Ebenso wie viele andere Stämme am Oberlaufe des Njong, sind sie auch heute noch Kannibalen; freilich nicht in der Art des wüsten Jahrmarkts- und Panoptikumskannibalismus, sondern so, daß der in Kriegszeiten beim Gefecht getötete Angehörige des feindlichen Stammes aufgefressen werden darf. Wir haben darin gewissermaßen eine Unterstufe der Sklaverei zu erblicken, in der man den schwächeren Feind noch nicht besser zu verwerten weiß, als ihn zu töten und als animalisches Nahrungsmittel auszubeuten, wobei man nicht übersehen darf, daß die Vorstellung oder der Glaube, daß durch das Verzehren des Gegners oder zumindest seiner wichtigen Körperteile, wie Herz, Gehirn usw., dessen Kraft auf den Sieger übergeht, mit eine Rolle spielt.

Zwei Firmen haben in der Nähe des Postens eine Zweigniederlassung gegründet; eine von ihnen ist augenblicklich mit einem Europäer besetzt, der einzigen weißen Seele, die außer mir hier noch haust.

Sprechstunde für Eingeborene

Akonelinga, 17. November

Auch das Nichtstun erfordert eine gewisse Virtuosität. Ich warte mit Ungeduld auf die Rückkehr meiner Patrouille. Da ich doch wohl noch einige Zeit hier bleiben werde, habe ich den Leuten in der Umgegend bekanntmachen lassen, daß jeden Vormittag alle Kranken zur Station zur Behandlung kommen dürfen. Ich bin gespannt, ob ich Erfolg damit haben werde.

Eine kleine Abwechslung in meine Verlassenheit brachte heute morgen die Ankunft eines Dampfbootes auf dem Njong. Hier, wo die Regierung noch kaum Herr im Hause ist, wo vor kurzem noch weiße Faktoristen angeschossen und aufgefressen wurden, wo noch durch keinen sicheren Weg das Land erschlossen wurde, da dringt der Unternehmergeist des deutschen Kaufmanns allen Gefahren zum Trotz bereits vor. Die Gesellschaft Südkamerun hat zur Erleichterung des Handels in ihrem großen Konzessionsgebiete unter ungeheuren Schwierigkeiten vor kurzem zwei kleine Dampfer auf den Njong gebracht, die abwechselnd von Onanabese aufwärts bis hierher und bei günstigem Wasserstande noch weiter fahren können. Freilich ist die ganze Strecke nur während der wasserreichen fünf bis sechs Monate des Jahres schiffbar. Außer dem deutschen Kapitän St. kam noch ein zweiter Europäer H. mit ihm an, der von hier aus noch weiter flußaufwärts zum sogenannten oberen Njongdepot seiner Firma reisen wird. Zur Bedeckung waren dem Boote vier schwarze Soldaten beigegeben, da es in letzter Zeit mehrfach vorgekommen sein soll, daß aus dem Gebüsche des Flußufers heraus auf den vorüberfahrenden Dampfer geschossen wurde.

Akonelinga, 18. November

Meine zurückkehrende Patrouille bringt mir heute zwar einen liebenswürdigen Brief des Expeditionsführers Oberleutnant B. und des Kollegen Dr. Z., dabei aber gleichzeitig den mich überraschenden Bescheid, daß man meiner Hilfe keineswegs bedürfe, sondern Dr. Z., unterstützt von einem weißen Lazarettgehilfen, sehr gut imstande sei, die ärztlichen Geschäfte allein zu bewältigen. Ich bin recht ärgerlich darüber, diese anscheinend zwecklose Reise gemacht zu haben, zumal ich vorläufig nicht enträtseln kann, welches Mißverständnis das Telegramm veranlaßt hat, durch das ich hierher beordert wurde. Einstweilen will ich hierbleiben und die Rückkehr L.s abwarten, der vielleicht von Jaunde Aufklärung mitbringt*).

---

*) *Es stellte sich später heraus, daß die Südexpedition einige Monate zuvor, ehe Dr. G. zu ihr gestoßen war, um baldige Entsendung eines Arztes gebeten hatte. Diese Bitte war mit der Ankunft des letzteren erfüllt, hatte aber das Gouvernement veranlaßt, mich als den örtlich am nächsten befindlichen Arzt auch noch zu entsenden.*

Akonelinga, 20. November

Feldwebel L. und mit ihm ein Feldwebel Sch. sind eingerückt. Ersterer ein martialischer, alter pommerscher Grenadier mit mehr als zehnjähriger Kameruner Dienstzeit. Letzterer, ein Bayer, kommt mit einem Verstärkungstransport schwarzer Soldaten für die Südexpedition, die viele Verluste durch Verwundungen gehabt hat. Augenblicklich hält er unten am Flusse mit seinen Leuten eine Scharfschießübung ab.

22. November

L. und Sch. rücken wieder ab und benutzen für den ersten Teil ihres Weges den Flußdampfer. Nun bin ich wieder allein im Hause bis auf die zahllosen Ratten, die nach Sonnenuntergang aus allen Ecken hervorkommen und selbst über mein Feldbett laufen.

23. November

Heute früh weckte mich Peter mit der höchst betrüblichen Nachricht, daß mein Junge und mein Koch über Nacht ausgerückt seien. Sie hätten geglaubt, ich würde auch noch in den „Fight" ziehen müssen und wären aus Furcht davor weggelaufen. Peter ist nun die einzige Kraft, die mir als dienstbarer Geist für alle Hilfeleistungen noch bleibt. Obwohl er hoch und heilig versichert, daß er nicht auch noch ausreißen werde, bin ich doch nicht ganz sicher, ob er es nicht doch über kurz oder lang versuchen wird. Ich habe durch Trommeln den Bewohnern Auftrag gegeben, die Ausreißer wieder zu fangen, habe auch alle meine Streitkräfte mobil gemacht und ihnen nachgehetzt, aber ich zweifle sehr an dem Erfolge, weil der Vorsprung, den sie haben, zu groß, und die Möglichkeit, sich zu verstecken, zu gut ist.

25. November

Es kommen wirklich von Tag zu Tag immer mehr Kranke an, teils recht schwere, veraltete Fälle, die sich monate-, selbst jahrelang mit irgendeinem Leiden herumgeschleppt haben und nun ihre letzte Hilfe hier suchen. Auch sonst erscheinen die Schwarzen mit allerhand Anliegen, die ich zum Teil nicht unerledigt lassen kann, um sie am Weißen nicht irre werden zu lassen. So kam gestern eine

Abordnung mit der Meldung, daß ein Mord in ihrem Dorfe passiert sei, daß es ihnen aber nicht möglich wäre, den Täter zur Untersuchung und Aburteilung hierher zu bringen, weil er ein Gewehr habe und sie damit bedrohe. Sie erbaten zwei Soldaten von mir. Ich gab ihnen eine Patrouille mit, die den Delinquenten heute einlieferte. Um ihn unschädlich zu machen, war er merkwürdigerweise von seinen Stammesgenossen in der Art gefesselt worden, daß man ihm die rechte Hand über die linke Schulter gezogen und dort mit Lianen festgebunden hatte.

Akonelinga, 29. November

Meine liebe Frau!

Den ersten Brief aus Akonelinga wirst Du am Ende des alten Jahres hoffentlich noch bekommen haben. Ich selbst bin seit vielen Wochen ohne Nachricht von Euch, denn ehe sich die Post von Duala über Kribi, Jaunde bis hierher durchquält, wird es geraume Zeit dauern. Den näheren ursächlichen Zusammenhang meiner im Grunde zwecklosen Reise habe ich noch nicht ganz aufgeklärt. Gesundheitlich geht es mir gut, bis auf streikende Pedale, die vom Marschieren über Baumwurzeln und durch Sümpfe, von den Stichen der Sandfliegen und Moskitos übel zugerichtet sind und mich vorläufig hindern, den Rückmarsch nach Jaunde anzutreten. Erst muß ich sie mit Ruhe und Borsalbe, die mir beide in genügender Menge zur Verfügung stehen, wieder auf die Höhe bringen. Anfang Dezember denke ich sie wieder in Dienst stellen zu können, und ich werde hoffentlich den Rest meiner afrikanischen Tage ruhig in Jaunde verleben dürfen, falls mir nicht noch eine neue Überraschung bevorsteht.

Wie oft habe ich nun schon in dieser Dienstperiode meine Koffer packen dürfen, wie oft mein Programm umstoßen, alles umdenken und umleben müssen! Erst die Wandermonate im Togohinterlande, dann die erhofften sonnigen Tage an der Küste, getrübt durch die Wolken der drohenden Gelbfiebergefahr und anderer Enttäuschungen, weiter die Umsiedelung nach Kamerun, wieder in neues Land, neue Menschen, neue Verhältnisse; kurzer Aufenthalt in Duala, Reise nach Kribi, dort kaum warm geworden, Marsch nach Jaunde; schon nach wenigen Tagen von dort hierher zum Njong. Ein solcher

Wechsel mag interessant sein, er war es auch für mich. Selbst die Einsamkeit des Urwaldes hat ihre großen Vorzüge, und nirgends wird dem Menschen bessere Gelegenheit gegeben sein, einmal eine Abrechnung mit sich selbst zu halten, als hier; Schein vom Wesen, äußeren und inneren Wert der Dinge zu trennen. Das, wonach unsere heimische, nervös hastende Welt sich in ihren spärlichen Ruhetagen sehnt, wonach sie läuft und rennt, um es schließlich doch nur in kümmerlichen Brocken zu finden, das habe ich hier in reichster, unerschöpflicher Fülle: die ungebändigte, erhabene, von Menschenhand noch nicht verunzierte Natur. Aber ich vermisse doch die Möglichkeit eines planmäßigen Arbeitens, es kommt bei diesem Wechsel für mich und andere weniger heraus, als wenn ich mich einer bestimmten Aufgabe hätte widmen können, und das kann am Ende afrikamüde machen. Mit wachsender Oberfläche nimmt die Tiefe ab.

Ich sehne mich nach Gleichmäßigkeit. Nur wenige Wochen im neuen Jahre, dann pilgere ich der Küste zu und dampfe heimwärts. Mein Plan, den ich für Frühjahr und Sommer, soweit sie uns bleiben, vorschlage, ist der, daß wir drei uns still in der Nähe Kiels in irgendeinem Fischerdorfe festsetzen. Dort will ich mich ausruhen von all den See- und Landmeilen, die ich diesmal in Afrika habe fahren, laufen, radeln oder reiten müssen. Vielleicht zähle ich sie einmal zusammen; ich glaube, es kommt eine ganz respektable Strecke dabei heraus. Die Nähe der Kieler Universitätsinstitute gibt mir bequeme Gelegenheit, nach eigenem Ermessen und freier Wahl mich wieder einmal aufzupolieren. Eigentlich sollte wohl jeder Arzt nach einigen Jahren wenigstens auf kurze Zeit wieder zum verjüngenden Brunnen einer alma mater zurückkehren. Wie denkst Du darüber? Ruhe, Seeluft, reine, gesunde Luft in jeder Beziehung für Dich und die Kleine. . . .

Mein Leben hier in A. verläuft mit wenig Abwechslung. Um mich beruflich wenigstens etwas nützlich zu machen, habe ich am Vormittage Verband- und Sprechstunde für die Eingeborenen angesetzt. Ich hatte bei der scheuen Gesellschaft kaum auf Erfolg gerechnet. Um so größer ist meine Überraschung, daß sie von Tag zu Tag immer mehr ankommen. Eine große Anzahl chirurgischer Fälle erinnern mich doch wenigstens an meinen ärztlichen Beruf. Während so in kurzer Entfernung die Südexpedition im Gefecht mit den Eingeborenen liegt und mehrere hundert durch schwarze Patrouillen schon zur Strecke gebracht hat, mühe ich mich hier ab, ihnen gesundheitlich aufzuhelfen. Impfungen habe ich auch, soviel ich kann, aufs Programm gesetzt. Fast kommt mir mein ganzes Tun in seinem praktischen Erfolge wertlos vor. Aber vielleicht sind meine „blutigen Eingriffe" und „Operationen" neben denen der Schutztruppe doch nicht ganz ohne Einfluß. Vielleicht tragen auch sie ein klein wenig dazu bei, die Leute dem Europäer zuzuführen und ihnen die Überzeugung beizubringen, daß sie außer Schnaps und Flintenschüssen auch noch etwas anderes von ihm zu erwarten haben, wenn sie vernünftig sind.

Vor etwa zehn Tagen kam als einer der ersten Patienten der Oberhäuptling Akonelinga der hiesigen Gegend, die nach ihm benannt ist, bei mir an; sie brachten ihn vielmehr in einer Hängematte geschleppt. Angeblich war er von seinem Bruder vergiftet. Die nähere Untersuchung ergab einen riesigen Leberabszeß. Ich schlug ihm die Operation vor, ohne die er ja mit ziemlicher Sicherheit verloren war. Er willigte auch ohne weiteres ein. Ich überlegte mir zwar, daß es im Fall seines Todes sicher heißen würde, der weiße Mann hat ihn getötet, und daß ich dann möglicherweise die ganze Gesellschaft auf den Hals bekommen konnte. Aber der Eiterherd lag für das Messer leicht zugänglich, und die Aussichten auf einen günstigen Ausgang waren so gute, daß ich mich unter Kokainanwendung, ohne Narkose, daran machte. Mein Instrumentarium ist freilich wie alles andere von größter Primitivität und birgt sich in seiner ganzen Fülle und Reichhaltigkeit in einem Zigarrenkästchen (aber in einem zu 50 Stück!). Medikamente und Verbandszeug konnte ich glücklicherweise reichlich mitnehmen. Der Eingriff ging glatt vonstatten, und jetzt kommt er schon jeden Morgen stolz zu Fuße zum Verbandswechsel, da er es nicht mehr für nötig hält, sich tragen zu lassen. Er wohnt in einer Hütte bei meinem eigenen Malepartus zusammen mit einer Gefolgschaft seines Verwandtenkreises, mindestens 40 Köpfen. Wir haben uns bereits sehr angefreundet. Daß ich freilich seinen täglich wiederholten Wunsch nach Rum nicht erfülle, gefällt ihm gar nicht recht.

Am zweiten Tage nach der Operation machte ich mir den Scherz und behauptete, ich hätte ihm bis weit in den Bauch hineinsehen können und dabei bemerkt, daß er früher auch Menschenfleisch verzehrt habe. Er fiel sofort darauf hinein und gab es zu; aber er behauptete, das sei schon lange her und zu einer Zeit gewesen, in der er noch keinen weißen Mann gesehen habe. Auch seine uralte Mutter machte gar kein Hehl aus ihrem Kannibalismus, und auf die Frage, was denn am besten schmecke, zeigte sie mit schmunzelndem Grinsen auf die Handballen. Diese also sind die Kannibalendelikatesse! Als Zeichen seiner Dankbarkeit ließ mir der Häuptling heute morgen eine Portion Elfenbein überreichen, vielleicht das wertvollste Honorar, die wertvollste äußere Anerkennung, die ich bisher für meine ärztliche Hilfeleistung erhalten habe. Welch falsches Bild bekommt man von diesen Leuten durch die landläufigen, nach Blut förmlich riechenden Schilderungen früherer Afrikareisender. Man sieht sie nur so mit Pfeil und Speer auf jeden Menschen und besonders auf die Weißen lostanzen, wie sie es gar nicht erwarten können, ihm sein Fell über die Ohren zu ziehen. Dabei haben sie es wirklich gar nicht so eilig. Im Gegenteil, es ist eine scheue Gesellschaft. Einen Gefangenen fragte ich kürzlich einmal, „wie oft" er Menschenfleisch gegessen habe. Er antwortete mir, ob ich nicht sehen könne, daß er noch ein junger Mann sei. Es stellte sich heraus, daß nur die alten Häuptlinge das Recht haben, den im Kampf getöteten Feind — aber auch nur diesen — aufzufressen.

Hoffentlich wird sich ermitteln lassen, welche Gründe die Leute hier im Südbezirke veranlaßt haben, sich an weißen Kaufleuten zu vergreifen. Daß sie aber aufs äußerste gereizt worden sind, kann gar keinem Zweifel unterliegen.

Ängstigt Euch also nicht um mein Wohlergehen hier. Mir kommt nie auch nur von ferne der Gedanke irgendeiner Gefahr. Zudem bin ich voraussichtlich beim Eintreffen dieses Briefes schon seit geraumer Zeit wieder in Jaunde angelangt.

An äußerem Komfort fehlt mir hier freilich ungefähr alles. Zum Unglück sind mir mein Koch und mein Junge kürzlich über Nacht ausgerückt, so daß mir nur Peter, der Lazarettgehilfe, bleibt. Ich glaube, die beiden Durchbrenner argwöhnten, ich würde von hier doch noch auf längere Zeit zur Südexpedition stoßen müssen und sind aus reiner Feigheit davongelaufen. Meine kulinarischen Genüsse sind seitdem auf einer recht niedrigen Stufe angelangt. Mit Peter mühe ich mich gemeinsam ab, irgend etwas Eßbares zusammenzustellen. Am meisten Schwierigkeiten machte mir das Brotbacken. Die ersten Versuche sind mir trotz eines vielgepriesenen Backpulvers jämmerlich mißlungen; aber seit der fünften Probe habe ich's heraus! Ich tröste mich mit der Kürze der Zeit, die ich ja nur noch so zu verleben brauche.

Wenn ich besser auf den Beinen wäre, würde ich die schönste Gelegenheit zum Jagen hier haben, so schön, wie sie sich mancher vergeblich ersehnt, und wie sie sich hier, nur wenig von mir benutzt, täglich und an allen Orten bietet. Außer den mancherlei Wasservögeln treiben sich Elefanten, Büffel, Antilopen, Affen, Leoparden in nächster Nähe des Postens herum. Zur Verpflegung meiner Soldaten habe ich bereits mehrmals einen von ihnen ausgeschickt und bis jetzt zwei Büffel, eine Antilope und einen Elefanten erzielt. Da sich das Fleisch hier nur wenige Tage frisch hält, bleibt der größte Teil den umwohnenden Dörfern überlassen, einen kleineren müssen sie zur Station schleppen. Am Elefantenfleisch hatte sich die Gesellschaft so überfressen, daß am nächsten Morgen elf krank waren. Ich ließ mir, um es zu probieren, ein Stück vom Rüssel braten, verzichtete aber nach einigen Bissen wegen des allzu großen haut goût auf den weiteren Genuß. Als dauerndes Andenken habe ich mir von den Büffeln die Schädel, von der Antilope das Fell, vom Elefanten einen Fuß präpariert. Letzteren habe ich mit vieler Mühe bis über das Gelenk ausgeschält und einige Tage mit Formalin behandelt. Später können wir uns einen kleinen Blumentisch oder sonst etwas Ähnliches daraus bauen lassen.

Landschaftlich ist die ebene Gegend an sich ohne besondere Reize. Eine große Freude macht es mir seit einigen Tagen, an einer bestimmten Stelle des Waldes, dicht bei der Station, immer kurz vor Sonnenuntergang eine Antilope mit ihrem Kälbchen heraustreten und zum Wasser gehen zu sehen. Ich habe es bisher nicht übers Herz gebracht, auf sie zu schießen. Selbst als gestern der Antilopenvater mit stattlichem Gehörn ebenfalls erschien, holte ich zwar für ihn meinen Karabiner, schoß aber schließlich doch nicht, weil ich mir sagte, daß dann auch Mutter und Kind mir wahrscheinlich keine Gesellschaft mehr leisten würden.

Für meine einsamen, moskitoreichen Abendstunden habe ich glücklicherweise einige vernünftige Bücher bei mir. Mit nächster Post, die mich hoffentlich in allernächster Zeit noch hier antrifft, erwarte ich weitere.

Diese Zeilen gebe ich einem Soldaten, der eine Meldung von mir nach Jaunde zu bringen hat, mit. Von dort erhaltet Ihr wieder Nachricht. Vielleicht kommen sie mit einem früheren oder nachfolgenden Briefe zusammen auf den Dampfer. Lebt wohl, laßt's Euch gut gehen! Dir und der Kleinen einen herzlichen Kuß.

Dein
L.

Wieder in Jaunde

17. Dezember

Seit gestern weile ich wieder in Jaunde. Meine Rückreise wurde mir dadurch wesentlich erleichtert, daß ich zwei Tage lang bis Bidemenga den gerade flußabwärts fahrenden Dampfer der Gesellschaft Südkamerun benutzen konnte. Kapitän St. war so liebenswürdig, mir die Fahrt auf ihm zu gestatten. Erst von da ab ging der Weitermarsch nordwärts wieder über Land.

In vielen Krümmungen zieht sich der Njong von Osten nach Westen; überall tritt der Wald von beiden Seiten dicht heran, so daß man landschaftlich bei der Fahrt nichts zu sehen bekommt als Wasser und Wald und höchstens hie und da eine kleine Negerniederlassung zwischen beiden auf einem engen, freigeschlagenen Platze eingezwängt. Oft herrscht stundenlang lautlose Stille, bis eine Schar auffliegender Papageien sie durchbricht oder eine Ente, ein Reiher, ein Fischadler von ihrer Beute aufgescheucht davonfliegen. Ein dunkler Fluß im dunklen Erdteile. Als einzige Merkwürdigkeit sahen wir am ersten Tage den ans Ufer angeschwemmten, verwesenden Leichnam eines erschossenen Schwarzen, der wohl aus dem Gefechtsgebiete herabgetrieben sein mochte.

Am zweiten Tage morgens aber begrüßte uns am Ufer ein seltener Gast: ein riesiger Gorilla mit einem Jungen in den Armen verfolgte mit sehr ungnädigem Geschrei unsere Vorüberfahrt. Es ist der erste, den ich lebend zu sehen bekomme. (Dicht bei Jaunde wurde unlängst einer geschossen.) Ehe der Dampfer seine Fahrt verlangsamen konnte und ich meinen Karabiner bereit hatte, war er im Dickicht verschwunden.

Die Fahrt auf dem kleinen Dampfer war zwar nicht bequem, aber schlecht gefahren ist namentlich in den Tropen immer noch besser als gut gelaufen. Außer dem mittleren Maschinenraum hat das Fahrzeug einen vorderen und hinteren offenen Laderaum für den Gütertransport. In ersterem saß ich auf meinem Langstuhl, der zwischen Gummisäcken und Elfenbein kunstvoll aufgebaut war. Die Lektüre eines Stoßes alter Zeitungen war meine einzige Zerstreuung. Da die Fahrt stromab ging, kamen wir trotz der vielen Krümmungen doch mit sechs Stunden Fahrt am ersten und neun Stunden am zweiten Tage ebensoweit, als ich über Land in vier Tagen kaum hätte zurücklegen können. Bei Akonelinga ist der Njong noch nicht sehr breit, wenigstens ist das offene Fahrwasser oft bis auf 20 m eingeengt, aber er ist offenbar sehr tief, und nur ganz träge, dem Auge kaum merklich, fließt dort sein schwarzes Wasser zwischen dem Urwalddunkel hindurch. Allmählich erweitert sich das Bett, so daß er bei Bidemenga bereits eine stattliche Breite erreicht hat. Als Feuerung dient dem Dampfer Holz, das von den Eingeborenen an verschiedenen Stellen des Ufers vorher bereits aufgestapelt und je nach Bedarf ergänzt wird. Um durch die großen Holzmengen nicht Platz für die Ladung zu verlieren, schleppte der Dampfer dauernd links und rechts je ein mit dem erforderlichen Feuerholze beladenes Kanu mit sich.

Eilmarsch ins Feldlager

Jaunde, 25. Dezember

Die einzige Bescherung, die mir der Weihnachtsabend diesmal gebracht hat, war die durch Eilboten übermittelte Nachricht, daß Dr. G. von der Südexpedition im Aufstandsgebiete sehr schwer erkrankt sei, und daß für ihn ärztliche Hilfe und Ablösung erbeten

werde. Was bleibt mir anderes übrig, als nach zehntägiger Pause
schleunigst wieder meine Blechkoffer zu packen und so rasch als
möglich zu ihm zu reisen. Der heutige Tag vergeht mit der Besorgung von Trägern und sonstigen Reisevorbereitungen, und morgen
in aller Frühe will ich nur mit dem unentbehrlichsten Gepäck, unter
Verzicht auf das Zelt, um möglichst wenig durch den Transport der
Lasten behindert zu sein, aufbrechen.

Der größere Teil des Weges ist derselbe, den ich eben glücklich
hinter mir hatte. Selbst bei größter Beschleunigung aber kann ich
den Kranken vor sieben bis acht Tagen nicht erreichen. Die afrikanische Landpraxis erfordert harte Proben der Geduld und Willenskraft, ganz abgesehen vom körperlichen Können. Einige hundert
Kilometer Urwaldmarsch stehen mir wieder bevor; daheim zu gleicher Zeit Winterschnee, Tannenbaum und Weihnachtsfreude . . .
Aber ich gehe gern in der Hoffnung, einem Kranken nützen zu
können, und tröste mich damit, daß es vor meinem Heimaturlaube,
den ich Anfang Februar antreten darf, endgültig die letzte Wanderung sein wird.

1906

Im Feldlager von Ebolobingon, 4. Januar

Seit gestern bin ich glücklich am Ziele, und die größte Freude, die mich für alle Anstrengungen meiner Eilmärsche reich entschädigt, ist die, daß ich einen zwar immer noch ernstlich Kranken vorfinde, der aber offenbar inzwischen über die Krisis seines Zustandes glücklich hinaus ist. Dr. G. leidet an einer heftigen tropischen Dysenterie, die zu sehr bedrohlichen Erscheinungen geführt hatte und ihn noch jetzt ans Lager fesselt. Aber nach gründlicher Untersuchung bin ich zu der Überzeugung gekommen, daß keine sonstigen Komplikationen (Leberabszeß oder dergl.) vorliegen, und daß die Krankheit über ihren Höhepunkt hinaus ist. Wir haben gemeinsam den Kurplan festgelegt, und sobald der Patient einigermaßen transportfähig ist, soll er von hier aus den für eine Genesung nach Dysenterie so ungünstigen Verhältnissen eines afrikanischen Kriegslagers heraus und in kleinen Tagemärschen in der Hängematte nach Jaunde reisen. Der Wechsel des Klimas aus einem sumpfigen Waldlande in eine freie Höhenlage und die Möglichkeit, eine strenge Diät durchzuführen, deren Befolgung hier natürlich ausgeschlossen ist, geben mir die bestimmte Zuversicht auf eine völlige Wiederherstellung.

Am 31. Dezember war ich wieder in Akonelinga angekommen. Um zur Schutztruppe zu stoßen, mußte ich von dort aus zunächst zwei Tage den Njong aufwärts reisen bis an eine vom Feldwebel L. mir näher bezeichnete Stelle, von der aus ich dann noch einige Stunden Marsch in südlicher Richtung hatte. Genaue Karten der hiesigen Gegend sind noch nicht erschienen; der Versuch, die Lage der Negerdörfer festzulegen, würde vorläufig sogar zwecklos sein, da sie bald hier, bald dort in einer Waldlichtung ihre Hütten bauen, um sie nach kürzerer oder längerer Zeit nach einem anderen Platze zu verlegen. Ich hatte nun die Wahl, über Land am Flußufer entlang mich durchzuschlagen oder auf dem Wasser die Hauptstrecke zurückzulegen. Ich entschied mich fürs letztere. Freilich war auch die zweitägige Fahrt im Kanu wenig verlockend. Außer zwei Blechkoffern mit den unentbehrlichsten Reiseeffekten und einem Feldbett und Stuhl nahm ich noch Peter und vier Eingeborene mit in mein schmales Fahrzeug zum Rudern und gleichzeitig als Träger für den späteren Marsch über Land. In einem zweiten Kanu folgten fünf Soldaten als Bedeckung, weitere neun wurden über Land in Marsch gesetzt.

Am Neujahrstage fuhren wir mit zweimaliger kurzer Pause den ganzen Tag über bis spät in die Dunkelheit hinein. In einer elenden Ansiedlung, die wir nachts 11 Uhr erreichten, ließ ich mein Feldbett aufschlagen, dessen Moskitonetz leider schadhaft geworden war, so daß ich vor Stechmücken und Sandfliegen nur wenig zum Schlafen kam; überdies führten Ratten einen geräuschvollen Begrüßungsreigen auf. Am Morgen bemerkte ich außerdem, daß sich über ein Dutzend Sandflöhe bei mir eingenistet hatten. Diese Tiergattungen sind die wahren „wilden Tiere" des Kameruner Urwaldes, die den Europäer überfallen.

Am 2. Januar setzten wir die Fahrt fort und fanden auch glücklich die einigen der mitfahrenden Soldaten bekannte Abzweigungsstelle. Die Trümmer einer einzigen verfallenen Hütte gewährten mir Unterkunft für die Nacht. Gestern vormittag folgte der fünf- bis sechsstündige Marsch über Land. In seiner ersten Hälfte war es freilich alles andere als marschieren, was wir da vollführten. Weit über mannshohes Gras und dichtes Buschwerk wucherten üppig auf dem sumpfigen Boden, und nur ein schmaler Pfad, der von Negern, die früher hier passiert waren, durchs Dickicht getreten sein mochte, zeigte uns hie und da die einzuschlagende Richtung. Sehr oft war der Pfad überwuchert, wir verloren die Spur und konnten dann nicht anders vordringen, als daß die Soldaten mit dem Seitengewehr ür die Nachfolgenden notdürftig eine Gasse bahnten. Wenn ein Schwarzer gewollt hätte, er hätte mich auf drei Schritte aus dem Dickicht anschießen können.

Menschliche Niederlassungen trafen wir nirgends, wohl aber an vielen Stellen die tief in den weichen Boden eingedrückten Fährten von Elefanten und ihre Losung. Ich hatte weder Zeit noch Neigung, ihnen nachzugehen. Nachdem wir uns so vier Stunden lang vorwärtsgequält hatten, wurden vier Hütten sichtbar, meist zwar in Trümmern und verbrannt, nur selten von scheuen Schwarzen bewohnt. Allmählich wurden die Ansiedelungen dichter, wir trafen die Eingeborenen beim Wiederaufbau ihrer Wohnungen an, und schließlich erreichten wir ein regelrechtes Dorf, dessen Häuptling mit einem erst vor kurzem ihm ausgestellten Schutzbriefe mir entgegenkam. Er gehörte zu den unlängst Unterworfenen. Wir waren in die Nähe des Feldlagers gekommen. Von jetzt an gab es, offenbar unter europäischer Nachhilfe, einen wirklichen Weg, und bald war ich am Ziele.

Das Feldlager liegt auf einer Anhöhe, die von Wald und Grasbestand befreit ist; rings um den Platz geführte hohe Pallisaden schützen vor einem Überfall und den Angriffen der Eingeborenen, die es trotzdem noch in den letzten Tagen wieder fertig bekommen haben, in der Dunkelheit heranzuschleichen und über die Pallisaden hineinzufeuern. Innerhalb dieser Umzäunung sind die Wohnstätten für mehrere hundert Menschen erbaut, alle natürlich nach Eingeborenenart aus dem Material der Raphiapalme. Außer der Schutztruppenkompanie sind hier an 150 Kriegsgefangene, Arbeiter und Lastenträger einquartiert. Der erste Führer der Expedition, Oberleutnant S., war schon im September auf einem Patrouillengange schwer verwundet worden und seiner Verwundung, zu der sich der Ausbruch einer Malaria gesellt hatte, erlegen. Sein Nachfolger ist Oberleutnant B. Außer ihm gehören an Weißen zur Expedition noch Leutnant v. P., Stabsarzt Dr. G. und eine Anzahl Unteroffiziere. Von den schwarzen Soldaten waren während der seit einem halben Jahr im Gange befindlichen Expedition über 40 Prozent verwundet worden. Eine große Hütte diente als Lazarettraum für die Blessierten.

Der Aufstand der jetzt hier bekämpften Eingeborenen hatte damit eingesetzt, daß im Anfange des Jahres mehrere europäische Kaufleute von ihnen ermordet wurden und, wie mit ziemlicher Sicherheit angenommen werden muß, auch ihrem Kannibalismus zum Opfer fielen. Ferner waren Trägerkarawanen überfallen und ausgeraubt worden, anderen hatte man den Durchzug verwehrt. Was die Schwarzen zu ihrer Aggressivität gebracht hat, ist noch nicht klargestellt. Daß sie aber durch irgendwelche Maßnahmen, wahrscheinlich schwarzer Händler, schwer gereizt worden sind und daß diese Wilden hier erst wild gemacht worden sind, kann gar keinem Zweifel unterliegen. Trotzdem mußte die Tatsache, daß Europäer ihres Lebens nicht sicher waren, der Regierung die Pflicht auferlegen, die wirkliche Okkupation dieses Gebietes in Angriff zu nehmen. Außer der in hiesiger Gegend kämpfenden Kompanie liegt einer unter Hauptmann Freiherrn v. St. einige Tagereisen von hier flußaufwärts postierten Abteilung die gleiche Aufgabe ob. Auch der zu Jaunde gehörige Posten Akonelinga muß teilweise zu dieser Aufgabe herangezogen werden, und binnen kurzem wird das Eintreffen einer weiteren Kompanie der Schutztruppe erwartet. Ich bin überzeugt, daß die Truppe hier vor einer äußerst schwierigen Arbeit steht. Das erstrebte Endziel ist natürlich das, den Eingeborenen möglichst rasch und nachdrücklich das Bewußtsein ihrer Ohnmacht gegenüber dem Weißen beizubringen, sich des Gehorsams der Häuptlinge zu vergewissern und Leben und Eigentum durchziehender Europäer zu sichern, denn das Gebiet ist ein an Gummi und Elfenbein reiches Land.

Von den entgegenstehenden Schwierigkeiten wird sich keiner einen Begriff machen können, der nicht selbst diese Gegend gesehen hat. Ein offener Kampf ist von vornherein unmöglich, eine Entscheidung mit wenigen Schlägen ausgeschlossen. Werden Patrouillen mit irgendeinem Auftrage nach den Niederlassungen geschickt, so finden sie diese leer; die Bewohner und namentlich der Häuptling sind in den Wald geflüchtet, in dem man auf drei bis vier Meter nichts mehr sehen kann. Aus dem Dickicht heraus werden die vorüberziehenden schwarzen Soldaten, ohne sich wehren zu können, angeschossen von dem im sicheren Versteck sitzenden Schützen, der ruhig wartet, bis sein Opfer auf wenige Schritte an ihm vorbeikommt. Nur selten gelingt es den Soldaten, einen größeren Trupp in einem Verstecke zu überraschen, zu entwaffnen und einzufangen. Pfeile, Bogen, Speere sind neben den Steinschloßflinten ihre Kampfeswaffen. Eine besonders niederträchtige Art der hiesigen

Eingeborenen ist es, den Boden der schmalen Pfade, auf denen voraussichtlich die Soldaten entlangziehen müssen, mit Speerspitzen zu spicken, so daß sie sich diese in die nackten Füße treten müssen.

Die fehlende Bildung größerer Stämme und der mangelnde innere Zusammenhang der einzelnen Südkameruner Völkerschaften haben den großen Vorteil, daß eine allgemeine Aufstandsbewegung kaum je zu befürchten ist. Die einzelnen „Stämme" zählen höchstens nach einigen tausend Köpfen, also noch nicht soviel wie in Togo ein einziges Dorf aufzuweisen hat. Trotzdem liegt auf der andern Seite gerade in dieser Zersplitterung auch ein schweres Hemmnis für eine rasche Okkupation. Wenn ein Stamm glücklich zur Räson gebracht ist und die Truppe ihm den Rücken kehrt, um sich einem andern zuzuwenden, so wird der eben unterworfene nur allzuoft von neuem sich dem Einfluß der Weißen entziehen. Ich glaube deshalb entschieden, daß Patrouillengefechte allein in diesen überaus schwierigen Verhältnissen nicht zum Ziele führen werden, sondern daß es, um eine dauernde Sicherheit zu erreichen, nötig sein wird, eine größere Anzahl fester Stationen und Nebenposten zu gründen, die über das ganze Gebiet zerstreut, durch Wege verbunden, die Eingeborenen überwachen und Handel und Verkehr zu sichern hätten.

So hart die allgemeinen Kampfesbedingungen, so hart sind auch die Entbehrungen des Expeditions- und Lagerlebens für den Europäer im Kameruner Urwald. Selbst die Verpflegung der schwarzen Mannschaften stößt auf die größten Schwierigkeiten, da aus dem Lande selbst nichts herauszuholen ist, sondern Reis und sonstige Nahrungsmittel erst von der Küste requiriert werden müssen.

Morgen will ich noch in der Nähe des Kranken bleiben, übermorgen den Rückweg antreten, bei dem ich mir einige Tage mehr Zeit gönnen will als beim Hermarsche.

Rückkehr zur Küste

Jaunde, 16. Januar

Am 13. Eintreffen in Jaunde; nach dreitägiger Pause für morgen Weitermarsch nach Kribi. Gestern Ankunft des aus Deutschland „heimkehrenden" Hauptmanns Dominik, einer der bekanntesten und verdientesten Kameruner Afrikaner, in Jaunde. Ein imposanter, lärmender Empfang durch die Schwarzen; auf dem Wege zur Station ununterbrochenes Salutschießen, Tanzen, Singen, Brüllen bis auf den Stationshof.

Leider habe ich nur wenig wirkliche Arbeit für den Bezirk leisten können. Aber gerade das Jaundevolk verdiente auch vom hygienischen Standpunkte aus meiner Überzeugung nach ganz besondere Beachtung. Gerade dadurch, daß die Jaunde wegen ihrer guten Disziplinierung — eine Folge D.scher Erziehung — überall als Arbeitskräfte in Kamerun gesucht sind, drohen ihnen mehr als anderen Stämmen ernste Gefahren. Ich bin gewiß kein Gegner der Erziehung des Negers zur Arbeit; aber der Jaunde ist zweifellos überlastet, weil immer und immer wieder er umworben wird. Er hat nicht etwa nur die öffentlichen Arbeiten des eigenen Landes zu leisten und ist nicht nur der fleißigste Karawanenträger der Handelsfirmen, auch die Pflanzungen schicken bei Arbeiterbedarf ihre „Anwerber" mit Vorliebe gerade in sein Land, als Soldaten sind sie vor den Küstennegern bevorzugt, und sobald der Bahnbau anfängt, wird man wieder Jaunde dabei verwenden. So ist der Jaundestamm in dauernder Bewegung.

Gerade in den letzten Wochen drohte ihnen eine neue Gefahr durch die Pocken, die augenblicklich anscheinend in weiter Verbreitung in Kamerun herrschen. Selbst im Feldlager von Ebolobingon waren sie ausgebrochen, aber durch rasche Durchimpfung der Schwarzen erfolgreich bekämpft worden. Augenblicklich zieht die Seuche entlang der großen Handelsstraße Jaunde—Kribi. Ich will meinen Marsch zur Küste dazu benutzen, soweit meine Lymphvorräte reichen, unterwegs im Jaundegebiete zu impfen. Durch Mithilfe des Herrn v. K. ist es mir möglich gewesen, einen größeren Vorrat herzustellen. Er hatte am 7. Januar eine Anzahl Schwarze auf der Station geimpft, von denen ich am 13. ein Kalb aufimpfen konnte, das heute nachmittag bereits das Reifestadium erreicht hatte und mir frischen Lymphevorrat für die Reise geliefert hat.

VIER JAHRE SPÄTER

Viktoria, im Juni 1910

Es hat sich vielerlei im Laufe der verflossenen Jahre in Kamerun ereignet, was nicht nur vorübgehendes Interesse beansprucht, sondern dauernd in den Annalen der Kolonie seinen Platz behaupten wird. Manches davon ist auch weiteren Kreisen der Heimat nicht unbekannt geblieben, von anderem wieder ist die Kunde nur bis zu denen gedrungen, deren Ohr für koloniale Neuigkeiten abgestimmt ist. Ein frischer Hauch kolonialen Verständnisses erhob sich von der Heimat her und belebte den früher oft gar zu langsamen Kurs zu schnellerer Fahrt; das deutsche Volk besann sich wieder auf seinen überseeischen Besitz, und mancher alte Afrikaner rieb sich die Afrikamüdigkeit aus den Augen und faßte von neuem Mut zu weiterem Ausharren.

Selbst ein regierender deutscher Fürst hat zum ersten Male in diesen Jahren den Boden Kameruns betreten. Im Jahre 1907 weilte der Großherzog von Mecklenburg-Schwerin und mit ihm der Erbgroßherzog von Mecklenburg-Strelitz einige Zeit an den Hauptorten unserer Küste, um ihre Entwicklung und das Leben und Treiben ihrer Bewohner aus eigener Anschauung kennenzulernen. Ein weiteres Mitglied desselben Regentenhauses, Herzog Adolf Friedrich, erreichte im Jahre darauf Kamerun auf seiner Durchquerung Afrikas als letztes Endziel, und gerade in diesen Wochen schickt sich derselbe Forscher an, begleitet von einem Stabe von Fachgelehrten, eine neue wissenschaftliche Expedition von unserer Kolonie aus durchs innere Afrika bis hin zu den Quellen des Niles anzutreten.

In rascherem Tempo als bisher fing die wirtschaftliche Entwicklung des Landes an einzusetzen; man begann mit dem Bau von Bahnen. Viele tausend Eingeborene wurden zu diesem Werk herangezogen, um endlich die Breschen in den Urwaldgürtel zu schlagen, durch die der Verkehr zwischen Küste und Inland sich bewegen soll. Aufgestört durch all das ungewohnte, geräuschvolle Treiben zu seinen Füßen, erwachte im April vorigen Jahres der alte Riese des Kamerunberges aus langem Schlafe und schüttelte unmutig sein Haupt über die Friedensstörer in seinem Reiche, so daß Weiße und Schwarze vor seinem Grollen und Feuerschnauben flüchten mußten. Jetzt hat er sich wieder, hoffentlich für lange Jahre, beruhigt.

Bezeichnend für die Entwicklung unserer Kolonien im allgemeinen und Kameruns im besonderen ist es, daß sich alles in lebendigem Fluß befindet. Weit zahlreicher noch als daheim in unserer an Problemen reichen Zeit harren hier die verschiedensten „Fragen" ihrer Lösung. Sie sind aber nicht nur zahlreicher, sondern sie scheinen mir auch bedeutungsvoller zu sein; denn während es sich dort um ein Weiterbauen auf alter Grundlage handelt, gilt es hier, überhaupt erst die Grundlagen zu schaffen. So manche koloniale Aufgabe ist angeschnitten und in Angriff genommen worden. Aber es kann auch nicht anders erwartet werden, denn in einer Periode des Tastens und Suchens nach dem Besten wird oft das, was vor wenigen Jahren noch brauchbar schien, heute schon über Bord geworfen oder wenigstens wesentlich umgeändert werden müssen; und was wir heute als Fortschritt preisen, wird nach kurzer Frist vielleicht schon als rückständig gelten. Dabei kann die Entwicklung eines Landes, fast so groß wie das Deutsche Reich, bei beschränkten Hilfsmitteln keine gleichmäßige sein. Die Küstenplätze sind weit voraus. Während wir in ihnen bereits ein reges wirtschaftliches und selbst gesellschaftliches Leben emporblühen sehen, haben wir in nicht zu großer Entfernung von der Küste Gebiete, deren politische Sicherung noch keineswegs als vollendet gelten kann.

Je weiter wir in die Entwicklungsmöglichkeiten Kameruns eindringen, um so zahlreichere neue Probleme tauchen auf. Neuland allerorten. Aussichten auf Erfolg überall. Aber auch Schwierigkeiten überall; denn nicht alle Aufgaben können gleichzeitig und mit gleichem Nachdruck gefördert werden trotz allen Drängens der Interessenten, deren jeder in begreiflichem Eifer gerade sein Gebiet für das wichtigste hält. Einer der schwierigsten Zweige kolonialer Verwaltungskunst wird immer der sein zu entscheiden, welche von den vielen sich darbietenden Aufgaben am wenigsten einen Aufschub vertragen. Bausteine werden von allen Seiten fleißig herbeigetragen; selbst für äußere Ornamentik ist man nicht unbedacht, obwohl gerade sie wohl am ehesten warten darf. Wer aber mit einer dauernden Entwicklung unserer Kolonien rechnet, wird immer im Auge behalten müssen, daß gerade die Arbeit unserer Jahre die Grundpfeiler zu setzen hat, auf denen der ganze spätere Bau ruhen soll. Vergessen wir nur einen von ihnen an wichtiger Stelle oder fügen ihn nicht fest genug, so ist die Zukunft des Ganzen gefährdet.

Jeder Abschnitt im kulturellen Fortschritt eines Landes pflegt sein eigenartiges Gepräge durch ein besonders hervortretendes Merkmal zu erhalten, das gerade ihm sein Siegel aufdrückt, und um das sich die Hauptarbeit und das Hauptinteresse konzentrieren. Von der augenblicklichen Epoche Kameruns können wir sagen: sie steht im Zeichen des Bahnbaues. Am Ende dieses Jahres wird unsere erste Kameruner Inlandbahn dem Verkehr übergeben werden. Die Strecke von Duala, dem Haupthafenplatze der Kolonie durch die Waldzone hindurch nach dem Norden zum Manengubahochlande, der Eingangspforte des Graslandes, die wir vor vier Jahren noch in mühsamem sechs- bis siebentägigen Marsche zu durchwandern hatten, wird nunmehr in der gleichen Anzahl von Stunden zu bewältigen sein. Die baldige Fortführung der Trasse weiter ins Inland hinein, dem Adamauagebiete entgegen, ist zu erhoffen. Ortschaften und Gegenden, deren Bewohner noch vor wenigen Jahren beim Nahen des Weißen scheu in den Busch flüchteten, in deren Farmen die Elefanten häufige Gäste waren, werden heute von der Lokomotive durcheilt. Ein gewaltiger Kontrast in kurzer Zeit! Und während die eine Bahn dicht vor ihrer Vollendung steht, wird an einer zweiten, der „Mittellandbahn", die von Duala aus über den Sanagastrom hinweg nach Edea und von dort durchs Jaundeland dem schiffbaren Oberlaufe des Njong zustrebt, mit emsigem Fleiße gearbeitet; für eine dritte, die sogenannte „Südbahn", wird eifrig Propaganda gemacht, namentlich von den in Südkamerun ansässigen Firmen, für deren spezielle Interessen sie von großer Bedeutung sein würde.

Der Einfluß der Bahnen auf die weitere Gestaltung der Verhältnisse Kameruns ist in seinen Einzelheiten schwer im voraus zu beurteilen. Fast in allen Kolonien fremder Nationen hat der Bahnbau in seinen Folgen ungeahnte Überraschungen gebracht. Hoffen wir daß sie für unser Land nur günstige sein mögen. Es ist kaum zu bezweifeln, daß die Bahnen gerade für Kamerun von ganz einschneidender Bedeutung sein werden. In keinem anderen deutschen Schutzgebiete, außer in Neuguinea, ja in keiner anderen außerdeutschen Kolonie war das Vordringen des Handels ins Innere mechanisch so erschwert wie hier. So werden durch die vollendete Bahn Personen- und Güterverkehr einen besonders starken Aufschwung nehmen, zumal diejenigen Gebiete Kameruns der Küste angegliedert oder nähergerückt werden, die am besten bevölkert sind, und deren Bewohner infolge ihrer intensiven Bodenkultur am produktivsten zu sein scheinen.

Wenn irgendwo in Kamerun, so sind hier die Vorbedingungen für Volkskulturen gegeben: günstige Bodenverhältnisse bei einer zahlreichen, leistungsfähigen und leidlich intelligenten Bevölkerung. Absatz- und Produktionsgebiet werden sich gleichermaßen erweitern, und der Mut der weißen Kaufmannschaft zu neuen Unternehmungen wird wachsen. Es wird sich hoffentlich die bei anderen innerafrikanischen Stämmen gemachte Erfahrung auch hier wiederholen, daß die Produktivität der Eingeborenen enorm gesteigert werden kann, sobald ihnen eine bequeme Absatzmöglichkeit ihrer Erzeugnisse geboten wird. Der Schwerpunkt der Entwicklung Kameruns wird für die nächsten Jahrzehnte in den Ländern der Bali, Bamum und Bati liegen, und zwar in ihrer Landwirtschaft.

Bahnen allein tun es freilich nicht. Die Lebensadern für sie bleiben immer noch die Zufuhrstraßen, und hoffentlich wird man nicht zögern, trotz des Bahnbaues auch den Wegebau nach Kräften weiter zu fördern. Von verschiedenen Herrschern vergangener Zeiten ist das Wort überliefert, daß man einen Fürsten an seinen Straßen erkenne. Möchte jeder Bezirksleiter bedenken, daß eine seinen Bezirk berührende Bahn die bisherige Pflicht des Wegebaues nicht aufhebt, sondern erhöht. Selbst ohne Bahnen ist es möglich gewesen, den Handel Kameruns in stetem Aufstiege zu erhalten. Gelegentliche Depressionen waren immer nur vorübergehend und bedingt durch ungünstige Konjunkturen des einen oder anderen Ausfuhrproduktes auf dem heimischen Markt.

Hinsichtlich seiner wirtschaftlichen Bedeutung können wir unsere Kolonie augenblicklich in drei ziemlich scharf voneinander getrennte Gebiete scheiden, die Kameruner Südküste mit ihrem Hinterlande, die Nordküste mit ihrem Inneren und das Adamaua-Bornu-Gebiet. Am schnellsten sind wir über das letztere unterrichtet, denn es befindet sich für den europäischen Handel beinahe noch im Ruhestadium; Einfuhr und Ausfuhr weisen im Vergleich zur Größe des Gebietes, das fast ein Drittel der Kolonie umfaßt, noch keine großen Ausfuhrzahlen auf.

Anders gestaltet sich das wirtschaftliche Leben der Süd- und Nordküste mit ihren Interessensphären. Der Haupthafenplatz der ersteren ist Kribi, der letzteren Duala. Verfolgen wir die Entwicklung Südkameruns, so ist sie eine dem äußeren Erfolge nach äußerst günstige gewesen, sie hat sich allerdings fast nur auf die Ausfuhr der im Lande vorhandenen großen Gummibestände beschränkt. Die hohe Rentabilität des gewonnenen Gummis, deren durchschnittliche Höhe vorübergehende Krisen des heimischen Marktpreises leicht überwinden läßt, hat bisher kein anderes Produkt in der Ausfuhr Südkameruns aufkommen lassen. In weitem Abstande folgt auf die Millionenwerte des Gummis das Elfenbein als noch nennenswertes Ausfuhrgut mit einem jährlichen Betrage von rund einer halben Million. Bei immer noch steigender Tendenz hat augenblicklich der Preis für Gummi mit 12 Mark fürs Kilogramm eine Höhe erreicht wie nie zuvor.

Während nun die Ausfuhrwerte des Gebiets Kribis auf Gummi und *die Dualas auf der Ausnutzung eines in reichstem Maße vor*handenen Urproduktes gegründet sind, stehen Viktoria und sein Bezirk vorläufig als einziges Gebiet der Kolonie da mit einer ansehnlichen Ausfuhr eines vom Europäer neu geschaffenen Wertes, des Kakao. Und wenn seine Ausfuhr schon jetzt den Wert von drei Millionen erreicht hat, so ist das für die Kürze des Bestehens der

Pflanzungen ein Ergebnis, auf das die Kolonie stolz sein kann. Mi den vorstehend genannten Handelswerten des Gummis, Elfenbeins der Ölprodukte und des Kakaos sind die hauptsächlichsten Ausfuhrgüter der Kolonie überhaupt genannt. Sie haben augenblicklich zusammen einen Jahreswert von ca. 16 Millionen erreicht, während alle übrigen in kleineren Mengen zur Ausfuhr gelangenden Produkte im ganzen erst einen Wert von einer halben Million repräsentieren.

Damit soll indessen nicht gesagt sein, daß in absehbarer Zukunft neben den bisher schon bedeutungsvollen nicht auch andere Landesprodukte, seien es bereits vorhandene, seien es erst neu im Lande einzubürgernde einen Aufschwung erleben könnten. Im Gegenteil dürfen wir mit Sicherheit auf eine Massenausfuhr neuer Werte rechnen. Große Flächen im Innern des Landes bieten ohne weiteres die günstigsten Bedingungen für den Anbau von Mais und Erdnüssen, andere für Reiskultur, wieder andere für Tabak, Baumwolle oder Sisalhanf. Auch die Vorarbeiten zu einer Bananenausfuhr im großen sind von einem Syndikat in Angriff genommen worden; Kultur und Verwertung anderer Erzeugnisse befinden sich im Stadium gründlicher Versuche. Kurz, es regt sich allerorten die Lust zu kolonialwirtschaftlichen Unternehmungen.

Auch politisch ist noch manches zu tun, und auf die teilweise dem Kannibalismus ergebenen tiefstehenden Eingeborenenstämme ist noch kein sicherer Verlaß. Unlängst erst fiel ein friedlich seine Straße ziehender weißer Kaufmann mit seiner Karawane dem Kannibalismus der Makkas zum Opfer. Ein halbes Jahr zuvor hatte ich aus Anlaß einer dort ausgebrochenen Pocken- und Dysenterieepidemie in derselben Gegend gelebt und feststellen können, wie die Leute selbst die Leiche eines an Dysenterie Gestorbenen nicht geschont, sondern aufgefressen hatten. Kurz vor meiner Ankunft in dem betreffenden Dorfe beschwerte sich der Häuptling eines anderen Stammes bei mir darüber, daß die Makkas zwei Tage zuvor einen seiner Jungen aufgefressen hätten, der auswärts an Dysenterie erkrankt und auf dem Wege in seine Heimat gewesen sei.

Als ich die Ortschaft erreicht hatte, erkundigte ich mich beim Häuptlinge nach dem Verbleibe dieses Jungen und bekam zunächst zur Antwort, er sei gestorben und begraben. Auf mein Verlangen führte er mich zu seinem angeblichen Grabe. Ich ließ es von meinem farbigen Heilgehilfen und einem mich begleitenden Soldaten öffnen und fand von einer dünnen Erdschicht bedeckt einige in ihren Gelenken zerteilte fleischlose Skelettreste neben mehreren Fetzen verwesender Haut. Alles übrige fehlte. Unter dem Eindruck dieser Exhumierung leugnete der Häuptling nicht weiter, daß seine Leute den Leichnam des an Dysenterie Verstorbenen zerteilt und aufgefressen hätten.

Wenn ich nach diesem kurzen Überblick nun mit wenigen Worten auch von meinem eigenen Ergehen während der letzten Jahre berichten soll, so waren sie nicht ärmer an Abwechslung als die ersten. Ich hatte wohl im stillen gehofft, mich an irgendeinem Platze Kameruns in dauernder Tätigkeit einer zusammenhängenden Arbeit widmen zu können; aber das koloniale Geschick — so möge es benannt sein — hat es anders gefügt, und der scheinbar zu kühne Wunsch, einmal wenigstens ein Jahr lang an einem Orte festzusitzen, ist mir in Kamerun bisher noch nicht in Erfüllung gegangen. Trotz mancher Härten und manchen Ungemachs, die ein dauernder Wechsel von Wohnsitz und Berufstätigkeit mit sich bringt, hat er doch auch seine großen Vorzüge und vieles Schöne. Abgesehen von meinem Aufenthalte an verschiedenen Küstenplätzen habe ich auf ausgedehnten Reisen neue, große Gebiete des Inlandes gesehen, von den Hochländern des Manenguba bis hin zu den entlegenen Dörfern der Kannibalenstämme des südkameruner Urwaldes. Mehrere hundert Tagemärsche mit einigen tausend Kilometern Weges durch Wald- und Grasland, über Berge und durch Täler mit allen Freuden und Leiden des Lebens im afrikanischen „Busch" habe ich seither wieder zurückgelegt; neue Volksstämme, friedliche und unzugängliche, heidnische und mohammedanische, habe ich nicht nur im Fluge, sondern in inniger Berührung kennengelernt; denn der helfende Arzt vermag wohl noch immer am raschesten in ungezwungene Fühlung mit den Eingeborenen zu kommen.

Auf meinen Wanderungen habe ich Bezirke wiedersehen können,

in denen ich vor einer Reihe von Jahren zum ersten Male weilte, habe ihre Entwicklung und ihre Fortschritte, freilich auch die ihnen drohenden Gefahren beobachten können. Das Durchwandern des Landes und der Vergleich verschiedener Gegenden untereinander stoßen den Beobachter unwillkürlich auf Fragen, deren Bedeutung ihm in ihrer ganzen Größe an der Küste wohl niemals aufgehen kann; denn das einzige Gemeinsame, das alle Verhältnisse des Kameruner Hinterlandes haben, ist das, daß man sie aus persönlicher Anschauung kennengelernt haben muß, um sie wirklich objektiv zu beurteilen. Mit der Erkenntnis ihrer Größe erwächst aber auch die Berechtigung und die Pflicht, für diese Fragen mit allem Nachdruck einzutreten, besonders dann, wenn sie im eigensten Interessengebiete des persönlichen Berufes liegen.

Von diesen vielen vor mir neu aufgetauchten, ihrer Lösung harrenden Aufgaben will ich mich nur einer hier kurz zuwenden, die meiner Überzeugung nach alle übrigen weitaus an Bedeutung übertrifft; das ist das Bevölkerungsproblem, ein humanitäres, ein kolonialwirtschaftliches und ein hygienisches Problem zugleich. Geht es vorwärts mit unseren Eingeborenenvölkern? Sind sie ihrer Zahl und Entwicklung nach im Aufstieg oder im Niedergang begriffen? Wird der Vorteil oder der Schaden größer sein, den sie durch die Berührung mit unserer Kultur und unter der Neuordnung der Dinge durch uns haben? Nimmt ihre Volksgesundheit zu, ihre Sterblichkeit ab? Wird ihre Volkswirtschaft intensiver oder oberflächlicher? Diese und ähnliche Fragen drängten sich mir immer und immer wieder bei meinen ärztlichen Reisen durch die einzelnen Landschaften auf. Ihre Beantwortung ist schwierig, aber sie ist unerläßlich und weittragend, denn mit dem Bestande unserer Eingeborenenbevölkerung stehen und fallen die meisten unserer kolonialwirtschaftlichen Projekte.

Im Oktober dieses Jahres tritt nach langer Pause wieder der deutsche Kolonialkongreß zusammen. Hier will ich's nochmals versuchen, in weiteren Kreisen Verständnis für das Wesen und die Ziele der Eingeborenenhygiene zu wecken. Ihrem Wesen nach ist sie für mich eine kolonialwirtschaftliche Aufgabe allerersten Ranges; denn nur sie vermag uns alle die Negerarme, deren wir bei unseren Arbeiten in den Tropen bedürfen, stark zu erhalten und an Zahl zu mehren; je volkreicher ein Distrikt ist, um so rascher und lebhafter seine ganze Entwicklung. Die Gründe, die bisher eine stärkere Volksvermehrung verhindert haben, liegen zum weitaus größten Teile auf hygienischem Gebiete. Nur volkshygienischen Maßnahmen kann es deshalb gelingen, die Bevölkerungszahl vor dem Sinken zu bewahren und womöglich zu heben. Nicht die Vermittelung unserer Kultur an sich, wie man irrtümlicherweise noch vielfach annimmt, ist für den Farbigen gleichbedeutend mit Besserung seiner gesundheitlichen Verhältnisse; mit nichten! Wohl bringt sie ihm mancherlei Vorteile; aber in ihrem Gefolge haben sich auch offene und versteckte Feinde seiner Volksgesundheit genaht. Alkohol, Syphilis und Tuberkulose bedrohen ihn und seine Nachkommenschaft im Keime und gesellen sich zu den anderen Seuchen, gegen die er bereits seit langer Zeit zu kämpfen hat, zu Pocken, Dysenterie, Lepra, oder die ihn neuerdings umlauern wie die mörderische Schlafkrankheit. Die Ausbreitungsbedingungen aller Infektionskrankheiten werden bei der gewaltig durch uns gesteigerten Fluktuation, durch die Massenansammlungen und Massenbewegungen von Eingeborenen, wie sie die Arbeiten der wirtschaftlichen Erschließung, Wege- und Bahnbau, Plantagen- und Steuerarbeit mit sich bringen, um vieles erleichtert, ihre Bekämpfung erschwert. Kamerun ist ein dünn bevölkertes Land. Obwohl es einzelne dicht besiedelte Bevölkerungszentren hat, so entfallen doch durchschnittlich nicht mehr als 5 Bewohner auf den Quadratkilometer; in Deutschland vergleichsweise 92*). Neben den allgemeinen Volksseuchen hindert vor allem eine übergroße Kindersterblichkeit ein Anwachsen der Bevölkerung. Die Zahl des Nachwuchses ist in vielen Gegenden so gering, daß auf 100 Frauen noch nicht 100 Kinder entfallen! Es liegt durchaus im Machtbereiche der Eingeborenenhygiene, hier erfolgreich einzugreifen.

In erster Linie liegt zunächst das Wesen vieler hygienischer Forderungen in der Verhütung von Schädlichkeiten; also weniger im

---

*) *Heute leben etwa 137 Menschen auf einem Quadratkilometer.*

aktiven Vorgehen als im Fernhalten drohender Gefahren, die man als solche erkannt hat. Bei sanitären Arbeiten aber, die wirklich große Ausgaben verursachen, wie die wirksame Bekämpfung von Volksseuchen, müssen wir uns immer vor Augen halten, daß diese Summen ein werbendes Kapital mit hoher Verzinsung darstellen. Entschließen wir uns nicht, es in genügender Höhe anzulegen, so laufen wir Gefahr, einen scheinbaren wirtschaftlichen Fortschritt in den Kolonien zu erzielen auf Kosten eines Rückganges ihres unersetzlichen Stammkapitals, ihrer Bevölkerung. Handelt es sich doch im Grunde genommen bei vielen Stämmen um nichts weniger als die bündige Frage des Seins oder Nichtseins.

Neben die Personalhygiene hat die ebenso wichtige Volkshygiene zu treten. Was wir nun bisher ärztlich für den Neger tun, liegt zum weitaus überwiegenden Teile auf dem Gebiete der ersteren und muß unter den gegebenen Verhältnissen dort liegen, wenn wir bedenken, daß unser Land vorläufig nur wenige Ärzte hat. Von ihnen wird die eine Hälfte vom Küstengebiete mit seiner verhältnismäßig zahlreicheren Europäerschaft gestellt, die andere verteilt sich über die weite Fläche des Inlandes. Selbst wenn diesen Ärzten neben der Erfüllung ihres täglichen Dienstes für Weiße und Schwarze und neben ihren mannigfachen verwaltungstechnischen Obliegenheiten noch freie Zeit bliebe, so wären sie doch fast mittellos gegenüber den Riesenaufgaben der Volkshygiene.

Das zukünftige Programm unseres Sanitätswesens muß dahin zielen, letzterer zu ihrem Rechte zu verhelfen. Ich will nur einige wenige Aufgaben dieses volkswirtschaftlich so überaus wichtigen Gebietes nennen, die immer ihrer intensiven Förderung bedürfen: wie Seuchenbekämpfung (Pocken, Lepra, Schlafkrankheit, Dysenterie, Wurmkrankheit), Erforschung und Beseitigung der Gründe der übergroßen Kindersterblichkeit, Verhütung und Bekämpfung der venerischen Erkrankungen, Fernhaltung des Schnapses, Wasserversorgung, Studium und Bekämpfung der Entartungserscheinungen gewisser Stämme, die Frage der überhandnehmenden künstlichen Fruchtabtreibungen, die Prüfung, wie unsere Kultur den Neger hygienisch beeinflußt, Arbeiterhygiene u. a. m.

Keinem dieser aufgeführten Probleme wird man eine weittragende Bedeutung absprechen können, von keinem wird man sagen dürfen, daß es nicht ebenso wichtig sei als die ärztliche Versorgung des einzelnen, erkrankten Negers. Freilich wird der Arzt allein kaum eine der genannten Aufgaben bewältigen können, die weitgehende Mithilfe der Verwaltungsbehörden muß hinzukommen. In das wirtschaftliche Programm der Bezirke muß neben Wegebau, Volkskulturen und anderem auch die hygienische Kultur des Volkes aufgenommen werden, damit uns in den kommenden Jahrzehnten nicht der Vorwurf gemacht werden kann, das Fundament aller wirtschaftlichen Entwicklung, die Pflege der Bevölkerung, vernachlässigt zu haben. Ich schwärme keineswegs für übergroße Humanität in der Behandlung unserer Eingeborenen und noch weniger für das Aufzwingen einer hohlen Scheinkultur, sondern wünsche ihnen im Gegenteil zu ihrem eigenen und zu unserem Vorteile ernste Dressur zur Arbeit. Aber gerade je mehr wir sie zur Arbeit für uns heranziehen, um so größer wird unsere Pflicht, auch auf ihre körperliche Leistungsfähigkeit, auf ihre Gesundheit zu achten.

Vielfach ist es in unseren Kolonien so, daß gerade die Kulturerrungenschaft, die dem engeren Wirkungskreise des darüber urteilenden Europäers angehört, für dasjenige Gut gehalten wird, das vor allen anderen unseren überseeischen Besitz einer glücklichen Zukunft entgegenführen soll. Und es ist gut so; denn wir bedürfen eines berufsfreudigen Optimismus der Kolonisten. So setzt der Kriegsmann seine Gefechte, der Verwaltungsbeamte seine Erlasse, der Missionar seine Konfession, der Faktorist seine Waren, der Pflanzer seine Kulturen und wer sonst sich an der Arbeit in den Schutzgebieten beteiligt, sein persönliches Gebiet an die Spitze kolonialer Erfordernisse. Man wird es deshalb einem Arzte und alten Afrikaner um so leichter verzeihen, wenn auch er so unbescheiden ist und sich dem Glauben hingibt, als sei sein Metier, die Volkshygiene im weitesten Sinne des Wortes, vielleicht doch auch eins von den Kulturgütern, dessen Vermittelung an die Eingeborenen nicht zurückstehen darf.

Unter mehr als dutzendfachem Wechsel meines Arbeitsfeldes und auf Reisen habe ich im Verlaufe von acht Kolonialdienstjahren wohl mehr von Land und Leuten in unseren beiden westafrikanischen Tropenkolonien Togo und Kamerun (und gelegentlich auch in fremdländischen) kennengelernt, als anderen gewöhnlich vergönnt ist. Ich rechne mir diesen Zufall nicht zum Verdienst an. Aber in immer mehr sich erweiternder, sachlicher Erkenntnis Kameruner Verhältnisse bin ich zu der festen Überzeugung gekommen — und die Berechtigung, sie zu haben, nehme ich für mich in Anspruch —, daß wir noch intensiver als bisher die Eingeborenenhygiene des Landes in den Kreis unserer dringenden kolonialen Pflichten einbeziehen müssen, wenn wir nicht schwere, ja vielleicht unwiederbringliche Einbuße an seiner Bevölkerung verschulden wollen!

Inhaltsverzeichnis

	Seite
Über Lome nach Kleinpopo	11
Das Nachtigal-Krankenhaus	16
Afrikanische Stadt- und Landpraxis	20
Die Lagune	24
Alltagsleben in Kleinpopo	30
Der Küstenneger und unsere Kultur	36
Der Kolonialarzt muß alles können!	43
Übersicht über die Verwaltung Togos	46
Allgemeines hygienisches Programm	49
Die Sprachenfrage	53
Beruf und Erholung	56
Die hauptsächlichen Handelswerte Togos	62
Reise nach Grandpopo	73
Weihnachten in Afrika	77
Aus der Poliklinik für Eingeborene	81
Silvester	86
Der Harmattan	87
Malaria-Schutz durch Chinin	89
Eingeborenen-Medizin	93
Die Mission	96
Berufliche Bedingungen des Kolonialarztes	102
Allerlei Alltagssorgen	106
Auf einer deutschen Plantage	109
Die Erziehung des Negers	112
Aus meinem Krankenhausleben	118
Reise nach Lome	125
Besuch eines Kriegsschiffes	129
Beurlaubte Beamte	133
Todesfälle	135
Eine Seekuh	137
Das Land der Widersprüche	139
Der alte Afrikaner	140

	Seite
Der Kolonialdienst	145
Als stellvertretender Bezirksamtmann	145
Sorgen mit Schwerkranken	153
Reise ins Hinterland	156
Der Alkohol in den Tropen	161
Die Schlafkrankheit	163
Rückkehr vom ersten Heimaturlaub	164
Neuer Zolltarif	166
Meine Reise nach Atakpame	168
Durchimpfung des Atakpamebezirks	177
Kreuz und quer durch den Sokodébezirk	191
Abschluß meiner Impfreise	207
Wieder an der Küste	215
Entschluß, Togo zu verlassen	219
Einschleppung des Gelbfiebers	221
Lagunensanierung	226
Eine schwierige Operation	229
Landungsbrücke und Küsteneisenbahn	232
Bekämpfung des Gelbfiebers	236
Die tropische Nervosität	239
Der deutsche Kolonialbeamte	244
Abschied von Anecho	248
Über Fernandopo nach Kamerun	251
Kribi und Umgegend	262
Reichstagsabgeordnete in Kribi	272
Europäer- und Eingeborenenhygiene	276
Patientenbesuch mit Schwierigkeiten	278
Ablösung in Kribi	280
Abmarsch in den Busch	280
Militärstation Lolodorf	287
Urwaldzauber	289
Land und Leute in Jaunde	293
Von Jaunde nach Akonelinga	298
Sprechstunde für Eingeborene	304
Wieder in Jaunde	312
Eilmarsch ins Feldlager	313
Rückkehr zur Küste	321
Vier Jahre später	323

Ebenfalls im SEVERUS Verlag erhältlich:

Anton Freiherr von Eiselsberg
Lebensweg eines Chirurgen
SEVERUS 2010 / 580 S./ 39,50 Euro
ISBN 978-3-942382-27-4

Die Memoiren des Anton von Eiselsberg (1860-1939) sind mehr als bloße Autobiographie; vielmehr bieten sie anschauliche Eindrücke der Gesellschaft und der Medizin des frühen 20. Jahrhunderts. Mit viel Liebe zum Detail und einem reichen Vorrat pointierter Anekdoten schildert Eiselsberg seinen eigenen Werdegang, an dessen Ende einer der einflußreichsten Chirurgen Österreichs und einer der Begründer der Unfall- und der Neurochirurgie steht. Diesen unterhaltsamen Passagen stehen allerdings die erschütternden Erfahrungen gegenüber, die Eiselsberg während des 1. Weltkrieges als Frontarzt machen mußte und die ihn nachhaltig prägten. In seiner medizinischen Praxis wie auch in seiner Forschung und Lehre standen immer das Wohl des Patienten und die Minimierung von Leid im Vordergrund; Ziele, für die Eiselsberg auch bereit war, unkonventionelle Wege zu gehen und so neue medizinische Standards zu setzen.

www.severus-verlag.de

Ebenfalls im SEVERUS Verlag erhältlich:

Minna Popken
Im Kampf um die Welt des Lichts
SEVERUS 2010 / 202 S./ 19,50 Euro
ISBN 978-3-942382-39-7

" Im Kampf um die Welt des Lichts" ist die Autobiographie einer Frau auf der Suche nach Wahrheit, die sie schließlich zur gläubigen Christin werden ließ.
Es ist die Geschichte Minna Popkens, einer deutschen Ärztin die bereits als Kind großes Vertrauen in Gott besaß. Nach einer gescheiterten Ehe mit dem Weinhändler Heinrich Popken entschied sie sich, allen Widerständen ihrer Zeit zum Trotz, für ein Medizinstudium in Zürich. Die Beschäftigung mit der Mystik und der Theosophie halfen ihr immer wieder die Tiefpunkte des Lebens zu überwinden.
Nach ihrem Studium befaßte sie sich in der Abgeschiedenheit Oberägeries mit dem Wort Gottes und betrieb, da sie sich von Gott berufen fühlte, einen Kurbetrieb zur Heilung des Körpers und Geistes am Ägeriesee in der Schweiz. Stets vertraute sie auf Gott als ihren Führer und gründete letztendlich das Kurhaus „Ländli" wo sie ihre seelsorgerische und ärztliche Tätigkeit im größeren Ausmaß durchführen konnte. Entgegen allen Widerständen und Schicksalsschlägen ihrer Zeit bestimmte sie Gott zu ihrem Führer und Wegbegleiter auf der Suche nach der „Welt des Lichts".

Die beeindruckende Lebensgeschichte dieser Frau wurde erstmals 1938 veröffentlicht.

www.severus-verlag.de

Ebenfalls im SEVERUS Verlag erhältlich:

Rudolf Cronau
Drei Jahrhunderte deutschen Lebens in Amerika
SEVERUS 2010 / 640 S. / 59,50 Euro
ISBN 978-3-942382-31-1

Rudolf Cronau hatte einen Traum: Er wünschte sich eine dokumentierte Geschichte des nordamerikanischen Volkes unter Berücksichtigung der Geschichte aller daran beteiligten Völker.

Seinen persönlichen Beitrag hierzu hat der ursprünglich aus Leipzig stammende Maler und Journalist jedenfalls erfolgreich geleistet:
Mit dem vorliegenden Band legt er ein monumentales Werk deutscher Auswanderergeschichte vor. Beginnend mit der Kolonialzeit bis hin zum Anfang des 20. Jahrhunderts skizziert er detailliert die Teilhabe und den Einfluss deutscher Auswanderer sowie ihrer Nachfahren an den unterschiedlichen Aspekten der Entwicklung der nordamerikanischen Kultur.

www.severus-verlag.de

www.ingramcontent.com/pod-product-compliance
Lightning Source LLC
Chambersburg PA
CBHW071800300426
44116CB00009B/1156